明治期 博物館学基本文献集成

青木 豊 編

雄山閣

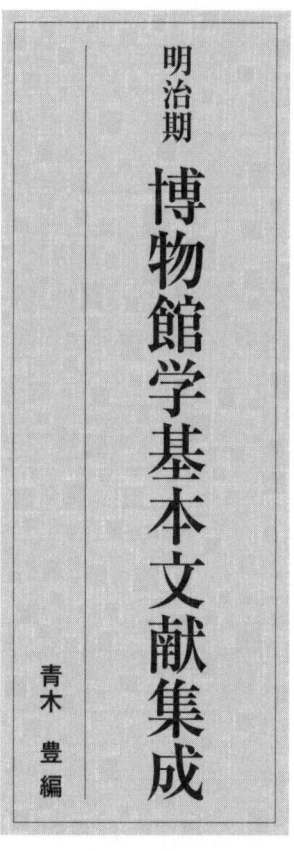

明治期
博物館学基本文献集成

明治期博物館学基本文献集成—目　次

※人物については、人物像がある程度理解できるもののみ扱った。

序章

本書編纂の目的は、我が国の博物館学史を確立する礎として、先ず明治時代の博物館学に関する論考・著作を網羅的に収集し、編纂するものである。

当然、今回確認し得なかった論考は、まだまだ存在しているであろうことも十分予想している。遺漏した論著は、今後の文献渉猟とご指摘願うことにより、将来完璧な「明治期博物館学基本文献集成」になることを願って出版するものである。

今回確認できた論著のみを基本に明治時代の博物館学史を概観すると次の通りである。

博物館学論考の濫觴

博物館学の論考の濫觴となるのは、幕臣で軍艦奉行・外国奉行等を歴任し、親仏派の巨頭であり仏語である"Exposition"を"博覧会"と邦訳した栗本鋤雲による「博物舘論」であり、明治八年（一八七五）のことである。

墺国公使館の書記官ヘンリー・ボン・シイボルト氏其先人余か先人と交り余も亦其兄と識るを以て海外二世の知己と為し時に余を延て言論談笑し互に其所志を吐て娯と爲す頃者話次博物舘の事に渉る氏頻に其人民に利益あるを述る娓々止ます余大に其言に傾倒して以て眞に然りと爲し乃ち鉛筆を執り聞く儘に記し以て世の余と嗜を同するの人に諗く明治八年九月栗本鋤雲

以上の端書きに始まり、その内容は博物館の目的・博物館の種類・我が国での博物館の必要性・資料論・目録の必要性・経営論・収集論に及んでいる。中でも博物館資料の収集に関し、寄贈には代償を必要としないことや、寄託は許すべからずと具体に論じている。

堂々たる博物館論を提唱しているのである。当該論が、表題を「博物舘論」と標記したことと、その内容においても博物館学における博物館論の濫觴であると看取される。

明治時代初年は維新政府による近代国家への胎動と同様に、博物館にとってもまさに「博物館学前夜」と呼称し得る博物館および博物館学の受容期であったと看取されるのである。

博物館学の確立期（明治時代中期～後期）

明治時代も中頃になると、西洋文化を咀嚼吸収し、受容から創造確立の時代に推移する中で、明治十八年（一八八五）には内閣制度の創設により、森有礼が初代文部大臣となり教育界においては明治十九年三月に、「帝国大学令」、「師範学校令」、「小学校令」、「中学校令」、「諸学校令」が矢継ぎ早に制定された一大改革の時期であった。

かかる時代にあって、博物館論を展開したのは岡倉天心であり、その嚆矢は明治二十一年の九月二・四・五・六日の『日出新聞』に連載された「博物舘に就て」である。「予は博物舘に就て過去に係る保存と現在に係る實業と將来に係る教育に就き、茲に一言せんとす。」博物館の設立目的と意義を集約したものと看取される名言に始まる当該博物館論は、博物館の基本要件を（甲）保存の点（乙）考究の点（丙）都府の盛観とし、この三点から博物館の必要性を論じ、東京・京都・奈良の三館を必要とし、東京の博物館は大英博物館を、京都はルーブルを、奈良はローマ的博物館をモデルにと、実例をあげて博物館の専門性をも指摘している。経営に至っては、収集・陳列・考査（調査研究）・教育・出版・模写と広範囲な視点で論じているのが特徴である。陳列については、展示意図の明確化、展示の形態、展示と保存との関係等々に至っており、いずれも正鵠を射たもので今日と何の遜色ない論となっている。

さらに、当該期を代表する博物館学意識を有し博物館学を確立させた研究者として、坪井正五郎がいる。坪井の博物館学意識の発露となるのは、「パリー通信」「ロンドン通信」であり、当該論を嚆矢とする展示論では「土俗的標本の蒐集と陳列とに關する意見」「人類學標本展覧會開催趣旨設計及び効果」などがある。坪井は「博物館学」の名称こそ使用はしていないが、博物館学としての展示論を構築した人物であった。また、博物館展示技法としての模型論には「歐米諸國旅行雜話」などがある。さらにまた、学術での専門領域であった人類学を専門とする博物館構想については、「戰後事業の一としての人類學的博物館設立」や「人類學と博物館」を著し、その必要性を訴えている。

かかる論文の内容から坪井は、人類学の中から考古学を確立させた人物としての評価は当然としても、一方で明らかに博物館学をも確立させていたことは、その実践であった我が国で最初の学術の展示「人類學標本展覧會開催趣旨設計及び効果」からも明々白々なのである。

さらにまた、坪井の弟子であった前田不二三が上記の人類學標本展覧会において「學の展覧會か物の展覧會か」を著した。前田の称する「学の展示」とは、言い換えればある一定の思想・史観に基づく展示の必要性を述べたものであり、博物館展示の命題に関する理論構築の萌芽であったと看取されることは以前別著（二〇〇三『博物館展示の研究』）で記した通りである。具体的には、展示とは資料を見せるのではなく、資料を使って学術情報を伝える行為であることを、坪井の展示論で完成していたことは、前期の論文でも明白であり、そしてさらに弟子をも啓蒙していたことが理解出来ると同時に、この考え方は当該期の展示論であり博物館学であったと確認できるのである。

明治二十六年に神谷邦淑は、「博物舘」を記し、歴史・目的利益・位置及外観・配室の概要・中庭の利益・採光の諸説・換気給温・建築の現例と、A四版二十二頁に及ぶ博物館学理論を展開したのであった。ついで、明治三十二年に高山林次郎は「博物館論」を記し、同年に箕作佳吉は、「博物舘ニ就キテ」で、博物館論とジオラマ展示論を展開したのであった。

箕作論文の最大の特徴は、博物館学の目的を以下の如く明示したことであった。

第一　國家ノ寶物ヲ貯藏保管スルコト
第二　普通教育上參考トナルベキ陳列品ヲ備ヘ且ツ一般公衆ノ爲メニ實物ニ依リテ有益ナル智識ヲ得兼テ高尚ナル快樂ヲ感ズルノ途ヲ設クルコト
第三　高等學術ノ進歩ヲ計ルコト

当該期は、古社寺保存法（明治三十年六月公布）の制定により、社寺所有資料の保存場所を考えねばならない時代であったところから、箕作は博物館設立の第一の目的に資料の保存機能を定義付けたものと看取される。さらに、アメリカ合衆国での博物館観察により得た知識から第二に博物館の教育性の必要、第三に研究機関としての博物館を定義したものであり、今日と比較して何の遜色もない博物館論を明示したのであった。

当該ジオラマ展示論は、我が国での嚆矢となったもので具体的展示形態として命名こそしていないが、資料個別の提示型展示ではなく、資料の生活環境が一目で理解できるといった所謂生態展示を論じたものであったのである。生態展示については、動物学の学統の中で箕作から後述する谷津直秀、川村多実二に引き継がれてゆくのである。

また、植物園に関しては明治三十六年の白井光太郎による『植物博物館及植物園の話』がある。なお、大正七年（一九一八）には白井が専門とした本草学に関する博物館設立の必要性を、短文であるが「本草博物館設立と古記録の保存」に著している。

一方、明治三十七年に内田四郎は、建築の視座から展示論及び展示工学論で注目に価する確固たる理論を展開したのであった。

國開けて文物燦々萬邦森々として各其精華を發揚し世界に其の光を競ひ天下に其の紫朱を争ふは洵に現宇内の盛觀ならずや文學の發達以て觀るべく藝術の振作以て期すべく機械の細妙商業の進歩共に驚くべき現況に到りしは之れ皆な國家富強の結果にあらずして何ぞや然れども獨り美術に至ては専ら國民の理想と其發達を共にし

國家の富強と其盛衰を同ふするものなれば一国に於ける美術の振否は國民の理想を代表し美術館の榮枯は以て國家の盛衰をトするに足るべし

内田の言う「美術館の栄枯は以て國家の盛衰をトする」は盡し名言であり、現時点の博物館の現状に照らし合わせた場合は如何であろうか。

論文の内容は、繪畫陳列館の歴史・繪畫陳列館の分類並繪畫の配列・繪畫陳列館の位置・繪畫陳列館のプラン（室の配置　陳列室・事務室・監督室・準備室・倉庫・番人室・番人寝室・観客休息室・喫煙室・便所・事務員私用廊・階上及階下の室割・階段と入口・中庭及ロッヂャ・観覽の順路・畫壁の延長線・プランの實例）・繪畫陳列館の外観・堅面の特性・繪畫陳列館の装飾（外部に於ける装飾・内部に於ける装飾）・繪畫陳列館の材料及構造（硝子屋根・硝子天井・窓及戸・固定畫壁及可動畫壁）・暖房及換気・採光法（頭光法・頭光窓と室の割合・マグナス氏方式・チーヂス氏の方式）・畫壁に於ける等輝曲線（光線の加減・畫壁に光線の反射・畫壁の高さ・側光法・畫壁に於ける等輝曲線）・地面より反射する光線・繪畫陳列に就て必要具（手摺・繪畫懸け・休息椅子）から構成され、中でも展示室の採光はもとより、光の反射の忌避法にまで論及するなど、当該期を代表する論文であると評価できるのである。

例えば、採光法の一つとしての天井光である「頭光法」、即ちトップライトについては、

光線を上方より採るには硝子屋根及び硝子天井即ち頭光窓 Top light opening を用ゆ頭光窓は室の形と相似形なるを最も宜しとす頭光線は窓の大さの割合に其の効力甚だ多なり然れども壁上に於ける効力は床上に於けるより甚だ少なし故に博物館或は一般美術館に於ける如く床上の光線を主とする場合に比して幾分か之れを大にするを要す然れども大に過ぐれば返て人目を眩し人をして野外に立て繪畫を見るの感あらしむ世多くは採光の充分ならんことを欲して此弊に陥り易し依て頭光窓の幅長及高の大さと適宜の關係あるものなり世に知られたる割合は今之れを次に述べん

執筆された時代の錯覚すら覚える論文内容なのである。

次いで、当該期の最終を締め括るに相応しい理論展開を試みたのが黒板勝美であった。黒板の博物館学思想については別稿で示した通りであるが、学位論文である『日本古文書様式論』により古文書学の体系を確立した翌明治三十九年に、黒板は古文書研究の場として公開を可能とする「古文書館」の必要性の提唱を嚆矢とし、黒板の博物館学思想は着実に増大強化していくのである。中でもその画期となったのは明治四十一～四十三年の二年間に及ぶ欧米留学によるものであったことは、帰朝後著した『西遊弐年　欧米文明記』からも明白である。

ここで注目すべきことは、〝博物館学〟なる用語が黒板により『西遊弐年　欧米文明記』の「三三　伯林の博物館（上）」で明記されると同時に、ミュンヘン大学における博物館学の講座の存在を記したものであった。かかる観点で、坪井正五郎と共に博物館学の確立期を決定付けた人物であったと考えられるのである。『西遊弐年　欧米文明記』以降の博物館学に関する著作を列記してみると、「史蹟保存と歴史地理學」・「郷土保存について」・「博物館に就て」・「国立博物館について」等があり、これらは『虚心文集』第四巻に所収されている。

以上の史実でも明確であるように、博物館学の確立は明治時代中期から後期と断定して、何ら差し支えないものと考えられるのである。

また、当該期の社会においても、所謂ツアーによる海外旅行の濫觴となる欧米旅行が実施され、欧米博物館を見学する者が一般人にも多くなったことが明治四十三（一九一〇）、朝日新聞社による『欧米遊覧記』からも窺い知ることが出来るのである。

明治八年（一八七五）

一　栗本鋤雲「博物舘論」

（『郵便報知新聞』第七九十號）

博物館論

澳國公使館の書記官ヘンリー、ボン、シイボルト氏其先人余か先人と交り余も亦其兄と識るを以て海外二世の知己と爲し時に余を延て言論談笑し互に其所志を吐て娯と爲す頃者話次博物館の事に渉る氏頻に其人民に利益あるを述る娓々止ます余大に其言に傾倒して以て眞に然りと爲し乃ち鉛筆を執り聞く儘に記し以て世の余と嗜と同するの人に諗く明治八年九月栗本鋤雲

博物館の設は何の爲に之て興るや蓋し學士智人の往に就て來と識り今を觀て昔と證し其識を擴充して百般裨益を受くる爲に設くる所にして百年以來開明の國として到る處此設有らさる無き所以なり故に博物館なる者は國の盛衰に關して其國人民の開明進歩するに隨ひ此館も亦隨て盛大を致すなり抑も此館の由て創する所を原ぬるに昔日有學の士ヵ後進誘導の爲に著したる書或は有志の人に學識を擴むるが爲に貧困を顧みずして刻苦し以て蓄したる物品又は海客旅人等が心志を費し丹情を抽して捜索蒐輯せる他邦の珍寳奇物等其人既に謝するの後散亂消逸せんヿを患ひ政府費を出し其親屬に就て之を買上け力めて官庫に納れさるハ則ち現今の博物館の淵源濫觴にして其最初の好事家が勉強苦心しさる情志を世に表章せんとするの餘り遂に其物品と陳列し人民をして縱覽せしむるに至りしと察識せり其證ハ現にサクセン國フエルケン、クンデ」の博物館の如きハ全く此等の集合物より創立するなり

歐州に於て博物館の種類を大別して四部に分てり則天造博物館古代人工博物館人工術博物館物產商業博物館是なり然れとも又時として是等の部類を此内一の博物館へ併合するあり古代人工博物館は自國及各國の古代の物品器具を集むるなり則太古の時石を用ひしより次て銅を用ひ又降て鉄を用ゆるに至る迄時代の遠近歴世の沿革將た亦各國の進歩を一目瞭然すべき活歴史なり人工博物館ハ油畫木彫品石の彫刻品等今古の工術物品を駢羅排列し工業進歩の爲に供し傍ら工術學校畫學校を設て其技藝を誘て

更に高尚の地位に至らんと欲する人を導くなり物産商業の博物館ハ時として工術博物館と合併し或ハ交易物産の為になるへき見本物品を集めて参互比較し且つ商法の學校を設けて商法熟達の人を輩出することを主とす

博物館の中政府にて建立するあり藩にて建るあり平民會社を結んで設くるあり故に其中の規則ハ各少しく異なる無きに非すと雖も然れとも館を司とる「プロテクトル」ハ何れも門閥ある貴族の人を用ひ「デレクトル」ハ公撰を以てす此職に充る人ハ其學問根抵ある人にて博物館の事業に習熟する者にあらざれハ登庸せす然らざれハ或ハ博物館の主意を誤り其事業の竣功を奏する能ハざれハあり下役人或ハ社中人等ハ都て「デレクトル」の指點に依て人撰すると良とす

日本國にても既に博物館の設立もあり予其必す盛大に至らんことを望むに就てハ先第一に古代物の館を設くるにあり如何となれハ日本國神代より傳へたる古代の寶或ハ物産の貴重すへき諸物品が漸次海外へ輸出すること量り知るへからざれハなり且つ都府の地にありてハ屢々兵馬の災の為めに散亂潰毀する少しとせず又不幸にして淺智狡猾者流の手に落ちてハ古色風致の掬す可く愛すへくして再ひ獲へからさる眞品も辨明することを識らす此故に無限の精工を尽したる金銀蒔繪も利を得るの心急なる為に眯せられ無慚にも是を灰燼に附し僅に其一金塊を取り得て賣却し又ハ刀劔の如き皆破解して販賣するに至る豈歎すへきならすや今の時に及て早く省慮して之か計をなさゞれハ予恐くハ古代貴重の物品ハ地を拂ふに至るべし思ふて此に至るときは日本の為めに寒心せざる能はす視よや現今歐州各國には日本古代の品物及人工を盡したる精巧蒔繪陶器の類夥多珍藏する者あり予か此言を發するハ決て空架及ひ仰山に唱ふるにハあらず眞に實事を以て告くるなり

現今日本國にて製造する諸物品の中動もすれハ他國の恰好を混合して造り為すものあれとも大率粗柒杜撰にして

特に形容の風致と損害するのみならず却て觀る可からざるに至る其他金銀蒔繪唐銅細工陶器等に至る迄昔日の製と現時の作とを比較するに漸を逐て細工の劣りたるは遺憾ならずや蓋し是等は工人の下手になり果たるには非す唯利に是れ走るより此弊をなせしと思はる昔日は尤輕小下直の價なる品物にても其細工の叮嚀なるは實に他邦に曾てあらざる程にて工人も利を計らず今日の如きは是れに相反して大小の物品粗惡になれり予聞く幕政の秋において政府を始め諸侯貴顕の家は是等の職工の爲めに財を惜まずして出し又工人に平素廩米を給し價を論せすして只良工の諸器を造る事を督したれは其出來たる品は實に精良を尽したりき然るに當今は是等の貴人も工人を扶持し養はす故に職工も自己の力に食むこととなりしかば名を惜みて精工を競はず寧ろ利を先にして慾に耽る姿に成り移り隨て世界に有名なりし蒔繪の聲價を失ひし故に今に當て猛省せず今より僅の年を經過せは必す蒔畫の良好なる手術は地を拂つて失せんと思はる是等の患ひを防く爲には唯速に歐州に倣ふて古代人工物博物館を開くにあり其故如何となれは後來手本となるへき精工の物品を買上け熟達せる職人を呼ひ入れ品物を造らしむべし又時として博物館より府下の職人へ注文し物品を造らしめ尤良工なる品を造り出せし者へは賞を與へ不精なる品を造り出せし者は是を教へ導くべし又各工業の職人の尤上手なる者へ命し各職工上に就て數年の工夫發明を悉く書に著し是を館に藏すべし然るときは上手の工人が沒したる後と雖も其積年の發明を悉く了解し得べし又現時造り出す陶器類の中歐製の形と不体裁に混合し摸樣の蒔畫及ひ形狀の見る可からざる物あり又其彩色も賤しく原來の日本支那等の形を以て造りし物品は實に賞翫貴重すへきなり此混合したる不体裁の物品は日本ともつかず歐羅巴ともつかず假令は洋服を着して下駄を穿けたるか如く一見して誰れか冷笑せざらん

當今の唐銅細工ハ其形状及細工が昔日より痛く劣りさりき且又地金の位も下品に至れり昔日の品ハ尤下直なる狹少の品とても細工ハ見るべき物ありしに現今ハ非常の價を出さゞれハ上品を得がたし古今價直の均しからさるに因ると雖も亦俗尚の如何を料知すへし

都て人工を尽したる物品の内木彫品金物細工及諸飾品物体の事物と見るに巨大なる職より小なる職に至る迄漸々粗悪ありしを是等を概して言ハんに大なる職ハ府下新築の家屋を見て明かに分り小なる品ハ市街諸具店を目しても知るべし

予又聞く昔日或諸侯か焼物にて巨大なる屏風を造らんと欲し尾張の陶工へ命せしとありしか屡々苦心して造りしかとも其品が陶工の心意に叶ハざるを憤り竟に身を火中に投して死せしとぞ是等の志氣なくんば何ぞ精良の物品を造ることを得んや今の人ハ箇様の志氣ハなしと思ハる

古代人工物博物館を開かんと欲せハ諸人の信仰すへき真品而已と蓄藏すへし然らされハ博物館の聲價を損すへし品物を買上るにハ價の高低に拘らす實際入用の品を買得べし蓋し古代より歴世経過する所の順序を追ひ且各品區別を分ち諸を掌に指す如くならしむべし且物品の目録を造り見物人へ低價を以て賣下けへし又人工術の散逸せぬ爲めに宜く古來の金銀彫刻の品物及ひ縫摸様粧飾の品物を収集すべし若し求め得難き品あるときハ寫して諸圖となすもよし如此人工術を保護するときハ永世必す保すへし當今にても歐州に於て羅馬及希臘の古代摸様が傳りて世に是を賞し使用するハ偏に此方法に仍るなり日本の博物館にて是等の諸物品を速かに集合するを欲られは國内各所に支館を設くへし此支館に於ては其國及近國の古奇物を蒐り集め時々是を本館に贈るへし本館各支館より集合したる物品を陳列して其各館集合の勉强を稱容に示す可し

歐州は狹少の一小都府にても必す博物館を設立せり凡そ人智を擴め古昔の景況を了解し得へきハ此博物館に如く

者なきハ言をまたず又博物館に於て學術を督する爲めニ一週間或ハ十日目毎ニ日誌を出すべし此日誌ニハ凡百の品物巧拙を論じ或は館ニ備へゐる物品をも論すべし並此日誌へハ古代物品の學者及ひ其術ニ精しき人或ハ職人等ニ至る迄其人々の目的見識を出す事を許容すべし此外館ニ於く品物を寫眞し看客ニ賣出すも亦良法ニ屬せり

此博物館ハ官立なる時ハ入費の全額を一ヶ年幾許と定むへし又諸人が會社を結ひて設立したるなれバ毎年組合より全額を分給すべし且博物館にて出版の目録及日誌寫眞等を賣下け多少の金ハ館に収まるものなり又集合する物品の中有志輩より献せし品ハ代價ニ及ハさるものなり又集合せし品物の中全く同し品あらバ他人と交換し缺品を補ふべし並し博物館へ献品ハ許すとも預け品ハ許すべからず何んとなれバ永代備ふると能ハす且目録に著せし後預け主へ返戻せし時大に不都合を生すれバなり

博物館ハ國民の利益上ニ關係し此館盛大を致せバ人民自己の利も必す増殖するものニて結局此博物館ハ人民の手の物と云ふも可なり

天地間の國ニ於て都て自國古代より固有しゐる貴重すべき体格或ハ人工物品の精工なる是を保護して永く存せんとを望む國なれバ文明國より是を見て巨多の軍艦及強壯の軍卒を養ふよりハ却て賞讃し敢て侮慢を致すまじ是れ予が倦み休んと欲して休む能ハす終ニ數言を縷述する所以なり

明治二十一年（一八八八）

二　岡倉天心「博物館に就て」

（『日出新聞』その後『内外名士日本美術論』（明治二十二年、點林堂）に「美術博物館ノ設立ヲ賛成ス」として再掲）

東京美術學校幹事文學士　岡倉覺三氏

予ハ博物館ニ就テ過去ニ係ル保存ト現在ニ係ル實業ト將來ニ係ル教育ニ就キ茲ニ一言セントス予ハ聞ク處ニ據ルニ此京都ニ於テ博物館設置ノ擧アリト實ニ京都ノ爲メ京都人ノ爲メ慶賀スヘキ美擧ナルガ故喜悦シテ演述スル處ナリ博物館ノ要用ナルハ之ヲ三點ニ分チテ(甲)保存ノ点ト(乙)考究ノ点ト(丙)都府ノ盛觀トナスヘシ(甲)保存ノ點ヲ尤モ要用トナスハ博物ノ大主眼トスル過去ニ淵原スルニヨリ過去ヲ知ラザレハ現在ニ活用セス將來ニ波及セス過去ヲ知リテ之ヲ現在ニ活用セバ恰カモ敵地ニ入テ地理ヲ占メ百戰百勝ヲ期スル如シ其保存ノ方法ハ種々アリテ第一ニハ美術品登錄保存則チ今回予等一行カ派出セシ如ク美術品ヲ登錄シテ其所在所用ヲ知リ以テ保存ニ備フルコトニテ伊國ニ於テハ主トシテ此保存ニ據レトモ巨額ノ費用ト多數ノ煩雜ニ係リテ容易ナラス第二ニハ美術品模寫点撿保存ニテ國內ノ美術品所在ヲ知リ之ヲ模寫シテ學校又ハ博物館ヘ陳列シ公衆ヘ其所在ヲ示ス方法ナリ第三ニハ美術品輸出制限法ニテ百年二百年ノ年期ヲ限リ其年期前ノ美術品ヲ輸出スルヲ禁止スルコトナリ又博物館ノ點閲ヲ經スシテ輸出ヲ許サヽル等ナリ明治初年ノ如ク國內美術品ニ向テ一ノ保存方法ヲモ設ケア

ヲザレハ其散逸セシコトハ無數ニテ實ニ歎息ニ耐サルナリ然シ散逸ノ爲メ諸外國ニ日本美術ヲシテヲシメタル廉モアリタレド最早今日ニテハ保存ノ必要ヲ感スベキ時期ニ迫リタリ第四ニハ博物館保存ニテ此保存法ヲ最モ便宜ナリトス博物館ノ保存ニ於テ其取扱入宜シキ時ハ(一)散逸ノ患ナシ(二)頽廢ノ患ナシ(三)行政ノ手數ナシ(四)美術品自存ノ道立ツナリ一巳八ニアリテハ散逸ヲ防ガントスルモ能ハサル事アリ即チ火盗ノ難ヲ避クルニ難キ事アリ取扱ノ方法ヲ知ラザル故繙閲卷收又ハ修羅又ハ置所等ニ就テ毀損スル事多ク或ヒハ行政ノ手數ヲ煩ハス例多シ豈ニ博物館保存ノ便ニ増スモノアランヤ是レ博物館ハ美術品ノ保存ニ就テ最モ必要ナル所以ナリ

(乙)考究ノ点ニ就テハ之ヲ三區ノ便ニ區別スヘシ第一ニハ一般就觀ノ便ニテ外國人ガ京都ヲ慕フテ來ルハ決シテ山水ノ明媚ヲ賞スルニアラズ歐洲ニハ快活愉快ナル壯觀許多アルニ是ヲ捨テ盆山箱庭ニ齊シキ(京都ノ山水明媚ヲ毀ツニアラズ唯其大小ノ比較ヲイフノミ諸君諒セヨ)日本且京都ニ來ルモノナランヤ日本ヘ渡リ京都ヘ來ルハ專トシテ美術品ヲ觀覽セントスルニアルナリ然ルニ之ヲ集合セシ博物館ノ設ケナク僅ニ寺院ニ就テ其一二ヲ見ルモ爭テ滿足スヘキヤ是京都人カ京都ヘ對シテ耻ヅヘキ大ナルモ

ノナラン内國人ノ不便モ亦推シテ知ルヘキナリ第二ニハ專門家ノ便ニテ之ヲ細別スレハ(イ)類集研究スルコトヲ得ヘシ則チ美術家商工業家モ論ナク其長短ヲ知ル事ヲ得ルナリ圓山應擧一世ニ鷹揚シテ以來巨勢宅磨ノ其跡ヲ沒スルハ類集研究ノ便ナキ故ナリ只一巳人一寺院ノ手ニ在ル時ハ之ヲ見ント欲スレトモ珍襲秘藏メ其口頭ニ誇ルモ之ヲ人目ニ示サス故ニ過去ハ決シテ現世ニ來ル事ナク何ヲ以テ未來ヲ顯揚スヘキ、博物館アレハ十分ノ研究ヲ致シ得テ專門家ノ便以テ大ナリトス(ロ)比較考証ヲ爲ス事ヲ得ヘシ卽チ歷史ヲ徵証スルニアリテ從來日本ノ鑑定家ナルモノ、粗漏多キハ他ナシ狩野住吉巨勢宅磨カ各々一世ヲ代表シテ其時ノ神髓ヲ描キタル其神髓ヲ比較セス甲家ノ牧溪乙家ノ光長トイヘルヲ摸範トシテ鑑定ヲ附スル故誤認スル往々アリ比較考証ニ於テ初メテ彩色ノ濃淡線法ノ妙處ヲ見交互參看シテ其眞ヲ得ヘキナリ故ニ比較鑑定ニアラサレハ美術ノ歷史ヲ確ムル事能ハサルナリ(ハ)模寫應用ニテ博物館ノ物品ヲ應用メ過去ヲ現在ニ利用シ未來ノ鴻益ヲ見ルヘシ博物館ノ利益ハ少ナシトスルモ一般ノ利益ハ鴻大ナリ今一例ヲ擧クルニ英國カ佛國ノ万國博覽會ニ出品シテ敗ヲ取リ爾後英國ハ美術考究ノ熱度ヲ增シサウス、ケンシントンヘ博物館ヲ設ケ僅カニ五星霜ノ間ニ其美術思想大ヒニ増進シ佛國ノ輸入ヲ幾分カ殺クニ至レリト第三ニハ公衆ノ便ニテ社會ノ好ム所高ケレバ金岡モ出デ元信モ出ツヘシト雖モ其度低キガ故ニ名人高手モアラハレ難シ其高尚ノ氣ヲ發ハシト欲スルニハ過去ノ美術精妙ナルモノヲ見ルニ如ズ京都人ハ大幸ニモ精妙ナル美術品ニ接スル故適當ノ博物館アルトキハ必スヤ之ニ涵養セラレテ名人高手ナル金岡モ元信モ出來リテ公衆ニ高尚ノ快樂ヲ與フ事ヲ得ヘケンカシ又公衆ニ於テモ博物館ニ遊ハヽ學校外ノ美術教育モ出來ルナルヘシ

博物館ノ要用ニ就テ(甲)保存ノ点(乙)考究ノ點ハ概略陳述セリ是ヨリ博物館ハ(丙)都府ノ盛觀タルニ就テ一二辨スヘシ先都府ノ体裁トシテモ一ノ博物館ナカル可ラズ外國人ノ漫遊シテ京都府下ノ美術品ヲ觀ントスルニモ處々ノ社寺等ニ散在シ居リテハ之ヲ觀ルニ不便ナルコト云フヘカラズ京都ハ東洋ノ小巴里トナスヘシ爲シ能ハザルニアラザレバ從來ノ如ク天工ノ美術ニ誇ルヲ止メテ人工ノ美術ヲ發揮スヘキヲ勤ムヘシ外國ニハ追々博物館ノ數ヲ増殖セルガ今記臆ニ任セテ列擧スレハ佛國巴里ニテ「ルーブル」(古來ノ美術館)「ルクサンホルク」、新設ノ美術館)「トロカデロ」(彫刻比較館)「パレイアンダストリー」、(工藝館)「ミユセークルニー」(中古ノ古物館)等其他尚アリ里昂ニモ三種アリ獨國伯林ニテ新古博物館二處、工藝博物館、人種學博物館、動植物博物館アリミユニツトニテ大小ノ美術館二處、古物館數個處アリ澳國ニテハ以上列擧ノ博物館ハ大率アリテ外ニ東洋博物館アリ此東洋博物館ノ組織ハ亞細亞ノ万有物ヲ網羅シ來リテ就中日常需用品ヲ專トシ之ヲ列擧シテ模寫應用ノ便ヲ與ヘ盛ンニ製造セシメテ輸出ヲ圖ルニ在リ伊國ハ博物館ヲ以テ殆ント全國ヲ埋沒セシムト謂フヘシ英國ニテハ「ブリチシユ、ミユヂアム」ナル博物館ヲ建設スルニ費ヤス處三百四十五万磅則チ二千二百四十餘万圓ニテ國會ヨリ年々十万磅則チ六十五万圓餘ヲ補助シ來レリ米國ニテハ全國ノ諸府トシテ至ル處博物館ノ設アラザル地ナシ京都ハ三府ノ一ニ位シ桓武天皇以來七百年ノ美術ヲ湊合スル土地ニシテ博物館ノ設ナキハ其土地ニシテ一大欠典タルヘシ幸ニシテ諸君カ協力シテ博物館ヲ設ケントスルノ擧アルハ抃喜ニ耐ヘサル所ナリ望ムラクハ京都博物館ヲ設置シ桓武以來ノ美術品ヲ公衆ニ示シ將來ニ過去ノ幻影ヲ殘シタキモノナリ

右ハ博物館ノ要用ヲ說クニ其緊要ナル廉々ヲ擧ゲタルナリ是ヨリ進ンテ博物館ノ性質ヲ說クヘシ博物館ノ性質ヲ分ツテ三個トス(天)種類(地)性質ノ變遷(人)分類ノ方法是

ナリ

(天)博物館ノ種類ハ漠矣判然其種類ヲ分ツヘカラズト雖モ今之ヲ試ミニ別區スレバ單ニ美術館トシテ繪畫彫刻ヲ蒐集スルモノアリ美術工藝ヲ併セル博物館アリ古物ノミノ博物館アリ動植物ノ博物館アリ器械工業博物館、商業博物館 人種學博物館又ハ勸工場ニ類スルモノアリ雜物館トモ謂フヘキモノアリ從來日本ノ博物ノ文字ハ明治五年ノ頃ニ譯セシモノニテ動植金石ヲ入ルノ考按ヨリ此字義ニ充タレドモ原語トハ其意味違フ所アリテ普通ノ文字トイフ可ラズ然シ乍ラ用ヒ來ルモ妨ナカラン博物館ノ種類ハ廣ケレトモ要スルニ前擧ノモノニ過ザルヘシ次ニ(地)博物館ノ性質ノ變遷ヲ說クヘシ

博物館ノ(地)性質ノ變遷ニ於テハ概略シテ之ヲ四期ニ區別スヘシ其第一期トイウハ二千年以上ノ往昔希臘ニ於テ「ミユセー」天女ヲ祀リシニ起ル「ミユセー」天女ハ譯シテ技藝天女ト稱スヘク其數九躯アリ詩歌音樂繪畫彫刻踏舞演劇等ヲ司ドル神トシ其像前ニ於テ繪畫彫刻ヲ製造シテ之ヲ其堂ニ納メ詩歌音樂踏舞演劇ヲモ行ヒテ之ヲ其堂ニ奉納シタルモノガ堆積シテ一ノ物品蒐集場ノ如クナリタルハ博物館ノ第一期トモ稱スヘキモノナリ則チ二千年前アレキサンドリヤノ博物館トイウハ此ノ主義ニ由リタルモノニ

美術博物館ノ設立ヲ賛成ス

テ日本ニ於テハ一千年前ノ昔弘法大師カ綜藝種智院ヲ東寺ニ置キテ群集ヲ薫陶セシモ同轍ニ出ル處ニテ美術ノ爲メノ大根據タリシモ廢絶シテ傳ラザルハ惜ムヘシ第二期ハ四百年前歐洲ノ文物復古ノ時ニアタリ當時ノ豪族ガ各自ニ奢美ヲ競ヒ爭フテ天下ノ珍奇異品ヲ求メ所用ノ富ニ誇リ時々我愛翫ノモノヲ延テ其展覧ヲ許ス事アリタリ羅馬法王ガ「バチカン」(宮殿ノ名)ノ物品コスモ・メデチ・ガフロレンスノ博物館ノ如キハ此例ニテ現今伊太利ノ博物館ハ此例ニヨリテ成リタルモノナリ日本ニ於テモ東山殿ノ時ニ當リ天下ノ珍器ヲ集メ自他ニ誇ルコトアリシモ同轍ノ例ニシテ特ニ豪家巨屋ニ止マラス苟シクモ餘裕ノ財產ヲ保ツモノハ比々トシテ珍ヲ探リ奇ヲ求メテ奢侈ヲ競ヒタレトモ未タ一般ノ人民ニ縦覧ヲ許ス事ナキハ日本西洋トモ同樣ニテアリタリキ第三期ハ僅少百年前ニ係レリ文物ノ旺盛ニ臨カッテ人民高尙ノ度大イニ高マリ美術ノ必要ヲ感シテ昔時ノ物品ヲ觀ンコトヲ望ミ豪族ノ所有者ハ之ヲ拒絶シドレスデンノ博物館ニテ大ニ物情ヲ惹起シタル事アレトモ終ニ公衆ノ權力ハ之ヲ排斥スル處トナリテ一般ノ人民モ縦覧スル事ヲ得ルニ到リタルガ今デハドレスデンモ其博物館ニ依テ生活ヲ遂ル樣ニ相成益々人民一般ノ必用タルヲ感ジタリト千八百三十一年一世拿破崙カ民心ヲ收攬

スル爲メ古來ノ珍器ヲ集メテ博物館ヲ起セシハ先ニモイヘル「ルーブル」是ナリ伯林ニ於テトブリチシユニ博物館ヲ新築シ公衆ヲ放テ縱覽ノ風ヲ始メタルハ千八百廿八年則六十年前ニ係レルモノナリ以上說クガ如キ博物館ハ新古ノ美術品ヲ區別スルコトナク得ルニ隨ヒテ之ヲ陳列スルノ裝置ニテ分類ノ法ナク錯雜スル事日本ノ博覽會ニ齊シキ蒐集法ナリ想フニ日本ニ於テハ第一期ノ如ク神佛ニ奉納セルハ既ニ其例多ク見ル處アリ又第二期ノ如ク豪族富家異種珍物ヲ蒐シテ徒ラニ我知巳ニノミ誇リ示ス者靡ノ餘弊アリ又第三期ノ如ク分類法ノ立サル新古錯雜ノ博物館アリ要スルニ其年紀ノ差アレドモ其固テ來ル處ハ日本西洋トモ稍同轍ニ出ルニ似タリ第四期ハ十五六年ヨリ學問ノ課類生長スルニ隨ヒ分類法ノ必須ヲ感シ今日ニ至ツテ一學一科其方式ヲ追ヒ展覽スルヲ要務トセリ則チ次題ナル(八)分類ノ方法ノ說話アル所以ナリ

(八)分類ノ方法ニ於テ今英獨佛ノ三國ノ例ヲ擧ルニ英國ニテハ未タ分類ノ方法立ズ博物館中種々ノ物品ヲ合併スル餘弊アリテ古物、器械、印度彫刻、繪畫、書籍等ヲ混入セリ獨國ニ於テハ理學思想ヨリ發シテ品物ノ陳列整頓シ繪畫彫刻ニハ新古ヲ區別シ工商品ハ其一工一商ニ就テ區別シ一見シテ其業体ヲシルヘシ佛國ハ實用ト美術ノ分類ヲナシテ實用品ニ博物館ヲ併セルモノナリ歐洲ノ例ハ斯ノ如クニシテ今京都ニ於ル博物館ニ望ミタキハ先以テ美術及美術工藝ヲ以テ目的トシ古物ヲ之ト合併スルノ博物館トナシタキモノナリ

今京都ニ於テ一ノ博物館ヲ設置セントシ之カ作用ノ如何ハ諸君ノ了知セラル丶處ニテ更ニ喋々ヲ用ヰズ之ニ就テ之カ細目ニ渉レル諸点ヲ講究セントスルニ六箇ニ區別シテ第一蒐集、第二陳列、第三考査、第四教育、第五出板、第六模寫トスヘシ

第一蒐集ノ目的ハ東洋美術ニシテ殊ニ主トシテ京都地方ニ起リタル現象ヲ集ムルヲ目的トスヘシ京都ハ桓武天皇奠都以來美術ノ淵叢トシテ日本ニ卓峙スルノ地ナリ否西洋ニ於テモ日本ノ京都ヲ目シテ美術ノ咽喉トナセシナリ然レハ其散在ヲ集メタルニアリテ外ニ求ルヲ要セス大和ハ其品目自ラ異リ德川中葉ノ物品モ又異ナレバ蒐集スルニモ及ブヘカラズ况ンヤ西洋ノ物品ニ於テヲヤ仮令京都美術ニ似タル西洋物アリトモ決シテ之ヲ蒐ムルニ足ラズ京都固有ノ美術ヲ研究シテ金岡ヲモ造リ出スヘシ雪舟ヲモ鑿出セシムヘキナリ然ルニ京都ノ熱心家諸君ニシテ京都ヲ以テ足レリトセズ大和ヲモ合併シテ此地ニ博物館ヲ置ントスルハ少ク失當ノ考按トイフヘキナリ又蒐集ノ品物ハ繪畫

彫刻及ヒ建築中室内裝飾或ヒハ一切美術工藝タルヘシ其繪畫ニ於テ止ヲ得ザレバ模寫品モ可ナリ建築ハ摸形繪圖モ可ナリトス唯京都固有ノ美術ヲ蒐集スルヲ目的トシ其他ノ目的アラハ他ニ於テ立ツルヲ可トス次ニ蒐集ノ方法ニ於テハ（1）購求（2）交換（3）寄贈（4）貸付ナリ購求ノ方法ハ多言ヲ費サズ交換ハ他ノ博物館トノ交換ニテ補助ノ理ハ一ナリ寄贈ハ有志ヲ募ルニ在リ貸與ハ一己人ト寺院トノ差別アレトモ所有者ニ於テ保存ノ道ヲ知ラザレハ博物館ニ於テ管理スルヲ尤モ宜シトス蓋シ寺院ノ什物ニ就キ宗敎上ノ理論アレドモ到底其品ヲ保存シ其利ヲ收穫スルニ過ギザレハ適當ノ方法ヲ設ケテ蒐集スルニ難キ事アルヘカラズ

第二陳列ノ目的ハ（1）時世ヲ示シ（2）名家大家ヲ示シ（3）流派ヲ示シ（4）全体ノ關係ヲ示スノ四目ニシテ陳列場ヲ四區ニ分チ一區一目トシテ後進ヲ奬道スルハ必須ノ目的ナリ次ニ陳列ノ方法ハ（1）裝潢ニシテ掛クヘキカ硝子ニテ蔽フヘキカハ其一種一品ニ付テ議スヘシ繪畫ニ至テハ剝落碎裂ノ患アリテ目下西洋ニテハ彩色料ノミヲ存シ挑絹ヲ差替ル方法アレド危險ニシテ且莫大ノ費用ヲ要ス壁畫ニ於テモ他ニ移スノ方法アレト容易ナル事業ニアラス僅ニ硝子藥塗抹法ノ試驗中ナリ（2）繪畫等ノ掛方ハ人ノ起居

ニヨリテ差フモノナリ佛國ニテハ地上五尺ヲ適度トセリ(3)壁色ニテ物品ノ光輝彩料ヲ變スルモノアリ(4)室内ノ光線反射ニヨリテ彩色ノ變換スルハ尤トモ甚ダシ(5)空氣ノ流通不流通ハ物品保存ニ大關係ヲ有スルモノナリ(6)乾濕モ亦大關係アリ精細其物品ニ恐リ其土地ニ依リテ考究アルヘキ事ナリ(7)箱作モ亦重要トス用材ノ如何ニヨリテ糜爛潰裂ヲ招ク事アリ

第三考査ハ(1)寺院私有品ノ年代等ヲ調査シ(2)諸品ヲ登錄シテ保存ノ用ニ備ヘ(3)點撿シテ歷史ノ材料ヲ造リ(4)鑑定シテ眞僞ヲ分ツニ在リ此考査ハ文學上ニ欠クヘカラザル要用アルモノナリ

第四教育ニ付テハ其物ニ就テ講義ヲナシ時代ノ變遷古代ノ長處又大体ヲ示スニテ足レリ歐洲ニテハ博物館ニ美術學校ヲ附屬シテ教育ヲ進メル者多ク又美術學校ニ博物館ヲ附屬トスルアリ又兩立スルアリ是ハ其人ノアルトキニ依リテ定マルナラン

第五出板ニ於テハ寫眞スヘク著述スベクシテ皆博物館ノ權利ナレバ收入ノ最タルモノナリ

第六模寫ニ於テハ繪畫彫刻トモ寫シテ售リ又寫料ヲ納メル等收入ノ幾分ヲ得ヘシ

以上列擧スル處ヲ以テ博物館ノ作用ハ粗盡キタリトシテ次ニ博物館ノ建築ハ不燃不滅ノ煉瓦ヲ以テスヘキ乎又鉄造カ木造カ其適度ハ宜シク衆議ヲ盡スヘキ事ニテ經濟ニ關スルアリ土地ニモ關スル事多カラン京都ノ博物館ト他ノ博物館トノ關係如何ニ就テハ京都ハ所謂京都博物館タルヘキ事ニシテ奈良ナリ東京ナリヘ連絡ヲ通シ日本ノ博物館トナスヘシ卽チ奈良ハ天平以後弘法以前ノ博物館トシ日本ノ最古物ヲ集メ以テ羅馬ニ比スヘク東京ニハ德川美術ノ粹ヲ集メ亞細亞ノ物品ヲ蒐集シテ以テ英京倫敦ニ擬シ京都ニハ金岡以後應擧ニ至ルノ時代ヲ集メテ以テ佛京巴里ニ擬シテ三館鼎峙日本ノ美術ヲ海外ニ輝シタキハ予カ最トモ熱望スル所ナリ今ヤ京都諸君博物館ヲ設クルノ説アリ喜ンテ茲ニ數語ヲ費ス

明治二十二・二十三年（一八八九・一八九〇）

三　坪井正五郎「パリー通信」

（『東京人類學會雑誌』第四十三、四十四、四十五、四十六、四十七、四十八號抜粋）

四十三號

●パリス萬國博覽會概況　一千八百八十九年即ち本年のパリス萬國博覽會は前代未聞萬國無比と稱する程の大仕掛けにて目を驚かす物が夥しく有る許りで無く心から感服する物も澤山ござります、縱覽人の多い日には一日に廿餘万人も入場するとは實に大した事ではござりませんが、博覽會の諸建築の有る地面は四ヶ所から成り立つて居て第一はセイヌ川の西北岸に在るトロカデロと云ふ所で長さ殆四丁幅殆三丁、第二は川向ひのシャンプ、ヅ、マルスと云ふ所で長さ八丁餘り幅殆四丁、第三は其東北隣で幅半丁長さ九丁餘り、第四は幅一丁餘り長さ殆四丁之丈の地面の大半が總て建築を以て覆はれて居るのですから陳列品の夥多なる事は推して知れませう、併し私の博覽會縱覽の主意は人類學研究上益を得やうと云ふに在るのですから此廣い場所を悉く步き此夥多な品物を殘らず見る抔云ふ事は企てません、着以來六日間續けて入場しましたので大略の樣子が知れましたから第七日目即ち七月三十日からは目的の物を熟視する事を始めました、

●博覽會場中人類學上熟覽の價値有る場所　人類住居の發達を示す諸建築、野蠻未開人種の村落、人類學温故博物場、トロカデロ宮中人種學部等が主な所で、其他は少し宛此所彼所飛び飛びにござります、住居發達を示す諸建設物は何れも誠の大さに造つて有りますし村落には誠の野蠻未開人民が群集起居して居ります、精しい事は何れ追々に報告致しませう、　（以下次號）

四十四號

●博覽會場中人類學の部分の樣子　本館に向つて右の館の入り口に近い所が人類學の部分でござります、廣大な建築の內へ更に十六七間四方高さ四間程の一搆を作り中を庭として此所には開化幼稚時代の生活の有樣を示す實大の活人形を列べ周圍の廻廊樣の所に諸物品が陳列してござります、二階も有りますが先づ下から說明を始めま

せう、廻廊の界は四角の內へ井桁を畫いた樣に成つて居りますから總躰で八部分が八つ有る勘定です、正面には入り口が三つ有つて中央の入り口は中央の室に通じ左右の入り口は各隅の室に通じて居ります、中央入り口の前にはビング氏の出品で高さ一丈二三尺の日本製金色木質の大佛の座像が据えてござります、之は一寸縦覽人の眼を引きますが人類學には緣の遠い品物、人類學の構の外側の上の方欄間とも云ふ可き部には總て文字か書いて有る中央の見付に書いて有るのは一千八白五十九年五月十九日 Paul broca 創めて人類學會を立つと云ふ事、其下には White. Camper. Daubenton. Morton. Quetelet. の名を掲ぐ右室の見付きには人類學と大書し其下の中央には人類の自然史と記し之が左にBuffon. Blumenbach. Lamarc. Cuvier. G. S. Hil aire. の名右に Reizius. de baer. Lucae. Broca Darwin の名を掲げ左室の見付きには考古學と大書し其の下の中央に先史考古學と記し之れが左に Bde Jussieu. Nilson. Thomsen. Rde Perthes, Schmerung. の名右に ed. Lartet. Lyell. Worsaae. Keller. Gozzadin. の名を掲げてござります、右室に副ふて折れ曲つて見れば此室の見付き即ち全躰の構の右側の左部の見付きには土《エス》俗學《ノグラフイー》と大書し其の下の中央には開化の學と記し之が左に Herodote. Schoolcraft. Jomard. Labarthe. Schlagintweit. の名右に Castren. G. lejean. H. earnot. ed Dulaurier. Holmboe の名を掲げて有る、此部の右隣即ち中央部の見付きに大書して有るのは土俗學會は一千八百五十九年パリスに於て設立されたと云ふことて其の下には Amiot. Gabelentz. Abel-remusai. Kæmpfer. Pallegoix. の名が掲げて有る、此部の右隣即ち右部の見付きには人類學に關係の事は書いて無し、正面へ戻つて左室に副ふて折れ曲つて見れば此室の見付き即ち全躰の構の左側右部の見付きにも土俗學と大書し其下の中央には人種起元學、人種學、博言學と記し之が左に Bernier. Lafitau. de Brosses.

Humboldt. M. Edwards. の名右に Dumont D' Urville. A. D'orbigny. Catlin prichard. Waitz. の名が掲げて有る、中庭へ入つて周圍の欄間を見ると矢張り外側同様に字が書いて有る、一方には William Edwards 一千八百三十九年八月廿三日創めて人種學會を立つと大書して下に Marco polo. cook. Broca. Levaillant. Laperouse. の名が掲げて有り一方にはフランス國は一千七百九十九年から一千八百零一年迄にエジプト征討事業を畢へたと大書して其下にDuc de luynes. Mariette. Champollion. de Saulcy. S de Sacy の名が掲げて有り 一方には支那人は一千零四十五年頃に活字版を創意したと云ふ事を大書し其の下に S. Julien, Bichourine. Burnouf. Pauthier. Well s. Williams. の名が掲げて有る、總て人類學に關して記臆す可き年月人名を廣く人に示す趣向でござります、正面に在る三つの入り口の中左右の入り口各の左右には實大の人像が畫いて有り各の角に副ふて折れ曲つた所に在る一ッ宛の入り口の左右にも亦實大の人像が畫いてござります、右室右側の右の像はビシヤリ人左の像はアメリカ土人の酋長、右室正面の右の像は樺太アイノの老夫、左の像は日本の江戸ッ子、江戸ッ子も宜しいが裸躰の後向き故不躰裁で閉口、併し全身に在る牡丹の入れ墨を充分に見せやうとの思ひ付き故仕方無し、手に箱釣瓶を持せて暑中水浴びの躰と見せたは好き氣轉、側の木の枝に單衣を掛けた所でも畫き副へたらば尚ほ好かつたらうに、左室正面の右の像はアウストラリヤの男子、左の像はホッテントッツの女子、左室左側の右の像はゴール人軍裝の躰、左の像はアウガスト帝石像の形、扨右室から縱覽を始めませうに先づ入り口の前左右には各大箱が有つて共に一千八百七十五年に發掘したメントンの古墳の門部が實際の儘で示してござります、右の箱には土の上に大人の骨が横はつて居て獸骨や石器の屑や裝飾に用ゐた貝殻が周圍に散在して居り、左の箱には土の上に二人の小兒の骨が横はつて有つて石器の屑や裝飾に用ゐた貝殼が周圍に散在して居る、室へ入つて見ると內徑は三間半四方位、各邊の中央には通行口が有つて陳列棚は四隅に鍵の手に置いて有る、通行口四つの中二つは既に云つた通り構外に通じ一つは左隣即ち正面の中央室に通じ一つは先の室に通じて居ります、室の中央には釜形の椅子が有り何所向きにでも隨意に腰が掛けられる樣にして有る、之に腰を掛けて四方を見廻すに第一に目に付くのは壁に貼つて有る人類學の區分表で夫を譯すれば即ち左の通り、

人類學（人類に關する總ての研究）

- 本部
  - 人類を動物としての研究 ― 人類學 Anthropologie ― 人と他動物との比較解剖人種
  - 社會的觀察上人類の研究 ― 土俗學 Ethnographie.
  - 精神的觀察上人類の研究 ― 心理學 Psychologie.
- 近似
  - 古生物學 Paleontologie.
  - 考古學 Archeologie.
  - 史學 Histoire.
- 諸學
  - 地理學 Géographie.
  - 人生學 Demographie.
  - 博言學 Linguistique.
  - 其他

次に又左の通りな表が有る

人類學（人類の自然史）、

- 第一部（總論）
  - 學史、
  - 總說、
  - 研究法、
  - 諸性質の解剖、
- 第二部（各論）
  - 人種の識別、
  - 人種の記述、
  - 一般人類中各人種の位置、
  - 各人種の起元發達、

第三部（統括）{人類と他動物の比較、 動物中人類の位置、 人類の起元變遷、}

是等の表及び次々に示す諸表は總てドクトル Topinard.
氏の製られたものでござります、（以下次號）

四十五號

○パリー通信（前號の續）　坪井正五郎

夫から陳列品を見ると左右相對した箱には人體解剖の摸形が入つて居る左右相對した棚には魚蛇鳥獸等及び人類の骨格が入つて居る骨骼棚の札には人類と他動物との骨格比較と書いて有る次に人腦猿腦比較表とパリー住民顔面角度表が貼つて有る、又一つの棚には物品が四段に列ぶ樣にして有つて札には人種、年齢、男女、人猿に隨つて腦の廻轉《コンヴヲリユーシヨン》に差異有るを示すとの旨が書いて有る、第一上層には大人と小兒の腦の摸形が有つて別に人の脊椎二連と猿の脊椎の圖が二枚有る、第二層にはチヲングウータンの牡（六歳）、シャクマ、バブーン（Chacama Baboon）の牝、マカヽス、レサス（Macacus Rhesus）の牝、新世界の猿（Cebus Capucinus）の腦の摸形、朝鮮人の頭骨實物、スコットランドのアバルディンで發見されたニーンダサル風の性質を具へたる頭骨の摸形が並べて有る此の終のものは一千八百六十四年の十月にプロフェッサア TURNER 氏が Quarterly Jour nal of science に圖解を載せられたものゝ摸形です、第三層には三十五歳程の婦人、十五歳の男子、五歳の男子、四歳の男子、四歳の女子、十歳の女子、六歳の女子の腦の摸形、第四層即ち最下層には二十五歳程の男子、七十歳の老夫、青年發狂の男子、中年の婦人、十二歳半の男子、十一歳の女子、又十二歳半の男子の腦の摸形が並べて有る、是等の摸形には頭骨の縫合の位置も示してござり升、次の棚には五層に分て有て第一層にはカアキス人の頭骨八個、第二層にはノールウェイ人の古骨數個、第三層には五ヶ月目の牝ゴリラの胎兒の圖一葉、古代人骨數個、第四層には五ッ月目のゴッラの胎兒の摸形二個と人猿諸解剖圖數葉が有て側にJ. DENIKER氏著の人猿解剖發生比較論が置て有る、又人腦の摸形四個と人の外耳の摸形廿一對とも有る、外耳の摸形は遺傳の勢力を示す爲に作た物で側に貼て有る通常の外耳の圖に記入して有る各部の名に當てゝ一々異同が說明して有る、最下層には遺傳に原因する六本指の足一對と左右不同大の足一對の摸形、遺傳癩病の爲に生じた變形の手の摸形が有る、次の棚は六層にして有つて第一層にはニグロの頭骨九個、第二層にはアウストラリヤ人の頭骨五個、ニグロの頭骨五個、第三層には古代人頭骨の摸形數個、新カレドニヤ人其他の頭骨、第四層には古代人頭骨の摸形數個と人頭骨五個が有つて側に一小冊 (Catlin Indian gellery in the U. S. National Museum. Donaldson 1887.) が置て有る、第五層には支那、ヰャヴァ、アラビヤ等の人の頭骨、病的人、骨最下層にはエスキモー其他の頭骨が有る、次の棚は五層にして有て第一層には人頭骨四個、同摸形二個、第二層には先史人頭骨の摸形七個、第三層にはアラビヤ人の頭の摸形、支那、ニウジーランド、グリーンランド、ラプランド、パタゴニヤ、アフリカ、アウストラリヤ等の人種の頭骨の摸形、第四層にも諸人種の頭骨の摸形、最下層には獸足骨五個、猿の手足の摸形二對が有て側にTRAMOND氏の解剖學骨格學標品摸形の目錄が置て有る、次の棚は四層に成て居て人腦猿腦の諸裁斷の模形、第二第三兩層にも同樣の物、最下層には人獸鳥魚の頭骨各小部分に分裂して比較もして有る、此傍の壁面には二枚の圖が貼て有り升が一枚はヨウロッパ人とチセアニア人とゴッラの頭骨を正面から見た所でメソセファル(中形の頭)とドリコセファル(狹い頭)との區別が示して有る、一枚は人と猿の頭骨を下面から眞直に見た所で人に在つては後頭孔が中央に在り猿に在つては後頭孔が後方に在る事を示して有る、次に貼つて有るのは哺乳動物中人類の

位置を示す表で即ち左の通り、

チードル Primates
- 一、亞チードル、人(Homo industriosna)
- 二、亞チードル、猿
  - 高等
    - Anthropoides.
    - Pitheciens.
    - Cébiens.
  - 下等
    - Arctopitheque.
    - Sémusiens.

次に貼つて有るのは LAMARK 氏の動物系圖でござります、以上は右室の有樣ですが次に中央室を後廻しとして左室に入つて見ませう、廣さは右室と同樣入り口の左右には疊一枚敷程の箱が一つ宛有りまして一つには若いブッシマンの男が打伏して居る摸形一つには同人が仰向けに成つて居る摸形が入れてござります、此の箱の內には M. TOPINARD 氏の著なるブッシマン四人の生躰調査記述も置いて有る、室の中央には筋肉を示す解剖人形四躰が立てゝ有つて陳列棚は右室と同じく四隅に鍵の手に据ゑて有る、室の四邊に通行口の有るのも右室と同じ、正面の口を入つて直の左右には人の解剖摸形、ゴリラの解剖摸形、ゴリラの骨格が据えて有る、次の棚には人と肉食動物(獅子)と草食動物(馬)の胃の摸形、人と草食動物と爬虫と魚の心臟の摸形、諸動物の腦の摸形が比較して並べて有る、又先史人頭骨の摸形も二十餘有る、次の棚には職業躰質に因て手の形に變化有る事を示す摸形數個、次の棚には古代人頭骨が數十有る、次の棚三つはイタリーの犯罪人類學 (Anthropologie criminelle) の部分、其一つには罪人の寫眞、顏の摸形及び頭骨が有つて側に一千八百八十五年にローマで開いた第一回犯罪人類學萬國公會の記錄が置いて有る、次の棚にも同樣の物品が陳列して有つて側に CÉSER LOMBRDSO 氏著の犯罪人 (L'Homme crimiuel.) と云ふ書、R. GAROFALO 氏著の犯罪學 (La criminologie.) と云ふ書が置いて有る、次きの棚にも同樣の物品と犯罪に關する地圖統計表書籍類が置いて有る其中に la D'L. FIGERIO 氏著の犯罪人類學の研究(ÉTUDE D'ANTHROPOLOGIE CRIMINELLIE.)と云ふ書も有る、犯罪人類學の部の陳列品は多くLORENZO TENCHIN. HENRI FERRI. 兩氏の出された物でござります、壁には人腦の重さの諸表が貼つて有る、之で左室も濟みましたから中央室に移りませう、此室は左右兩室の間に在る横長の室で中庭の前の界を成して居ります、正面入り口の前には左右に長箱が置いて有つて E. COLLIN. AUGUST NICAISE. 氏杯の集められた石器青銅器鉄器夥多が入れて有る、室に入つて直の右に在る箱には北アメリカの古墳から出た古器物數十、左に在る箱にはアルジェリヤで掘出した石器數十が有る、其先の右の箱には日本の石器と貝塚土器數個左の箱にはカンボヂャとコチン支那の石器土器青銅器等が有る、是等の箱の後の壁にはアウストラリヤ、ニウギニイ、ニウカレドニヤ等の現用器物が下げて有る、夫からズット右の方即ち右室の直側へ行つて見ると右室へ通じる口の兩脇に棚が有つて右の方は三層左の方は四層に作つて有る、是等には石器、骨器、角器等が夥多置いて有るが角器骨器の彫刻は實に面白いもので有る、界に沿ふて此部を廻つて見ると右の次に在る長箱には古代の人骨、獸骨、骨器、角器、次の棚には古墳掘出の装飾品夥多、次の棚には石器數百個、次の長箱には古墳掘出の人骨其他が有る、其次には石斧砥の大きなのが置いて有る、此部の中央には三層に分けた棚が二つ背中合せに据えて有つて共に青銅製の劍、腕輪、頸飾り、斧、針等が置いて有る、青銅斧の鑄型、人の頭骨に青銅の飾りの着いた儘の摸形も置いて有る是等の青銅器は總て HENRI. LOLIS SIRET 兩氏の合著東南スペインの金器時代初期(Les premier ages du metal dans le sud-est de L'Espagne.)と云ふ書の材料で則ち此書も置いて有る、中央室の左部も棚の置き方は右部と同様、何れも古墳掘出の青銅器、鉄器、土器装飾品等が列べて有つて是等の古物や其の出所に關した圖書も一所に置いて有る、扨中庭へ入つて見ると元始時代生活の有樣と云ふ建て札で獸皮張りのテントの內外に夫婦と小兒二人の居る形が實大に作つて有る之を中心として其周圍にはマンムース時代の男女二人石器製造の形、ニグロ男子二人鉄器製造の形、青銅器時代男子二人青銅品製造の形、石器時代男子三人土器を作り石斧を研ぎ石面に彫刻を爲す形、アツテック男子二人木皮にて糸を作る形、馴鹿時代洞穴の內にて夫婦鹿角に彫刻を爲し老夫一人熊の片足を肩にして立つ形が何れも實大に作つて有る、中庭と廻廊との界の一方には掘出の人骨獸骨石器骨器夥多、骨角の彫刻品數百個が置いて有り一方にはエジプト、メキシコの象形字其他文字の歴史を示す諸品が列べて有る、右室の一方に續いて居る右廊には中央に青銅器時代の男女各一人が實大に作つて庭の方を向けて立てゝ有り其後と横の棚にはグリインランドとデンマークの住民に關する人類學上の物品が種々列べて有る、主な物を云へばグリインランド人の頭骨七個同摸形數個、同土人の容貌を示す正側兩面の寫眞數葉、一千八百四十年に作つた SIMESEN 氏の頭骨測定器、人類學上の諸圖諸表、グリインランド人現用器物、デンマーク掘出の土器石器青銅器等、棚の頂上には二個の半身銅像が置いて有る、一は I. A. WORSAAE 氏(一千八百二十一年生れ一千八百八十五年死す)、一は C. I. THOMSEN 氏(一千七百八十八年生れ 一千八百六十五年死す)、銅器時代の風俗を示した實大人形の前即ち右廊の庭寄りの方にはデンマークの古墳古物に關する AMITMAND E. VEDEL. C. ENGELHARDT. A. P. MADSEN. SOPHUS MÜLLER. F. SEHESTED. 氏等の著書が置いて有る、又此度デンマークから出品した人類學上の物品の解說も置いて有る、其中先史考古學の部は SOPHUS MÜLLER 氏土俗學の部は M. KRISTIAN BAHNSON. 氏人類學の部は M. SφREN HANSEN. 氏が書かれたので有る、右廊の先の方にはデンマークの古代彫刻の有る大石の摸形が据えて有つて其先には支那人七人銅器製造の躰と同一人白字印刷の躰と神農の像が實大に作つて有る、夫から中庭の界に沿ふて左に折り曲ればエジプトの婦人四人紡績機織りの躰、カルデヤの男子家屋建築製圖の躰が實大に作つて有る、此二種の活人形の有るのは丁度人類學部の構の突き當りで是等の後にはメキシコ、エジプト、アッシリヤ、パレスタイン等の古器物が陳列して有る、左廊の奥の端にはアゼン土器師男女四人手前にも土器師男女各一人の形が實大に作つて有つて是等の側の箱には古代の土器類が夥多入れて有る、此廊の前の端は前に述べた左室の一方に連なつて居る故之で先づ一廻りてござります、尚ほ左右兩廊の外側にはアウストラリア土人日用品メキシコ古物等が陳列して有るしCARL LUMBOLTZ 氏のアウストラリヤに關する著書も置ひて有る、之から二階でござりますが先づ一休み致しませう、

（以下次號）

四十六號

●萬國博覽會場内人類學部の續き、人類學部は下と二階その二ヶ所に分かれて居りますが下の方は大概記し終りましたから之から二階の説明を始めませう、二階は下程に廣い部分を占めては居りませんで物品の陳列して有る所は凹字形に成つて居ります、下の構を角の中へ井桁を畫いた樣だと申しましたが凹字形の外側は即ち此角の外側に對し凹字形の内側は即ち井桁の内側に對し廣い二階の中で下の構の前半に對する所丈が人類學部に成つて居ります先づ凹字形の左部から見始めると第一番が大日本帝國大學の出品即ち私の取り揃へました人類學上の諸圖でござります、到着が遲かつた爲に陳列の塲所が不足に成つたとて僅に十九枚しか出してござりませんでしたが多くは會員長原孝太郎君の達筆に成つた物故甚眼立て見えまする此中には吉見百穴の圖も二枚でござります、次に南洋土人現用器物、其次に口碑俚諺會（Société des Traditions Populaires.）の出品、此出品中には書物が多い、大概の樣子を示す爲めに書名を書いて見れば左の通り

Contes populaires de la Haute-Bretagne.
Contes des paysans et des pêcheurs.
Contes des Marinés.
Légendes croyances et superstitions de la mer.
Contes des provinces de France.
Blason populaire de la France.
Contes Arabes. Histoire de dix vizirs.
Contes populaires Berbères.
Contes Albanais.
Chants Portugais.
Histoire de la littérature Russe depuis les origines jusqua nos jours.
La litterature Anglaise et les traditions populaires.
Zeitschrift für Volkskunde.
Revue de philologie Française et provençale.
Revue des langues Romanes.
Revue des Patois Gallo-Romans.
Histoire de la société Française au moyenage. (957-1483.)
La nature des dieux études Mythologie Greco-Latine.
La refrain dans la littérature du moyenage.
L'Algérie traditionelle.
Chansons populaires.
La Mythologie et la Théologie des contes d'enfants.
Melodies populaires des provinces de France.
Histoire de la chanson populaire en France.
Contes Russes.
Les litteratures populaires.
Zauber-und Besprechungs-formeln der Transsilvanischen und Südungarishen Zigeuner.
The archaeological Review. (A journal of historic and prehistoric antiquities.)
American notes and queries.
Journal of the Gypsy lore society.
Volkskunde.
The folk-lore Journal.
Wisla.
Um Urds Brunnen.
The journal of American folk-lore.
Annuaire des traditions populaires.
Revue des traditions populaires.
Devienettes de la Haute-Bretagne.
Bibliographie des traditions et de la litterature populaire des Frances d'outre mer.
Instructions et questionnaire.

其他數種、譯は掲げませんが總て口碑俚諺に關係の雜書でござります、右の中 The folk-lore journal といふ雜誌は帝國大學の圖書館へも參ります、口碑俚諺とは甲所の杜には辨慶の指の跟が有るとか乙所の岩には爲朝の射抜いた矢孔が有るとか云ふ事の類や桃太郎、猿蟹の昔話の類や嚔をすれば噂をされて居る徴だと云ふ類や、人の出た直後に部屋を掃除する物では無いと云ふ類や、俚歌童謡、子守歌の類を指すのでございます、口碑俚諺會出品の次に在るのは万字《スワスチカ》（卍）の歴史と題する圖で諸種の古物上に在る万字の類が澤山集めて書いてございます、次に左右一ッ宛の棚が有つてビルマ人及びチュニス人の頭骨が數十、チュニスのドルメンの寫眞數葉其他が置いてございます此所に陳列してある寫眞中にチュニス人の横穴の景がございますが其外貌は吉見の百穴に好く似て居ります、附箋を見ればチュニス人の葬穴と書いてございます其例に亦同様な寫眞が二枚有つて是等には穴の前に人畜の群つて居る様が寫つて居ります、附箋を見ればチュニス人の住居と有る、恐くは住居の跡を葬穴に爲るのでござりませう何れ精い調を爲る心得でございます次には諸所の塚穴ドルメンの雛形が置いて有つて側には同様の古跡の圖及寫眞、頭骨率の色分けを爲たノールウェイの地圖が貼つて有る、此地圖はドクトル C. Arbo 氏の製られた物で頭骨率の分け方は左の通り

Dolichocephalic (74, 25 —— 77, 77)
Mesocephalic (77, 78 —— 79, 99)
Brachycephalic (80, 00 —— 84, 75)

此側には H. E. Cartailhac 氏の集められた人類學、考古學の事を書た古書が陳列して有る、又ドクトル Bertholon 氏の揃へられたチュニス人の寫眞が有る是れ等はチュニス人中にアリヤン人と先アリヤン人の分子のある事を示したもので多くの寫眞中から各種一つ宛の側面を擇び出し便利の爲恐く坊主として略圖を作り之に各種の名稱を付け書きたれば即ち右の通りでございます

これからが凹字形の中央の部分、先づ第一に有るのはプリン Roland Bonaparte の集められたる諸人種の寫眞此中の一部分は東京地學協會にも有る、次にはプロフェッサア Schaffhausen 氏の集めたるヲラングウータン、チンパンジイの面と手の圖、諸人種の頭骨寫眞、石器角器の

寫眞等頭骨の寫眞其中には六歳のものと百歳のものとが並べて出して有る Schaffhausen と云ふ先生は Bonn 府の先生で會員近衛篤麿氏が去年面會された時に我々の人類學會の事を話された所先生も贊成されたとの事先生の撮影は人類學會の藏品中にある、凹字形の中央部の中央には棚が脊中合せに据えて有つて是等の内と之に對する欄干の際とには人骨測定、人躰測定の諸器械、人類學上の諸圖諸書諸摸形が陳列して有る、欄干に沿ふて廻つて見れば最初に在るのがプロフェッサア Benedikt 氏の頭骨測定器之は水盛りやセヂドライトを藉りて極々精密に頭骨の大さを測り縮圖器を藉りて頭骨の形狀を寫し取る複雜な道具、次に在るのは人躰の縱斷を畫き取る道具、次に在るのは人躰の縱斷の形を見る道具、次に在るのは人躰の横斷の形を見る道具夫から人類學上の諸雜誌ですが之は後に纏めて記しませう、棚の内を見れば最初に在るのがプロフェッサア Benedikt 氏の腦量測定器之は頭骨を倒にして、好く延びるゴムの袋を後頭孔から差し入れ此袋に連續したゴム管へポンプを仕掛け水を送り込み其水量を以て腦量を知る趣向の道具、此道具と前に申した頭骨測定器とは幸にして Bēnedikt 先生自身から説明を聞くを得ました、先生はウィーンヌの人ですが此頃パリーに逗留して居られるのです序に申すが私は前便に記した下の陳列所の或部分の説明を P. Topinard 先生自身から聞きました腦量測定器の次に在るのはドクトル Mies 氏の工夫にかゝる頭骨示形の新法標品、之は厚紙に頭骨の縱斷、横斷の形を多く畫き截り拔いて互に井桁の樣組み合せ頭骨の全形を作り出した物之には頭骨の上面下面の寫眞を厚紙の表裏に貼り左右側の寫眞を厚紙の表裏に貼り兩方共に前後の軸を半ば截て互の平面が直角を爲す樣に組み合せたのもござります、夫からドクトル Gillet 氏 Galton 氏等の種々の人身測定器、南洋諸嶋マレイ群嶋住民面部摸形四十一個是等はドクトル Otto Finch 氏の撰ばれた物又別に諸人種の面部摸形二十七個が有ります是等は Felix Flandinette 氏の撰ばれた物、次には A. B. Meyer

氏の出品なる人及び猿の脳蓋骨内部の摸形二十二個、ドクトル Hölder 氏の出品なる頭骨八種の摸形、エッフェル塔の基礎から堀出した人骨獣骨眼色の見本、夫から亦種々の人身測定器、是等の中にはドクトル P. Topinard 氏の箱入り人身測定器も有る此部に貼つてあるのハ人種類別表、人身測定に基する色分け地図、等てござります I. Deniker' 氏が人種類別表に副へられた諸人種相互の關係を示す畧圖は左の通りでござります夫から記す可きは此部に陳列に成つて居る人類學上の雑誌書籍、二三の書き漏らしは有るかも知れませんが大概は次の表の通り

先づ雑誌は

Materiaux l'histoire Primitive et naturelle de l'homme (M. G. de Mortillet 氏創立、Cartailhac 氏擔當 Ch. Reinwald, Libraire. 15 rue des aints Péres. 15 Paris 出版)

(二) Revue d'Anthropologie. (Paul Topinard 氏擔當、一、三、五、七、九、十一各月十五日發行、外國送リ一年分二十八フラン、宛書キ Docteur Paul Topinardt 105. rue de Rennes.)

(三) Revue d'Ethnographie. (ドクトル Hamy 氏編輯、Ernest Leroux. 28, rue Bonaparte, 28. Paris. 出版、一冊定價五フラン、外國送リ一年分三十フラン)

(四) Bulletin de Geographie historique et descriptive. (Ernest Leroux, 28, rue Bonaparte, 28. Paris. 出版)

(五) Archivio. l'Antropologia e la Etnologia. (Dal Dott 氏發行 Firenze.)

(六) The American Naturalist. (Leonard Scott publication Co. 29. Park Row. New York.)

(七) The journal of Anatomy and Physiology normal and pathological. (London).

(八) The American Antiquarian, and Oriental journal. (隔月出版、一年分四ドル宛書キ 175, Wabash Aeuve, Chicago.)

(九) The journal of the Anthropological institute of Great Britain and Ireland. (學會所書キ No. 3 Hanover Square. W. London.)

(十) Mittheilungen der Anthropologischen Gesellschaf, in Wien.

(十一) Beiträge sur Anthropologie und Urgeschichte Bayerns. (München ノ Gesellschaft für Anthropologie, ethnologie und Urgeschichte ノ機關雑誌

(十二) Zeitschrift für Ethnologie (Berlin ノ Gesellschaft für Anthropologie, Ethnologie und Urgeschichte ノ機關雑誌、委員 A. Bastian, R. Hartmann, P. Virchow, A. Voss.)

(十三) Archiv für Anthropologie. (Deutschen Gesellschaft für Anthropologie und Urgeschichte ノ機關雜誌)
(十四) Bulletins de la société d'Anthropologie de Paris.
(十五) Bulletin de la sociétè d'Anthropologie de Bruxeles.
(十六) Annales du cerc le Archéologie de Mons. 右の中(六)、(九)、(十三)は帝國大學へ來ますし(十)は人類學會へ來ます、

書籍は著譯

Études Paléoethnologiques dans le basin du Rhone. Age du bronze. (Ernest Chantre 氏著)
Études Paléoethnologiques dans le basin du Rhone. Premier age du fer (Ernest Chantre 氏著述)
Recherches Anthropologiques dans le Caucase. (Ernest Chantre 氏著)
Transformisme. Reponse a Virchow. (Ernest Haeckel 氏著)
Conquête du monde animal. (L. Bourdeau 氏著)
Les forces de l'industrie. (L. Bourdeau 氏著)
L. Agassiz de l'espéce et de la classification en zoologie.
Descendance et Darwinisme. (Schmidt 氏著)
L'intellgence des animaux. (**Romanes** 氏著)
La philosophie zoologique avant **D**arwin. (E. Perier 氏著)
Le cerveau et la pensée. (ch. Bastian 氏著)
La vie du langage. (Whitney 氏著)
Le cerveau. (J. Luys 氏著)
L'homme avant les metaux. (N. Joly 氏著)
Les mammifères et leurs ancètres géologique. (Schmidt 氏著)
Les peuples de l'Afrique. (R. Hartmann 氏著)
L'espéce humaine. (de Quatrefages 氏著)
L'homme prehistorique. (J. Lubbock 氏著)
Archéologie celtique et Gauloise. (A. Bertrand 氏著)
Les ages de la pierre. (John Evans 氏著)
L'age du bronze. (John Evans 氏著)
Les origines de la civilisation. (J. Lubbock 氏著)
Les types indigenes de l'Algérie.
La methode d'observation sur le vivant. (P. Topinard 氏著)
Histoire generale des races humaines. (A. de Quatrefages 氏著)
Le cimetière de Saaftingen. (Louse de Pauw 氏ドクトル Victor Jacques 氏合著)
Sur une méthode a suivre dans les étude préhistorique. (Eugéne van Overloop 氏著)
Les origines de l'art en Belgique. (Eugéne van Overloop 氏著)
Sur l'Ethnologie de la Belgique. Les cranes du cimetière **Saplon a Bruxelle.** (ドクトル **Victor Jaques** 氏著)
Considérations sur la Taille du Silex. A. Cels 氏 I. de

Pauw 氏合著)
Recherches ethnographiques sur des ossemens humains.
(Julien Fraipont 氏 Max Lohest 氏合著)
Carte anthropologique préhistorique de la Belgique.
(E. Delvaux 氏著)

書名ばかりを彼樣に列ねるのは徒に場所を塞げる樣ではござりますが如何なる物が人類學者と認められて居るかを知る一助には成らうと思ひます但し是等は博覧會場内丈の話で決して決してフランスに於ける人類學の有樣を示すと云ふのではござりません

凹字形の中央部から右部に移る所の境壁には一面にはモスコーの Charles Fischer 氏の出品に係かる諸人種の寫眞數十枚、Paulnadar 氏の出品に係かる容貌變化の寫眞二十六枚、顔面及び頭骨の混合寫眞數枚が貼つて有り一面には M. Risly 氏の出品に係かるベンガル人の寫眞數十枚が貼つて有る此中で容貌變化の寫眞が珍らしく思はれるのは一人の老人が他の二人と談話する所を少し宛時を隔てゝ早取りで寫し取つたので談話の模樣に随つて容貌の變ずるのを明かに示したるもので有る、各の寫眞の下には其時の言葉が添へ書きして有る故好く比較する事が出來る、凹字形の右部の最初に在るのは M. Risly 氏の出品にかゝる印度人五人の實大人形、夫からカルカッタ人の寫眞數十枚、人身測定器、次にベルギイの人類學と書き付けた棚が有つて之に頭骨四十二個、古代土器數個が入れて有る、ベルギイ人の人類學に關した書籍も共に陳列して有りますが既に前の目錄に混じて書きましたから改めては記しません、此他は諸地方から出た古器物數百個と古墳の内部を現形の儘に示したもの二箱と諸遺跡の圖數十枚でござります、之で先づ人類學の部の巡覽を終りました、

●萬國博覽會人類學部物品陳列の評、棚の片隅に鉢植えの五葉松有り次に藁にて根を包みたる萬年青あり次に鉢植えのサボテン有り次に又鉢植えの五葉松有り其隣に石菖の水盤有り其下に石臺に植たる柘榴有り其隣にへごに

着けたる忍草有り其隣に根こぎにしたる夏菊有り、一千八百八十九年パリー府開設萬國博覧會人類學部物品陳列の模様は之に似たる所無しと云ふ可からず、緣日商人の植木棚に似たる所無しと云ふ可からず嗚呼、パリーは人類學の中心とも言はるゝ地に非ずや、本年の萬國博覧會は規模廣大なるものに非ずや此地に開きたる此會の中此專門の部にして物品陳列の法が理學的で無いとは如何なる譯であるか有名な人類學者の整理したものを私風情の者が彼此云ふのは實に蟷螂が鉄車に向ふ樣に見ゐるでござりませう併し蟷螂にも眼があります、車輪の圓いかイビツかは見分け得る積でござります、大佛の坐像は取り除けとして評は止めても正面入り口の前に在る古墳内部の現物、各地掘出の古器物、ブッシマンの實大摸形等は何の故に最初に出て來たのか譯が分からず正面入り口三所の中何れが第一だかも示して無いがトピナード先生の言に隨つて右から入つて見た所が人躰解剖と比較解剖との標品は此室にばかり集まつて居ると云ふでも無く中央室を飛び越して左室にも一部二階に上つて中央部にも一部有る事故好く見やうとするには此所彼所奔走しなければならず、石器も所々方々に一群一群に列べて有つて比較に不便だし銅器鉄器も其通り角や骨に細工した彫刻物こそは此所ばかりに集まつて居るのだらうと中央室のを熟視して後に中庭に出て見れば此所にも連れが澤山有る掘出品許りと心得て見て居ると現用品が混じて居たり現用出かと思つて見れば古代の物を想像して作つたので有つたり諸人種の頭骨諸人種の寫眞諸人種の摸像がチリ〳〵バラ〳〵に置いて有つたり一番始に有つた古墳内部の現物二箱と並べて置くべき同樣の物二箱が二階の片隅に置いて有つたり實に意外な事だらけ、專門家の爲に作つたのなら取調べ上の不便言ふべからず專門外家外の人の爲めに作つたのなら斯學の主意を解する事難し何れにしても陳列法宜きを得たりとは決して言ふ能はず骨董會とか好事會とか云ふものなら深く咎めるにも及ばず一千八百八十九年パリー開設万國博覽會人類學部としては實に不出來と言はざるを得ず、出品が少く出品が價直少く有つたらば此感じも起らなかつたかも知れませんが出品が夥く出品が價直多いから誠に遺憾に思ひます、付箋に注意さへすれば解かる事では有りますが一寸通り掛りの縦覽人中には陳列の意が知れない故に人身測定器を見て醫術器械、諸人種の眼色の見本を見て入れ眼だ抔と早合點する者がござります、三月の雛にも飾り方有り、五月の幟にも建て方有り繪の順が好ければ讀まなくとも草双紙の作意は大概推量出來るものなり千字文を截り離して投げ出しては讀み得る者幾人かある、當局者は斯道の學者なり必此陳列法を以て充分なものとは信じて居られぬならん、信じて居られる筈が無し、熟ら不都合なる陳列の現はれた原因を考ふるに全く室の都合、棚の都合、箱の都合右左相對前後照應抔と云ふ所に在る樣なり、物品は本なり、入れ物は末なり、入れ物の形狀大小の爲めに物品陳列の法を曲げたるとは呉々も、残念なる次第ならずや私は物品の好く集まつたのには感服します、列べ方の好く無いのは遺憾に思ひます、緣日商人の植木棚の草木の樣で無く理學的の植物園の草木の樣に是等の物品が順序好く列べて有つたならば人類學部設置の功は更に大でござりましたらうに遺憾なる哉、遺憾なる哉、

●然らば如何に列べるが宜きか、物品の列べ方は各部區々では宜からず、一主義を貫徹しなければ不都合なり、當局者の輿論が Topinard 氏の旨を容れるならば第一に縦覽の巡路を示す札を掲げ人躰解剖比較解剖の諸標品、人身測定人骨測定の諸器械、諸人種の摸像寫眞頭骨、人種學上の諸表諸圖、諸人種の現用器物、住居墳墓等の寫眞雛形、掘出の石器、銅器、鉄器、土器、知識の度に隨つて異同有る事を示す腦の摸形、犯罪人に關する人類學上の諸標品と順に列べ各部に屬する圖書は各正當の場所に置き一般に關する書や雜誌、雜書は終の部へ纏めて置くが宜しいと思はれます、

四十七號

●武器博物館、之はナポレヲン第一世の廟に引き續いた大建築の内に在つて古今諸國の甲冑刀劔馬具銃砲等總て種々の武器が蒐集して有る館内が諸部分に區別して有る中で我々に取りて最も面白いのは土俗學部でござります此所には諸人種の男子が各自其土俗に從つて爭鬪に臨む時の服裝を寫し武器を携へて立つた形が實大に作つて陳列して有るので人形の總數は七十二躰、猶精しく云へば左の通り、

（數字は人形の番號）

アフリカ人
- ベルベール人　一、カビール人、二、メザブ人、三、マロコ人、四、トウアレック、
- アラビヤ人　五、南アラビヤの酋長、六、アラビヤ歩兵、七、アビシニヤ人、八、ザンジバルのアラビヤ人、九、アデン海濱のアラビヤ人、
- プール人　一〇、ヌビヤ人、一一、一二、セ子ガル人、
- 高ナイルの黑人　一三、ベルダットの黑人、一四、ガラス人、
- ギニイ海濱の黑人　一五、ガボン人、一六、ギニイ人、一七、カフアー人、一八、一九、マダカスカル人、七二、カフアー人、

オセアニア人
- 二〇、二一、ニウカレドニヤ人、二二、二三、アウストラリヤ人、二四、ニウヘギニイ人、二五、アドミラリチイ島人、二六、ニウ、ヘブリッド人、二七、ソロモン群島中サンクリトヴアル島人、二八、ヴィチ島人、二九、パプア島人、七一、ニウギニイ人、三〇、ボルチ子ヲ人、三一、マレイ人、三二、カロリン島人、三三、タイチ島人、三四、ニウジイランド人、三五、三六、マークィス島人、三七、ハワイ人、

アメリカ人
- 三八、三九、四〇、四一、北アメリカ土人、四二、ガイアナ人、四三、ブラジル人、四四、イクエタア人、四五、ブラジン人、四六、ペリュー人、四七、ブラジル人、四八、ブラジル人、四九、ペリュー人、五〇、ラプラタ人、五一、メキシコ人、五二、五三、エスキモー人、

アジヤ人
- 五四、朝鮮人、五五、安南人、五六、五七、五八、五九、日本人、六〇、六一、六二、六三、六四、支那人、六五、六六、六七、六八、印度人、六九、サルカシヤ人、七〇、アルバニヤ人、

右の中二〇は第三圖の一三と同樣の石器を持ち、二四は同く一に似た石器を持ち、二五は同く一六に類した石器を持ち、三一は築紫鉾に似てウチリの有る小さき劍を持ち、三四は東京人類學會雜誌第十九號三一七ページに載りたる(に)と同樣な石器を持ち、三七は第三圖の三七と同樣な石器を持つて居ります、

武器博物館には此他に石斧石鏃石槍の類も集めて有つて

人類學に志有る者の必ず行く可き所即ち前便に記した博物館の名の中に加ふ可き所でござります、

●古器物模造品の印し、古器物の中には得難に物が多く有りますから比較研究の用に充てる爲模造をするのは甚好い事でござりますが模造品には直に模造品と云ふ事の解かる樣な印しを付けて置かないと大なる間違ひを生ずる事がござります、大きさ、形、色丈を示すとて模造には物をば印しの無い爲に眞物だと思ふと其物質、堅さ、重さ、摩擦の跟迄も實に斯く有るかと思ひ誤るが如きは誠に研究上の妨げで益を得る爲に作つた物が反つて害を爲します、殊に出來の好い模造品へ印しを付ける事を怠つてゞも置かうものなら時日を經るに從つて終に眞物と混ずる恐れが有り夫れのみならず或る蒐集品中に一個の模造品が混じたと云ふ事に成ると正しい物迄が怪し氣に成る恐れがござります、前に申した武器博物館中石器時代物品陳列部には模造品も隨分多く置いてござりますが是等の臺には一々梅の花瓣程の大きさの紅い印しが付けて有つて陳列箱の上の立て札に之れは模造の印しありと書いてござります、彼樣なのは見分けが付き易く誠に便利で他の博物館で札紙の隅に小さく模造品と書いて有るのに比ぶれば遙に好い趣向でござります、

●古器物破損の修繕、古器物は破損した爲に質の好く解かる事が有るので其儘にて用を爲す事も多くござりますが全形に因つて考案を付ける爲には修繕も必用でござります、併し此修繕も前の模造と同樣で遺存の部分と區別の付き易い樣にして置かないと往々有害と成ります、修繕の行き屆き過ぎたのは見る人の考を助けると云ふよりは反つて見る人を欺くと云ふ事に成ります、諸所の博物館で破損した古器物の全形を示す仕方を色々見た中土器に於てはルーブル博物館にて用ゐる仕方即ち破片を繼ぎ合せて不足な部分を新たなる土で補ひ其部には模樣を付けぬ仕方が最も好く思はれ石器に於ては武器博物館にて用ゐる仕方即ち打製石器は之を括り付けた板の上に其不足の部を書き磨製石器は木を以て不足の部を作つて共に板に括り付ける仕方が最も好く思はれます、

●埴輪土物の陳列法、ホテル、ヅ、クルニイ博物館、ルーブル博物館、トロカデロ博物館では完全な土器とか人形とかの大きな物にして周圍の各部を示すの必用有る品物は多く一個宛石柱又は石柱に擬した本箱の上に載せてござります、臺の高さは品物が大なれば低く品物が小なれば高く何れも其物の周圍を廻はつて見れば各部が好く解かる樣な度合に作つてござります、何品でも周圍の好く見ゆるに越した事はござりませんが埴輪土物は殊に周圍各部を示す必用がござりますから之を陳列するに方ては右の法を用ゐる度ものでござります、中心に木柱を立てゝ之を臺に固著させて置けば倒れる患はござりません、只一寸見る分には戸棚の內に在ても部屋の隅に在ても差支へはござりませんが精く見やうと云ふ度毎に古物を動かして居ては不便でも有り且は損所も生じ易うござりすから一般に此陳列法に從ひ度ものと思ひます、

●物品陳列上に鏡の應用、ルーブル博物館實物の部には陳列段の縱の板即ち陳列品の後に當る面には鏡が用ゐてござります、之は恐く陳列段を美しく見せ品數が多くて賑かな樣に見せる爲に仕た事でござりますが品物の後側迄が見える故精く見る者に取りては其點に於て益の有る仕方でござります、實物に限らず他の物品の陳列所でも物に因りて此法を用ゐる樣に仕度もの、又表裏兩面を同時に示す必用の有る物はガラス板の棚に並べ此棚を三四寸程の高さにして下に鏡を平らに置いたらば至極宜からうと思ひます、此鏡棚は私の新案で未だ何所でも見た事がござりません、諸君御試みを願ひます、（以下次號）

四十八號

●人類學博物館　人類學博物館と云ふ名丈は前便に記して置きましたが玆に更めて其概况を記しませう、此博物館はパリーの東南隅に在る植物園（Jardin des plantes）の搆內に有りまして比較解剖學の博物館と續いて居ります、開館は日曜日の正午から午後四時迄と火曜日木曜日の午後二時から五時迄、標品陳列所は樓上で都合十三の部屋が鍵の手に連なつて居ります、先づ一方の端から見

物を始めますに第一室には土中掘出の古代人骨及び是等と共に發見された石器土器類が並べてござります、頭骨の數は三百餘、骨格の挾まりたる石（Anthropolithe）も數塊、最も貴重なる頭骨には一々特別のガラス箱が被ぶせてござります、此室の左にも一室陳列所がござりますが未だ整頓せぬ爲縦覽は許してござりません、右隣の室即ち第二室には印度人其他の頭骨四百餘、首の摸形（白色）百餘、銅像石像ミイラ等を陳列し壁には諸人種の寫眞數十枚諸人種の毛髮を集めたる額數枚が掲げて有る、第三室には全躰骨格三十餘、頭骨四五百、肩から上の摸形（白色）十餘、首の摸形（白色）百二三十、面部の摸形（白色）四五十、ミイラ一、諸人種の畵像數十、第四室にはエジプトの物を集む、頭骨七百、全躰骨格四、ミイラ四、木棺一、ミイラの首十一、ミイラの毛髮を集めたる額一、第五室にもエジプトの物を集む、頭骨百四五十、全躰骨格十一、肩から上の摸形（白色）六、手足の摸形（白色）數個、腹部摸形（白色）二、首一、此室には支那の物も有る、頭骨四五十、肩から上の摸形四、面部の摸形數十、腹部の摸形三、首の摸形數個、此室には又日本人の頭骨も十五六有る、第六室には支那男女の銅像各一、支那人全躰骨格一、支那人の足及び腹部の摸形（白色）數個、其他は北アメリカの物で頭骨が二百計り其中彫刻の有る物三、首の摸形百計り肩から上の摸形六七個、面部の摸形二三十、寫眞數十、畵數枚、高さ一尺程に作つたアメリカ土人の人形二、第七室もアメリカの部で頭骨百餘、肩から上の摸形數十、ミイラ六、寫眞數枚、高さ三四尺に作つたアメリカ土人の人形二、アメリカ人の毛髮を集めた額數枚、第八室は南アメリカの部頭骨數十、男子全身の摸形一、畵數枚、第九室はアフリカの部頭骨形數個、ホッテントッツ女子全身の摸形、第十室もアフリカの部頭骨數百、全身摸形數個、第十一室はオセアニアの部頭骨數百、全躰骨格十餘個、人形一、寫眞數十、第十二室もオセアニアの部頭骨數百、毛髮の額數枚、尚是等の他に病的變形、骨格の摸形、異形胎兒の實物保存等がござります、以上は極々の概況を記したものでござりますが研究材料蒐集の盛なのは充分に知る事が出來ませう、

明治二十三年（一八九〇）

四　坪井正五郎「ロンドン通信」

（『東京人類學會雜誌』第五十號）

○ブリチッシ、ミュージアムの事　ブリチッシ、ミユージアムは人類學に志有る者の行きて見る可き博物館でございます、其位置はロンドンのグレイト、ラッセル、ストリートと云ふ所でラッセル、スクエヤアとブルームスビュリー、スクエヤアとベッドフォード、スクエヤアとの間に挾まつて居ります建築は甚複雜で短く說明する事は出來ませんから只間口が七十五間程奧行が七十間程の二階造りと云ふ丈で筆を止めて置きませう、此博物館の起りは一千七百年(寬延三年に當る)に Sir John Cotton が其祖父 Sir Robert Cotton の集めた諸筆錄をばイギリス國民に贈つたのに在つて尋いで一千七百五十三年に國會が Sir Hans Sloane の蒐集したる筆錄印本古器物民俗學《エスノグラフイー》上の物品等と Harley氏蒐集と稱せられたる者と筆錄とを購求の前の諸筆錄及び以後增加す可き物と共に保存して公益に充てん爲一舘を設ける事を議決したのが基礎の漸くに固く成る始めでございます、翌年に至て是等の諸蒐集品はブルームズ、ビュリーのモンタギュ、ハウスと云ふ一舘に集められ一千七百五十九年の一月十五日始て公衆の縱覽に供する樣に成りました但し古器物と博物學上標品の陳列所には書面を差し出して縱覽券の下附を乞ふた者に限りて入塲を許す事で有つて夫も最初の中は一日十八に限り各人は在舘三時間と定められて居つたのでございます、縱覽人は各自の勝手に諸所を見る事が許されて居りませんで何れも舘付きの役人に導かれたものでございます、在舘時間は追々延ばされまして一千八百十年に至つては一週の中三日は午前十時から午後四時迄公衆の自由縱覽を許す樣に成りました、書籍物品共に追々と增加して從前の建て物では狹隘を感ずる所から一千八百四十五年にモンタギュ、ハウスを取り崩して其跡へ新に大建築を致しましたが之即ち現在のブリチッシ、ミュージアムの主なる部分でございます、一千八百七十九年の二月から物品陳列所開館時刻は左の如くに改まりまして今に其儘に引き續いて

居ります、
月曜日、水曜日、金曜日、土曜日は全館火曜日、木曜日はイギリス古器物、中古器物、土俗學上物品、日本支那陶器、日本繪畫陳列所の他、毎日午前十時より、十一、十二、一、二の四ヶ月は午後四時迄、三、九、十の三ヶ月は午後五時迄、四、五、六、七、八の五ヶ月は午後六時迄、七月の半より八月の末迄は月曜日、土曜日に限り午後七時迄、五月一日より七月の半迄は月曜日、土曜日に限り午後八時迄、
諸物品の增加する中にも考古學上の物品と博物學上の標品とは殊に增加する事甚多く大建築も終に不足を訴るに至り一千八百八十年から一千八百八十三年の間に博物學上の標品はサウス、ケンシントンのクロムウェル、ロードの新館に移されました今日舊來の館に在る物は圖書、古器物、土俗學上物品、東洋美術品等でござります同所の事は他日に讓り物品の事を申しませうに是等は實に好く集まつては居りますが其分類に至つては甚服し兼ねます、ブリチッシミュジアムで編輯に成りました案内書に因て表を作れば藏品の分類は左の通りでござります、

藏品
- 古器物
  - 一　彫像、彫刻、建築遺物、
  - 二　土地と時代とに關せず小さき物品、（貨幣、賞牌、土器、銅器、先史遺物、日本支那の繪畫陶器、東洋宗教に關係の物品等）民俗學上の物品、
- 圖書
  - 印本
  - 筆錄

私は世界に名を轟したるブリチッシ、ミュージアムにして斯く不道理な分類を用ゐるは何の故たるを解す事が出來ません、貨幣以下種々性質の異つた物を總括するに土地と時代とに關せず小さき物品とは實に思ひ掛け無い呼方ではござりませんか、是等に對した民俗學上の物品は何故に此部中に入らぬのでござりませう、案内書の文意を考へますに小さきとは彫像、彫刻、建築遺物に對しての語でござりますが實際は多くの彫像よりも遙に大きな物が此部中に含まれて居ります、エジプトのミイラの木棺の如き即ち其例でござります、此部中には既に時代に關せずと有る通りで現今の物もあり民俗學上の物品も多く

は現今の物で有るのに是等をば古代の彫像、彫刻、建築遺物と等しく古器物と云ふ稱への下へ置いたのは如何なる主意で有るか更に解す事が出來ません、

エドワード、エ、ボンド氏（プリンシパル、ライブラリヤン）は案内書緒言の末に於て「……蒐集品は物好きや一時の慰みの爲に示して有るのでは無く工藝と考古學とに益の有る樣にとて示して有るので有る……」と書かれましたが之又私の疑ふ所でござります、嗚呼氏は貴重なる民俗學上の物品をば度外視さるゝのでござりませうか、是等は考古學の範圍内の物でも無く（假令分類上古器物と云ふ稱への下に在るにしても）工藝家の參考にも緣が遠ひと思ひます、私の目にはブリチッシ、ミユーシアムの藏品は人類學を益する事が極めて大きいと云ふ事が見えます、殊に土俗學上の物品の如きは人類學研究者に取て實に大切な物で有るのにボンド氏が其事を書かれないのは如何なる譯か誠に奇な事と考へます、此博物館の藏品は決して工藝と考古學とを益する計りではござりません私は竊に人類學の爲博物館の爲人類學と云ふ語の彼の文中に載らなかつたのを惜みます、尚此博物館の事に就いては追々に通信致しませう、

パリ萬國博覽會中人類學上ノ出品分類、パリ萬國博覽會には人類學上の出品か澤山にござりましたか一ヶ所に集めて有つたのは「工藝温故及び人類學的諸學博覽會」と稱する所でござりました、陳列法の宜しく無かつた事は既に申しましたが分類も亦甚感服致し兼ます、目錄の前書きに因れば此部の分類は次の通りでござります、

工藝温故及び人類學的諸學

- 一 人類學的及び民俗學的諸學（人類學、－民俗學 とも稱す）
  - 甲、人類學、
  - 乙、民俗學、
  - 丙、考古學、
- 二 學藝、
- 三 工商、
- 四 運搬用具、
- 五 戰術、

私には工藝温故と人類學的諸學とを連ねて呼んだ意が解りません、若し工藝温故と云ふ部が人類學上の調べの爲に置れたのならば無論人類的諸學と云ふ内に含まれて居る故別段に此名目を付けるに及ばず若し又人類學上の調べから離れたものならば「及び」の語を以て性質の異つた二種のものを結び付け一つものとして更に五つに分かつ

理は無いと思ひます、併し五つに分けた中の第一に人類學的及び民俗學的諸學と有る所から考へれば殘りの四つが工藝温故と云ふ方へ屬するので工藝温故と云ふ事と人類學的諸學と云ふ事とは固より別よして有るのと見えます、結び付ける理の無いと思はれるものゝ結び付けて有るのは陳列所の都合から起つた事で一つ館内よ在るから斯く一つよして有るのかと思へば、左樣でも無く第五の戰術よ屬する物品は他の物品の陳列所とは半里も距たつた所の軍器陳列所よ列べてござりました、愈以て結合分類の意が解りません、五つに分けた事よ於ても疑がござりますが姑く措いて其中の第一の事丈を申しませう、目録書中所よ因て「人類學、—民俗學」と記してござりますが之は恐く人類學的及び土俗學的諸學と云ふのを短縮したのでござりませう、何れにしても人類學と土俗學とは別科として有る樣でござりますのに是等をば工藝温故及び人類學的諸學と云ふ稱への下よ置いたのは如何なる意でござりませうか、若しも工藝温故と云ふ語よ幷べたる人類學的諸學と云ふ語が的諸學と云ふが故に民俗學をも

「一人類學的諸學と人類學なる二語は區別しなければ成らぬ、人類學的諸學とは何學にも有れ人類の事を詳細完全に知るに於て用有るものを含み、人類學とは人類をば動物たる點に於て調べる丈の學問で有つて社會を爲したる人類即ち人民に關したる民俗學上の調べや、心理學の範圍たる性心上の調べハ此學の關する所で無い、

二、人類學も亦二つに分つ可し人類學各論とは古今の諸人種を研究する學問で第一に人種の識別を爲し夫より躰格生理上の説明を爲し、起原變遷を調査する、人類學總論とは類人一般に關した事を研究する學問で近似動物との比較、起元の一か多か及び古來の系統即ち人類か現在の如くに成る迄には如何なる形狀の變化を經て來たかを調査する、」

左に記しました一の中に「人類學的諸學とは何學にも有れ人類の事を詳細完全に知るに於て用有るものを含み」と有るからには人類學其者も無論此中に含まれて居るのでござりませう、然れば一二に記す所を表にして見ます

と次の通りに成ります、

人類學的諸學
　一、人類學……｛甲人類學各論、乙人類學總論、
　二、他の人類學的諸學

是に由つて見ますれば民俗學考古學抔は「他の人類學的諸學」と云ふ方へ入る可き筈でござりますにチュニス人穴居の寫眞、チュニス人墳墓の雛形、ニウカレドニヤの土俗學上の物品、土俗學雜誌（レヴーデトノグラフィー）等は目錄中人類學の部中に入れてござります、人類學の範圍が廣いのでござりませうか目錄が誤つて居るのでござりませうか、人類學の定義が格段に前書き中に記して有る所から考へれば目錄の方を誤まりと見なければ成りますまい、併し之はパリ萬國博覽會に就いて云ふ丈の話で私は今後に人類學なる語は依然として廣い意味に用ゐます、

（パリ日本人會にての演説を參考有れ）

明治二十六年（一八九三）

五　神谷邦淑「博物館」

（『建築雑誌』第七巻第八十一、八十四號、第八巻八十五號）

○博物館

正員　神谷邦淑

序論

博物館は何等の必用ありて起る乎、卒然之を觀只一種都會の盛觀を添ふるの贅物たるに過ぎずとなすは抑々過てり矣、何りや此一塊の建物は能く國華を輝かし、國粋を保ち學者を助け、凡俗を導き而して製造工藝を美にし而して殖産興業を盛んにす、視來れは是れ富國利民の根源にゑて經世上復た此くの如き有益の建物あらさるなり

是故に歐米の諸國夙に競ふて多數の博物館を設け以て無量の國利を致せり其益する所は其種類に隨ふて異なりと雖も其國民を利するゝ則ち一なり而して其最も利國の目的に適するものは主として新古美術品、工藝品の蒐集にして、而して博物館なる一私物に就ていへは其古美術品に富めるを以て最も誇るへき點となす近代の物件は得易く古代の珍奇は甚た得難たけれはなり

抑も我國創建以來年を歴ると玆に二千五百五十、復た世界の古國と謂ふへし其間た漸次發揮したる美工妙技亦實に多し矣而して此の無量の寶什は曾て外夷に奪はれは只自然の朽腐に歸し或は祝融の禍に逢ふて惜ひ哉減却せしもの亦少なゑとせず後の志あるもの其遺る所に就て美を繼ぎ妙を傳へんと欲ゑ普く四方を浪遊し僅に二三を千百の中に目撃して而かも能く其心に合せるあり輓近數十年以還忽ち我仙境を世界に開き我珍奇を外人に賣り我か秩序支離我か粹華壞裂而して之を救はず豈悲まざるべけんや之を救ふて其亡びを防ぎ併せて有志の士が四方を浪遊するの徒勞を免かれしむるものは夫れ只博物館の建設なる哉

夫れ我が奈良は以て羅馬に比すへく我京都は以て巴理に比すへきは近時學者の已てに言ふ處の如し其美術に富むや實に西人の非常に驚歎する所たり而して舊廢救はさるは彼れの如し邦人か徒らに新様の利を歐米の糟粕中に求めんとして反つて墻壁の中に絶美の利源を抛擲するは愚も亦極まれりと謂ふへし矣

當局の人玆に見るあり奈良京都に於て將さに博物館を起さんとせり吾人は我一國の利源を起す爲め及ひ同地方の公衆の爲めに甚た喜ふものなり若し夫れ他の製工業の振起せる盛邑と教育の盛行せる都會とに至りては漸次に此般の建物を興さゝるへからず

余や淺識原と理數の學礎を欠く今玆に博物館建築の要點を述んとして未だ完全なる組織を遂げず慚愧極まりなし只僅かに得る所の材料を束ねて左に之を錄するのみ

原名及沿革

博物館は英國に於て「ミユージアム」と稱す希臘の Mouseion より來る名なり元と是れ「ミユーゼー」なる女神を祀る所なり

ミューゼーは羅甸にて Muse 希臘にて μοῦσαι と唱へ希臘神學に於て處女神にして詩歌及音樂の術且歷史及天文の學を支配せるものと想定せるなり

二千年以前の往古希臘に於て始めて此室を建てミューゼー神を祀り其像前に於て繪畫彫刻を製し之を其堂に納め詩歌音樂踏舞演劇を行ひて之を其堂に奉納したるもの堆積して遂に一の物品蒐集場となりたり即紀元前二百八十年にアレキサンドリヤに於てドレミー、フヒラデルフアスか計畫せるものを以て此種の最古とす大節用集の記する所に依れはアレキサンドリヤの宮殿の一部にアレキザンダーの身躰を容れたる黃金の柩を藏する殿宇及非常に壯麗なる屋室を抱有せり學者の爲に幽處を與ふるの目的を以て玆處にミューゼアムなる名を付したり而して學者は此處に寄食し廣室ありて文字の會話をなすに供し遊廊ありて種々の需用品を供給し以て彼等をして十分に文字に從事せしむ而して此れに書籍館を創設せし所のフイラデルプス(前出)が此二國の規律を定め學者を奬勵し而して學舍及諸科の教師室を分ち該教師等は相當の報酬を分與せられたり而して此の建物は其後クローヂウス帝の爲めに大に擴張せられたりと云是れ最古の歷史なり我國に於ては一千年前弘法大師か綜藝種智院を東寺に置き群衆を薰陶せしは殆んと是れと同一轍にて後遂に廢絕去て傳はらす

現今の意義を以てする博物館は十六世紀の頃より始まり其出品は博物學を修めたる多數の人に蒐輯せられたり爾來各都會には日を逐ふて小博物館を建設するととなれり

今岡倉文學士の沿革期別に隨へは之を四段に分てり即第一期は最古の時代にして前已に述へたるか如し第二期は四百年前歐州の文物復古のときにあたり當時の豪族が各自奢美を競ひ爭ふて天下の珍貴を求め所有の富豐を誇り時々其知友愛顧を引て展覽せしむ羅馬法王がバチカン殿の物品、コスモーメデチーカフロレンスの博物館の如き此例なり現今以太利の博物館は此例によりて成りたるものなり、日本に於ても東山殿のときに當り天下の珍器を集め自他に誇ることありしも同轍の例にして特に豪家巨屋に止らず苟くも餘裕の財產を保つものは比々として珍を採り奇を求めて奢侈を競ひたり然とも未た一般の人民に縱覽を許さゞりしは東西同樣となす第三期は僅かに百年前に係れり文物の旺盛に從つて人民高尙に賤み美術の必要を感して古昔の物品を觀んことを望み豪族所有者は之を拒絕しドレスデンの博物館にて大に物議を起したるも遂に公衆の權力を以て之を排斥し一般人民の縱覽を得るに至れり現今はドレスデンが其博物館に依て生活を維持する有樣にして益々人民一般の必要を感したりと云ふ千八百三十一年一世拿破崙が民心を收攬する爲め古來の珍奇を集めて博物館を起せしはルーヴル是なり伯林府に於てトアリチンユに博物館を新築し公衆を放て縱覽を始めた

るは千八百二十八年なり以上の博物館は新古の美術品を區別することなく得るに隨ひて之を陳列するの裝置にして分類の法なり錯雜することと日本の博覧會に齊しき蒐集法なり想ふに第一期の如く神佛に奉納せるは已に其例多く見る所あり又第二期の如く豪族富家異種珍物を蒐して徒らに我知己にのみ誇り示す奢靡の餘弊あり又第三期の如く分類法の立たざる新古錯雜の博物館あり要するに其年紀の差あれとも其因て來る所は東西稍同轍に出るに似たり第四期は十五六年前より學問の課類生長するに隨ひ分類法の必須を感し今日に至て一學一科其方式を追ひ展覽するを要務とせりと是れ同氏の述る所なり沿革の大略此くの如し

目的及利益

博物館の目的ハ過去及現在の物件を保存貯蓄するにあり而して其利益は公衆をして是に就て考究せしむるにあり然れとも現今の博物館に無數の種類ありて隨て其目的と利益を異にす今其種類を擧くれは一切萬物を網羅するものあり英國博物館の如き其大なるものなり即同館には書籍類、古代品、動物、地質、金石、植物及圖畫等にして尙他に一部を別に有せり我上野博物館は規模小なりと雖とも亦此類なりとす次に天産物のみを有するあり英の南ケンシントンの如き其大なるものなり古代品のみを有するあり佛のミューゼー、クルニーの如し或は繪畫彫刻等の美術を藏するあり我國にては特に之を美術館と稱す工藝品のみを有するあり工藝と美術とを合せるあり其美術と工藝とに關せるものは世界に其數尤も多く佛のルーヴルは古來の美術館にしてルクサンホルクは新設なりトロカデロは彫刻比較館にしてバレイアンダストリーは工藝館なり南ケンシントン及伯林の美術館の如きは美術品貯集の外工藝教育を施せり或は商業博物館工業博物館あり臨時博物館あり其他諸學科の各專門に屬するもの及前諸種の一枝類を貯藏するあり設令は天産物の內動物館、金石館、水産館、農産館或は人種學博物館、氣象學博物館の如く或は美術館の內繪畫館彫刻館と分つか如く商業博物館の內標本館專買館の如き是なり而して漸次其各科の專門に分つの趨向あるは爭ふへからさるの風潮なり

書籍房を諸種の博物館に兼有するの例甚多し其專門に至るに從ひ益々其便利を與ふるものにして其物品を考究するの上ふ於て大に助力を得らるへきなり或は演說堂を抱有するあり其考究上の演說をなすに便す或は教育部を付屬して學生を養ふと伯林美術館の如き皆有益の計畫とす

種類の大略夫れ此くの如し其目的の異なる知るへきのみ然れとも之を要するに蓄藏保護の點に至りては即ち一なり而して世人の考究に浩科を與ふるや亦相同し但其古代品の保存に至ては其利蓋し他の物件と大に同しからさるものあり何そや古代の奇珍は一たひ失ふて復得へからさるものあり而して國家の粹美は實に此般の物に淵源す若し之をして

完全なる保護を蒙らさらしめハ其朽敗自ら迅速なるのみならす諸種の災禍亦之に加ふるの恐れあり況んや之を貯ふるの人永世其富豪を續くものに非すして遂に其秘藏の奇珍を擧て放却需買するに至るものあらん皆以て國寶を滅亂するものなり而して能く其保護を托して安全に且つ其價値を發して確實ならしむるものは獨り博物館の恩惠のみ後人之に依て以て容易に絶美の摸範を得ると大に他の近代製工品或は天工物の視察考究より貴からずや

公衆の慰觀に供するも亦博物館の一利なり其他學者及實業者に在て此館の有益なる已に之を論するに及はず其下流の人物にして目に一丁の字なきものは再ひ其子をして其下等の生活を相續せしめ博徒と成長し酒漢と進化するに必するものは是等の徒をして弘く造化の機功を視洽ねく智者の妙工を知らしむるときハ一朝或は立身の大志を感起せしむるとなきにあらす況んや我國の美術は世界に高聲を擅にするものにして是等の意匠製作に向つて摸範を與ふるものは夫れ美術館なる歟

ドクトルフェノロサー氏嘗て美術館の必要を論して曰く美術は機械的にあらず心の感得物なり歐州の美術教育の弊は其意匠を捨てゝ其手法のみを教ふるにあり其手法は如何程巧みなるも惡き意匠を顯はさは美術と云ふへからす故に今日本にて美術を教へんには先つ意匠は如何に考ふへきか意匠は如何なるを善とする乎を教へさるへからす而して其教育法には只一あり古人か顯はす所の意匠如何を見るにあるのみ美術の妙所は規則を以て教ふへきにあらず只感得すへきのみ古名人の物を多く見れは自然に感得するを得へし故に美術教育の第一は古名人の遺物を多く蒐集して博物館を設くるにあり漫りに集めたるのみにて錯雜して規則なけれは其益少し故に歐洲の美術博物館にては美術外のものは之を交へず其粋を抜き順序を立て一見其要領を得るに便せり故に如何なる貧人窮生にても就て研究するの自由を得るなり日本に於ても此博物館を設立するを緊要なり云々

ドクトルビゲロー氏亦此等に就て言ふ所あり皆以て適切の語たり曰く現今社界の精神を考ふるに日本國家の力は美術工藝に頼らさるを得さるの兆候あり故に幸に存在せる過去の美術品は十分に之を保護し將來の種子とせさるへからす而して其種子を以て從來の設計を改良し美術教育の適當に整理したる組織の基礎と保祐とを以て美術品の生育を遂けしむるときは豊盛なるへきは必然の勢なり其古物の保存と將來の爲めに希望する所の要務は即完全なる博物館の組織に在り云々

他種の博物館も亦相次て其必要を感するも今之を冗言せず

位置及外觀

博物館の地所は其位置を撰むと甚必要なり第一に近火の憂を避くる爲めに市街群屋の中に設くへからす第二に採光及通風を完全ならしむる爲めに四圍に障碍物あらしむへからす第三に靜閑を保ち及塵煤に遠さかる爲に紛劇雜沓の地を避けざるへからず第四に濕氣を防く爲に茂林

泉澤に直接すへからす第五に慰樂娯觀の目的の爲めに好風景の地を撰むへし即ち其最完全なる位置を撰めは市街群居の地に稍々隔たり高燥且廣濶にして遠く天趣の風景を望むへき所に於てすへし

今若し建築の材料をして全く耐火質ならしめ館内全く火の用心を嚴重にすと雖とも一朝其近隣に於て猛火を發せん乎屋壁熱を引て爲めに張裂せさるを得す是れ第一に警戒する所なり夫の工場の煤烟車馬の沙塵に襲はるれは次第に館内の装置を汚し喧聒雜響は凡て看客の安靜を妨くるか故に正さに第一と同樣の地所を避けさるへからさるなり

然れとも高丘若くは市街より甚遠隔の地にある等は又返つて看客往來の便を妨け隨て博物館の利を洽ねくすへからさるなり故に普通公園等の地に設くるを例とす公園は看客には最も便宜の地なれはなり

夫れ博物館は國家の寶庫なり豈に其外觀壯麗ならすして可ならんや然りと雖とも庫なるものゝ性質よりいへは十分堅牢の觀を要し火得て入るへからす盜敵て侵すへからさらしむるは其外側に開口（窓等の如し）を少なくし其壁柱皆豪大固塊の狀を呈せしめ以て全く華美細飾の趣きを減せさるへからさるなり固塊ならすんは堅牢の觀なく細飾を加へすんは壯麗の趣なし此二者適さに反對衝突の意味を有す而して此兩義を併存せんには建築家の最苦案を要する點なりとす

夫れ物の觀たるや美なるものは其美に飽かしめ醜なるものは其醜に厭はしむ其建築物の如く形狀靜定終始變動の趣なきものに於て益々然り彼の多に在ては夏を欲し秋に所しては春を望むか如き其故何がや他なし長く同一の感觸を持堪ゆる能はざるを倚一調同律の音樂を久しく聞くに忍びざると一般なればなり

故に其美は其美ならさる部分ありて以て益々美を顯すべく其堅固は其堅固ならさる部分に對して愈々其堅固を認むべきなり此故に今博物館の建築をして華麗の趣あらしめんとせは須らく或部分に於て華麗ならざる點を存すへし其堅固の觀あらしめんとせば亦某部分に於て堅固ならざる趣を寫すへし是れ適さに以て博物館建築の爲めに意外の便宜を與ふるものにして其一部を細飾し其他部を固塊にすれは全然完美の現象を得ると亦甚た難からざるなり其細飾すへき部と固塊にすへき部とを案別するは一に意匠者の巧拙如何と顧みるのみ

博物館建築の華飾に過くるは固と取らさる所なり而して其飾るや務めて古義を保ち國華を發はすの手法を採るを要す我國古來校倉《アゼクラ》なる寶庫の制ありと雖も元來木造の建築にして貯藏の精神に對し固とより適當のものにあらず今其耐火質の材料を以て我建築の古義を變はんとは誠に甚たしき難事にして能く彼此の構造を洞知熟驗し及ひ智巧絕妙の才あるにあらすんは能はす蓋し將來必す其人あらん余輩期望して息まさるなり

若し夫れ内部の觀に至りては其装飾は以て主觀たる列品の美を奪ふへからず看客をして列品觀閲の外に心意を馳せしむるは甚た不得の策に

して寧ろ平素淸朴の意を取るを可とす其「廣間」等に至りては往々之を飾るの例あれども徒らに之を裝ふものは不可なり必すや意味を歴史に取り看客休憩の間に於て反って一種の參考物を與ふへきなり

列品室の裝飾に過きたる程大なる誤謬はあらじとは先學の格言なり其列品の眞美を發揮する爲めには深く外物の措置に意を用ゆへきなり

（未完）

○博物館　（第八十一號の續き）

正員　神谷邦淑

配室の概要

博物館に要する室は固より其種類の相違と其模規の大小に隨て異なり其配置に至りては要するに看客の便利を主とするにあり其全躰の形狀は連續且固にして約なるを貴ぶ今其一二の例を擧くれは

方形式中央に空底を取り其周圍に室を列置するものにゐて其形口の字に似たりミューニヒの古物館は此例なり其各面長六十五メートル正面の中央に車寄ありて廣間に入り其左右より中底を周りて列品室となす室の巾通して三十三尺あり

伯林府の美術館《クンストゲウエルベ》も亦方形式の例なり其中底は中央より稍後部に編在せり

長方形式ミューニヒ府の舊古物館は此例なり之を三行の室に分ち其中通を頭照として兩側を側照とす其形上の圖如し」

ヂッセルドフルの美術館は其簡單なる長方形にして短册の如し

ベルンの美術館は長方形の稍複雜なるものにして左圖の如し

長方正方混合式維也納の美術館は此例なり（如圖）尙此兩端を圓になす等あり或は中央に圓堂若くは多角堂を作り各方に向つて列品室を枚出する法あり

全躰の形狀は略ぼ此くの如し而して限りあるの敷地を以て

其要する各室を如何に配置すへきは實に學者の深考すへき處なり今各種類に通して之を言は車寄を中央の正面に取り以て廣間に入るは殆と一定の式なるへし實に廣間は固着の室にして之より列品室に入り又階上に登るへし而して列品室は能く其物件の區別に應し適當なる配畫をなすを要す譬へは美術品の如きは其年代流派に依て區畫を設けざるへからす天産物の如きハ其種屬其理學的區分等に就て辨別せさるへからす之をして一目判然せしむるは一に配室の巧に依るへし

配室は右の要用の外亦光線の射入に關し及監視上の便利を眼目とするに於て尤も避くへきことは室の複雜に錯綜せるものにして看客の進路を迷はし爲めに狼狽混雜を生すへけれはなり可成一直路に通覽するを得るの配置は萬一非常の災禍等の起るに際し能く其過誤なからしめ且平生と雖とも監視上甚便宜なるべし況んや簡單なる形狀に構成するは經濟上の利益亦大なるに於てれや

列品室と廣間との別《ホカ》、博物館内に要する諸室は曰く預藏室、曰く裝成室曰く監視人室、事務室、宿衛室、其他休息所便所等とす預藏室は博物館に向つて送入する數多の物件を假りに藏置するものにして頗る大なるものを要すへし其位置は中央にあるを以て便とし多量の光線を要せさるなり次に之を列品室に出陳するの前其裝置をなすの室は裝成室なり假令へは動物等の出品には大に其化粧を要すれはなり此室は預藏室に近接し且稍多量の光線を受くる位置たるへし

事務室は公室《パブリツクルーム》とは稍離れたる位置に在て可なり前記の二室は階下を便とし事務室を此上階に置くは便なり（若し二階作りならは）監視人室は館大なるに隨て二個以上を設くを利とす小なるものは中央に於て坐して以て全室を通視するを得れは監視人をして終始徘徊せしむるに及ばす其大舘にして監視人の絕へす立監巡視するものは其代番休息の爲めに各局部に一小室を置き脫帽の用及ひ喫食の便を兼ねしむへし

廣間は看客の休息に充つへし絕大の建築にあらされは別に休息所を設くるに及はさるへし但し遊歩廊を某部に取り以て此目的に充つるは便なり石段中底の項に於て之を逃へん

此他切符賣出場は別に館外にあるを便とす採暖に用ゆる裝置は一般の如く床下室に設くへし尙ほ宿衛室は主なる階に設くるを要し若し非常の大館なるときは數個の宿衛室を作るへし巡査等の配置を要すれはなり

尙學者の爲めに演說室を館内に設くるとあり其列品に關する演說は其現在所に於ては一層の聽衆を益すへけれはなり其他特殊の博物館は隨つて殊異の室を要すれは無論なり

又大なる博物館に在ては監視人のみに用ゆる通廊及階梯を要すへし又學者研究の爲めに凹房を列品室に着け以て模寫等をなすに便ならしむ

中底の利益

列品室を照らすの目的を以て往々館内に中底を作るの必要あり是れ換

氣の目的に向つても亦其便利なりとす而して今余の言はんとする中庭の利益は獨り此二件に止まらざるなり即園景を此處に作り以て看客の疲眼と勞脚とを救ふへきなり

抑室内にありて多數の列品を凝視熟覧するは頗る心身の疲勞を積むものにして其列品の彌々珍奇に進むにも拘はらす半途にして出場を欲するまでに倦厭を釀すとあり如此場合には古人の所謂見れとも視へずの語の如く全く有益なる物件を空しく見捨てしむるものにして蓋し是れ博物館の本旨に戻るものなり此際に當り忽ち泉石白雲の上下に跋扈するの狀と彼の清風新氣の身を襲ふて來るに觸れは誰れか豈其快慰を感せざらんや此故に可成廣く中庭を取り小樹花卉岩石を配置し且無數の小几を畝間に安し以て晴天には此内に散歩するを得せしむへし庭側に沿ふて廣き遊廊を構へて凡て列ね以て雨天の慰觀に備ふへし

遊園を設くるは獨り中庭に限るへからす此建物にして地所の四圍別に墻屏を周らす場合には建物の後面若くは側面に沿ふて之を作るも亦可なり然れとも可成は看客をして全く出場するまては終始館内に轉步せしむるを以て取締上便宜とし即中庭を建物に取るを利とす

但大樹を植ゆれは内窓に光線を遮きり且溫氣を釀すと多く隨て建物及室内列品の保護に向つて影響を來すへし又大泉を穿つか如きも同樣の害を生するなり但小なる噴水器の如きは復た慮るに足らさるなり

構造及材料

博物館構造の最要なる點は耐火とす而して防濕、耐震避雷排雨及防盜の注意皆緊要なり床の重量に耐ふると及足響を減すると亦要件とす其他採光と換氣給溫は自ら別問題となす

耐震の構造は未た著るしき好例あるを見ず且地震學の研究は不幸にして尙未た建築上に好策を與ふるに至らさるなり只堅牢を主となさは庶幾くは其害を免れん歟防盜の備へも亦然り外側の開孔を堅牢に搆へ敢て破碎し得さらしむるの他あらんや窓孔に鐵網を設くるか若しくは窓の内部に鐵の疊み戶を備ふる等其一策なり避雷の目的は先以て避雷針に依て達すへし其導線の注意を怠るへからさるは世間已てに知悉せり且其專門の學者ありて能く其計畫を全ふせり余輩亦何をか言はん

火災は建築の大不幸なり其害の來るや急にして且猛なり故に耐火の問題は學者間尤も能く其研究を盡したりとす

石、煉化及鐵を以て全く耐火物と認むへからざるハ多くの經驗に依て明なり其能く火に耐へ且濕害を蒙らさるはテラコッタなる人造石を最可とす其乾固の目的を完ふすへき組織の緻密も亦テラコッタに於て完全なるを得テラコッタの平滑なる面には煤點の附着すると尤少なく剞形を裝るの自在なるも亦テラコッタの一得なり故に英國の大なる博物館中テラコッタの裝飾を盛んに用いたるあり

テラコッタの有利なる此の如し而して其好良品を得さるの間は石と煉瓦を用いるも外遠く火を避け内能く火を愼めば其害に逢ふと未た甚し

からざるなり我國の石材中伊豆の斑石を以て能く火に耐へ且凍害を蒙らさるの品となす

鐵梁と煉化迫持とを以て床組を搆造するは耐火床の通例なり其鐵梁ハウィッチユールド氏の粘土を以て包持するを可とすへし而して フェイアペイルンハ迫持の內高《ライズ》を其迫り巾《スパン》の十分の一若くは八分の一となせり床組は多くの列品と看客を載すへきを以て其重量に耐へしむるには其內高《ライズ》を增さゞるへからず

木を以て火に對しては全く不安全の材料となすも亦誤謬にして能く之を包維するは石或は鐵が導熱の爲めに速かに壞破するに勝るとあり然れとも重量に對しては之を適當といふへからず

アスフハルトを以て木板を包むは甚耐火の功能ありと云ふ其クラリッツ專賣品に至りてはコンクリートよりも安全なりといへり其經驗によれば一ミリメートルの千分の十五即我五分の厚さの同品を以て包みたる木板は一時間半火中に耐たり以て火炎のアスフハルトを燒透せさるを證せり其火を押へる力は實に其熔解するときに木材の各部を密に包被するに由る倘防濕の爲めに桁樋の裏部或は煉瓦の上包等を塗るに佳なり

煉瓦は石に比せは一般に耐火の性に富めりとなすへし且其價額に大關係あるを以て英國の小博物館等多くは外觀煉瓦を示せり然れとも其建築の古式を則とり或は外觀の壯美を專らとするに於ては石を以て其適任となす歐洲の大博物館に其例多し市街群家の地を避くれは外火の點は甚た意となすに足らさるなり

間仕切壁を地上より屋下に達せしむるは內火に向って一預防法なり事務室宿衛室の如き夜燈を要する室は其相接せる諸室に對して十分隔絕の注意を加ふへし

列品室の出入口には鐵戶を設くると必要なり殊に貴重品の室にありては其窓にも鐵戶を備ふへし或は金屬製の細網を以てするも可なり然れとも網は烟を透漏するの不利あり鐵戶は之を塗りて木材等の假色を呈せしむると例多し

魚類等の如くアルコールに浸せる物品を陳列せる室は其用心殊に嚴ならさるへからす故に木製品は其近圍に絕たさゞるを得す其床面は石或はアスフハルトとコンクリートとの類を用ゆ腰羽目に瓦を用いるは便ならん

凡そ床面ハ其足響の少なくして且觸感の柔なるものを用ゆへし耐火床面にコンクリートを露出せるは其觀の美ならさると響き及足感等皆適せず廣間に花崗石或は大理石を敷けるは其美觀を專らとせる例にして列品室に在ては石瓦等皆不可なりアスフハルトは其性彈力ありて足感甚柔かに且靴響少ふして其利多きも其使用法ハ甚容易ならす又觀美に適せさるへし故に普通木板を以て之に充てたりコンクリートの上に直付すれは其響稍減するを得へし

失火の防備に必要なるは水管を列品室に引くこと是なり此裝置は平日床面拭濯等の用水に便なり其他消火液《エキスチンクチユール》を備ふは便なり

列品保護に就て燒失の害に次くものは濕氣の害なり濕氣の害は獨り列品に止まらす亦大に建築の搆材を損すへし石及燒瓦の吸濕量の大にして以て其接合を害し或は木材に浸漸するの害皆世人の恐るゝ所なり其最良水硬石灰或はセメントを以て成立ちたるモルタルにあらされは其壁造は次第に脆弱となり又屢凍害を來す等是れなり

煉瓦の吸水の大なるは冗言を待たず其花崗石の如きに至ても亦幾分の濕氣を含吸するなりアンステッド氏は乾きたる花崗石の一立方尺毎に一パイント半即我四合半の水を含まざるものは稀にして乾きたる沙岩石に至ては其良質のものと雖とも一立方尺毎に半ガルロン即一升二合半の水を含むといへり

抑濕氣の襲來に三種あり地下より浸漸するものは雨水の壁面に注くもの及樋或は瓦より漏潤する是なり

地下の濕氣を防くの最良法はコンクリートを以て床下一面を叩く法にして他の惡氣の上襲も亦防くことを得へし然れとも其費額の多きに躊躇せさるを得さるなり或はアスフヘルドを普敷するも可なり

床下室等に在ては壁を二重にして其間に九吋以上の空間《ドライエリヤ》を設くるの法多く行はる或は地中壁の外部をセメントにて塗るか又は石板を張るは尤も經濟に適す

壁中に止濕層を設くるは大に利ありアスフハルト、石板、鉛板、或は釉瓦等の層を壁の全巾に積むにあり鉛板を以て尤有効となす石板は破れ易しアスウハルトは普通厚三分位の層を用ゆ其他チャン及炭粉コールター（沸騰せしめて用ゆ）石礴を用ゆ但地濕を止むるには地上五寸以上「根太受」以下の位置に設けさるへからす

雨の爲めに受くる外濕は此種の建築に尤困難なる救濟を促かすものなり若し其外觀を顧みされはセメントを以て壁面を塗り石板或は釉瓦を貼付するも可なり此法は實に防濕の最良策なるも建築の美觀を奏するには石を舍てゝ他にあらさるを如何せん中空壁の法は頗る防濕の功を奏するものにして其中空僅かに二寸内外にして足り内壁は煉化を用い鐵釣を以て内外相支持するなり此法は避濕の外尚不導躰なる空氣の塡層を以て能く室内の濕を保つの利ありとす

尚其簡單なるものはライロル氏の石板を竪てに壁中に積みて鐵繿を以て之を支ふるの法なり此法は壁の内外の壘式《ボンド》を絶するを以て稍壁厚を增さるへからす但鐵材を使用するは其銹腐及膨脹の爲めに壁に向つて害を起すことなしとせず故に穿孔煉瓦を以て内外壁を諸所に維くの方あれとも石壁には應用し難し

地床（最下床）に來る濕氣の害は内部の藏品を犯すと尤も大なり故に其床材は不透水質ならさるへからす且火及重量に耐ふる爲めに二階床と同樣煉瓦迫持にして其下面はセメントを以て密塗するを良法とす尚床

組は可成高きを取るへし

屋根及軒の雨洩を防くの注意亦肝要なり屋根は石板を以て葺くの方其例英國に多し然れとも風雨の烈しき地方に於ては其構造上の勞と費は實に他の材料に勝るとを得ず且平屋根には無論用ゆへからさるなりブリチレュミュージアムは銅板葺を用いたり銅は久しく時を經るに從ひ綠靑色の銹衣を生し是れより深く酸化するとなく以て完全に雨洩を防くと云ふ然れとも其費又大なるは勿論なり只經濟上の爲めには他の金屬板を用ゆへきも各其利害なしとせず

壁、床、屋根、軒等の外來濕氣を防くは寧ろ一般の建築に關するものなり其雨濕の空氣を排除すれは室内列品の保護に大に影響するものにして換氣を盛んにすると雨濕の候は能く給温《ヒーチング》を行はざるへからさるは其要領なり

採光の諸説

館内列品の上に最適當に光線を引くは非常の智工を要するものなり而して其物件の異なるに隨て或は側照方即普通の窓より光を採るを可とす或は頭照方即天窓より光を採るを利とす之を要するに列品室は他の屋室に比して一般に多量の光明を要するものなり

凡そ天窓より採る所の光明は實に强大にして側照の比にあらざるなり彼の羅馬のパンテオンの如き能く人の知る所なり堂の容積百九十三萬四千四百六十立方尺而して外側にハ一の窓を設けずして只屋上に一小圓孔を穿ち以て十分に堂内を照せり屋孔の大さ僅かに五百七十二平方尺に過ぎず即窓孔の面積一平方尺を以て室の容積實に三千三百八十立方尺を照すの割合なり豈驚かざらんや

天窓の有効なる夫れ此の如し而して側照の内に於ても室の長手の方向に光を入るゝを以て稍効ありとす之を要するに硝子の面積を同大にすれは之を地平面の位置にするを以て最多の光明を得るものとす故に天窓は壁窓より多くの光明を與へ其傾針の度を少なくするに隨て益々多量の光を與ふへし

繪畫室に適當なる採光法は久しく建築家、採書家及學者間に於て一難題たりドレスデン維也納或は伯林ミューニレ及ルーヴルに於ける書廊は側照或は頭照にして一定せず小書廊にありては稍高き位置より側照を取れは可なりとす其大書廊にありては頭照即天窓を必要とす但壁窓を高く作り而して窓底より暖簾の類を以て之を節すれは殆んと天窓と其關係を同くすへしと云ふ歐洲大陸に此例多しスキンケレー氏の計畫なる伯林博物館其他維也納及ルーヴル寺にあるもの是なり然れともルーヴルに於ける書廊の列品は甚た憐むべき光線を受くるとは何人も唱ふる所なり伯林の繪書館列品室は巾殆んと四十尺高さ二十六尺にして其窓の底部は腰羽目に達せり抑も美術家は側照法を用ゐ壁窓の下に在て彩畫に從事し之を以て最良法となせり是れ蓋し適當なるへし

大書廊の中央に頭照を設くるの好例は倫敦にてナレョナル、ギャレリ

ー、ダッドレー、ギャレリー、殊にニューグロスヴェノー、ギャレリー是なり

是等は實に此法の好摸範たるべし

畫廊を計畫するに付て考ふへき要點は頭照の壁に映して煇光を起さゞらしむるにあり佛國の建築家ヂュル、ブルデー氏の意匠に係る新法は頭照をして只壁上の畫を掲ぐる面にのみ射らしむる方なり他の部分に要する光線を減する爲めに多少不透明なる物質を以て作れる隔子《スクリーイン》を列ね以て此目的を助けたり即此隔子を屋根組の內部と外部との間に挾むか又は屋根の窓と內部の硝子天井との間に置き其物質は紗、キャリコ、或は紙を以て作り輕き枠の內に仕掛けたり而して若し能ふべくんば光線の方向と隔子面との角度をして五十度乃至七十度ならしむへしと此法を以て畫廊を照らには先つ畫面に照す光線の尤も適當なる角度に隨ひ畫面の上下より兩個の斜線を引き出し此線の交切する點を取て以て天井硝子鏡及屋根窓の大さを定む

ピナコテックの博物館に於ては別に妙法を施したり此建物の切斷面は中央部は稍平坦なる勾配の屋を懸け此各端軒上に於て高く空室グレレストリを建て其頂きより外壁へ引掛けリインッウを以て結接せり光線は此空室より通過して中央の部屋を照し下りて壁の畫面を射る

光線の反射は畫を照らすには尤も忌むへきものにして射光の角度及掲畫の高さは看客か反射の方向に於て畫を見ることなからしむる樣に配置すへし佛國にては床上五尺の高さに畫を掲ぐ但掛け方は起居に依て異ならさるを得す

光線の反射によりて彩色の變換するの外尙其壁色の如何によりて物品の光輝彩料を變するとあり

バッキンハム宮殿の畫廊は完全に光線を得たり其採光法は高き屋樓を以てせり室の大さは百八十尺に三十六尺なり

繪畫を照らすに側照法を以てすれは北向の窓ならさるへからす北窓は終日直射の日光を受けざるを以て光線に異動を起さゞれはなり

天窓の强劾あるは前說の如きを以て其面積僅少にして足るへしと雖とも然れども尙之を大にし光明の强きに過くるは決して憂ふるに足らさるなり帳幕暖簾の類を以て之を節するを容易なれはなり況んや雨天曇氣の時屢々光明の不足を感するとあるに於てをや若し過つて光明不足の構造をなさは遂に天井を破つて更らに新窓を畫するの外策なからんとす是故に或畫廊に於ては其天井面の凡二分の一を天窓に開けるあり大抵二分の一より三分の一の間に在て可ならん歟

頭照法を構成するゝは多くは二重に硝子を張り其中間の空氣層をして外氣と內氣との溫度の中介とならしむ彼の大なる窓は空氣通換の爲め往々室內に寒を引くものなればなり

彫刻品に對する採光法も亦諸種の說ありて一定せず然れども彫刻は元と射影に依て以て其妙を發揮するものにして只光明の多量なるのみ以て完しとせざるなり

ウィルト氏等は彫刻も繪畫も共に頂照法を可とすといへり然れども多數の學者は彫刻には側照法を可とする説を取れり而して何れにしても一定の方向より射影を與へ且反射等によりて其射影を亂すをなからしむ其最多數の贊成を得たるものは北方より光を採るへき側照法となすビ井ユーゥ、ルウヴルに於ける雛形の列品室は能く完全に之を照らせり其他鑛物類の如きは側射の强光を與ふるを可とし他の天產物或は器具の類は大抵側照を以て完しとす而して皆十分に多量の光明を採るの構造をなし寧ろ其多きに過ぎしめは帳幕を以て之を節すへし晴天の日の十分なる光明は以て曇天の日に哀むへき光明たるに過ぎざれはなり

窓の大さは光明の量に關する問題なり而して窓及開口を大にするは館の堅牢及保護上に向つて危禍を招くの恐れあり故に窓の大さは之を其最低限にまて減せさるへからす其數理上に於て示せる結果に依れは頂部を半圓の狀に作りたる窓を以て同面積の他の形狀よりも多くの光明を得るものとす

窓の大さを定むるに諸家各其說を異にすウィリアム、チャンバー氏は窓の巾を定むるに其室の奥行と高さとを合算し之を八分して以て其數を得

ウィルト氏の法は側壁に於ける窓孔の面積一平方尺を以て其の室の容積一百平方尺を照すへしとなす而して病院等の如く窓孔の大を要するものは窓の面積を二倍とす

ロールト、モリス氏の法は室の容積の平方根を以て窓の面積となす此法は實に其完全に近しと云ふと雖ども又固より建物の四圍及方向等に隨つて多少の變化あるへきは勿論なりとす又其室の形狀の特異なる或は窓の特殊なる等ハ皆一々之を實驗の上に會得するの外策なからん或は其室の種類によりて要する光明の多少に大差あるは勿論なり假令は住屋に在ては客間には食堂より多くの光を要し化粧室は寢室よりも多きを要するか如し

今玆に一室あり其容積二萬二千五百立方尺としウィルト氏の法を以て窓の面積を算出すれは二百二十五平方尺を得又多量の光線を要するものにして前記の後項に基けは此二倍の數即四百五十平方尺となる而してモリス氏の方にすれは百五十平方尺となる其差の大なると此の如し

夫れ列品室は實に多量の光明を要するなり其側照法を施すものは正さに何れに標準を取らんとする乎ウィルト氏の方は大に過ぎたりモリス氏の方は一般の住屋に適するものなり然らは宜く此中間を取らは可なり余は今彫刻品を照らすの窓にウィルト氏法を折衷して窓の面積の一平方尺を以て室の容積の七十立方尺を照らすの割合を假取せり

窓の頂上をして可成天井に近からしむるは通則なり而して窓の底部の位置建物の種類に依て變せさるへからす普通の住屋にては床上二尺五寸乃至三尺を便利とす然れとも博物館の如き公衆通歩するのみの室に

しては寧ろ稍高きを安全とすへし
窓の構成に二ヶの要點あり其一は内部よりの躰裁にして其二は外部よりの美觀なり此二要點は時々衝突を來たすとあり能く此内外の要求を完ふするは即建築家の技倆に在て存す
窓の構成は上け下け障子と蝶番開き障子を主なるものとす蝶番開きの外開きは往々風の爲に破れ又速かに汚染し易く只閉ちたるときは風壓に堪ると(を)得是れ其利と害となり内開きは内部に向つて回轉の地を要し其僅少なる突出も猶看客通歩を妨くるの感あり且雨水の侵入と風壓に堪へす只外に開けるよりは外觀に於て稍不躰裁なし然して又幕張と衝突するの不利あり
以上の諸件皆な列品室の窓に不利なり只上け下け窓は餘地に少しの妨遮を與ふるとなく開放の大小自在にして外觀亦美なり其開放の自在は以て換氣の目的を助くると亦甚た便利なりとす（外面の清拭は近時發明の新法なり）
硝子は列品室に於ては摺硝子を用るを要す是れ日光か硝子を通して列品を直射するを防き且外部より列品を洞觀するを得さらしめんが爲なり而して其滑面を外部に出し摺面を内部に向はしむるを利とす何んとならは摺面は塵埃染み易く隨て拭掃を怠るへからざるも之を内部に向はしめは此等の手當も便利にして且内部の塵埃ハ屋外の如き强勢の汚染を來すもの少なけれはなり

摺硝子及粗面硝子は光線の屈折に依て多分の光線を吸收すカルトン氏の經驗に徴せは下記の量を吸收するを見るへし

英國みがき硝子	原	一吋の四分の一	、一三
粗吹《アラブキ》硝子	仝	上	、三〇
板　硝　子		三十二オンスもの	、二二

又一般に硝子面の反射も亦大なりチンドル氏の説によれは光線硝子面を垂直に射るときは千中二十五の光線を返射す光線の傾斜するに隨て非常に其返射を增すと云ふ
又日光が四十五度以上の斜角を以て窓を照すときは同度以下の角度のときより殆んと三倍の光量を與ふと云ふ尚之を反言すれハ日光が鋭角に硝子面を射れは反射によりて大に減少する歟或ハ全く消失すへし

（未完）

○博物館 (第八十四號の續き)

正員　神谷邦淑

換氣及給温

換氣と給温は看客の安全を計る爲めのみにあらずして列品の濕害を除くに要用なるは明なり而して此兩法は殆と密接の關係あるものなり

入氣孔出氣孔の位置は諸説一ならす或は入氣孔を床上の邊に設け出氣孔を天井の邊に作るへしと云ひ或は其正反對の説をなすものあり或は其所在の高低に關せす兩個の氣孔を設くれは可なりといふ説あれとも此第一説は殆んと普ねく用ゐらるゝなり然れとも其冷凉なる外氣ハ温なる室中に入て下流の勢をなすへし故に高き位置より入るゝを便とし又已に温めたる空氣を室中に送入するものは上流の勢あり故に其入氣孔を低き位置に設けさるへからさるは理論上尤至當となす蓋し其交接出入の勢ハ氣躰の擴張性に基き又室内人躰の温等によりて大に之を助くるものあり況んや列品室の如き縱覽時内は常に開放せるものなるにより頗る換氣の便を得へし

今普通の住室の例を以て其出入氣孔の大さを計算せしに毎一尺に付て出氣入氣の兩孔共各其面積一平方尺の四分の一を與ふるを通則とせり而して列品室なるものは床面の殆んと三分の二は大小通路等看客の占領地にして通路の床面十平方尺に付一人を看客の最多數の塲合とし若し此人員引續き其數を變せさるものとすれは此列品室の床面毎一坪に二人四分即換氣孔出入共各面積一平方尺の五分の三を要すへし此計算は元とより其大極を擧けたるものにして實に其大に失するものなり其流風《どらふと》の感を直觸せしむるは其好まざる所にして且前記の如く通氣の容易なる時便あるに由り此氣孔の大さは正さに大に減して可なり且給温法を施こすときは其氣孔の大さを半減するは通法なり

アイブスウイッチ博物館にては換氣法はトーピン氏の式を用ゐ孔を外側の次の壁に設け床下の空氣通道と連絡せる處の内壁中の立孔とを以て新氣を室に引けり敗氣は天井の上に管を設けて排出せりトーピン入氣孔は普通室隅に設くるものにして四尺若くは五尺の高さに置くを可とす亞鉛を以てするは完全なり

天窓を有する室は之を屋上に稍高く拔き出氣孔を其四側に作るの便あり繪畫室の如き側窓を有せざるときは換氣孔は稍大ならさるへからずコンドル氏嘗て曰く列品室内の空氣は四時間同温度にあらしむるを可とすと是れ實に要件なりといへとも開放の室に於ては其裝置甚困難なり且經濟上多くは之を取る能ハざるへし

ストーヴは尤經濟なる暖房法なりアイブスウイッチ博物館は之を列品室に用ゐ其他の監守人室及委員室等には普通の見火爐を用ゐたり然れども其火の用心の點に於て尤危險なりといはざるへからず且其裝置は列品室の觀を害し及其塲所を占領する等其不利の多きに堪へざるなり

列品室の給温は温氣を室内に射入するを尤も適當といへるあり然れども其建物の廣大なるものに至りては其裝置頗る繁を極むへきなりウヲルカーの美術館は温水式を用ゐたり此建物は不規則なる凹凸なくして給温には甚好都合なり

温水式は蒸瀛式より經濟且安全なり弱壓温水式は最多く用ゐらるゝなり其罐の外圍面積一平方尺毎に徑四吋の管の長五十尺の用に充つへく又罐の火に觸るゝ面積四平方尺あるものは徑四吋の管にて殆んと二百尺の長さに達せしむへしと云其利此くの如し然れども温水式は寧ろ地所狹くして其建物の高きものに尤適當するなり

換氣を完全にすれは温水式及蒸瀛式共良法なり然れども其建物の複雜にして且廣大なるものにありては蒸瀛式は實に便法なりとす但其注意すへきは其進行の途中に於て管を低曲するとを避くへきなり

以上の諸法各其利害あり此れを取て彼れを排するへ不可なり要するに其建物の大小如何にあるのみ

建築の現例

英國博物館《ぶりちつしゆみうじーあむ》は世界の大博物館にして天產物古代品等有らさらなく就中印刷物及彫刻物の歐洲中最美のものを藏せりと云ふ其全形は美なる中空方形式にして外側を通して希臘アイオニック柱式を用ゐたり大車寄は南面し巾八柱突出は二柱兩翼を通して其巾三百七十尺四十四本の柱を以て立て列ねたり柱礎の坐する所は五尺半の高さにあり柱大さ其下徑に於て五尺高さ四十五尺前庭敷石面より軒蛇腹の頂上まて六十六尺半あり

車寄の脚下に於ける十二級の石階を上りて博物館の主なる階に達す石階巾百二十五尺其兩端は彫刻の一簇を受くへき礎坐《ぺですたる》を以て限れり十入口の戶は彫刻せる槻製にして巾九尺半高二十四尺石枠の内に嵌入せり

英國博物館の平屋根の大なるはロンドンに於て類なしと云ふ此屋根は何れよりも人目に觸れず而して建物の外部窓少く其暗淡の觀あるに拘はらず内部に入て十分の光明あるは一般人の驚く所なり館内讀書堂に充つる高き圓屋は方形を作りなせる四個の建物を以て圍繞し其廣大なる堂内はパンテオンと同樣に硝子屋根より光線を直下に射る此屋根はパラペットの内に隱れて見へず

全館を通して石のパラペットの内側に徑四吋ある鑄鐵製の樋を設けゝに絶拼《すとつぷこつく》等の設けありて若し一朝館の或部に失火あらば之に依て須臾に樋水を以て平屋根の上一面に浸掩し得へしと云ふ此の如き方法は實に一國の重寶を貯藏せる倉庫に向て甚巧妙なる考案を施こせるものと云ふべし

フエルガツソン氏曰く英國博物館は其土地には一の障害物件なり其建築の計畫は實施以前に長久且十分に注意を加へて作られ其經濟の點に至ては制限なく費用を投せられたり而して其莫大の費額の少くも半數

は諸種裝飾的物件に役せられたるならん全建築を犧性に供したる中庭は已に滅び而して車寄ハ正さに看客に不便を與へり彼の正面を屈曲して兩側隅を回りて止まれる所の四拾四個の無用なる柱に至ては拙も亦甚しと云へし其屋上より照らさるゝ大階段の位置を北方に取り（北方の側照は彫刻物に尤も適す）而して側照を受くる彫刻品室は南方車寄の蔭に掩はる設令ひ之を以て快美の感を與ふとするとも兎に角如此位置は不都合と考去せさるを得ざるなり云々

英國博物館の新設の室はモーソラス及アルテミシヤ、オフ、キヤリヤの大像を容るゝ爲めに造られたり此等の像に古物學者及美術學者の能く知る所なり室の內法長さ凡百五十尺巾四十尺而して天井鐵板までの高三十尺あり三個の大なる天窓を以て之を照す屋根は銅葺なり壁は古物を利用し其窓明きの處は煉瓦を以て塡塞したり如此各點を切り繕いたるものなれは舊構造に比し大に其堅固を欠けり壁の或部分に於ては其厚さ煉瓦三枚ありて其品質極上なるを見はせり小屋組は十二個の鐵板梁を壁上（梁受石）の上ゟ渡し以て屋根を支ふ此鐵梁は中央に於てせり三尺あり其頭板《とつぷふれーんと》に少しく勾配を付し屋根の兩端に向つて落下せり而して其三個の天窓ハ各其下に貳個の鐵梁に橫切せられ之を利用して錣となす鐵梁の頭板上に敷き桁其上に木の野縁を打付け之に厚一インチと四分の一の板を張り以て銅板葺の下地となす銅板は其各端を曲上し之に連接の他の銅板をして其接目の上を深く蔽はしむ其水平なる位置の接目は屋根の各流れの中央に於て作る天窓の邊に付き尤も注意して曲上し及ひ屋根の各端には美觀なる軒樋を通せり各銅板の大さは凡そ長四尺巾貳尺にして一尺平方に付重量二十オンスのものなりと云ふ魯都聖彼得堡の帝國美術博物館は市中最好の位置を撰みてネヴハ河畔に之を建てたり東方に於て多宮に接し其大さハ河よりミリヨン街までの間四百八十尺河に向つて三百五十尺內部は書廊を以て二局部に分つ一は大階梯を以て其半部を占め他は空所となす外部は其四面の構成各幾分の變化あるも概して皆同樣の好注意を加へられたり二階になれる所は高六十六尺に達し三階になれる處は其パラペットの笠石まて八十四尺の高さあり長手の外面に於ては其切妻の頂點は敷石面より高九十八尺あり右等の寸法ハ實に建築的功績に向つて尤完全を得たりとはクエルガツソン氏の評なり且曰く往々華美なる構造をして落滅せしむる處の虛僞の計畫を全く脫出せり每階皆な各自に完備せられ其細飾に至ては詳かに古希臘の美功を襲へり只其軒蛇腹の突出其少にして爲めに外觀平凡の趣あるは失策の最たるものなりと

最下階は平坦且堅固なり柱式は上階及屋下階のみに用ゆ半浚柱《ぴらすたー》の裝飾を添へたり

內部の書廊配置は中央に大廊ありて其一方に小書棚を置き他を通廊となし大階之に通す而して此書廊は建物の西面に添ふて連續せり是只美觀の爲めのみに非すして實に其便利に關係せるなり館の或部分に於てハ大

に採光の點に欠くる所あり殊に下階に於て然り蓋し多分の日光を享有する希臘に於ては可なり其テヴイ河濱の建築にして同様の計畫に出てたるは遺憾なりといへり

伯林博物館は正面車寄十八本のアイオニツク式の柱を並立し其兩端は大なる角柱を以て綴れり此正面巾二百七十五尺軒蛇腹の高さ六十四尺而して此陰影の内には窓を設けす内部階段を置ける凹部を開けるのみ此車寄は現今歐洲にある多くの例の中に於て先つ申分の少なきものなりといへり然れども此建築の尤も大なる欠點は其位置に對して低きに過くると是ならん歟古代法の建築を今世の目的に應用するは實に困難のとにして其美麗なる車寄の美たる所以は眞正面より看たる場合の外之を失却せさるを得さるなり若し斜めに側面と共に之を一瞥するならは實に平凡なる建物に假面したるに過ぎすとフエルカツワン氏は言ひたり

其他獨乙に於てはミユーニルのピナコテツク及グリプトテツク等美麗なる美術館にして殊にグリプトテツクの内部の配置は歐洲中彫刻室の最完全なるものなりといへり

ヴアチカン博物館の如きは實に浩大なる建物にして世界に有名なる完全の蒐集なり館内大階段の數八個に下らず區畫の數殆と二百あり中庭の數二十全く充實せる列品室は其數四千に超へたり以て其規模の大を知るへし

尙英國に於て有名なるもの及小博物館を記述せんに

南ケンシントン天産博物館《なちゆらるひすとり・みゆーじあむ》は列品館として其適當なる配室をなせり正面の巾凡そ七百尺奥行亦甚大なり中央にインデツキス、ミユージアムと名くる室あり甚大なる廣間にして巾百尺に超へ長さ殆んと二百尺なり各側に五個の凹房《れせつす》を付す此インデキス、ミユージアムは全館の指針なり此兩端より建物の表面に沿ふて列品室を設く西南室東南室と名く此兩室の後部は日光と空氣とを得る爲に長く之に沿ふて空庭を作れり空庭の後部は更に又並行に列品室を設けたり廣き通廊を空庭中に設け前後列品室を連絡す後部列品室は頭照法を採れりクロムウエル、ロードに面せる壯大の半圓迫持入口より入れは先つ眼を奪ふものは美麗なる八本のローマニンク派の柱にして全くテラコツタを以て作れり柱は圓にして螺旋溝を穿ちたると刻目を呈せる狀とを遞次に列置し其後に接して尙小柱あり其四角なるアバカスを戴ける柱頭《きやぴたる》は實に無類の美觀にして其他迫持等徹頭徹尾其美麗を極むウオーター、ハウス氏の意匠亦壯なりと云ふへし

表部の列品室長さ二百三十六尺斷面の長方形なる柱を以て三個の等しき通路を分ちテラコツタの平板を以て覆蓋を作り此上に魚類水族の彫像を裝せり柱の上部は兩個の片蓋《ぴらすたー》となり葉狀の柱頭を戴く此柱の中には「H」字形の鉄柱を仕込み上に鐵梁を構へ以て煉瓦迫持を架しコンクリートを以て塡塞せりと云ふ室の兩側の窓は內見方形の頭にして外觀

は圓頭なり内部平迫持は灰色のテラコッタの塊を以て成る通廊を經て後部の列品室に入れは其表面ふ迫持壁を構へたり室の光明は角切形の屋根に天窓を設けて之を取る屋根は鑄鐵板を以て之を支ふ
床下には監視人室職工房及二個の貯藏等あり

カドウイツク博物館はドクトル、カドイウツク氏の寄付建築にして正面の中央大入口あり廣間大さ十四尺に十二尺にもして通路へ大なる疊込み戸を立つ通路の巾は十尺にして其兩端に列品室の入口あり階段は此通路の各端に開き廣間の上に於て合す監守人室は入口に直面し硝子障子を以て通路と隔てたり其各端の硝子障子を以て列品室及階段の近傍を監視すへく其屈曲せる小窓は各室内に於て起りたる事狀を見るに適せり小博物館に於ける監視は如此方法を便利とするなり

各階に於て列品室を四個に分ち毎室の大さ三十尺に二十尺觀客をして一方より入り混亂なく他方に出てしむ階上の間取ハ階下に等しく其他書　廊《ぴくちゆあぎやれりー》を通路及階段の中止り《らんちんぐ》等に設けたり床下は鑛物其他の重量品列置に用ゐ且守門者室及採温窖に充つ

建築の材料は煉瓦にして之を裝るに赤色のランコーン石を以てす其他胴蛇腹及鏡板等は彫刻せる煉瓦及テラコッタを用ゐたり屋根は北國產綠色石板を以て葺く窓の上部は裝飾せる鉛細工に硝子を嵌めたり内部木細工はパインを用ゐ之を塗色せり入口及通路の床は大理石を寄せ嵌めなり（此建築の費額は四千四百八十五磅の受負なりと云ふ今其坪數を得す遺憾なり）

アイプスウイツチ新博物館は平行方形式にして中間空庭を取り長き軒樋を作ることを避け且換氣を便にす材料は煉瓦を主とし暗赤色石及バアス石を裝用せり廣間は三十三尺に十八尺南列品室及中央列品室に通せり南室は長百〇三尺五寸巾二十六尺中央堂長七十一尺七寸五分巾三十三尺何れも天井高くして二重天窓を以て頭照す此室を廻りて二階に架廊あり

書房及讀書堂は七十三尺に二十七尺にして三百五十人を容るに足る又北端にある理學教室は百五十の生徒を容へし美術教場は七十二尺半に二十六尺なり屋根は瓦を以て葺上けたり

リウハプールのウオルカー美術館は石造クラシツク式にしてコリンシアン派を用ゆ十二級の階を經て玄關に達す玄關は立筋を付したる六個の柱を以てペヂメントを支へたり玄關の左右各七十尺ありて正面の全巾百八十尺なり廣間は四十尺に三十尺瓦を以て床を敷く廣間の各側の室は七十尺に三十尺あり内室四十六尺に三十五尺なり此を美術品室となす階下に男女の休息所あり階段は巾十二尺石造りなり階上は同大の室ありて天窓より光線を引き繪畫室とす別に四室あり水彩畫及寶石等を陳す

全屋凡て湯管を以て暖を採る換氣法には壁に管孔を設け及屋上にアルレメード螺轉器を立つ

サンダーランド博物館は石造クラレック式にして全躰を三部に分つ即中央部と兩翼なり正面は巾殆んと二百尺奥行四十尺あり一方の立面は石柱を以て装りたり中央圓天井の最高部は高さ七十五尺に達し兩翼の天井は四十尺の高さあり頗る高きものあるへし廣間長四十八尺巾三十五尺なり階下の室は廣間の外左ハ列品室長七十五尺巾三十五尺なると監視人室長二十尺巾十五尺と右は書房となす列品室は園りて階上に架廊を設け金屬製の圓轉階段を以て之に上るへし委員室は廣間の直上に設けたり三階には三個の管理人室あり

地形は厚六尺のセメント、コンクリートを敷きたり床下に窖ありて其外側の石壁は岩様面整層積なり列品室及書房の後面には南に向つて庭園あり以て室内の光明及暈色を取る長百五十六尺巾は兩端にて四十二尺中央にて五十尺あり頗る大なるものなり

セント、ゼオルジ博物館はジョン、ラスキン氏の創立にしてウォルクレーにあり甚平坦堅固なる建物にして草木多き好景地に建てられたり

ハヴルの博物館兼書籍館ハ中央廣間を彫刻品を用ゐ各端の列品室は廣間の床より六尺若くは八尺高く作り廣間の上に畵廊を設け列品室の上には書籍房を設け地取り方形にして殆んと百尺あり頭照法を以て光を採れり

我か上野博物館ハ長方形式にして煉瓦を主として用ゐたり中央部は兩翼より成る廣間は列柱を以て二大部と外回りとを分てり大さ凡そ六十五尺方高凡二十尺にしてヴォルトを以て天井をなす床は敷石を張れり此室に椅子を安し看客の休息に供す入口は巾十尺にして三個並列し其高さは欄間を除きて凡十二尺なり石の階段は廣間の後部左右に設け各巾八尺なり兩翼は前後の二列に分ち各列を二室に別つ其巾通して凡二十七尺とす中央の大通路巾八尺小路は三尺あり尚各其端に兩室なり前室を監視人室となす小階あり木製なり二階は同様の配室にして玄關の上を以て遊廊となす以て休息に供ふ

床の高さ地上四尺窓巾六尺高凡九尺窓底は床上四尺にあり摺硝子を用ゆ入口の石階蹴上け四寸巾一尺なり

欄函の大さは物件に随つて異なり其普通のものは高六尺巾七尺深二尺なり

階下は天産物及工作品を列し階上は美術品古代品美工品を置く能く看客をして混亂なく通覽するを得せしむ

雑件

博物館の如き多数の看者の參集するものは二階に其建築物の多階ならさるを要す往々一階にして止むものあり二階以上を設くるは實に禁則なり只其外觀の爲め或は事務室の如き私用の室の爲に三階等を設くるあり

館内通路及階段は狹隘なるへからす且不規則に屈曲すへからす蓋し階段は廣間に於て一種の装飾なり故に其形狀は頗る豪大にして其材料は

無論不燃質ならさるへからすメイドストーン博物館に槻を用ゐたるは異例なり

棚函に付する装飾は可成凸凹の少なきを撰むへし其大さハ物品に隨て種々好形狀を作らさるへからす然れとも尤多く用ゆるものは一定の大さに作り移轉流用の便に供すへし其長さ四尺を以て此種の恰好なる大さとなす棚函に用ゆる木材は能く晒したるものを以てすへく又能漆塗すへし

出品を配送するには小なる車を備ふるを使とす其階上に登ほすものは引擧具を設けて以て其勞を省くへし

棚函は光線射入の方向に對して直角に面するを最適當の位置となすへし殊に兩傍より一物を照らすは尤忌む所なり故に巾狹き室の一方に窓ありて其對方の壁に棚函を接せるを以て最好の位置となす側照の好側は上圖の如し

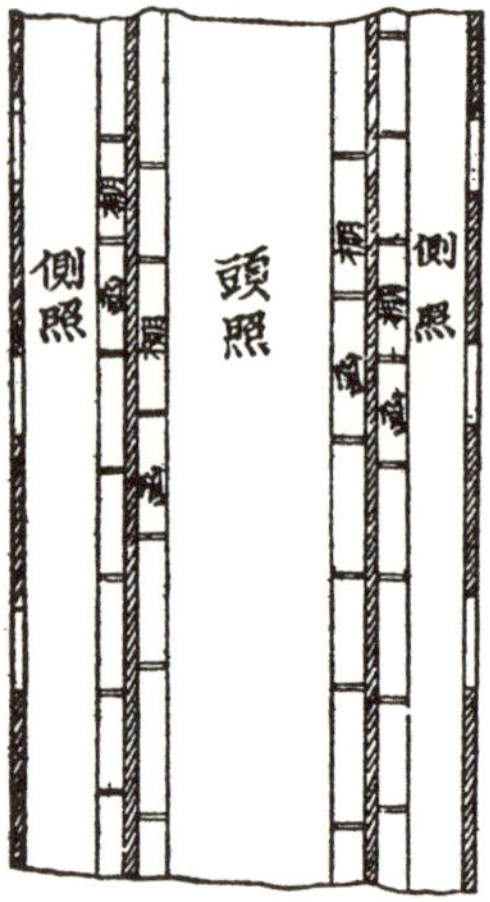

室の巾廣くして兩側より光を採るものは隔子を以て棚函を區畫すると左圖の如きを便とす

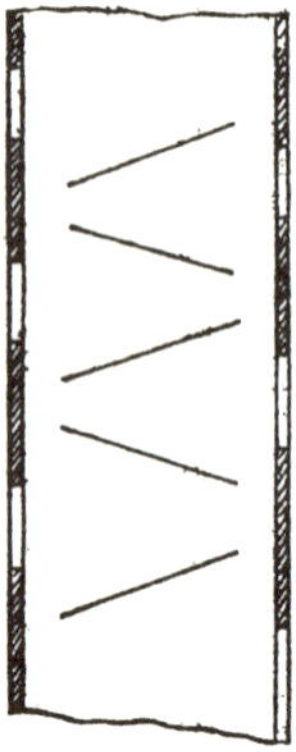

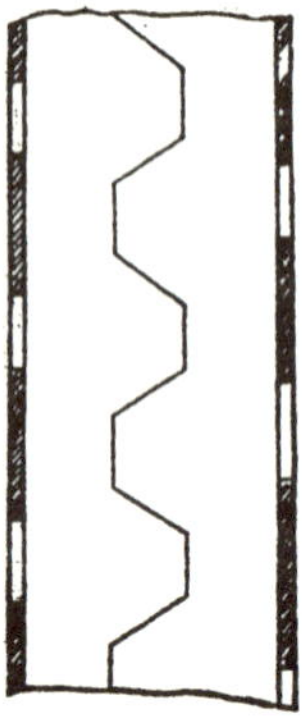

館内非常口に一個以上を設けさるへからず其正面入口より館を横斷して後面に出る通路あるは甚便利なりとす出品等は後面若くは側面の入口より運輸するを便とすへし

塵埃は館内最も忌む所なり其掃拭を怠るへからす

列品の増加は自然の勢なり故に建築の當所に於て餘分の室を見積り置くへきも數十年の後に至て必す増築の必用を見ん如此場合には別に支館を造らんよりは寧ろ本館の一側に接して之を連築するを可とす故に此接際を作るへき好位置を豫考すると計畫の當初に於て肝要なりロンドンに在る最大の博物館ブリチシユミユージアムの如き日々に其件數を増して其預藏室にまで充滿せりと云ふ

（完）

明治二十六年（一八九三）

六　鳥居龍蔵

「帝國博物舘風俗古物歴史物品陳列方法に就て。」

（『教育報知』第三五五、三五七、三六十號）

帝國博物館風俗古物歷史物品陳列方法に就て。

鳥居龍藏

かの Museum なる者か一度吾人々類の社會に設立せられて以來今日に至る。其國家に一層の光輝を發せしめ。種々の學術に幾多の新事實を與へ。世界人民の智識を増し。將た交通航海の區域を擴め延て商業農業工業等に一大關係を及ほさしめたる豈に何そ筆紙のよく盡す處ならんや。是等ハブリチッシユ、ミユーゼウム。ループル博物館サウスケンシントン或ハベルリンの博物館等に依てこれを驗せば Museum が果して吾人に何等の功益を與ふるかハ直ちに解することを得ん

博物館ハ國家を照す燈臺なり。學術技藝を導くの指南車なり。世界人民を敎ふるの良師父なり。何そ夫れ斯館の貴重有益なるや。然れともこの博物館にして。若し材料其宜しきを得す。陳列其道を失ひしならば。則ち恐る學者これが爲めに其材料とするを得す。人民これが爲めに其智識を得るなきを。何そたゞにこれに止まらんや。併せて遂にかの國家を代表せる政府當路者の大なる笑を他國より招くに至らん。博物舘の事や大なり。豈にこれと一小事として等閑に附して可ならんや

我國東台忍が岡櫻花爛熳たる處。一大 Museum あり。帝國博物館と稱す。余はこれに因て得る處頗る多し。以て聊か當路者に向て謝せさる可からず今や余ハ同館に深く其思と謝するとともに又同館に向て一の希望する所あり。則ち左に記する事これなり。知らず博物館風俗、古物、歷史學者諸君。果して余の希望を採納せらるゝや

何をか帝國博物館に向ての希望と云ふ。曰く同館風俗、古物、歷史三室物品の陳列其宜しきを得ざる是なり。抑もこの事たる敢てこれを不問に附し

て可なり。然れともかたく信ず。余はまさに是れ日本帝國の一臣民なることを。余ハ既に日本の一民なり。今帝國の名稱ある。我國家の光輝たる博物館の陳列乱雑無法。恰かも一の票順なきが如きを自ら認めなから。倘これを不問に附するハ是國家に對する一大義務を失へる者なり。況んや是等ハ學術上豈に等閑に附し去て可ならんや（我國専門學者の未だこの事に就て一も云ひ出たさゞるは最も怪む可きなり）故に余や白面の一書生なりと雖ども今貴重なる本紙をけがし。以て廣く世の専門學者に愚見を示し。併せて敢へて説の可否を問ハんとす

余は今これを記するに當て便利上左の方法に因て一々批評せんとす

甲　風俗部博物館第十區倘各地風俗農匠區と書す

乙　古物部博物館は發掘品と書す

丙　歴史部

＊　＊　＊　＊　＊

甲　風俗部

博物館の所謂風俗部とは如何なる事を意味するか想ふに其室内に於て支那、朝鮮、沖縄、北海道、印度、暹羅、亞米利加印度人、南洋諸島等の物品を蒐集陳列せられ居るを見れば蓋しかの土俗志Ethnography の區域を意味するものなる可し。若し果して然らば是無論現今の風俗なるや明なり然るに余は今同室土俗的陳列品中左の如き最も甚しき物を發見せり

印度釋尊靈地寫眞　　五枚

この五枚の寫眞ハセイロン、サイアム等の現今所用品とともに陳列せる。この五枚の寫眞果して風俗部に置くを得べきや否や。余ハ大に其不可を信ずるなり。若しこれにして此處に陳列するを得べくんば何が故に發掘室に

エジプト古物圖　　十四枚

羅馬墳墓破片シーボルド氏献品

等を置くや。余ハ少しも其の意を解する能ハざる

なり。尙歴史室にかゝる物なり

本邦古昔の佛敎具と佛人ハーブル氏献品

セイロン具多羅葉經文百九十五枚

これ或ハ比較的陳列せしならん、然れども若し古昔日本佛敎の器具と南部佛敎の器具と比較上ともに置さしとせば。尙何が故に風俗部に存せる菩提樹葉。是多羅葉。ケンチー製經文を記す鐵筆。及びサイアムの佛像等をともに陳列せざるや。是れたゞ乱雜無法を示す一班なりとす

博物館の諸君ハかく云ふなる可し。曰くたとひ其物の古什に屬するにせよ。等しく是れ人類の風俗を顯すに非ずや。時代の遠近何ぞ論ずるに足らんやと。この解釋或ハ適當なる可し。然れども如何せん。今日の精密確實なる科學ハこれを少しも許さゞるなり。當時風俗を研究調査する。かの京傳の骨董集。種彦の用捨箱時代と大に異なるなり。見よ土俗學の講究ハ現世期に於て如何なる進歩をか爲せしや。實に豫想外の長足進歩發達をなせしなり。世界各地の博物館はこれに依て陳列材料を增加せしに非すや。學會學社はこれが爲めに盛に各國に設立せられしに非ずや。學者。旅行家航海者ハこれが爲め有益なる著述をなせしに非すや。あゝ何ぞ夫れ盛なるや。聞く我帝國博物館は專門學者星辰羅列すと。何ぞこれを知らざるの理あらんや。既にこれを知る然るに物品陳列法右の如し余ハ大にこれが爲め疑ひ且つ其意を解する能ハさるなり

乙　古物部堀

この部博物館の所謂發品(第四區)と稱する所あり余ハこの室に於てまた左の頗る乱雜なる陳列を發見せり

石器一函

(石斧一個と曲玉拾二個)(樺太土人所藏二個の石斧石環と曲玉)

石器二函

(會津南靑木矢の根石五個)(德島縣管石

四個岡山縣出玉四個)(石匙一個雹斧一個
と曲玉壹連)

石器六函

(石斧四個と曲玉を附せる臼石と稱する
もの一連)

石器、石器、等しく是れ石器なり。然れども今日の科學は石斧と曲玉と同一の物と認めさるなり。矢の根石と管玉と同一の物と信せざるなり。石斧矢の根石ハ石器時代 Stone age のものなり曲玉管玉は金器時代 Metel age のものなり。是等ハ人類學者を待たずして高等小學の生徒尚よく解するを得ん。然るに堂々たる、否な學者の集まらせ給ふ帝國博物館にして、更に充分これを區別するなく不親切にも等しくたゞ石器として陳列せらるゝ余其何のことたるを少しも解する能ハざるなり。若しこの有樣よて無法乱雜の陳列を正さゞれバ。博物館ハたゞ古物、骨董店陳列の恰かも大なるものにして。これに從事せられ給ふ學者諸君ハ或ハ强て云ハバ實の番人あらんか(未完)

銅鉾と墓誌

博物館は銅鉾と墓誌とをともに陳列せり。然れども余はこれを斷じて不可なりと云ハん。抑も銅鉾は本邦歷史等なり研究する最も面白き物にして。即ち我國よ於て今日まで專門學者の熱心探究せられしにも拘はらず本邦に於ては絶へて泰西諸國の如き銅器時代 Bronze Age あるを未だ認めざるなり。强て銅器を求めんとせバ銅鉾(或ハ銅鉾)を以てせざる可からず。然れども銅鉾ハ日本に於て鐵器時代に於て使用せられたるものゝ如し。何にせよこの器の最も古代の遺物なるや明なり。而してかの銅墓誌は如何則ち奈良時代に盛よ行ハれしものにして。今日博物館にある墓誌ハ都合二個にして一は將軍文麿(文麿ハ天武天皇壬申の役の將軍にして慶雲四年冬十月卒去せり)一ハ美努岡萬連(神龜五年十月卒居)とす。今其美努岡萬連墓誌の全文を記せバ左の如し

我祖美努岡萬連飛鳥淨御原　天皇御世甲午正月
十六日勅賜連姓藤原宮御宇大行　天皇御世大寶
元年歳次辛丑五月使乎唐國平城宮治天下大行

天皇御世靈龜二年歲次丙辰正月五日歲次辰十月廿日卒春秋六拾有七貞爲人小心事帝移孝爲忠簡帝心能秀臣下成功廣業照一代之高名榮揚名顯親千歲之長亦聞難盡餘慶無窮弓作斯文納置中墓

天平二年歲次庚午十月二日

諸君ハこの墓誌を讀んで如何。必ずやあをによし奈良の朝の盛事を精神中に浮ひ出さん。然れども飜てこの墓誌としてかの銅鉾と最も關係あるものとは思はざる可し。其質こそともに等しく銅なれ其鉾と墓誌とハ學問上更ょ關係なきものなり。互に區別するを可とす。若し博物館の如くともに陳列せんか。最早學術的分類法ハ既に無用に属するなり余は一日もハやくこの乱雜無法の陳列と改正あらんことを乞ふ

外國古物

凡そ博物館が最も陳所に注意す可きハ內國古物と外國古物とを確然區別するにあり、然れとも人種上歷史上最も關係あるものハたとひ外國品なりと雖とも宜しく比較的內國品と接近陳列し、以て人をして直ちに一見よく其關係を明にせしむへきなり、是れ余の內外古物陳列法に對し抱ける愚見なりとす、而して我博物館ハこの點に就て如何なる陳列をなすか、實に左の如きなり

岡山縣發掘陶棺筑後石人東京近傍板碑と

1　ヱジプト古物十四枚

ローマ、ヱジプト古物朝鮮古物

2　(博物館の外國古物はこの12の外陳列せず)

1の陳列果して可なるか。余ハ出來得べくんばヱジプトの物品ハインド。アッシリア(博物館には無けれとも)の物品とともに陳列するを願ふものなれとも今日我國に於てハ未だ能ハざるなり。故にこの點ハ今之れを他に置くこととなし。さてこのヱジプト十四枚の古物圖をして我國の陶棺。石人板碑等の上にかゝぐるは或は場所の御都合よりせられたるものならんと雖ども互に少も關係無く第一學術上より斷じて不可なり。況んやこれが爲めに我國一般從覧者を誤解なさしむるに於てをや。余

は一日もはやく此の古圖をして２とともに陳列せられんことを望む

２外國古物としてローマ、エジプトを同所に置く最も可なり。然れども朝鮮をこれと共に置くは最も不同なりとす。抑も朝鮮は我國と人種上歴史上頗る研究すべきものにして豈に輕々に附して可ならんや。この關係たる寧ろローマ。エジプトに置かんより内國品に置くを適當とす。然るに博物館は無關係なるエジプト古物圖を内國古物の上にともにかゝげ、この最も我國と關係ある朝鮮古物をエジプト。ローマの古物とともに陳列す。是れ果して當を得たりと稱す可きか、敢て大方の諸君に問ふ

丙史傳部歴史室耶蘇敎具

我帝國博物館が最も熱心材料を蒐集せられたるは實にこの部なりとす、館員諸君が得がたきの物、求む可からざるの品を陳列せられたる、余は深く其功勞を謝す。然れども余は是等に就て又聊か批評すへき事少なしとせず、最も甚しきもの一をあけなば左の如し。

歴史室に耶蘇敎具なる二三個の函あり、我國耶蘇敎史を編纂せんと欲する者必ずやこれに因らざる可からず、然るに何ぞ圖らん、不審議奇妙、其中に左のエジプト古像（信僞は知らざれども）二個あらんとは

エジプト古代木像一個　久保田米僊氏出品
エジプト　古　像一個　田　中　芳男氏出品

この二個の物、果して耶蘇敎具と稱するを得べきか、エジプトの古像何ぞ耶蘇敎と關係あらんや、而るに博物館はこれを耶蘇敎に關係あるものとせられ同函、シカモがらす箱中にともに耶蘇敎具と看授を出したる處に置かれたり、博物館史傳部の陳列法とはかゝるものか、あゝ……………

かの古物室に外國古物を置きたるは何が爲ぞ、右の如きエジプト古像を陳列せるが爲めならん、然るにこの古像、外國部にあらずして、反つて無關係なる寛永年間耶蘇敎具とゝもに陳列せらる、歐米旅行家をしてこれを見せしめは如何、必すや……………あゝ博物館物品陳列法こゝに於てか乱雑

無法極まれりと云ふへし、一日も早く改正あらんことを乞ふ

結　論。。

余は既に先つ帝國博物館風俗、古物、歴史、物品陳列に就て批評せり、因て余ハ今や筆をとゞむるに當り尚聊か思考せる處と記し以て同館諸君の反省を乞ハんとす

凡そ博物館か陳列に就て最も注意すへき點二ありとす、一は曰學術學者の爲めにする事、一ハ曰一般世人の爲めにする事是れなり、學術學者を目的とし物品と陳列せんかよろしくこれに適したる材料を置かさる可からす、一般世人を目的とし物品と陳列せんか又一般普通の智識を與ふるに注意せさる可からす。若し博物館にして前者を採らんか後者の少しく解する能ハさるを如何せん、若し後者を採らんか前者を益せさるを如何せん、故に博物館たる者其陳列半ハ以て學術學者の參考に供し半は以て廣く衆人の一班智識を與ふることを計畫せさる可からす、あゝ博物舘の陳列法豈にまた難からすや

余はかへり見て我帝國博物舘官制（いかなる主旨を以て物品を陳列せらるゝや否やハ今これを先つ他日にゆずりて）を讀むに

博物館官制

舘　長　一人
帝國博物一切の事務を管理し兼ねて帝國京都博物館、帝國奈良博物館の事務を統理す

主　事　一人

書　記　十二人

理　事　（四人
六人

技　手　七人

評議員　九人以内

學藝委員

我博物舘はかくの如き完全なる一大團体より余は同館に望む、一日もはやく其陳列方法を改正せられ以て内外人をして我帝國博物舘の帝國博物舘たることを廣く知らしめよ、あゝ是れ何そ余一人の希望ならんや。

（丁）

明治二十六年（一八九三）

七　田原　榮「博物館の陳列法」

（『讀賣新聞』七月二十五、二十六日連載）

博物館《はくぶつくわん》の陳列法《ちんれつはふ》

社友　田原榮氏の意見

田原榮《たはらえい》氏《し》が博物館《はくぶつくわん》の物品《ぶつぴん》陳列法《ちんれつはふ》につきての宿考《しゆくかう》の大要《たいえう》は去《さ》る十日發刊《はつかん》の早稻田《わせだ》文學《ぶんがく》(四十三號《がう》)紙上《しじやう》に記載《きさい》しありしが吾人《ごじん》は更《さ》らに同氏《どうし》につき猶《なほ》一層《いツそう》精細《せいさい》なる考案《かうあん》を聞《き》き得《え》たるを以《もツ》て世《よ》の工藝美術《こうげいびじゆつ》に從事《じうじ》する人《ひと》の參考《さんかう》に供《きよう》せんが爲本日《ためほんじつ》の紙上《しじやう》より引《ひき》續《つゞ》き揭載《けいさい》すべし但《たゞ》し左《さ》に早稻田文學《わせだぶんがく》が揭《かゝ》げたる處《ところ》と再《ふたゝ》び本紙《ほんし》に揭載《けいさい》するは少《すこ》しく重複《ちようふく》するの嫌《きらひ》なきに非《あら》ずといへどもそは未《いま》だ田原氏《たはらし》の意見《いけん》と知《し》らざる人《ひと》の爲《た》め且《か》つは本紙《ほんし》との關係《くわんけい》を明《あき》らかならしめんために原文《げんぶん》のまゝを抄錄《せうろく》したり

本邦人《ほんぱうじん》が廿世紀《せいき》の潮流《てうりう》に立《た》ち殊《こと》に諸外國《しよぐわいこく》と競爭《きやうさう》して背後《はいご》に落《お》ちざらんには獨《ひと》り美術工藝《びじゆつこうげい》にあるべきのみ宜《よろ》しく今《いま》の時《とき》に當《あ》たりて一般《いツぱん》の工人《こうじん》として其《そ》の技《ぎ》を練磨《れんま》せしむる策《さく》を講《かう》ずべきなり博物館《はくぶつくわん》は國民《こくみん》の普通《ふつう》知識《ちしき》を養成《やうせい》する處《ところ》にして一般《いツぱん》の學術《がくじゆつ》にも大《だい》なる關係《くわんけい》あり就中《なかんづく》工藝美術《こうげいびじゆつ》に從事《じうじ》するものに取《とり》ては最《もツと》も大切《たいせつ》なる研究所《けんきうじよ》ありされば能《よ》くこれを整頓《せいとん》して一般《ぱん》の工人《こうじん》に示《しめ》すことを得《え》ばまた以《もツ》て其《そ》の技《ぎ》を進歩《しんぽ》せしむべき一策《さく》ならんかこの策《さく》にして若《も》し博物館設立《はくぶつくわんせつりつ》の主意《しゆい》に違《たが》はざる事《こと》を得《え》ば須《すべか》らく其の物品陳列法を改むべし即《すなは》ち從來《じうらい》の如《ごと》く古物部新製部の別を立てず凡て生中なる學術上の分類を廢して專ら美術工藝の沿革を示すを以て主眼とすべし蓋《けだ》し學術《がくじゆつ》上の分類《ぶんるゐ》は普通《ふつう》の工人《こうじん》には解《かい》し難《がた》く一般《ぱん》の觀覽者《くわんらんしや》には興味《きようみ》薄《うす》く專門《せんもん》學者《がくしや》は又《ま》た到底《たうてい》博物館《はくぶつくわん》の分類《ぶんるゐ》に安んぜず何《いづ》れより見《み》るとも益《えき》なかるべければありさて其《そ》の部門《ぶもん》に至《いた》りては書跡《しよせき》、繪畫《くわいぐわ》、彫刻《てうこく》、樂器《がくき》、陶磁器《たうじき》、髹漆《きうしつ》、布帛《ふはく》、衣服《いふく》、甲冑《かツちう》、劍戟《けんげき》、砲銃《はうじう》、家具《かぐ》、家屋《かをく》、舟車《しうしや》、機械《きかい》其《そ》の他《た》數種《すうしゆ》に分《わか》ち各部に於ける物品の變遷消長を示すを主とし種類の異ならぬ限りは外國品と雖も別に分かつを要せずこれ或《あるひ》は異論《いろん》あるべしと雖《いへど》も比較對照《ひかくたいせう》して參考《さんかう》となさんとするときにはかくする方却《かたかへ》つて優《まさ》れり且《か》つ普通《ふつう》の人《ひと》も一目《いちもく》の下《もと》に内國品《ないこくひん》と外國品《ぐわいこくひん》と對《たい》照《せう》して興味《きようみ》を覺《おぼ》ゆること深《ふか》かるべしまた列品には一々部門、物名(用途《ようと》を示《しめ》すため)製作の年代、製作地、工人、番號等を記すべし中にも製作地は最も肝要なりこれ等《ら》の事《こと》或《あるひ》は知《し》れざるが為《ため》に記《しる》し得ざるものあらん然《され》ど館員《くわんゐん》は全力《ぜんりょく》を盡《つく》してこれを鑑定《かんてい》し是非《ぜひ》共《とも》明記《き》するを要《えう》するなり萬一確定《まんひつかくてい》しがたき事《こと》もあらば豫め鑑定家の定めたる處を記し?符を附して其の確かならぬ由を明かにすべし又《ま》た年代《ねんだい》に應《おう》じて物品《ぶつぴん》の具《ぐ》備《ひ》せざる場合《ばあひ》には博《ひろ》く世間《せけん》に求《もと》めて之《これ》を塡補《てんぽ》すべし得《う》べからざれば摸品《もひん》を以《もつ》てこれに代《か》ふるも可《か》なりそれも能《あた》はざれば畧記《りやくき》を備《そな》へて暫《しばら》く現品《げんぴん》の出《い》づるを待《ま》つべしかく年次《ねんじ》に重《おも》きを置《お》く時《とき》は勢諸派《いきほひしよは》の作《さく》を取交《とりまじ》へて陳列《ちんれつ》すべき必要《ひつえう》の生《しやう》ずる事《こと》もあらんこれはある適當《てきたう》の法《はふ》を用《もち》ひて混亂《こんらん》せしめざらんを要《えう》す又《また》動、植、鑛物等の天然物は一般學術上の分類法に依り名稱産地を記載し可成廣く蒐集するを要す此部門或《このぶもんあるひ》は異論《いろん》あるべしと雖《いへど》もこの種類《しゆるゐ》のもの現《げん》に幾分《いくぶん》か帝國博物館《ていこくはくぶつくわん》にも見《み》えたれば蓋《けだ》し行《おこな》ふべからざる事《こと》にはあらじ

さて右《みぎ》の如《ごと》く物品《ぶつぴん》を陳列《ちんれつ》したる上《うへ》各部門の列品、番號に應じて詳細なる説明書を編纂しその閲覧室を設けて學者が參考の料とすべしこゝにはまた世間所藏の參考書及び參考品の所在等を記したるものをも備へ置くべしかゝれば普通《ふつう》の工人《とうじん》もしくは觀覧人《くわんらんにん》は現《げん》品《ぴん》によりて學者專門家《がくしやせんもんか》の精細《せいさい》なる調査《てうさ》を要《えう》するものは閲覧室《につらんしつ》につきて見《み》る所《ところ》あるべし先年來寶物取調《せんねんらいはうもつとりしらべ》の擧《きよ》あり其結果《そのけつくわ》として欠漏品《けつろうひん》の塡補《てんぽ》、參考書及《さんかうしよおよ》び參考《さんかう》品所在《ひんしよざい》の指示《しじ》等《とう》に大《だい》なる便《べん》を得しなるべし從《したが》ひて説《せつ》明書編纂《めいしよへんさん》の如《ごと》きも大《おほ》いに容易《たやす》くなれる事《こと》を信《しん》ず此《こ》の説明書編纂《せつめいしよへんさん》の事件《じけん》は實《じつ》に博物館《はくぶつくわん》の一日《じつ》も忽《ゆるかせ》にすべからざる所《ところ》なりとぞ云々《しか〳〵》

右《みぎ》の外田原氏《ほかたはらし》は博物館は富國策の研究所なれば後年と思ふ一般の人士も財を擲ちて其の整備を謀るべき事、國民一般に古美術品の輸出を厭ふのみならず海外に散逸したるものをも買戻す策を立つる事、華族其他公衆の私藏品をも借受けて館内に陳列する事、一般人民に普通知識を養成せしめんため觀覧料を廢し説明書閲覧料のみ收納《しうなふ》することゝすべしと説《と》けり

右《みぎ》は早稲田文學《わせだぶんがく》が掲《かゝ》げたる處《ところ》にして即ち田原氏《たはらし》が意《い》見《けん》の大要《たいえう》なり請《こ》ふ更《さ》らに次號《じがう》に於《おい》て吾人《ごじん》が聞《き》き得《え》たる所《ところ》を筆記《ひつき》して前論《ぜんろん》の足《た》らざる所《ところ》を補《おぎな》はん　（未完）

●博物館《はくぶつくわん》の陳列法《ちんれつはふ》（續）

社友　田原榮氏の意見

帝國博物館《ていこくはくぶつくわん》の物品陳列法《ぶつぴんちんれつはふ》に關《くわん》する田原氏《たはらし》意見《いけん》の大要《たいえう》は前號《ぜんがう》の紙上《しじやう》に掲《かゝ》げたるが如《ごと》くにて說《と》き得《え》て頗《そこぶ》る明《めい》瞭《れう》、別《べつ》に說明《せつめい》を要《えう》せざるに似《に》たりと雖《いへど》も、考證の必要、並びに物名、製作の年代、製作地等の明記を要する理由に至《いた》りては更《さ》らに田原氏《たはらし》の細說《さいせつ》を紹介《せうかい》するの要《えう》あるを覺《おぼ》ふ、請《こ》ふ左《さ》に之《こ》れを陳《の》べん

今日《こんにち》と雖《いへど》も吾博物館《わがはくぶつくわん》には幾多《いくた》の鑑定家《かんていか》あらん然《しか》れども此等《これら》の人々《ひと〴〵》は世《よ》の批評《ひゝやう》を憚《はゞか》りて容易《ようい》に考證《かうしよう》せざるの趣《おもむき》あり是《こ》れ余《よ》（田原氏《たはらし》自《みづか》ら云《い》ふ以下《いか》之《こ》れに倣《なら》へ）の第《だい》一に取《と》らざる所《ところ》なり、併《しか》しながら余の意見は博物館に相當の考證家鑑定家の現存すると否とに拘はらず實業家を入れて鑑定考證の任に當らしめんとするに在り、蓋《けだ》し古代《こだい》の製品《せいひん》にして其《そ》の製法《せいはふ》の今日《こんにち》に傳《つたは》らざる者《もの》の如《ごと》きは館員設令充分《くわんゐんたとひじうぶん》の鑑識《かんしき》を具《そな》ふるも恐《おそ》らく之《こ》れを甄別《けんべつ》する能《あた》はざるべし此等《これら》は勢《いきほ》ひ實地《じつち》其《そ》の物《もの》の製造《せいざう》に與《あづか》りたる人《ひと》を待《ま》つて鑑別《かんべつ》するの外《ほか》なる可《べか》らず、勿論維新《もちろんゐしん》後《ご》は其前《そのぜん》に比《ひ》して美術品《びじゆつひん》の製造《せいざう》も著《いちじる》しく減《げん》じ殊《こと》に古物品《こぶつひん》の製法《せいはふ》の如《ごと》き維新《ゐしん》の頃《ころ》までは幾分《いくぶん》か傳《つた》はり居《を》りしも維新《ゐしん》後《ご》に至《いた》り其《そ》の物《もの》の需用《じゆよう》減《げん》ずるに伴《ともな》ひて其業《そのげふ》を相續《さうぞく》する者《もの》なく隨《したが》つて其《そ》の製《せい》法《はふ》も正《まさ》に絕滅《ぜつめつ》せんとするの有樣《ありさま》なれども曾つて此等の業に從事せる老製造人今尙ほ現存するもの少からず、彼等を招集し之れを博物館附の參考人即ち品評家として鑑定考證の事を囑托し以つて精確なる鑑別を爲さしむるは最も策の得たる者とす

然《しか》るに此等《これら》殘存《ざんそん》する所《ところ》の老製造家《らうせいざうか》と雖《いへ》ども年遷《としうつ》り星《ほし》換《かは》りて中《なか》には生活《せいくわつ》の立《たち》がたきと或《あるひ》は已《やむ》を得《え》ざる事情《じゝやう》等《とう》より轉業《てんげふ》したるものも多《おほ》からん、されば此等《これら》の人《ひと》を探知《たんち》して考證鑑定《かうしようかんてい》を依賴《いらい》するとも隨分《ずゐぶん》六《むつ》ヶ敷事《しきこと》なれば彼等《かれら》を呼出《よびだ》すには茲《こゝ》に一策無《さくなか》る可《べか》らず、則ち彼等に與ふるに帝國博物館附の品評人たる名譽職を以てするが如《ごと》きは一策《さく》なり、殊《こと》に彼等《かれら》の家《いへ》に代々傳《だい〴〵つたは》りたる處《ところ》の傳授法《でんじゆはふ》の如《ごと》きは寶物取調委員等《はうもつとりしらべゐゐんとう》が種々《しゆ〴〵》の手段《しゆだん》を盡《つく》しても、尙容易《なほようい》に得難《えがた》き程《ほど》の者《もの》なれば彼等《かれら》をして十分其蘊底《じうぶんそのうんてい》を發《はつ》せしむるには是非共《ぜひども》與《あた》ふるに充分《じうぶん》の名《めい》

璽と以《もッ》てせざる可からざるなり今日に當りて之れを悠々《いう〳〵》看過《かんくわ》せば本人《ほんにん》は勿論相續人《もちろんさうぞくにん》も絶《た》え終《つひ》には製作法《せいさくはふ》全《まッた》く傳《つた》はらざるに至《いた》り考證鑑定《かうしようかんてい》の不便《ふべん》なる今日《こんにち》に比されば更《さら》に幾層《いくそう》の困難《こんなん》を感《かん》ずるの期あらん元來工藝《ぐわんらいこうげい》美術品《びじゆつひん》の如《ごと》き人造物《じんざうぶつ》は他《た》の天然物《てんねんぶつ》の如《ごと》く其物《そのもの》に普通《ふつう》なる系統《けいとう》を有《いう》するものに非《あ》らずして時代《じだい》と人間《にんげん》との變遷《へんせん》に伴《ともな》ひ主《もッ》ぱら工人《こうにん》の意匠《いしやう》に依《よ》るものなれば其《そ》の製法《せいはふ》と保存《ほぞん》する手段《しゆだん》なき限《かぎ》りは是《これ》より十年若《ねんもし》く百年《ねん》の後《のち》は終《つひ》に研究《けんきう》の途《みち》を失《うしな》ふに至《いた》るべし就中日本固有《なかんづくにッぽんこいう》のものに至《いた》りて愈以《いよ〳〵もッ》て然《しか》りとす是《こゝ》を以《もッ》て余《よ》が考案《かうあん》は他日《たじつ》に期《き》するを待《ま》たず可成《なるべく》は現今直《げんこんたゞ》ちに之《こ》れを實行《じッかう》せんことを欲《ほッ》するなり

更《さ》らに一歩《ぽ》を進《すゝ》めて細説《さいせつ》せんに例《たと》へば其《そ》の流派《りうは》と異《こと》にする陶器《たうき》・刀劍《たうけん》・織物《おりもの》などの類《るゐ》に至《いた》りては製法代々《せいはふだい〳〵》其《そ》の家《いへ》に連綿《れんめん》として傳《つた》はり居《を》るものあり然《しか》れども其《そ》の附屬品《ふぞくひん》（刀劍《たうけん》にていへばこれに附屬《ふぞく》する鍔《つば》・鞘《さや》・切羽《せッぱ》下緒《さげを》等《とう》の如《ごと》し）の工人《こうにん》と一々《いち〳〵》に呼出《よびいだ》して考證鑑定《かうしようかんてい》せしむるは唯《た》だに難事《かんじ》なるのみならず今日《こんにち》にては迚《とて》も行《おこな》ふ可《べ》からざることなれども其の附帶品の中心たる刀劍其物の工人は今日招集し得べく且つ此工人は此等の附帶品とも鑑識するの力あるが故に愈々以て今日之れを利用せざる可からず

茲《こゝ》に又た漆器《しつき》につきて言《い》はんに維新前、維新後及び明治十九年後の三期に於ては大いなる變化あり維新《ゐしん》前《ぜん》の漆器《しつき》は本邦《ほんぱう》の良質《りやうしつ》なる漆液《しつえき》を製撰《せいせん》して工人《こうにん》も正《しやう》直《ぢき》に製作《せいさく》したるもの多《おほ》きを以《もッ》て此《こ》の時期《じき》に於《おい》ては最《もッと》も精良《せいりやう》なる漆器《しつき》出《い》でたり維新後《ゐしんご》は外國貿易《ぐわいこくぼうえき》の爲《ため》に漆《しつ》器《き》の製作上《せいさくじやう》に變動《へんどう》を生《しやう》じたるが故《ゆゑ》に維新前《ゐしんぜん》のものとは漆液《しつえき》も隨《したが》ッて善良《ぜんりやう》なる性質《せいしつ》を失《うしな》へり扨又《さてまた》十九年《ねん》の頃《ころ》は盛《さかん》に支那漆《しなうるし》を輸入《ゆにふ》したる時期《じき》にて支那漆《しなうるし》は我國《わがくに》の物《もの》に比《ひ》すれば其《そ》の性質甚《せいしつはなは》だ脆弱《ぜいじやく》なるにより隨《したが》つて漆器《しッき》の保存力《ほぞんりよく》に大《だい》なる影響《えいきやう》を及《およ》ぼしたりと思《おも》はざる可《べ》からず然るに今此處に漆器の研究者ありて維新前のものと十九年後の物とを比照したりと思へ而して其結果を査定したる人は別人なりとせんに若し以上の變遷を知らざるときは必ずや非常の誤謬に陷らん幸《さいはひ》にして此《こ》の術《じゆつ》は今日《こんにち》に傳《つた》はり居《を》るを以《もッ》て敢《あへ》て混《こん》同《どう》するの恐《おそ》れなかるべしと雖《いへ》ども他《た》の工藝美術品《こうげいびじゆつひん》に

つきては維新《いしん》までも傳《つた》はらざるものさへあれば他日《たじつ》を期《き》して放棄《はうき》するが如《ごと》きは好《この》んで考證《かうしよう》の途《みち》を失《うしな》ふに等《ひと》し

更《さ》らに又陶器《またたうき》に就《つい》て言《い》はんか彼《か》の外國人《ぐわいこくじん》が本邦《ほんぱう》の工《こう》藝美術品《げいびじゆつひん》を摸擬《もぎ》するに就《つい》ては往々意外《わう／＼いぐわい》の好結果《かうけつくわ》を奏《そう》する者あり陶器《たうき》の如《ごと》き則《すなは》ち其《その》一なり顧《おも》ふに彼《か》れの摸《も》術益々進《じゆつます／＼すゝ》まば他日《たじつ》之《これ》を鑑定《かんてい》するに當《あた》りては唯《た》だに外部《ぐわいぶ》の摸様彩色《もやうさいしき》の類《るゐ》を以《もツ》て容易《ようい》に眞贋《しんがん》を甄別《けんべつ》する能《あた》はざるや必《ひつ》せり則ち其の陶質の如きは現物を分析するの外之れを鑑別するの法なからん歟《か》今本邦《いまほんぱう》に於《おい》て其例《そのれい》を求《もと》むるに夫《か》の加州《かしう》の九谷焼《くたにやき》の如《ごと》き明治《めいぢ》八九年《ねん》頃大《ごろおほい》に陶土《たうど》に欠乏《けつぼふ》を告《つ》げたるを以《もツ》て之《こ》れを備中瀬戸《びツちうせと》に仰《あふ》ぎたりといふ去《さ》れば今日《こんにち》の所謂九谷焼《いはゆるくたにやき》は眞正《しんせい》の九谷焼《くたにやき》にあらずして備州《びしう》の原質《げんしつ》を以《もツ》て製《せい》したる永樂《ゑいらく》の京焼《きやうやき》たるに過《す》ぎざるなり而《しか》して後日《ごじつ》若《も》し如斯變《かくのごときへん》遷《せん》を知《し》らずんば何《なに》を以《もツ》てか之《こ》れを鑑別《かんべつ》せんや是《これ》を以《もツ》て苟《いやしく》も工藝美術品《こうげいびじゆつひん》の考證鑑定《かうしようかんてい》をなさんとするものは漆品《しツき》・陶器《たうき》を研究《けんきう》するが如《ごと》く精細に其の變遷の歴史を調査することは實に今日の急務なりとす

余《よ》は更《さ》らに考證《かうしよう》の確實《かくじつ》ならんことを欲《ほツ》する爲《た》め列品《れツぴん》に第一物名を記《き》することを欲《ほツ》す若《も》し物名《ぶつめい》を記《き》して其《そ》の用途《ようと》を示《しめ》さゞるときは今日《こんにち》の如《ごと》き香爐《かうろ》を利用《りよう》して烟草盆《たばこぼん》の火入《ひいれ》となすの慣習《くわんしふ》は後年《こうねん》に至《いた》らば或《あるひ》は香爐《かうろ》を以《もツ》て直《たゞ》ちに烟具《えんぐ》となすの間違《まちがひ》を生《しやう》ぜん去《さ》れば物名《ぶつめい》を明記《めいき》するは勿論《もちろん》時代によりて其當時の用途を記するの必要あり第二に製作の年代を記《き》することゝ列《れツ》品《ひん》に製作《せいさく》の年代《ねんだい》を記《き》するは其の時代の風俗人情の隆替消長又一般の嗜好等或は製作家の意匠の變遷を知るに止まらず實業の上にも學術の上にも大なる利益を得べし例《たと》へば今日《こんにち》の人《ひと》古器物《こきぶつ》に蝴蝶《こてふ》の摸様《もやう》あるを見《か》れば其《そ》の時代《じだい》の如何《いかん》を調査《てうさ》せず直《たゞち》に平家時代《へいけじだい》のものなりと杜撰《づさん》の推測《すゐそく》を下《くだ》す者《もの》もあれどこれ等《ら》は唯《た》だに製作家《せいさくか》を謬《あやま》るのみならず學術殊《がくじゆつこと》に歴史《れきし》を過《あやま》るものと云《い》はざる可《べか》らず第三には製作地なりこれを調《とう》査《さ》する必要《ひつえう》なる所以《ゆゑん》は主ら原料の上に大關係あり例《たと》へば原料《げんれう》の產出地《さんしゆつち》になきものならば何處《いづこ》にこれを求《もと》めたるや（即《すなは》ち本邦《ほんぱう》になきものならば）と研究《けんきう》し或《あるひ》は又古代《またこだい》にはありて今日《こんにち》はなきものの等《とう》を追究《つゐきう》するが如《ごと》

きは最《もツと》も肝要《かんえう》なり第四に工人、製造家《せいざうか》及《およ》び其流派《そのりうは》に至《いた》りては一定《てい》の系統《けいとう》を有《いう》し相互《さうご》に奪《うば》ふべからざる長《ちやう》所《しよ》を具《そな》ふるものなれば成《な》るべく其の系統を明確にして製作事業《せいさくじげふ》の為《た》めに參考《さんかう》の用《よう》たらしむべし

以上《いじやう》は余《よ》が鄙案《ひあん》の一端《たん》にして若《も》し鄙案《ひあん》の如《ごと》く考證鑑《かうしようかん》定《てい》につきては製作家《せいさくか》を以《も》ッて品評家《ひんぴやうか》となし又其《またそ》の列《れツ》品《ひん》につきては物名《ぶつめい》・製作《せいさく》の年代《ねんだい》・製作地《せいさくち》・工人等《こうじんとう》を詳記《しやうき》する等《とう》の便利《べんり》を與《あた》ふる時《とき》はよし精確《せいかく》なる鑑定《かんてい》は付《つ》かずとするも多少《たせう》の具眼者《ぐがんしやいでき》出來りて彼等《かれら》は精一《せいいツ》パイの鑑定《かんてい》をなすべし然《しか》るときは今日《こんにち》よりも一層《そう》大《おほ》いなる利益《りえき》あるべきは疑《うたがひ》を容《い》れず要《えう》するに余《よ》が此《こ》の考案《かうあん》にして行《おこな》はるゝ機會《きくわい》あらば本邦《ほんぱう》の工藝美術《こうげいびじゆつ》はいふも更《さら》なり凡《すべ》て學術上《がくじゆつじやう》に於《お》ける進歩《しんぽ》と發達《はつたつ》とに著《いちじる》しき變遷《へんせん》を見《み》るに足《た》らんか　（完）

正誤　昨日の本文第一項の終、「此部門或は異論あるべしと雖」の前に左の一節を脱す
「未製品資料も名稱産地及び普通の用途等を記し一部門となすを得べし而して其の蒐集まさ汎きを要するなり」

八　吉澤庄作「帝國博物館ノ參考室」

明治二十七年（一八九四）

（『動物学雑誌』第六十九號）

●帝國博物館ノ參考室　頃日帝國博物館ニ於テ參考室ノ一部第四號館ヲ開館シテ公衆ノ縱覧ヲ許サレタリ室内ニ有脊椎動物ノ骨骼類ヲ排列セラル標本ノ總數二百五十五點アリ室ノ中央ニハ哺乳動物ノ骨骼類ヲ展列セラレ左側ニハ魚類ヲ始メトシテ兩棲類爬蟲類鳥類ト順ヲ追フテ陳列セラル骨骼中殊ニ立派ナルハ象ノ骨骼ナリ該象ハ曩ニしやむ國ヨリノ寄贈ニシテ昨年マテ仝館所屬ノ動物園ニ飼養セラレシ牝象ノ由其製造ハ坂本福治氏ノ手ニ成リシト聞ク頗ル精巧ニシテ氏ノ伎倆ハ該標本ト共ニ永ク後世ニ傳ハラントス又列品中をらんうたんノ骨骼アリ目下淺草ニ其活物アリ吾人ニハ一對ノ好標本ナリ、聞ク所ニ因レハ是等ノ列品目錄モ近ク刊行セラルヽトナン斯學ノ篤志者ヲ裨益スルヿ蓋シ鮮少ナラサルベシ仝館ハ此外尙ホ夥多ノ標本ヲ所藏セラルヽヲ以テ漸々整頓次第公衆ノ縱覧ヲ許サヽルト云フ唯憂フ該四號館ハ木造ノ樣ニ思ハル一朝祝融ノ災ニ遇フ𪜈ハ是等ノ貴重品ヲ再ヒ蒐集スルヿ能ハザルベキヲ敢テ當局者ノ猛省ヲ乞ハントス

明治二十九年（一八九六）

九　箕作佳吉「普通學校ニ於ケル博物學標品室」

（『東洋學藝雜誌』第拾參巻第百七拾九號）

東洋學藝雜誌第拾參卷第百七拾九號
明治二十九年八月二十五日發兌

○

普通學校ニ於ケル博物學標品室

理科大學教授理學博士　箕作佳吉

余近頃少シク感ズル所アリ此文ヲ草スルノ已ヲ得ザルニ至ル博物學教員及ビ學校管理者ノ一讀ヲ煩サバ幸ノ至リナリ

此處ニ余ガ普通學校ト稱スル者ハ重ニ尋常中學校、尋常師範學校及ビ高等小學校ヲ指スナリ

普通教育ニ於テ博物學ノ重要ナルハ今更言ヲ俟タズ而シテ之ヲ教フルニハ教科書ニノミ依ラズ實物ニ觸レ實地ニ望ムヿノ必要ナルハ世上既ニ定論アリ此處ニハ之ヲ說クノ必要ナシ近頃學校管理者ガ博物學教員ヲ採用スルニ當リ多ク野外採集、實地研究ヲ好ム者ヲ望ムニ至リタルハ博物學ヲ教授スルニ活キタル方法ヲ用井ベキトノ說漸々普及スルノ徵ト認ムベキナリ

然ルニ翻リテ普通諸學校ニ於テ此活方法ノ基礎トモ稱スベキ標品ハ如何ニ貯藏シアルヤヲ見ルニ其狀實ニ言語同斷ト云フノ外ナキナリ

現今ノ普通諸學校中ニハ別ニ標品室ヲ設ケズシテ標品ヲ暗キ戸棚ノ裡ニ投ジ置クモノ少シトセズ或ハ標品室ト稱スル室アルモ是唯名稱ノミ其實ハ校中最惡シク最暗ク他用ニ供スル能ハザル室ニシテ物置ト稱スルノ外ナキモノヲ以テ之ニ充ツルモノモ多シトス而シテ何レモ標品ハ塵埃ノ中ニ埋レ昆蟲ノ如キハ觸角ヲ失ヒ翅ハ落チ黴ノ發生セル者少ナカラズ剝製的標品ニ至リテハ害蟲其中ニ發育シテ思ハザル標品ヲ標品室中ニ採集シ得ベキヿ多シトスあるこーる漬標品ハ第一ニ甚ダ不適當ナル壜中ニ投ジアリテあるこーるハ過半蒸發シ去リテ既ニ標品ヲ貯藏スルノ力ナキモノアリ而シテ標品其物ヲ見ルニ別ニ其校ノ所在地ニ關係ナキ種類ニシテ教授上ニ左迄要ナキモノ割合多シトス例ヘバ學校近傍ノ鳥類ハナキモ小笠原島產ノ鳥類數個ヲ備フル等ノ如シ

學校備付標品ノ此ノ如キ有樣ニナリ居ルハ余敢テ之ヲ咎ムルニアラズ今日迄ノ普通教育ノ歷史ヲ見ルニ未ダ博物學標品ヲ整頓スル迄ニハ手ノ届カザリシナリ然レ𪜈此景況ヲ以テ滿足セル教員及ビ管理者ハ一人モアラザルベシ余思フニ今日ハ既ニ標品ノ整頓ニ着手スル時機到來セリ最早之ヲ今日迄ノ如クニ放擲シ置クベキニアラザルナリ余ハ切ニ教員及ビ管理者ニ望ム「能ハザル」ト言フ勿レ「能ハザル」ハ多ノ塲合ニ於テハ「爲サヾル」ヲ意味スルヿアリ

然レバ則チ學校備付ノ博物學標品ハ如何ニ整頓スレバ可ナリヤ請フ二三ノ點ニ付キ余ノ思考ヲ述ベン若シ當局者ノ參考ニモナラバ余ノ幸之ニ過ギズ

第一ニ普通學校備付ノ標品ハ其校所在ノ地方ニ產スル種類ヲ重ナル部分トスルベシ殊更ニ珍奇ノ者ヲ集メントスルノ必要ナシ先ヅ普通ノ者ヨリ始メ漸々ト稍珍シキ者ニ及シテ可ナリ歲月ノ經ルニ從ヒ當該地方ノ天產物ヲ網羅スルニ至レバ則チ實ニ一地方ノ博物館トナルニ至ルヲ得ン故ニ學校備付ノ標品ハ重ニ教員及ビ生徒或ハ當地方有志家ノ自ラ採集シタルモノヨリ成ルベシ

然ルニ山間ニ在ル學校ニテハ海產ノ物ヲ得ルコト難ク海濱ノ學校ハ深山ニ產スル標品ニ乏シキハ勢免ル可カラザル處ナレバ是等ハ或ハ教員ヲ派遣スルカ或ハ他校ト交換スルカ或ハ標本店ヨリ購買シテ授業ニ必要ナル物ヲ備フベシ」外國產ノ如キハ必要ナル者ヲ購買スレバ可ナリ

第二ニ此ノ如ク採集シタル標品ニ注意シテ保存法ヲ施スヿハ採集スルヿ其自身ノ如ク大切ナリ保存法ノ最モ完全ナル點ハ標品其物ノ活キタル時ノ有樣ヲ其儘ニ保存スルニアリ然レ𪜈此點ニ達スルヿハ到底望ム可ラズ併シ注意シテ保存シタル標品ト不注意無神經ニ保存シタルモノトハ一目シテ之ヲ區別スベク又其標品トシテノ價直モ大ニ差アルモノナリ例へバいそぎんちやくノ觸手ヲ開キタル標品ト之ヲ閉ヂテ梅干ノ如クナリタル標品ト何レガ有益ナルヤ固ヨリ言フ迄モナキヿナリ昆蟲ノ如キモ諸部完全

シタルモノヲ手際好ク眞白ナル紙ニ帖リ付ケタルト觸角モ折レ足モ縮ミ上リ甚ダ怪ゲナル體ヲナシ居ルト標品ヲ見ル人ノ感覺如何ゾヤ兒童ノ自ラ採集及保存ヲ試ルモノアルモ目前ニアル模範好ケレバ好キ程已ノ作ル標品モ好シカラン是些少ノ點ノ如シト雖モ感ジ易キ兒童ノ慣性ヲ養フニハ案外ナル影響アルベシあるこーる漬ノ標品ノ如キモ標品其自身ニ注意スルハ無論ナレ𪜈亦之ヲ貯フ壜ノ如キモ大ニ意ヲ用ヰベキナリ今日ニテハ標品入レ壜ノ製造モ我邦ニテ大ニ進歩シ相應ノ品モ安價ニ得ラルレバ此事モ案外ニ容易ナリ

第三學校内ニハ必ズ適宜ナル一室（一室以上ナレバ尚ホ好シ）ヲ標品室ニ當ツルベシ其室光線モ好ク又清潔ナルベシ塵埃ハ標品保存ノ爲メニハ最モ惡シキモノナリ又學校全體清潔ニスル能ハザレバ少クトモ此ノ如キ場所ノ清潔ナルヲ見ルハ生徒ノ好慣性ヲ養フヲ助クベシ」室内ニハ數個ノ標品備棚ヲ備ヘ付クベシ是モ前面ノ硝子板餘リ小ナラズ且ツ餘リ奧深クナクシテ内部モ明ルキ樣ニ造ルベシ是モ今日トナリテ左程高價ニモアラザルベシ而シテ此ノ如キ標品室内ニ標品ヲ陳列スルニハ豫メ定メタル順序ニ依ルベシ則チ動植物標品ナレバ天然分類法ニ依ルヿ最適當ナラン而シテ然ルベキ場所々々ニ分類中ノ大區分ヲ掲示シ又標品ニハ必ズ箋ヲ付シテ其名稱、採集ノ場所、月日及ビ其他ノ事項ヲ明瞭ニ記スベシ又標品ハ唯々生長シタル物ノミナラズ生長ノ態ヲ示スモノモ亦必要ナリ例ヘバ蛙ガ卵ヨリ孵化シテ蝌斗狀ヲ經テ漸々生長シテ眞ノ蛙トナルノ狀或ハ昆蟲ノ變體ノ狀ノ如キナリ又生物界ノ諸ノ面白キ現象ヲ示スモノモ必要ナリ例ヘバ保護色、擬態、花ト蟲ノ關係、時季變態、雌雄變態等ノ如シ又動植物ニシテ大ニ人ノ用ニ供セラル丶モノハ其製造物ヲ陳列スルハ大ニ利益アルベシ例ヘバ明鮑、灰鮑、煎子、寒天等ノ水產物ノ如シ

標品室内ニハ或ル制限ヲ設ケテ生徒ノ入ルヲ許スヿトスベシ例ヘバ生徒ノ中ニテ植物、昆蟲、介類、或ハ鑛物ヲ採集シテ其名稱ヲ確メント欲スル者ニハ標品ヲ害セザル

限リハ學校備付ノ標品ヲ參考スルヲ許可スベシ

此ノ如キ標品室ハ普通學校ノ爲メニ必要ナルヿ又極メテ有益ナルヿハ人々ノ容ス所ナルベシ學校管理者ハ博物標品ハ理化學ノ器械トハ異ナルヿヲ忘ル可ラズ理化學ノ器械ハ之ヲ使用セザル間ハ損害ノナキ様ニサヘ注意シテ藏置ケバ夫ニテ足ルモノナリ博物學標品ノ如キハ互ニ相關連セル者ニシテ之ヲ相當ナル方法ニ依リテ陳列シテ一ノ蒐集ヲ爲セバ其用個々別々ニ置クヨリハ數倍スルモノナリ故ニ理化學ノ器械ハ之ヲ貯藏スルニハ安全ヲ主トスベシ博物學ノ標品ハ安全ハ固ヨリナレ𪜈亦適宜ナル方法ニ因リ之ヲ陳列セザル可ラズ又管理者ノ決シテ忘ル可ラザル一事ハ博物學標品ハ一度之ヲ作レバ最早夫ニテ手ヲ要セザル如キ物ニアラザルヿナリ之ヲ保存スルニハ絶ヘズ注意スルヿヲ要スルモノナリ例ヘバ乾燥シタル標品ハ其種類ニヨリなふたりん或ハ樟腦ヲ用キ或ハ昇汞ヲ霧ノ如ク吹キテ絶ヘズ黴ノ發生ヲ妨ゲザル可ラズあるこーる漬ノ物ハ時々あるこーるヲ加ヘテ其蒸發シ去リタル部ヲ補ハザル可ラズ塵埃ハ標品ノ大禁物ニテ絶ヘズ標品ノ周圍ヲ掃除セザル可ラズ暫時ニテモ是等ノ注意ヲ怠ル時ハ標品ハ立ニ腐敗シ去リテ用ヲ爲サヾルニ至ルモノナリ

余ガ博物學敎員諸君ニ望ム所ハ諸君ハ既ニ博物學ヲ敎授スルノ責ニ當ラレタル方ナレバ少ク𪜈大體ニ於テハ余ガ述ベシ所ニ同意セラル丶ナラン然レバ成ル可ク完全ナル博物學標品室ヲ作リ出スヿニ盡力セラレンヿナリ

余ガ學校管理者ニ望ム所ハ諸君ハ博物學標品室ノ必要ヲ認メラレ之ヲ設クルノ方向ヲ取ラレンヿナリ而シテ尚諸君ニ望ム所ハ博物學授業時間ハ學校ノ課程中ニテ餘リ多カラザレバ其敎員ノ爲メニ多額ノ俸給ヲ支出シテ良敎員ヲ聘スル能ハズト云フ勿ランヿヲ時間報酬ノ理ヲシテ正シキモノトスルモ博物學敎員ハ其學校ノ爲メニ標品ヲ採集シ又之ヲ保存整頓スルノ時間ヲ算入スレバ其學校ノ爲メニ盡ス時間ハ決シテ僅少ニハアラザルベシ

余ガ府縣知事及ビ縣會議員ニ望ム所ハ博物學標品室ノ如キハ地方經濟ノ許サヾル所ナリトテ豫算ヲ苛酷セラレザ

ランコナリ廣ク世界ノ有樣ヲ觀レバ儉約スベキハ教育費ニハアラザルベシ

尚ホ余ノ望ム所ハ高等師範學校附屬學校ハ全國普通學校ノ模範トナル所ナレバ一ノ完全ナル模範博物學標品室ヲ設ケラレンコナリ

此論文ハ畧ニ過ギテ自ラモ不滿足ト思フ所少シトセズ然レ𪜈若シ博物學標品室ノ事ニ就キ教育者ノ注意ヲ惹クヲ得レバ余ノ望既ニ達セリ

十　箕作佳吉「博物館ニ就キテ」

明治三十二年（一八九九）

（『東洋學藝雜誌』第拾六巻貳百拾五號）

東洋學藝雜誌第拾六卷第貳百拾五號
明治三十二年八月二十五日

○

博物館ニ就キテ

理學博士　箕作佳吉

我邦ニテハ社會ノ上流ニ立チテ相當ナル教育アル人ニテモ博物學ニ對シテハ頗ル冷淡ナリ是社會ニ取リテハ一ノ大ナル不幸ニシテ世ノ中ニ立チテ事ヲ取ル人ガ博物學的°思想（余ハ博物學ノ°思想トハ殊更ニ言ハザルナリ）ニ乏シキ爲メニ大ニ社會ノ事物ヲ誤ルコトナシトセズ亦博物學ニ取リテハ言フ可ラザル不利益ニシテ世人ニ冷遇セラルヽ、爲メニ十分ニ發達スルコト能ハザルナリ

試ニ世人ガ博物館テフモノニ就キ如何ナル思想ヲ有スルヤト問フニ百中九十九人マデノ腦中ニハ「博物館ニ行キテ見ルト何ダカあるこーる漬ノ動物ガ壜ノ中ニ入レテ澤山列ベテアツタリ和解モ分ラヌ鑛物ガ厭《イヤ》ニナル程重子テアツタリ古ビタ物ガ古道具屋ノ樣ニ曝シテアツタリスル所デアツテ物好ノ人ニハ面白ノデセウガ普通ノ人ニハツマラヌ所ダ有ルニ越シタコハナヒダロウケレモマアドウデモイヽ所ダ」ト云フ樣ナル思想アルガ如シ而シテ概シテ言ハヾ我社會ニテハ教育アレバアル人程ガ此ノ如クニ考フルナリ是往時漢學時代ノ餘弊ト謂ハザル可ラズ

世界ノ事物駸々乎トシテ進歩スルノ今日博物館ニ就キテノ事柄ノミ依然トシテ舊時ノ儘ニ行クモノニハアラザルナリ歐米ニ於テハ過ル十年間ニ於テ博物館ニ關スル諸事長足ノ進歩ヲ爲シ舊式ノ博物館コソ世人ノ腦中ニ畫カルヽ如キ誹ヲ免ルヽ能ハザルモノ少ナカラズト雖モ一度新思想ニ依リテ設備セラレタル博物館ニ足ヲ入ルヽコアラバ如何ナル冷淡ナル人モ其有用ヲ感ズルニ至ルナラン

余近頃歐米ノ重ナル博物館ヲ參觀スルノ好機ニ遭ヒ兼テ聞キ及ビタル改良ノ方法等ヲ目擊スルコヲ得管理者ニモ多ク面會シテ親シク博物館ノ目的、陳列方法、管理方法等ニ付キ其所説ヲ聽クコヲ得タリ左ニ余ノ得タル要點ノ

二三ヲ掲グルヿトセン
博物館ナル語ハ廣キ意味ニシテ一口ニ言ヘバ美術館、歴史參考館、工業館等ヲモ含メリ今余ガ左ニ述ブル所ハ主トシテ博物學上ノ博物館ニ關スルナレ𪜈他種ノモノト判然タル境界ヲ定ムル能ハザル處アレバ余ノ謂フ所時々此等ニモ及ボスヿアルベシ
余ヲ以テ見ルニ博物館ノ目的ハ左ノ三項ニアルガ如シ

第一　國家ノ寶物ヲ貯藏保管スルヿ

第二　普通教育上參考トナルベキ陳列品ヲ備ヘ且ツ一般公衆ノ爲メニ寶物ニ依リテ有益ナル智識ヲ得兼テ高尙ナル快樂ヲ感ズルノ途ヲ設クルヿ

第三　高等學術ノ進歩ヲ計ルヿ

右ノ各項ニ就キ順次ニ述ベンニ
第一國家ノ寶物ヲ貯藏保管スルヿ　我々個人間ノ一小家族ト雖モ其家々ニハ先祖代々ノ傳ハリ物、或ハ友人等ヨリノ紀念贈リ物、或ハ二三ノ美術品等多少珍重保存スベキ性質ノ物（即チ寶物）ナキハナシ況ンヤ國家ノ大ナルニ於テオヤ一國ノ記錄ハ大切ニ保存スルノ必要アルト同時ニ亦物品ニ於テモ貯藏スベキ物アルヿハ勿論ナリ而メ此等ノ物ハ美術品、歴史的參考品等ニ多シトスレ𪜈亦博物學上ノ物品ニモ少ナカラス例ヘバ英國博物館ノエルジンマーブルト稱スル古代希臘時代ノ彫刻ノ如キ、ネーブルス博物館ノポンペイ市遺跡ヨリ發掘シタル物品蒐集ノ如キ、ドレスデン博物館ノ油繪（就中シスチーン、マドンナ）ノ如キ、ルーブル館ノミロ島ビーナス女神ノ像ノ如キ、バチカン博物館ノ彫刻繪畫ノ如キフロレンス市ノウフィチ、及ピチ館陳列品ノ如キ實ニ其國々否全世界ニ取リテ云フ可ラザル尊キ寶物ナリ亦所々ノ歴史博物館中ニ保存スル物ノ如キ其國々ノ發達ヲ示スニ於テ古文書ニ譲ラザル尊キ物ナリ又秀逸ナル博物標品ニシテ百年ニ一度得ラル、カ或ハ再ビハ得ルノ望ナク一國ノ產トシテ世界ニ誇ルニ足ル物ノ如キ皆國家ノ寶物トシテ鄭重ニ保存スベキモノナリ而シテ此等ノ物品ヲ公立ノ博物館ニ納メ置キ其保存ニ妨ゲナキ限リハ一般公衆ニ示スノ手段ヲ取ル

時ハ歴史上ノ參考トナリ美術ノ發達ヲ促シ國内ノ地理産物ヲ普ク知ラシメ國民ノ智識ヲ廣メ其愛國心ヲ進ムルヿハ實ニ爭フ可ラザル事實ナリ

課解ナカラン爲メ此處ニ言ヒ置キ度ハ博物館備付ノ物品ハ單ニ右ノ如キ實物而已ヲ以テ組成スベシト言フニハアラズ此等ノ外ニ固リ數多ノ物品ナカルベカラズ實際ノ處實物ハ博物館備付ノ一小部分ニ過ギザル可シ右ハ國家ノ寶物ハ博物館ニテ保管スルヿ最モ適當ナリト云フニ止ルノミ又博物館トテ强チ一箇所ト云フ精神ニハアラズ物品ノ性質ニヨリテ美術館、歴史參考館等ニ分チテモ妨ゲナキナリ

帝室ノ寶物ハ自ラ他ノ寶物トハ異ナル處アリ然レ圧若シ帝室ニ於テ妨ゲナキ限リ博物館等ニ陳列シテ人民ノ拜觀ヲ許可セラルヽ事アラバ人民ニ取リテ大ナル幸福ト云フベシ

以上述ベタル處ハ博物館備品ノ一部分ノ性質ヲ詳ニシタルニ過ギズ又各博物館ニ必ズ此性質ノ物品アルニモアラザルナリ

第二ノ目的即チ普通教育上參考トナルベキ陳列品ヲ備ヘ且ツ一般公衆ノ爲メニ實物ニ依リテ有益ナル智識ヲ得、兼テ高尙ナル快樂ヲ感ズルノ途ヲ設ルヿ、ハ實ニ博物館設立ノ一大主眼ニシテ世人ノ腦中ニ映ズル博物館トハ主トシテ此部分ノミヲ云フナリ而シテ近年博物館陳列ノ方法一新シタルモ亦タ此部分ニアルナリ從來ハ博物館ニ至リテ之ヲ參觀スレバ例ヘバ動物ノ部ノ如キ棚上ニ數多ノ鳥ノ剝製標品ガ目白ノ推シ合ノ如ク或ハ雛棚ノ如クニ陳列シアリ或ハ壜又壜ト重ナリ重リテ能ク其中ニ在ルモノヲ見ル能ハザル樣ナリシガ此ノ如クニシテハ普通ノ參觀人ニハ徒ニ倦厭ヲ招ク而已ニシテ到底智識普及ノ目的ヲ達スル能ハズ亦快樂ノ如キハ更ニナキナリ今日ニテハ博物館管理者ノ輿論ハ全ク一變シ第一ニ專門家ト公衆ト觀ル可キ物品ヲ同一ニスルハ有害無益ナリ博物館中公衆ノ入場ヲ許ス部分ハ單ニ公衆ノ教育娯樂ニ供スベシ陳列品ノ如キハ强チ多キヲ要セザレ圧一品毎ニ精選シテ其陳列

方法ニ意匠ヲ盡シ公衆ノ注意ヲ惹クト同時ニ其敎ユル所ヲシテ瞭然タラシメザル可ラズ

例ヘバ鳥ノ如キ剝製ノモノヲ棚上ニ置クヲ以テ足レリトセズ其自然ニ生活スルノ狀態ヲ示シ海岸ニ住ム者ハ海岸ノ景色ヲ造リ出シテ(シカモ美術的ニ)鳥ノ標品ヲ或ハ舞ハシメ或ハ岩上ニ止マラシメ或ハ巢ヲ營ムノ摸樣ヲ示シ而メ雛鳥ノ標品ヲ活キタル如クニ造リテ其內ニ納メ又鴨ノ如キモノナレバ水邊ノ景色ヲ造リテ游泳ノ狀ヲ示シきつゝきノ如キモノナレバ樹木ノ幹共ニ之ヲ陳列シテ其樹皮ノ下ニ虫ヲ求ムルノ樣ヲ現ハシ燕ノ煙突中ニ巢ヲ營ム如キ屋根及煙突ノ一部分ヲモ出シテ人ノ注意ヲ惹ク樣ニセザル可ラズ此等ノ如キハ唯僅々二三ノ例ニシテ各學科ノ標品ニ付キ普通ノ人ノ見テ以テ快樂ヲ感ジ知ラズ識ラズノ間ニ其標品ノ敎ユ可キ智識ヲ吸收スル樣ニ意匠ヲ凝シテ造リ出サヾル可ラズ英國博物館ノ中央堂ニ備ヘタル標品(進化論ヲ說明スルモノ)及鳥類ノ美術的標品ノ如キ或ハニユーヨルク博館館ノバイソン牛ノ一家族カ平原ニ遊ブノ狀ヲ造リ出シタル標品ノ如キ如何ニ冷淡ナル人モ愉快ヲ感ズルナラン之ヲ舊式ノ博物館ノ陳列品ニ比スレバ活キタルト死シタルトノ差アリト言ハザル可ラズ友人岸上鎌吉君ガ瑞典ニテ見タル處ナリトテ語ラルヽヲ聞クニ同國ノ一市ニテハ一ノパノラマヲ作リ其內ニ山、川、平原、海等ヲ造リ出シ其塲處々々ニ應ジテ之ニ住スル自國產ノ鳥獸ヲ恰モ活キタル狀態ニ作リ付ケ一見自國ノ產物ヲ知ラシムルノ方法ヲ取リタリト云フ實ニ面白キ意匠ト云フベシ

右ハ主トシテ例ヲ動物ニ取リタレ𪜈其他ノ學科ニ於テモ同一ノ精神ハ須臾モ忘ル可ラズ又歷史、美術等ノ公衆智識ノ程度愈進ミタルモノハ陳列品ノ程度ヲモ高クシ美術其他ノ發達及ビ系統ヲモ示ス手段ヲ取ラザル可ラズ

此ノ如クニシテ自國ノ歷史、美術、產物、地理ニ就キ、世界ノ狀況ニ就キ、自然界ノ性質、應用等ニ就キ國民ノ智識ヲ廣メ高尙ナル快樂ヲ感ゼシメ之ヲ善ニ誘導シテ國民敎育ノ精神ヲ貫徹セバ博物館ハ實ニ文明國ニ缺ク可ラザル

一ノ教育機關ナリ
余英國博物館ヲ參觀シ世界各國ノ產物ヲ自由自在ニ蒐集シテ之ヲ其國民ニ示スノ景況ヲ見テ大ニ感ジタルヿアリキバラグエーノ物ボルネオ產ノ隣ニアリ沙漠ノ產物ト云ハヾサハラ、ゴビノ物共ニ之ニ列シ北氷洋ノ物ヲ南氷洋ノ物ト比較シ熱帶ノ產物ハ其豐饒ヲ示シ山海ノ珍物以テ人ノ好奇心ヲ喚起スルノ樣惰夫ト雖モ海外ニ出デヽ一事業ヲ成サントスルノ志ヲ起サヾル者ハアラザル可シ英國人民進取ノ氣アリテ而シテ此博物館アリ此博物館アリテ而シテ人民進取ノ氣益發達スルナリ
公衆ニ適シタル標品ハ即チ普通教育上參考トナルベキ標品ナリ然レ𪜈特ニ學齡兒童ニ相應シタル標品ヲ造リ普通教育ノ爲メニ便宜ヲ計ルヿハ固リ博物館ノ爲ス可キ事業ノ一ナリ
第三高等學術ノ進歩ヲ計ル事　博物館ハ一般公衆ニ示ス物品ノ外ニ他ノ標品ヲ有セザル可ラズ例ヘバ公衆ニ示スニハ一國ノ動物界全體ヲ示スノ必要ナシ之ヲ爲サントスレバ徒ニ公衆ノ倦厭ヲ招クノミ是第二ニ掲ゲタル所ニテ明瞭ナル可シ然レ𪜈苟クモ一國ノ博物館或ハ一地方ノ博物館トスレバ其國其地方ノ動物界ヲ網羅シテ成ル可ク其蒐集ヲ完全ニシ之ニ就キ知識ヲ求ムル者ノ參考ニ供セザル可ラズ植物界、鑛物界、人類學的、歷史的物品等ニ於テモ同樣トス、然レ𪜈是ハ專門的學術ニ渉リ見ル者ハ其見ントスル物品ニ付キ知識ヲ有スル者ナレバ之ヲ陳列スルニ裝飾ヲ用ヰルノ必要ナク物品其物ノ完全ニ保存シアル事最モ肝要トス此類ノ物品ヲ貯藏シアル部ハ一般公衆ニ縱覽ヲ許サヾルヲ普通トスレバ人ノ注意ヲ惹カザレ𪜈整頓シタル博物館ニテハ此部分ノ廣大ナルヿ人ヲ驚カスニ足ル萬事ノ整理上世界第一ナル英國博物館ノ如キ、世界各所ヨリ各種ノ物品ヲ蒐集シアリテ參考品ノ完備セル余ハ唯呆然タルノミナリキ鳥ノ標品而已ニテモ何十萬ト云フ數ニ上リ何千ト云フ箱ニ納メアリ此等ハ固リ他ノ及バザル處トスルモ參考部ハ如何ナル博物館ニ於テモ決シテ怠ル可ラザルナリ此部完全セザレバ普通學ノ部モ思フ

樣ニハ陳列スル能ハザルナリ又此部ハ害蟲驅除、益鳥保護、水產增殖等ノ實地問題ニ大ニ關係ヲ有セリ概シテ此部ハ高等學術ノ機關トシテ一國ニ缺ク可ラザル處ナリ以上ハ唯博物館ニ關シ大畧ヲ述ベタル而已固リ盡サヾル處多シトス然レ𪜈讀者若シ博物館ノ管理方法陳列方法ニ於テ去ル十年間ニ大ナル進歩ヲ見今日ノ博物館ハ往日ノモノトハ大ニ其趣ヲ異ニシ國民敎育ノ機關トシテ學術ノ進歩應用ヲ計ルノ府トシテ一國ニ缺クベカラザルモノタルヿヲ了スレバ余ノ幸甚シトス

明治三十二年（一八九九）

十一　高山林次郎「博物館論」

（『太陽』第五巻第九號）

博物館論

夫れ博物館は、美術工藝の精英を一堂の下に蒐め、以て一國文明の進程及び結果を具體的に標章する所以也。然れども其の影響する所は、啻に過去に於ける文物の回顧に留まらず、啻に所謂國寳の保護に留まらず、又啻に國民をして其氣風を高尚にし、其愛國心を興さしむるに留まらず、更に是に縁りて一國の工藝を鼓舞し、美術を振作し、又進で殖產致富の道を開進するに於て尠からざる關係を有すべき也。吾人は我政府の當事者が、博物館に就いて是積極的一面を等閑視するの跡あるを見て、是を恨とするや久し矣。是れ吾人が玆に本邦博物館の將來に就いて一言せむと欲する所以也。

吾人は先づ英國に於けるサウスケンシントン博物館の成立に就いて我邦人の一顧を煩はさゞるべからず。今世紀の第五十一年に於て、萬國博覽會は初めて倫敦に開設せられたりき。當時英國人の出品は其構造堅牢なりしも、其の形式と趣味とに到ては遙に他邦の出品に劣りたりき。英人は大に是を遺憾とし、爾來上下力を協せて美術を奬勵し、意匠圖案を研究し、玆にサウス・ケンシントン博物館を設立して工藝美術の典範を國中に示したり。是博物館建設の後は、從來工藝的貨物の輸入を一に佛國に仰ぎたる英國は、一躍して却て巨額の貨物を佛國に輸出する氣勢を示したりき。英國工藝の發達は、其因緣必ずしも一規にして律す可らざるも、而かもサウス・ケンシントン博物館の勢力少からざりし一事は、蓋し何人も爭ふ能はざる所ならむ。

白耳義に於ける商業博物館は同國富般の源泉なりと稱せらる。是れ亦吾人が切に我當事者の留心を要めむと欲する一例也。是の博物館は主として各種の製品、半製品、及び原料の見本を陳列して商工業者の參考に供するもの、白耳義の外務省は特に是が管理の勞を取り、又特に是の一博物館の爲に數十名の領事、總領事を海外に派遣し、訂交諸國の都府要港に駐在せしむ。是れ常に外國市場の景況、貨物趣好の變遷を探知して、本國外務省に通報せむが爲なり。外務省其報を得るや、直に是を是商業博物館に通じ、以て全國の商工業者をして坐ながら世界の市場の狀勢を曉らしむ。白耳義の商業者が、常に勝を世界の商業界に制するは、主として是が爲なりと思惟せらる。是黑子大の一小邦、歐洲諸强國の間に介立し、國運ますます殷盛を極むるは、是一商業博物館與て力ありと謂はざるべからず。博物館の効用も玆に到て大なりと謂ふべき也。

飜て是を我邦に觀るに、吾人は博物館の事業に就いて言ふべき事一にして足らざるを見る。試に其の主要なるものを擧げむか、博物館の增設は其一なり、博物館の分類は其二也、一大美術博物館の建設は其三也。而して是三者を通じて是を統率する所の精神は、啻に其消極的方面に留まらず、國家將來の利福に關して飽迄積極的ならざるべからず。

今日全國中にて博物館と稱し得べきものは東京上野公園に在る一帝國博物館あるのみ。京都に、奈良に、名古屋に、金澤に、其他二三の地方に、博物館と稱するものありと雖も、其規模の小にして列品の乏しき、多く言ふに足るもの無し。而して是全國唯一の帝國博物館すら、徒に疣雜にして統一を缺けるは、世人の常に恨とする所也。是を歐洲諸國に觀るに、其の著大にして世界に誇るに足るべきもののみを擧ぐるも、倫敦にサウス・ケンシントン博物館あり、ブリチッシ博物館あり、巴里にルーブル、リュクサンブール等の美術博物館あり。伯林には美術工藝博物館あり、工業博物館あり、ドレスデンにも有名なる美術博物館及び歷史博物館あり。ブルヰツセルには先に述べたる商業博物館あり。伊太利には羅馬のワチカノ等を初めとして、フロレンツヱ、ヱ子チア等、到る所に大美術博物館あり。是の如き著大なるものの外更に各國到る處の都會には各種の博物館あらざるは無し。是れ啻に一國文明の精華を列ねて社會の外觀を裝ふのみならず、亦民衆の智德を開發し、其工藝を催進し、國家文運の上に間接に、直接に、尠からざる影響を與へたるや、蓋し疑ふべからざる也。

吾人は是一事を想ふも、一箇の帝國博物館は、我邦にとりて餘りに少數なるを悲まざるべからず。惟ふに我政府も人民も、共に博物館を重視せざる所以のものは、畢竟過去文物の回顧に資するを以て博物館の能事了れりとする、吾人の所謂消極的意義をのみ認めたるの弊に非ざる乎。然らば則ち是際併せて大に其積極的方面を振作し、本邦將來の美術工藝を敎訓し、指導するの大抱負を以て一大刷新を施す、可ならむ乎。吾人は先づ是目的の爲に大に國立博物館を增設し、少くとも全國各師團若しくは各高等學校所在地に各一箇を建立せむことを望まざるべからず。

而して增設と共に各地方の事情に隨て其種類を區別すること、亦極めて肝要なりとすべし。

我邦の帝國博物館の如きは素一定の主義によりて建てられたるものにあらず、故に列品の種目徒に繁雜に流れ、所謂備はらざる無くして缺けざる無きもの也。是れ東京見物の田舍者には、至極調法なる組織なるべしと雖も、專門家、事業家の參考に資し、其研究事業を裨補する所あらむが爲には、餘りに統一を缺き、精緻を缺き、嶄新を缺く。若し文明の幼稚なる本邦に於て、今日尙ほ是種の博物館を要すとせば、吾人は更に分科博物館の新設を主張せざるべからず。即ち各地方の情狀に應じ、商業地には商業博物館を設け、工業地には工業博物館、美術工藝地には美術工藝博物館、農業地には農業博物館を設置すべきなり。例へば京都、奈良の如き地方には其博物館を擴張して美術的ならしめ、大阪の如き地には商業博物館、金澤の如き地には美術工藝博物館を設くべく、又た東北もしくは北海道の如き農業地方には宜しく農業博物館を設くべき也。而して是等博物館は啻に古物展覽會に止らず、世界文明の最も進步せる氣運と調攝し、能く將來に處して機先を制するの敎訓と指導とを與ふるものたらむことを期せざるべからず。一言すれば從來の靜止的展覽會の組織を刷新して、活動的博物館となすにあり。今日に於て俄に是を行ふ、或は望むべからずとするも、我博物館の當事者が是精神を體認して、着々將來の設備を完成せむことは、吾人の切に希求する所也。

博物館の增設と共に、吾人は又一大美術博物館の創立を希望する者也。日本の美術は從來無學なる外國人の好奇心によりて喧しく傳稱せられたり。良し是の如き阿諛的讃美の一切を度外に附し去るも、吾人は尙ほ本邦の美術を以て日本が世界に向て誇負するに足るものゝ一なることを確信す。實に日本の美術は其國體と等しく世界に於て最古の傳統を有する者なり。歐洲の美術史は、幾多の異なりたる民族と國民とによりて經緯せられたり。其人種を言へばセミチックあり、アリアンあり。其民族を言へば猶太あり、ヘレネあり、羅甸あり、チュートン、ノルマン、スラヴあり。其國を言へば希臘あり、羅馬あり、亞刺比亞あり、以太利あり、英、佛、獨、西あり。其美術や莊大富麗、素より深く欽慕すべしと雖も、而かも能く國民的統一を保ちて一千年以上の發達を經由せるもの未だ我邦の如きはあらず。且夫れ歐洲美術は畢竟希臘に起源せるアリアン人種の美術なり、其様式、精神、趣味、おのづから是れアリアン的也。是點より見れば、一千年の歴史を有する日本美術は、世界の藝術に向て多大の貢献を爲したるものと謂はざるべからず。何となれば、アリアン人種の邦國以外に、完全なる美術の歴史を有するもの、渾圓球上獨り日本あるのみ。是の日本千年の美術ありて玆に世界の藝術は其のアリアン的趣味の單調を免れ、歐洲美術以外、全く其風格趣味を異にせるチュラニアン的美術あることを得たれば也。世界は當に日本に向て其一千年の美術を有せることを謝せざるべからず。日本は當に世界の爲に是貴重なる財寶を維持し、且其の圓滿なる發達を將來に計畫せざるべからず。是の如くにして日本は世界歴史の進程に向て、最大最貴の貢献を爲し得べき也。吾人は顧みて是の貴重なる日本美術の保護、觀察、研究、進歩の爲に一大博物館の建設せられたる無きを恨みとする者也。

今や歴史上に著名なる美術は本邦の各地に散在し、空しく庫裏に襲藏せられて容易に公衆の眼に入らず、而して是等古代の美術を藏する古社寺の回祿の災に罹るもの、年々相次ぐ。幸に風霜災異の難を遁れたるものも、保管其の宜しきを得ざるが爲に、腐蝕朽廢せざるもの殆ど稀なり。若し一大美術博物館ありて、事情の許す限り、是れ等の古美術を收容し、公開せば、啻に保護存續の目的を達するのみならず、一般社會に對するの利益亦顯著なるものあらむ。美術家の如きは當來の覺悟に關して特に多大の恩澤に霑ふべき也。見よコシモ一世が莊大なる美術館をフヰレンツェに建てゝ古今の精英を蒐め、徽宗皇帝が翡翠閣を築きて天下の珍寶を列ね、若しくは東山義政が當代の美術家を集會して君臺觀の珍奇を品彙、鑑賞したるが如きは、皆是れ從來の美術に至大の刺擊を與へ、其進步興隆を促がしたる一大原因なることは、美術史家の夙に認識する所にあらずや。

美術博物館設立の必要や暫く是を了せりとせむ。吾人の次に當事者の注意を請はむと欲するは其排列の方法にあり。從來本邦の博物館にありては、物品陳列の方法一言すれば分析的なり、是の如きは少くとも美術博物館に關して其の宜しきを稱すべからず。凡そ美術は其時代の人文と相待て初めて其存在の眞意義を見るべきもの也、畢竟一幅の山水、一基の彫像の是社會に現はるゝや、其周圍の文物是を要したればなり。されば慈悲忍辱、相好圓滿の佛菩薩の靈像は幔蓋莊嚴の伽藍に於て初めて其妙品を悟るべし。若し是を玻璃筺內に移し、番號題名を附して商店の貨物の如くせば、恐らくは作者が一刀三禮の妙趣、得て探知すべからざらむ。東山名物の梵竺僊も、四疊半を離れては多少の韻致を失ふべく、在中庵の茶入も、椅子テーブルの上にては、竹を以て木に接するに等しからむ。是を以て美術の眞趣は其時代を後景として初めて了解せらるべし。吾人は是點より見て本邦美術に關して所謂時代博物館の設立を希望するものなりと雖も、一國立美術館だに存せざる今日に於て是を言ふ、尙ほ其期の早からむを恐る。是を以て吾人は、セメテは普通の美術博物館中に於て從來の無趣味なる分析法を用ゐず、成るべく綜合的方法によりて、一時代の文物、境遇と當時の作品とを品彙比照せむことを望む。是の如くせば、美術に對して多少時代的後景を添ゆるを得べく、又隨て各時代に於ける樣式風格の變遷を目睹するを得む。溫古の識是によりて得らるべく、知新の道亦是によりて開かれむ。吾人は顧みて今の帝國博物館の疣雜にして統一なきを恨とする者也。

(三十二年四月)

明治三十二年（一八九九）

十二　坪井正五郎「土俗的標本の蒐集と陳列とに關する意見」

（『東洋學藝雜誌』第拾六巻貳百拾七號）

○

土俗的標本の蒐集と陳列とに關する意見

理學博士　坪井正五郎

私は人類學的標本全體に就いての考へも持つて居りますが事が廣く成り過ぎますから、此度は先づ土俗的標本の蒐集法と陳列法とに關する意見丈を述べて見やうと思ひます。土俗的標本とは諸地方住民の風俗習慣を示す物品の事で衣服とか飲食物とか器具とか云ふ様な物でござります。事の順序としては標本蒐集が標本陳列に先だつ事勿論でござりますが、物を集めるに當つては何とか主義を立てゝ置くのが必要で、此主義と云ふものは其物を何にするかと云ふ目的に由つて定まるものでござります。今述べやうと云ふのは、土俗的標本を人類學上の役に立てる様に陳列するには如何にしたら宜からうか、隨つて此目的に適ふ様に標本を集めるには如何に心掛けたら宜からうかと云ふ事でござります。夫れ故に最初に陳列法を申して次に蒐集法を申しませう。

私はパリスのトロカデロ館土俗部も見ました。同所ルーブル館土俗部も見ました。ロンドンのブリチシミウゼウム土俗部も見ました。何れに於ても諸種族の品物が夥しく集まつて居ると云ふ事は認めましたが、只地方別け若しくは種族別けにして有る丈でござりますから、何所には如何なる物が有ると云ふより深い感じは起こりませんでした。ヲクスフヲードではタイラア教授管理の人類學標本陳列所を見ましたが、此所には諸物品が地方にも種族にも關係せずに、衣服とか武器とか云ふ様に部類別けに從つて置いてござりました。一寸面白うござりますが、是では又何れの品を如何なる種族の者が用ゐるのか分かり惡い。私の考へでは土俗的標本を人類學上の役に立てる様に陳列しやうと云ふならば、大體を地方別け又は種族別けにするが宜しいが、各部に於ては各の人民の生活狀態を一目の下に明かにする樣に致すが肝要と思ふのです。人類學を人類本質論、人類現狀論、人類由來論の三つに分けて見れば土俗的標本は主として人類現狀論の材料と認む可きものでござります。人類本質論及び人類由來論の參考として土俗的標本を蒐集陳列するに付いても注意すべき事がござりますが、夫れ等の事は姑く措いて、玆には只人類現狀論の側より見た所の思ひ付きを申しませう。

土俗中異同の最も著明なものは身體裝飾幷びに衣服でござります。在來の陳列法(若し法と云ふを得るならば)に從へば、頭飾り、頸飾り、耳輪、指輪、腕輪、足輪、衣服、履き物等を各其儘に壁に掛けたり、箱に入れたりして、説明の札を付けて置く位に過ぎないのでござりますが、斯くては故らに或る事項を調べやうと云ふ念を起こした者の他には明かな感じを與へやうとも思はれません。私の考へでは、是等の事を示す爲には、大きい板の中央に男女全身の寫眞なり圖畫なりを固着して置いて、其周圍に順序好く諸種の身體裝飾品や衣服の小部分、履き物抔を配置して括り付け、此實物と寫眞或は圖畫中其物の示して有る部とを赤なり靑なり場合次第で最も見別け易い色の糸を以て結び付けて置いたら好からうと思ふのでござります。假りに玆に耳輪が有るとすれば、之に色糸の一端を結び付け、他端は寫眞なり圖畫なり耳輪の示して有る部に孔を開けて此所に通して確と固定するのでござります。物を見て其用を知るにも、寫眞或は圖畫を見て其實物を知るにも、斯うして置けば間違ひの生じやうはござりません。大きな物は必しも全部を添へて置くには及びません。其小部分でも好し、或は縮小模造でも好し、其趣きを書き付けて、置きさへすれば宜し。衣服如きは寧ろ其方が分かり易からうと思ひます。

次には衣服の構造製法を示す標本でござりますが、是は實物を其儘で置くよりは寫眞か圖畫を板の中央に固着し、各部の小片を周圍に配置して前述の通りに色糸で繋ぎ合はせて置く方が返つて解し易いと信じます。假りに衣服の原料が木の皮を裂いて織り上げた物で有るとすれば、先づ其木の皮の小片を板の一部に括り付け何樹の皮と云ふ事を明記し、其一端を裂き掛けて置き、其脇に此皮から製した糸を添へ、裂き掛けの部と此糸とを色糸で連續させ、更に色糸を機織りの寫眞か圖書かへ引き付け、若し機織り道具が有るならば、夫れ等をも適宜に板へ括り付けて、各器具と寫眞或は圖書中の其物とを例の色糸で繋ぎ合はせて置く。機織り道具の大に過ぎた場合には縮小模造を以て之に代へるが宜し。寫眞或は圖書中織り上げに成つた所の示して有る部からは又色糸を引き出して實際に織り上げた布の小片に結び付けて置く。彼樣にに述べ來つたら他は一々申さずとも類推出來ませう。成る可く文字を書かず、出來る丈解説を省いて、しかも多くの文字を列ね長い説明を添へたよりも理解し易く仕やうと云ふのが、此陳列法の意でござります。

服飾に次で目立つのは住居。是は雛形が一番宜しい。得られなければ寫眞か圖書。何れにしても家根を葺く原料柱や棟に使ふ木の小片、圍ひに用ゐる物質の小部分、敷き物の切れ端等を添へて置くのが肝要。是等總ての解剖的物品は皆適當な仕方を以て色糸で結び合はせて置くのでござります。

夫れから飲食。先づ飲食物の種類表を掲げ、穀物の類は採つた儘のを小さな硝子徳利に入れ、精製する順序の寫眞或は圖書を添へ、其傍に關係器具の雛形を置き、又精製した分を、他の小さき硝子徳利に入れて置く。調理法の寫眞或は圖書、其器具の雛形、發火法の寫眞或は圖書、發火器實物又は模造、水の汲み方、運び方の寫眞或は圖書、之に關する器物の雛形、飲食法の寫眞或は圖書、之に關する器具の實物又は雛形。以上總て板に括り付け色糸を以て彼れ此れ繋ぎ合はす事、他と異らず。

記號文字の類。其種類、書き方或は作り方の寫眞又は圖書二三の實例、使用器具の實物。何れも板に括り付ける。

日用器具。種類、用法、製法を示す爲、實物（全部又は一部）模造、雛形、原料、寫眞或は圖畫を前例通りに板に括り付ける。

禮儀に付いての諸事、娯樂に付いての諸事、交通、運搬、教育、宗教に付いての諸事、皆同様の方法で要點を示す事が出來ませう。

私は兼ねて土俗的標本は學術上利益から云つても、一般の面白味から云つても、彼様に陳列するのが最も適當で有ると考へて居りましたが、丁度來年の巴里開設萬國博覽會へ東京帝國大學人類學教室から「日本古今住民の生活狀態を示す標本」と題してアイヌ、現時の日本種族、琉球人、臺灣蕃人に關する土俗品、並に二千年前の日本種族、及び日本先住者の一たる石器時代人民の風俗を示すに足る古器物類を出品する事と成つたに付きまして、或は實物、或は模造、或は雛形、或は寫眞、或は圖畫、塲合塲合で適宜の組み合はせを仕て成る可く理解し易い様に、成る可く注意を惹く様に、工夫を廻らし、教室諸員の分擔を以て總ての整理を致しました。今回の出品は品物を見せると云ふよりは品物の見せ方を見せると云ふ方に重みを置いたのでございます。一々記述しては無益な塲所塞げに成りますから、博覽會出品の事は此位に切り上げて置きますが、兎に角是れが土俗品陳列に關する私の意見の始めての實行でございます。人類學教室附屬陳列所の土俗的標本追々と此主義で列べ變へ度と思つて居ります。」

土俗的標本の陳列は彼様にするが宜しいと悟つた以上は是れが採集に就いての方針も定まつたと申して宜しい。衣服器具は必しも完全な物を持つて來るには及ばない。寫眞か圖畫が有れば實物は其質を示す丈の小片でも澤山で有る。住居構造の諸部分は小片でも好いから成る可く取つて來るが宜しい。固より完全な物が十分に揃へば夫れに越した事はございませんが、或る一つの完全な物を得んが爲に他の物が整はないと云ふ様な事が有つては誠に遺憾でございます。土俗的標本蒐集に際しては常に摘要の二字を忘れない様に致度いのでございます。

明治三十四年（一九〇一）

十三　大岡育造『欧米管見』（抜粋）

第四章　博物館と圖書館

（一）　英國《えいこく》の博物館《はくぶつくわん》

今度《このたび》東京に於《おい》て皇太子《くわうたいし》の御慶事《ごけいじ》の紀念《きねん》として美術館《びじゆつくわん》が出來《でき》るさうですが、之《これ》は至極結構《しごくけつこう》なことですから、どうか之《これ》を能《よ》く利用《りよう》したいものです其位地《そのゐち》に付《つい》ても或《あるひ》は中央《ちうわう》の日比谷《ひびや》の原《はら》に立《た》てるが好《い》い、或《あるひ》は貴重《きちやう》の品《しな》を置《お》く處《ところ》であるから上野《うへの》に極《き》めるが好《い》いと云ふ意見《いけん》もあつて未《ま》だ一定《てい》せぬと云ふとですが、

私《わたくし》の希望《きばう》を云《い》へば斯《かく》の如《ごと》きものは成《な》る可《べ》く廣《ひろ》く一般《ぱん》市《し》民《みん》が御庇《おかげ》を蒙《かふ》むる樣《やう》に致《いた》したいのです、申《まを》す迄《まで》もなく博物館《はくぶつくわん》と云《い》ふものは學校以外《がつかういぐわい》に於《おい》て人民《じんみん》に智識《ちしき》を與《あた》へる場處《ばしよ》です、固《もと》より今度《こんど》の美術館《びじゆつくわん》は皇太子《くわうたいし》の御慶事《ごけいじ》の因縁《いんえん》のある事ですから粗略《そりやく》には出來《でき》ませぬけれども、餘《あま》り尊敬《そんけい》に過《す》ぎて神繩《しめ》を張《は》つて遠《とほ》くから拜《をが》ませると云ふ樣《やう》な舊弊《きうへい》は廢《や》めにして貰《もら》ひたいものです、

歐米漫遊中《あうべいまんゆうちう》隨分《ずゐぶん》數多《かずおほ》く博物館《はくぶつくわん》、美術館《びじゆつくわん》又《また》は是《これ》に類《るゐ》する宮殿《きうでん》の見物《けんぶつ》も致《いた》しましたが、何《いづ》れも人民《じんみん》の利益《りえき》を增《ま》すの目的《もくてき》を外《はづ》れない、今皇太子《いまくわうたいし》の御慶事《ごけいじ》の御紀念《ごきねん》と云《い》ふとに因《ちな》んで想《おも》ひ出《だ》したのは、倫敦滯留中《たいりうちう》のケンシントンの宮殿《きうでん》を見《み》ました事《こと》です、ケンシントンの宮殿《きうでん》は英國女皇《えいこくぢよくわう》ウヰクトリヤ陛下《へいか》の御誕生《ごたんじやう》の宮《みや》で、サウして女皇《ぢよくわう》の位《くらゐ》に即《つ》かれる、其下相談《そのしたさうだん》……内會議《ないくわいぎ》のあつた場所《ばしよ》です、此宮殿《このきうでん》を今《いま》は人民《じんみん》に拜觀《はいくわん》するとを許《ゆる》される　頗《すこぶ》る質素《しつそ》な建物《たてもの》ですが、此中《このうち》には多《おほ》く帝室秘藏《ていしつひぞう》の美術品《びじゆつひん》、取分《とりわ》け繪畫《くわいぐわ》が陳列《ちんれつ》してあ

る、其《そ》れには歴代《れきだい》の王《わう》、女皇其結婚即位《ぢよくわうそのけつこんそくゐ》の式《しき》なんぞがあつて、是《これ》を見れば誰《たれ》にも其次第《そのしだい》が知《し》られます、丁度其頃《ちやうどそのころ》は一月《ぐわつ》の半《なかば》で(三十三年)日本《にほん》に於《おい》ては皇太子《くわうたいし》御《ご》結婚《けつこん》の噂《うはさ》の内々《ないない》漏れ聞《きこ》へて居《を》るときであつた、私《わたし》も其前《そのまへ》より承《うけたまは》つて居《を》つた、斯《かく》の如《ごと》き御式《ごしき》は宮中雲深《きうちうくもふか》き處《ところ》に於《おい》て行《おこな》はれることであつて、我々《われ／＼》の與《あづか》ることの出來《でき》ない次第《しだい》でありますけれども、日本《にほん》に於《おい》ては蓋今度《けだしこんど》が始《はじ》めての御式《ごしき》に違《ちが》ひない、歴史上《れきしじやう》皇太子《くわうたいし》の妃《ひ》を立《たて》るとか、皇后《くわうこう》の入内《じゆだい》とか申《まを》すとは聞《き》いて居《を》りますけれども、御雙方《おふたかた》が同《おな》じ位地《ゐち》に御立《おたち》ちになつて御結婚《ごけつこん》と云《い》ふ御式《ごしき》は古例《これい》にあるか知《し》らむ？……孰《いづ》れ外國《ぐわいこく》の例《れい》も參照《さんしやう》せられることであらうと思《おも》つて居《を》つた處《ところ》、此宮殿《このきうでん》に這入《はい》つて見《み》ると英吉利《いぎりす》の儀式《ぎしき》の様《さま》が繪解《ゑとき》になつて居《ゐ》る、今《いま》の英吉利《いぎりす》のプリンス、オフ、ウエルス即《すなは》ち皇太子《くわうたいし》の御《ご》結婚《けつこん》の圖《づ》もある、寺院《じゐん》に於《おい》て、皇太子《くわうたいし》と妃《ひ》になられる御方《おかた》とが僧正《そうじやう》の前《まへ》に立《た》つて御誓《おんちかひ》をなさる、其席《そのせき》には女皇陛下《ぢよくわうへいか》は列《れつ》し給《たま》はずして遥《はる》か彼所《かなた》の高《たか》き所《ところ》から傍觀《ばうくわん》なさるに過《す》ぎない、

日本《にほん》ではどう云《い》ふ風《ふう》になるか知《し》らむと思《おも》ひましたが、日本《にほん》では賢所《かしこどころ》の御前《ごぜん》で御兩方《おふたかた》が御參拜《ごさんぱい》になッた様《やう》です、どうか此御式《このごしき》の實況《じつきやう》を名畫工《めいぐわこう》に仰付《おほせつけ》られてそれを博物館《はくぶつくわん》へ御下附《ごかふ》を願《ねが》ふたならば更《さら》に有難《ありがた》いことでございませう、

私《わたし》は此《こ》所でサウ思《おも》ふた、我帝室《わがていしつ》には多《おほ》くの美術品《びじゆつひん》が御所藏《ごしよざう》になッて居《を》る、偶々《たま／＼》美術會《びじゆつくわい》なんどがあるときに拜借《はいしやく》を願《ねが》ひ、一點《てん》か二點《てん》の拜觀《はいくわん》を許《ゆる》されることもありますが、其多分《そのたぶん》は寶庫《ほうこ》の中《うち》に藏《をさ》められて年《ねん》に

何度《なんど》かの蟲干《むしぼし》がある位《くらゐ》のものでせう、其蟲干《そのむしぼし》の爲《た》めに出入《だしいれ》をするよりも、此宮殿《このきうでん》の趣向《しゆかう》に倣《なら》つて一般人《ぱんじん》民《みん》に拜觀《はいくわん》を許《ゆる》されたならば、美術品《びじゆつひん》に付《つい》ては差當《さしあた》り美術家《びじゆつか》が幸《さいは》ひを得《え》るとは尠《すく》なからぬとであらうと思《おも》ふ、

西洋《せいやう》の各國《かくこく》では參考品《さんかうひん》の得難《えがた》いものは秘密《ひみつ》にするやうです、取分《とりわ》け他國人《たこくじん》には見《み》せないと云《い》ふ手段《しゆだん》を執《と》つて居《を》る國《くに》もあるが、併《しかし》ながら日本《にほん》に於《おい》ては御聞《おきゝ》及《およ》びの通《とほ》りに、今度《こんど》佛蘭西《ふらんす》の大博覧會《だいはくらんくわい》に上《かみ》は帝室《ていしつ》の御秘藏《ごひざう》を始《はじ》め、あらゆる紳士《しんし》の秘藏品《ひざうひん》を態々《わざ〳〵》世界萬國《せかいばんこく》の人《ひと》の前《まへ》に持出《もちだ》して見《み》せるにも拘《かゝ》はらず、却《かへ》つて日本人《にほんじん》には……即《すなは》ち内國人《ないこくじん》には是《これ》を見《み》せるとが尠《すく》ないのは甚《はなは》だ遺憾《ゐかん》であります、

今一つ此ケンシントンの宮殿に私の感じたのは女皇陛下の御幼少の御生活の有樣が見られるやうに玩弄物が澤山陳列してあるのです、其中で機織の器械が一番手摺れて居る、今日の英吉利の富を增加した其原因は工業であつて紡績は其重なる一つである、丁度此世紀の始め紡績業勃興の頃の英吉利の王樣になられたお方の幼時のお遊びも斯の如きかと云ふ感じが起つた、外人の私さへさう云ふ感じが起るのですから、英吉利の國民が上　陛下の心を用ゐられる處も斯の如き工業にあると感ずるであろうと思ふのです、

日本人《にほんじん》が帝室《ていしつ》に忠實《ちうじつ》なるとは決《けつ》して世界《せかい》の人《ひと》に負《ま》けない、寧《むし》ろ秀《ひい》でゝ居《を》る、故《ゆゑ》に帝室《ていしつ》の御物《ぎよもつ》をお示《しめし》になるのは一段人民《だんじんみん》の感《かん》じが深《ふか》かろうと思《おも》ふ、今度《こんど》新設《しんせつ》の美術館《びじゆつくわん》の如《ごと》きも宮内省邊《くないしやうへん》でも多《おほ》く此邊《このへん》に御助力《ごじよりよく》

がわッたならは宜《よか》ろうと存《ぞん》じます

(二)　獨逸《どいつ》の博物館《はくぶつくわん》

博物館《はくぶつくわん》が人民《じんみん》の智識《ちしき》を増進《ぞうしん》する目的《もくてき》を以《もつ》て立《た》てられて居《を》るのは誰《たれ》も知《し》ッて居《を》るとではわりますけれども、取分《とりわ》け其目的《そのもくてき》を明《あき》らかに能《よ》く分類《ぶんるゐ》を立《た》てゝ居《を》る處《ところ》は獨逸《どいつ》です、倫敦《ろんどん》の博物館《はくぶつくわん》、巴里《ぱり》の博物館《はくぶつくわん》なぞでは其《それ》は其陳列品《そのちんれつひん》は豐富《ほうふ》です澤山《たくさん》にありますあらゆる珍奇《ちんき》の品《しな》が集《あつま》ッて居《を》る、併《しか》しながら専門的《せんもんてき》に善《よ》く分類《ぶんるゐ》が立《た》ッて觀《み》る者《もの》をして容易《たやす》く其目的《そのもくてき》を達《たつ》せしむると云《い》ふとは獨逸《どいつ》には及《およ》ばない様《やう》です、獨逸の伯林には美術館もあり、人類博物館もある殖民地の博物館もあると云ふ樣に　さう云ふものを擧ると幾ッもあるが、其中一番珍らしいもの《ば》は郵便の博物館です、是《これ》は世界唯一《せかいゆゐ》の博物館《はくぶつくわん》だと云《い》ひます、郵便《いうびん》の博物館《はくぶつくわん》と云《い》ふのは聞《きこ》えの好《よ》い樣《やう》に申《まを》すのですが、正《たゞ》しく云《い》ッたら交通《かうつう》の博物館《はくぶつくわん》……其處《そこ》には凡《すべ》て交通《かうつう》に關《くわん》する材料《ざいれう》が集《あつ》めてある、郵便《いうびん》、電信《でんしん》、鐵道《てつだう》、船舶《せんぱく》、其《そ》れが皆《み》な分類《ぶんるゐ》が立《た》ッて秩序《ちつじよ》が付《つ》いて、其中《そのなか》に日本《にほん》の部《ぶ》と云《い》ふ程澤山集《ほどたくさんあつ》めたものはありませぬが、昔《むかし》の日本《にほん》の交通機關《かうつうきくわん》としての雲助の大井川の渡、垢付《あかつ》きの木强漢《あららくれをとこ》にお姫樣《ひめさま》が負《お》はれて渡《わた》る處《ところ》もある、誰《たれ》が頼《たの》まれて拵《こし》らへたんですか、態《わざ》々日本人《にほんじん》が拵《こし》らへたさうですけれども、田舎《ゐなか》の三等郵便局《とうせいうびんきよく》の雛形《ひながた》が出《で》て居《を》るのです、旅館《はたごや》の片側《かたかは》に郵便《いうびん》を扱《あつか》ふ樣《やう》な形《かたち》です、是《これ》は甚《はなは》だ感心《かんしん》しませぬが、感心なのは兒島高德の圖が出てあるのです、日本《にほん》で兒島《こじま》高徳《たかのり》と云《い》へば忠臣《ちうしん》無《む》二の標本《へうはん》として誰《たれ》も其人《そのひと》の德義《とくぎ》を敬慕《けいぼ》しますが……成《な》る程高德《ほどたかのり》が櫻樹《あうじゆ》を削《けづ》ッて後《ご》醍醐《だいご》帝《てい》に己《おの》れの意志《いし》を通《つう》じ奉《たてまつ》ッたのは一種《しゆ》の通信《つうしん》の方法《はうはふ》です、固《もと》より電信《でんしん》とも郵便《いうびん》とも云《いは》れないけれども、兎《と》に角交通手段《かくかうつうしゆだん》の一ッに違《ちが》ひない、此類《このるゐ》のものを擧《あ》ぐれば日本《にほん》にもまだある、清盛暴政《きよもりばうせい》の時《じ》代《だい》には道路目《だうろめ》を以《もつ》てすと云《い》ひますから目《め》も一ッの通信機關《つうしんきくわん》です、川柳《せんりう》に『目《め》も口《くち》ほどにものを云《い》ひ』さ見《み》へカ樣《やう》です……、シテ見《み》れば日本の通信機關《つうしんきくわん》に古來《こらい》餘程《よほど》發達《はつたつ》したものと威張《ゐば》ッても好《よ》からう是《こ》れは串戯《ぜうだん》ですが更《さら》に感服《かんぷく》なのは見物人《けんぶつにん》に一々近來最《きんらいもつと》も進歩《しんぽ》した交通機關《かうつうきくわん》の實況《じつきやう》を眼前に試驗《しけん》して見《み》せる事《こと》です、西洋《せいやう》の市内《しない》には通常《つうじやう》の郵便《いうびん》と電信《でんしん》との間《あひた》にロール、ポストと云《い》ふものがあるのです、是《これ》は其郵便《そのいうびん》の局《きよく》から局《きよく》の間《あひた》を馬車《ばしや》や脚夫《きやくふ》で運《はこ》ばずに、管《くだ》を以《もつ》て繋《つな》いである、其《そ》れを壓搾空氣《あつさくくうき》で運用《うんよう》するのです、信書《しんしよ》を管《くだ》の口《くち》に入《い》れると右《みぎ》の局《きよく》からッッと左《ひだり》の局《きよく》の方《はう》に達《たつ》す、餘程早《よほどはや》い、サウ云《い》ふものは郵《いう》便局《びんきよく》では見《み》せないのですが、右《みぎ》の博物館《はくぶつくわん》に行《ゆ》きますと之《これ》を目《め》の前《まへ》に仕方《しかた》をして見《み》せる、スルと見《み》るものが成《な》る程《ほど》コンナ方法《はうはふ》であるなと云《い》ふとを合點《がてん》する

モウ一ッ近來進步した事は無線電線……電信《でんしん》の線《はりがね》なしに……海上《かいじやう》から陸地《りくち》五十哩位《まいるぐらゐ》までは通信《つうしん》が出《で》來《き》る、是《これ》は去年《きよねん》の秋《あき》、私《わたくし》が亞米利加《あめりか》の紐育に遊《あそ》んで居《を》るとき、帆船《ヤード》の競爭會《きやうそうくわい》があッた、英吉利《いぎりす》と亞《あ》米利加《めりか》と連年引續《れんねんひきつゞ》いて此競爭《このきやうそう》をし來《きた》ッたさうです、頗《すこぶ》る人氣《にんき》が立《た》ッて居《を》りました、先年《せんねん》日本《にほん》に來《き》て歡《くわん》迎《げい》された英吉利《いぎりす》のベレスフォード卿《きやう》なんども態々《わざ〳〵》見物《けんぶつ》に出掛《でか》けて來た位《くらゐ》です、亞米利加《あめりか》と云《い》ふ國《くに》は何《なん》

でも大《おほ》きな珍《めづ》らしい、人《ひと》の出來《でき》ないやうな突飛《とつぴ》なことを喜《よろこ》んで遣《や》る風《ふう》がある國《くに》です、其《そ》れ丈《た》け驚《おどろ》くべき進《しん》歩《ぽ》もする譯《わけ》ですが……そこで此競爭《このきやうさう》の時《とき》に紐育ヘラルド新聞社《しんぶんしや》で無線電線《むせんでんせん》の技師《ぎし》を伊太利《いたり》から雇入《やとひい》れて大《おほ》きな仕掛《しか》けで、帆船《ヤード》の競爭《きやうさう》の有樣《ありさま》を時々《じゝ》刻々《こく〳〵》に報知《はうち》して驚《おどろ》かしたです、私《わたくし》も一度見《み》たいと思《おも》ふて居《を》りましたが、獨逸《どいつ》に來《き》て見《み》ると實際此博物館《じつさいこのはくぶつくわん》で試驗《しけん》をして見《み》せるのです、勿論電氣《もちろんでんき》の學問《がくもん》は學者《がくしや》でさへも其原理《そのげんり》は解《かい》し惛《にく》いと申《まを》しますから見物《けんぶつ》には原理《げんり》までは分《わか》りませぬが、實際《じつさい》線《はりがね》無《な》しで用《よう》の辨《べん》ずると云《い》ふことは確《たし》かに合點《がてん》が行《ゆ》くのです、

日本《にほん》で學校《がくかう》に行《ゆ》かない人《ひと》の學問《がくもん》……智識《ちしき》を開發《かいはつ》するの方法《はうはふ》は一に新聞《しんぶん》や雜誌《ざつし》に頼《よ》るやうですが、西洋《せいやう》では斯《か》う云《い》ふ仕方《しかた》を執《と》ッて居《を》る、此無線電信《このむせんでんしん》の事《こと》なども日本《にほん》では今試驗中《いましけんちう》の樣《やう》ですが官署《くわんしよ》の秘密《ひみつ》に屬《ぞく》して中々見《なか〳〵み》せもしない、大學校《だいがくかう》に行《ゆ》く人《ひと》は格別《かくべつ》ぢやろうが、只《たゞ》の人民《じんみん》が知《し》ろうやうはない、然《しか》るに彼《あち》方《ら》では專門的《せんもんてき》に博物館《はくぶつくわん》が出來《でき》て居《を》る、デスから繪《ゑ》の修業《しうげふ》をする人《ひと》は繪畫《くわいぐわ》の博物館《はくぶつくわん》に行《ゆ》けば、所詮人民《しよせんじんみん》に得難《えがた》い參考品《さんかうひん》も自在《じざい》に得《え》られる、殖民地《しよくみんち》と取引《とりひき》をしやうとか、殖民地《しよくみんち》に商買《しやうばい》を擴張《くわくちやう》しやうとか云《い》ふ人《ひと》が、例《たと》へば之《これ》から臺灣又《たいわんまた》は呂宋《るすん》果《は》ては阿米利加《あめりか》の人民《じんみん》がどう云《い》ふ生活《せいくわつ》をして如何《いか》なる品物《しなもの》を多《おほ》く好《この》んで用《もち》ゐるか、本國《ほんごく》とはどう云《い》ふ連絡《れんらく》が付《つ》いて居《を》るか、銀行《ぎんかう》はどうなッて居《を》るか、運送《うんそう》の便《べん》はどうなッて居《ゐ》るか、皆《みな》知《し》ることが出來《でき》る、

獨逸《どいつ》のライブチッヒと云《い》ふ都府《とふ》では、年《ねん》に一度《ど》世界第一《せかいだいいち》の書籍《しよせき》の市《いち》が立《た》つ、其處《そこ》には書籍《しよせき》のプールス

もある、本屋《ほんや》の取引所《とりひきじよ》なんぞも立《た》つて居《ゐ》る、此處《こゝ》には印刷物《いんさつぶつ》の博物館《はくぶつくわん》が新築中《しんちくちう》であッたです、斯う云ふ風に分類をして専門的に参考品を集めて其土地の人の利益に供する、其人民を教育する、學校以外に於て一般人民が其得難き智識を受得るの方法は此博物館である、

又《また》彼の有名《いうめい》なるクルップの製造場《せいざうぢやう》に行《ゆ》きますとクルップ私有《しいう》の博物館《はくぶつくわん》がある、此處《こゝ》では重《おも》に兵器《へいき》を製《せい》造《ざう》する、其陳列品《そのちんれつひん》は皆《み》な兵器《へいき》だ、此中《このなか》に這入《はい》れば今《いま》の兵器《へいき》の進歩《しんぽ》が一目《もく》して了解《れうかい》される、各國《かくこく》のお客様《きやくさま》を此處《こゝ》に引いて、實際《じつさい》に兵器《へいき》の利《り》鈍《どん》を説《と》いて見《み》せる、ですからそれで新《あた》らしい良《よ》い物《もの》の注文《ちうもん》を多《おほ》く受《う》ると云《い》ふ様《やう》になッて居《を》る、一ッは職工《しよくこう》の爲《た》め一は又《また》お客《きやく》の爲《た》めにも餘程便利《よほどべんり》です、斯《こ》う云《い》ふ風《ふう》に利用《りよう》すると云《い》ふとが日本《にほん》には尚《ま》だ注意《ちうい》が足《た》りない様《やう》です、

以上《いじやう》お話申《はなしまを》した通《とほ》りの次第《しだい》でありますから成《な》るべく博物館《はくぶつくわん》は廣《ひろ》く一般《ぱん》の人民《じんみん》の出入《しゆつにふ》し易《やす》い處《ところ》に置《お》いて貰《もら》いたいのである、職人《しよくにん》が其日暮《そのひぐらし》と云《い》へまいけれども半日《はんにち》を潰《つぶ》せば生活《せいくわつ》に影響《えいきやう》する、上野《うへの》公園《こうゑん》……遠《ゑん》方《ばう》と云《い》ふでもないが都府《とふ》の眞中《まんなか》ではない……、市中《しちう》の眞中《まんなか》に置《お》かなければ半日《はんにち》を潰《つぶ》す譯《わけ》になるだろうと思《おも》ふ、場所《ばしよ》がなければ仕方《しかた》がないけれども中央《ちうあう》て明地《あきち》の多《おほ》い東京《とうきやう》のとですから、美術館設立《びじゆつくわん・せつりつ》に關《くわん》する委員《ゐゐん》の人々《ひと〲》は此邊《このへん》にも注意《ちうい》して貰《もら》ひたいと私《わたくし》は思《おも》ふて居《ゐ》る、

（三）　西洋《せいやう》の博物館《はくぶつくわん》と日本《にほん》の博物館《はくぶつくわん》

美術館《びじゆつくわん》の建築《けんちく》に付《つい》て其場所《そのばしよ》の撰定《せんてい》、利用《りよう》の注意等《ちういとう》をお話致《はなしいた》しましたが、今少《いますこ》し氣付《きつき》のまゝを話《はな》しませう

英吉利や佛蘭西の博物館は、獨逸程專門的に特別に館を設けて分立して居ると云ふ程に、整理は付て居らぬと申しましたけれども、英吉利でも佛蘭西でも無論其道の者には之を利用するヿを妨げないので、倫敦の美術館に行つたときでも、巴里ルーブルの博物館に行つて見たときでも、畫工は皆々畫架を備へて腰掛を以て原畫を模寫して居つたのです

處《ところ》が日本《にほん》では美術學校《びじゆつがくかう》の生徒《せいと》でも博物館《はくぶつくわん》に行《い》つて、十分《じふぶん》なる利益《りえき》を得《う》るヿが出來《でき》ない、元來美術品中《ぐわんらいびじゆつひんちう》でも繪畫《くわいぐわ》は元《もと》であるが、其繪畫《そのくわいぐわ》は東京の博物館《はくぶつくわん》などでは餘《あま》り良《い》いものは陳列《ちんれつ》して居《を》らない、大概寫位《たいがいうつしぐらゐ》が陳列《ちんれつ》してある、其《そ》れさへも十分緩《じふぶんゆつ》くりして寫《うつ》すヿを許《ゆる》して居《を》らない、鉛筆《えんぴつ》を以《もつ》て概略《あらまし》を圖取《づと》るヿは許《ゆる》されるけれども、繪《ゑ》の具《ぐ》を用《もち》ゐるヿを許《ゆる》さない、終日立詰《しうじつたちづめ》で居《ゐ》るヿは一種《しゆ》の痛苦《つうく》です、刑罰《けいばつ》の中《うち》には學校《がくかう》なんどでも直立《ちよくりつ》などゝ云《い》ふ一科目《くわもく》があつたが中々苦《なかなかくる》しいもので、況《いはん》や美術《びじゆつ》の神髓《しんずゐ》を見出《みいだ》す爲《た》めには、十分《ぶん》に心《こゝろ》を靜《しづ》かにし體《たい》も苦《くるし》めずに、云《い》はゞ樂《たの》みつゝ物《もの》と相對《あひたい》して其眞《そのしん》を悟《さと》らなければならないのに、椅子《いす》も與《あた》へず終日立詰《しうじつたちづめ》は酷ではありませんか、

私《わたくし》が西洋《せいやう》の博物館《はくぶつくわん》で見《み》たときの狀況《じやうきやう》に依《よ》ると、各々《おのおの》繪の具《ぐ》を携《たづさ》へて、遠《とほ》く去《さ》つたり近《ちか》く寄《よ》つたり、

十分《ぢうぶん》に自分《じぶん》の滿足《まんぞく》する丈《だ》けの位置《ゐち》を定《さだ》めて、其位置《そのゐち》に右《みぎ》の畫架《ぐわか》を据《す》へて扨是《さてこれ》から綴《ゆつ》くり寫《うつ》し物《もの》に掛《か》ゝる、其《そ》れで其古畫《そのこぐわ》なり古美術品《こびじゆつひん》なりの博物館《はくぶつくわん》に備《そな》へ付《つ》けてゐるのを自在《じざい》に參考《さんかう》にすることが出來《でき》るのである、

今《いま》でも日本の博物館《はくぶつくわん》に至《いた》つては右《みぎ》の如《ごと》く專門《せんもん》なる美術學校《びじゆつがくかう》の生徒《せいと》でさへも、ホンの鳥渡《ちよつと》拜《おが》ませると云《い》ふ……マア因襲《いんしふ》が殘《のこ》つて居《を》る、惡口《わるくち》を云《い》ふ樣《やう》だが、大躰《だいたい》に於《おい》ていまだに神繩《しめ》を張《は》つて遠《とほ》くから拜《おが》ませると云《い》ふ舊習《きうしふ》を去《さ》つて居《ゐ》ない、

一つには又書畫屋《またしよぐわや》や骨董家《こつとうや》などが美術展覽會《びじゆつてんらんくわい》を催《もよほ》して其席《そのせき》で模寫《もしや》を許《ゆる》さずと云《い》ふ貼札《びらふだ》をして居《を》るが彼《か》れと混同《こんどう》をして居《を》りはせぬかと思《おも》ふ、彼《かれ》は商品《しやうひん》である、それ故其類似《ゆゑそのるいじ》の品《しな》を模擬《もぎ》さるゝとは甚《はなは》だ迷惑《めいわく》である、是《これ》は其目的《そのもくてき》は自分《じぶん》の陳列《ちんれつ》する品《しな》を障碍《しやうがい》なく賣捌《うりさば》くと云《い》ふ爲《ため》であるから模寫《もしや》を許《ゆる》さぬは當然《とうぜん》であるが博物館《はくぶつくわん》に陳列《ちんれつ》してある品《しな》はさう云《い》ふ譯《わけ》のものではない、其《そ》れは一般《ぱん》の工業《こうげふ》……專門《せんもん》の美術家《びじゆつか》……其美術家《そのびじゆつか》をして益々《ますます》其業《そのげふ》を精密《せいみつ》に發達《はつたつ》せしめたいと云《い》ふ希望《きばう》を有《いう》して居《を》らなければならぬ、其希望《そのきばう》を滿足《まんぞく》に國家《こくか》が達《たつ》する手段《しゆだん》は其專門《そのせんもん》の者《もの》をして自由《じいう》に是《これ》を利用《りよう》し得《う》る樣《やう》にして遣《や》るのが大切《たいせつ》であろうぢやないか、

明治三十六年（一九〇三）

十四　白井光太郎「植物博物館設立の必要」

（『植物博物館及植物園の話』抜粋）

植物博物館及植物園の話

植物博物館設立の必要

一、歐米諸國の都市には大抵植物園があり又植物博物館の設がある植物園は我國にても東京小石川に帝大なるものが一箇處あるに依りて世人も植物園と云へば其名を聞きて大抵如何なものであるかと云ふことを想像することが出來るが植物博物館に至りては我國には絶へて例のないものであるが故に如何なるものであるか如何なる事業をなすものであるかと云ふ事を想像することが出來ない自分は植物學に從事するもので通常の人よりは植物博物館には縁の近い人間であるが日本に居りし間は植物博物館に就ては漠然たる考を以て居たものである又外國植物博物館の模樣などは話に聞いたこともない或人は植物博物館などは無用の長物であると云ひ又或先生抔は西洋はをろか世界中に植物博物館などは絶へてないと云はれた位である斯る有樣で植物博物館のことは學者仲間にも餘り知れて居らん樣子であるが併し自分はどうしても植物博物館が無いとか無川の長物であるとか云ふ樣な說は信用することが出來ずに居たものであるから外國植物博物館の實況を探知したく思ひ彼地にありては到る處注意して植物博物館や植物園を索ねて見物し又書物などを調べたものである殊に伯林にては二箇年の間同所の王立植物博物館に出入して勉學中種々見聞したこともありますから此等の事柄に就ては少しは御話が出來樣かと自分でも信じて居るのであります

二、植物博物館は植物に關する內外古今の圖書世界万國の植物腊葉、標本等を蒐集し學術的に分類整理して學術上及實業上の參考に供し且其研究材料を供給する所でありまして實に國家植物に關する正確なる知識の淵源をなす所でありますす殊に植物分類學植物地理學經濟植物學等は植物博物館に非ざれば充分に研究することが出來ぬのである植物博物館には研究者の爲に座席の設がありて自由に書籍や標本を利用することの出來る規則があり國內の學者は勿論外國人と雖も許可を得れば自由に取調が出來るのである

三、植物博物館の設がないと云ふは植物分類學が無い植物地理學が無い經濟植物

學が無いと同様である此中植物地理學は國家經濟上至大の關係ある物產の所在を講究する學問にして近隣諸國は勿論世界各地に產する所の植物の種類生育の場所効用より風土の有様分布の理由等を調査するの學であり經濟植物學は吾人の日常衣食住諸般の用に供する工藝植物食用植物、藥用植物、山林植物等を講究する學である又植物分類學は植物の形態組織等を檢査して其種類を識別し名稱を確定し學術的に之を分類整理するの學であるが日本には此等の學科が無いと同様である學科がないと云ふときは變に聞こへるが學者が無いと云ふ意味ではない此等の學科を充分に研究する場所がない參考書がない參考用の標本がないと云ふのである植物分類學者に向つて植物博物館の必要なるは植物細胞學者に向つて精巧なる顯微鏡や藥品が必要であり天文學者に向つて天文臺や望遠鏡の必要なると同然である

四、今日は國內の植物調査位で滿足すべき時でない世界万國の植產物の取調をしなければならぬ時であるが左様な取調を專門にする所が日本帝國中何所にあるかと云ふに何處にもないのである理科大學や諸方の學校や官省杯に少許の經費

や書物や腊葉や標品などがありて多少此等の取調をするか植物博物館の代りにはならない近頃は文部省にても專門敎育實業敎育と云ふ事に大分御骨を折られる樣子であるが植物博物館などは實業敎育にも專門敎育にも直接至大の關係を有するものであつて其根本を養ふもの其基礎をなすものゝ一つであると云ふ事に留意ありたい事と考ふるのである是非とも設立の事に御盡力がありて然るべき事と考ふるのである何分明治三十六年の今日迄植物博物館が一つもなくして事が濟んで居ると云ふのが學問上より見るも國家の體面上より見るも甚不思議の事柄であつて日本國の植物學否開化が遠く西洋に及ばぬと云ふ事の有力なる證據となるは太た悲む可きてある

五、植物博物館の無き結果として世界万國の植物は扨措き日本國内の植物の調査も放擲せられてあるのである日本には草木の種類が多い日本は天然の美に富んで居る恰も世界の公園であると云ふて誇るものがあるが悲ひ哉日本には未だ其天然の美をなすてふ所の草木の種類を載錄して大成した記錄がない則植物譜がない又其編集の材料も充分集つて居らぬのである却て遠方の魯西亜とか獨逸とか英國とか佛國とかには其材料もあるし著述もあると云ふ有樣である外國の文字を讀まざれば日本の植物の取調が出來ない外國に行かざれば日本の植物を見る事の出來ないと云ふ有樣であるは主客顚倒の甚しきものであり實に不體裁の甚しきものである之を口にするも面目ない位である今日は明治の初年より已に三十餘年を經て居るが此以後何年に至りて此が出來ると云ふ見込もないのである方針が立て居らぬのである此日本植物譜の編集の如きは一箇人のなすべき仕事てない又なし得べき仕事てない植物博物館のなすべき仕事の一つなのであるが日本には此必要なる植物博物館がない日本植物譜を編集すべき學者を容るゝ場處がないのである學者に參考書を供給する場處がない學者に編集材料を供給する處がないつまり日本には自國の植物分類及地理幷に世界各國の植物分類植物地理等の學科を研究する充分の設備が無いと云つて宜いのである而して單に自國の植物を充分に調査するにも尙世界各國殊に近隣諸邦の植物を調査するの必要があるのてある猶ほ自宅の庭內に生する草木を知るには近傍の山野に生する草木を知るを要すると一般にして日本國內の植物を知るには少くとも滿州支

那朝鮮南洋諸島位は充分に調査せねばならぬのである然らずんば日本の固有のものと此等の諸邦に通有のものとの區別を知ることが出來ないのである。

六、自國產の植物を具戴したる植物譜は學校敎育の敎科書に必要にして各國皆之を用ゐて植物學の基礎を敎授するのである中學の敎科書には皆之を用ゆべきのであるが日本には此がない是か已に敎育上の一大缺典である止むを得ず植物形態學や植物の生態生理等の講釋で時間を潰して居るのである小學校でも雌雄蕋葉莖根等の形態生理中學校高等學校皆同樣のことを繰返す計りにて植物分類植物地理の智識は殆んどない斯の如き敎育は有名無實の敎育と云ふべきである植物を觀察して生態の美を樂まうとか生理や病理を研究しやうとか云ふにも植物の確實なる名稱を識るのが第一である名稱の不明なる物は見ても興味がない記述しても價値がない葉の形や理屈計りを知るのが植物學の目的ではない植物學は總論と各論とを以て完結するものであるが日本の學校にては大抵總論則普通植物學のみを敎へて各論を敎へない全く不完全の敎育をなして居るのである假令分類を敎授する處があるにした處が夫は只書物を講釋するに過ぎない植物博物館もなければ植物園も多くないからして地方などでは正確なる腊葉や生植物を得る道がない從て實物を示して植物學を敎授することが出來ないことゝなるのである獨逸伯林抔にては中學校以下の學校に於ける植物學授業に要する生植物を毎日供給する爲の特別植木屋がある位である

七、學問上より見るの外政事上より見るも一國の領土中に產する植物の種類を具載せる精細なる植物譜の無きは國民として一國の體裁を備へて居るとは云へないのである植物譜の無きは恰も精密なる地圖のなレと同樣で一國の主權が草木に及んで居らん證據で日本國の何處に何んな植物があると云ふことを外國政府の方が能く知りて居ると云ふは甚不都合である

八、植物の名稱種類の取調が疎漏であるときは他の諸學科迄が其餘弊を被ふるので決して對岸の火事を以て見ることは出來ない越人の楚人に於けるが如き場合でない文學でも工學でも理學でも農學でも皆同樣である殊に昆蟲學であるとか藥物學であるとか農學とか園藝とか山林學とか又植物學の中でも生理や病理と云ふものも植物の種類を論ずる場合には皆其影響を被ふるのである植物の智識

が不確實で名稱の區別が齟齬する塲合には折角の取調も其價値を減ずるのである時としては却て混雜を惹起して害を天下後世に遺すに至ることもある

九、舊時の如く外國と交通を謝絶して居る時代と異り今日は外國との交通も開け國民の海外に往來するもの頻繁なるに拘はらず植物地理に關する智識の依然として進歩しないと云ふは全く植物博物館の設がないからである又今日にては日本人の海外に移住する者の頗る多きに拘はらず其移住すべき目的地の風土物產の模樣が少しも知られて居らぬ西洋の植物博物館には諸國の風景の寫眞や植物の寫生や乾したる植物の標本や材鑑や重なる物產や「アルコール」漬の標本抔が陳列してあり自國の殖民地は勿論世界各國の特有植物等が地方により別つ別つに集めてあり其地の狀況が一目瞭然として知り得る樣になつて居るのである日本人は布哇とか亞米利加濠洲其他世界の各地に行く者であるが其地の山野に生ずる草木の有樣であるとか種類であるとか如何なる有用植物があるかと云ふ樣な事は少しも之を知るの便利がない海外は扨措き北海道琉球臺灣邊の模樣も少しも知れないと云ふ寔に迂濶千万な有樣である歐米の諸國にては植物博物館や植物園が完備して居り無料にて公衆に觀覽を許して居る故に歐米の人民は植物博物館に行き不知不識の間に實物の學問をする是により植物に關する智識の普及することは莫大なるものである從て學校教育の不足を補ふ事も非常のものである

明治三十七年（一九〇四）

十五　坪井正五郎「戰後事業の一としての人類學的博物館設立」

（『戦後経営』）

戰後事業の一としての人類學的博物館設立

理學博士　坪井正五郎

戰後に爲す可き事も澤山有りませう。戰後に造る可き物も澤山有りませう。必要の度合、急を要する程度は彼此對照した上で無ければ云へもせず、對照した所で人々の意見の全然一致すると云ふのは望み難い事で有りますから、私は固より是を以て最急務と主張するのでも無く、又人に向つて他事を措いても是非着手する樣にと强ゐるのでも有りませんが、人類學的博物館の設計創立と云ふ事は、此際考究の價値が十分有ると云ふ事を、廣く世人に告げ度いと思ふので有ります。

近時我が邦に於ては政治上、敎育上、衛生上、軍事上、實業上種々の機關が追々整ふ樣に成つて來ましたが、茲に一つ缺けて居るものが有る。夫れは何かと云ふと時勢に適つた博物館で有ります。或は既に帝室博物館が有つて是が立派に博物館の用を爲して居るでは無いかと云ふ人も有りませう。併し乍ら帝室博物館は本來の性質として帝室御藏品の或る物を陳列して置くと云ふのが主で有つて、博物館と云ふものに付いて研究を遂げ、其結果に則つて作り上げたと云ふ譯では無い。帝室博物館の改良進步は望ましい事でも有り、且つ改良進步の實の擧がる可きは深く信ずる所で有りますが、性質變更と云ふ事は外部から申す可き事柄で無い。然ればこそ別に國立博物館創設の議も起こり、文部省に於ては調査委員を作り數回の會議さへ催したので有ります。私も委員の一人として思ふ所を書いて出しましたが、不幸にして調査は中止と成り、後某々氏等と共に意見書を提出しましたが、是亦實効を奏しませんでした。當に有るべくして未だ有らざるものは博物館として立てられた博物館で有ります。博物館とは何か。或る人々は種々の物品の陳列して有る所と答へるで有りませう。或る人々は種々の物品の類に從つて陳列して有る所と答へるで有りませう。博物館果して物品陳列場たるに過ぎざるか。

(第一)標本の選擇と其配列とに意を用ゐ説明と相應じて、見る人をして親切なる師に就いて教科書を讀むが如き感有らしむる事。

(第二)餘分の標本を貯へ置き、篤志家をして自由に研究材料を手にせしむる事。

(第三)學術上歷史上或は價格上の貴重品を保存し置き、來觀者をして之を親視する便を得せしむる事。

是等の働きが有つて始めて故らに作つた博物館と稱する事が出來る。人智開發上斯の如き博物館の必要は論ずるまでも無い事で、其有無は國の體面にも關すると云つて宜しい。建築の爲にも、標本蒐集の爲にも、陳列設備の爲にも、職員俸給の爲にも、維持擴張の爲にも、調査の爲にも、印刷の爲にも、少からざる費用を要するには違ひ有りません。曾て進み掛けた話しの半ばで止まつたのも一つには夫れが爲で有りませう。併しながら博物館設立後に生ずべき直接の利益を思へば、何程の費用を掛けても決して惜むべきでは有りません。私は今日まで躊躇して居た博物館設立の事が、戰後新事業の一として實行される事を希望する者で有ります。斯かる折りに出來たと云ふ事は、後に至つて誠に好い紀念と成るで有らうと信じます。

博物館にも色々有る。自然物人工品有らゆる標本を網羅するのも有る。博物學上の物を主とするのも有る。工藝品を主とするのも有る。出來るならば總ての物を集めるが好いには違ひ無いが、必しも一纏きの建て物の中に收めるには及ばない、又必しも同時に廣く手を出すには及ばない。丁度東京帝國大學が法、醫、工、文、理、農の六大學に分かれて居る樣に、一つの大博物館が幾つかの部に分かれて居つても差支へ無い。元來法、理、文の三學部で有つたものに、醫科、工科が加はり、農科が加はつた樣に、先づ或る部が出來、次第次第に他の部が出來ると云ふ風にしても不都合は無い。一時に手廣くして不完全なものを作るよりも、何れの部にか着手して、其方から仕上げて行くが、寧ろ實行し易からうと思はれる。餘裕が有るなら無論幾つの部でも作るが宜いが、取り敢ず何の部を作る可きかは考へを要する事で有る。

天産、史傳、美術、工藝に關する物品は、帝室博物館を始めとして諸所の公私陳列場に各の部を形作つて居るので、理想的大博物館の建設までは、假りに是等を以て夫れ夫れの部に充てゝ置くことも出來ませうが、何れの陳列場にもまだ特別の設備の無いのは、人類學に關する部で有ります。東京帝國大學の人類學敎室には標本室が附屬して居りますが、只今の所殆ど物置きの體で順序立てゝ多數の人に見せると云ふ形に成つて居りません。上野公園の帝室博物館にも太古の遺物や諸人種の日用品抔が有るには有りますが、獨立の部分を形作つて居りません。兩所の標本を寄せ集めるとした所で、規模が誠に小さく、諸外國の人類學的標本陳列所に對しては、遺憾ながら足元にも寄り附けません。兩所の發達期して待つ可しとは信じますが、夫れは何所までも其ものゝ發達で、自然に任せて置いて希望に適ふ人類學的博物館に變化するとは申されません。在來のものを中心にするは宜しい、場合に由つては夫れが便利かも知れません。併しながら大博物館創立の手始めとして、且つは諸外國に備つて居ながら我が邦に缺けて居るものゝ補ひとして新たに作り設けやうとするには、諸事根本から究めて掛からなければ成りません。私は大博物館創立の曉第一に意を注ぐ可きものは、人類學的部分で有ると考へます。

他の文明諸國には人類學的博物館若しくは博物館の人類學的部が有るのに、我が日本國に之が缺けて居ると云ふのは他に對して耻しい事で有る、自ら省みて殘念な事で有る。如何にも耻しく殘念では有るが、私が其設立を希望するのは決して斯かる感情の上のみからでは無い、別に大なる理由が有るので有ります。

(一)世界の日本と云ふ事は好く人の云ふ所で、今日の日本は實に世界を相手とし、世界が此の日本を相手として居ると云ふ事は、世人の自覺して居る所で有るが、此時勢に應じて相當の働きを爲やうとする者は、我が相手たる世界諸地方住民の事を知つて居らなければ成らぬ。其傍ら我が版圖内諸住民の事も明かにしなければ成らぬ。此爲には諸人種に關する物を集め置く必要が有る。

(二)他邦人に向つて我が國情の眞相を知らしめんには、彼我の事物を對照するに便利な方法に從つた陳列所をば作るのが肝腎で有る。內外諸人種の生活狀態を示す。諸標本は斯かる場所に缺くべからざるもので有る。

(三)戰爭の結果我々の知り度く思ふのは滿洲地方の事情で有るが、殊に住民に關する知識を得る事は最も望ましい所で有る。支那本部及び韓國の住民に付いても、世人に示す可き事が多々有る。諸外國人中にも是等地方諸種族の事を知り度がつて居る者が澤山有るに違ひ無い。即ち我が邦人の爲にも外國人の爲にも彼等に關する物品を集め置くと云ふ事は極めて有益で有る。

(四) 日本が東洋諸國人の開發を以て務めとする以上は、夫れ等の人々の爲に世界の有樣を示す設備を爲す事を忘れては成らぬ。我が國の然る可き地に諸人種に關する物品を置く所を作つて、來遊東洋諸國人をして容易に世界人類の事を知らしめると云ふが如きも、我々の當に爲すべき事と申して宜しい。

(五) 我が國の地理上の位置は諸人種の物を集めるのに誠に都合が好く、北方には種々の北地住民が居り、西方には滿洲韓國、支那本部の住民が居り、南方にはアンナン人、シャム人、マレイ諸島、フィリピン群島の土人、尙ほ先きへ行けば南洋諸島からヲーストラリヤの土人、西方にはハワイ其他の土人、其先きにはアメリカ諸地方諸種の住民が居る。船で自由に往來が出來るから此邊の物を集めるのは容易で有る。開明國の物は遠方からでも取り寄せられるが未開地の物は集まり難い。日本が太平洋に位置を占めて居ると云ふのは物品蒐集の爲實に好都合で有る。アフリカには緣が遠いが其他の地方の物は勞が少くて集められる。

(六) 日本人の人種的來歷を考へんには近傍種族の事を知らなければ成らぬ。日本人の人種的位置を考へんには世界人種の事を知らなければ成らぬ。而して日本人の自信を强くする爲には其來歷其位置を明かにする必要が有るから、諸人種物品の蒐集陳列は精神上益する所が甚だ大で有る。

斯かる理由も存する事故、人類學的博物館は早晩設立有る樣に爲度いものと考へる。夫れには戦後が誠に好い時機で有ると思ふ。紀念として是程好いものは少からうと信ずる。世人をして世界人類の観念を得せしめるのに是程好いものは他に無からうと信ずる。

標本の蒐集法陳列法等に付いても多少意見は有りますが、それは又別に述べる折りが有らうと思ひますから、本編は先づこれで終りと致します。

明治三十七年（一九〇四）

十六　前田不二三「學の展覽會か物の展覽會か」

（『東京人類學會雜誌』第二十九號）

今回の人類學展覽會は豫想以上の盛會であつたので、私は實に今日まだなほ愉快の情の餘韻が失せない、今後更に大なる展覽會を催して一層大なる結果を奏したいものである。さてそれにつけ今後切角催したる屛覽會の効果を減ずることのない樣に、十分に關係者が心のうちに準備をする必要がある。

學の展覽會か物の展覽會かといふ問は、言ひ換へれば學術の展覽會であるか、學術の資料たる物そのものゝ展覽會であるかといふ事である。此事は問ふまでもなく知れきつて居るやうであるが、更に一考して見ると少しわからなくなつて來る。實際において、今回の展覽會の如きものは、人類學の展覽會であるのか、或は又、人類學といふものは此の如き材料から歸納的に研究するものである、而して其材料は此の如きものであると云つて、材料そのものを世人に見せる爲めであるか、先生はじめ其他の關係の諸君には無論初めから一定の考へを有せられたに相違ないけれども、私は愚にも第二日目の午後になつてからふと腦裡に此問題が沸いて來た、大變に遲かつた。既に表題が人類學展覽會となつて居るから、無論學の展覽會であると斯う云はるゝ人があるかも知らぬが、由來此の如き事は其表題たる名稱によつて論ずる事は出來ないものであるから、表題は然うなつて居つても、或は物の展覽會かも知らない。

今考へて見ればつまらぬ事を、二日目の午後會場において決し得なかつた、無論熟考する暇がなかつたからでもあらう、非常に貴重な時に際して、こんな議論がましい事を先生に云ひかけるのも本意でなかつた。それから家に歸へつてやうやく決定した、否第三日目に會場に行つて一二回否三回もぐる〳〵廻つて、其に際しては無論一二人の案内もして、而して漸く決定した、學の展覽會に相違ない、學の展覽會でなければならぬと決心した。何故に斯樣な事を決定する必要があるかといふに、物の展覽會であるのと學の展覽會であるのと、人を案内するにおいて大なる相違があるからである。私は三日目の午後まで物の展覽會としての案内をした、勿論何人も面白がつて見て居つた。物の展覽會といひ、學の展覽會といふのは、方針が異なるので、自ら一得一失があらう、前者必ず惡るからず後者必ずしも善からずである。而して又今回展覽會を物の展覽會と見なした所が必ずしも惡くはあるまい、物だけ見て歸へつた人と雖も其利益は計るべからざるものがあるであらうと思ふ。

三日目の午前であつた、何人かは知らぬ、否吾が知人もあつた、私は案内してあるいた、例へば、此人種ばかりの有様を見やうと思し召さば斯うおあるき下さい、又これだけの人種の武器を見やうと思し召さば斯うといふ具合に、又是は何である彼は何であるといふ具合に、知らないものは數へてもらつては云つてあるいた。無論多くの人は面白がつて見て居る。然るに十分教育を受けたといふ樣な顏付の人で、鼻であしらつて、而して極々雜ッと見て歸つた人が數人あつた、そのものを世人に見せる爲めであるか、先生はじめ其他の關係の諸君には無論初めから一定の考へを有せられたに相違ないけれども、私は愚にも第二日目の午後になつてからふと腦裡に此問題が沸いて來た、大變に遲かつた。旣に表題が人類學展覽會となつて居るから、無論學の展覽會であると斯う云はるゝ人があるかも知らぬが、由來此の如き事は其表題たる名稱によつて論ずる事は出來ないものであるから、表題は然うなつて居つても、或は物の展覽會かも知らない。

今考へて見ればつまらぬ事を、二日目の午後會場において決し得なかつた、無論熟考する暇がなかつたからでもあらう、非常に貴重な時に際して、こんな議論がましい事を先生に云ひかけるのも本意でなかつた。それから家に歸へつてやうやく決定した、否第三日目に會場に行つて一二回否三回もぐる〳〵廻つて、其に際しては無論一二人の案内もして、而して漸く決定した、學の展覽會に相違ない、學の展覽會でなければならぬと決心した。何故に斯樣な事を決定する必要があるかといふに、物の展覽會であるのと學の展覽會であるのと、人を案内するにおいて大なる相違があるからである。私は三日目の午後まで物の展覽會としての案内をした、勿論何人も面白がつて見て居つた。物の展覽會といひ、學の展覽會といふのは、方針が異なるので、自ら一得一失があらう、前者必ず惡るからず後者必ずしも善からずである。而して又今回展覽會を物の展覽會と見なした所が必ずしも惡くはあるまい、物だけ見て歸へつた人と雖も其利益は計るべからざるものがあるであらうと思ふ。

三日目の午前であつた、何人かは知らぬ、否吾が知人もあつた、私は案内してあるいた、例へば、此人種ばかりの有樣を見やうと思し召さば斯うおあるき下さい、又これだけの人種の武器を見やうと思し召さば斯うといふ具合に、又是は何である彼は何であるといふ具合に、知らないものは數へてもらつては云つてあるいた。無論多くの人は面白がつて見て居る。然るに十分敎育を受けたといふ樣な顔付の人で、鼻であしらつて、而して極々雜ッと見て歸つた人が數人あつた、

ちやうど此少し前に學としての展覽會でなければならぬと信じてしまつたのであるから、一組の案内を終つて小休みをして、而して、如何いふ結果を奏するか知らないが、とにかく一番我が考へを實行して見やうと思つて、入口に行つた、ちやうど一組學生らしきもの、之に少し説明をした。（第一室を）次いで又女子高等師範の敎授に説明をしてあるいた。だん〳〵考へを實行し始めたが、未だ極めて拙であつた。

それから又入口に行つて、此度は大分口が熟錬して、本質現狀由來の一枚を十分に説明して、此部分は哲學的であり、此部分は科學的であり、而して此部分は實際社會を指導するに此の如き關係があるといつて、人類は一種か數種かといふ問題は黄禍論を左右する事が出來る、

といふ樣に、實際社會と關係ある所は關係の實例を一二示した横におつた女學生には、髷と頭髮の性質其物との關係の話をしたら、如何いふ意味か二三人が互に肩にもたれ合ひ顏をかくして笑つた。

要するに、第一室の終りで、まさに第二室に入らうとする時に、「これから陳列してありますものは、今お話したやうな目的を達する爲めの材料である、たゞ目新しいから集めたものではない、故に箸一本と雖も非常に大切なものがあります。どうぞ其のおつもりで御覽下さい」、と斯ういふと、第一室における最後の氏の言葉を聞いて、なるほどと云つて、此學問なるものを大に感心した樣子であつた。而して第一室において人類學といふものは先斯の如きもので、其目的を達する爲めに集めた材料であるといふ事を理解した人は、物品の陳列場にはいつてからも大變に興味ふかく見ておつた樣です。

それから段々と案內するうちに、あるとあらゆる物については勿論一一云へませぬから、知つておる物だけについて、何人種の何物であるかを云ひ、且つ其が人の智識及び感情の發達を研究するにおいて如何に確かなる材料であるかを云ひ、且つ又種々の精神科學は、精神の發達を研究するに、此の如く物になつて表はれたる方面の觀察が足りないので、大に危險なことがあり、又實際の事實にあはない事があると述べました所が、益々斯學の方を設けておかれたのは、矢張學としての展覽會の方針であつたからであらうと思ふ。配列があの樣になつて居つたのも矢張其の爲めであらうと思ふ。配列を横の何にする縱は何にすると云ふ事は最も學としての目的に適つた事である。今回は大體において學としての展覽會として先づ遺憾は少い樣であるが、第一室が餘り狹かつたので思ふ儘に配列するとが出來なかつたのは殘念であつた。希くば今回の樣な、否更に大なる展覽會に遠からざるうちに遭遇したいものである。

明治三十七年（一九〇四）

十七　坪井正五郎

「人類學標本展覧會開催趣旨設計及び効果」

（『東京人類學會雜誌』第二十九號）

論說及報告

○人類學標本展覽會開催趣旨設計及び効果

坪井正五郎

〔端緒〕　東京帝國大學では數年前に諸敎室の展覽會を催した事が有りましたが、これは各敎室ではどんな事を爲て居るかを示すのが主で有つて、態々整理陳列したと云ふよりは寧ろ平常の有樣其儘に仕て置いたと云ふべきもので有りました。大學内部でも科を異にする人々や又は大學以外の人々に向つて各學科の仕事の大要を知らせると云ふには斯かる催しも肝要では有りますが、各敎室に於て如何に材料を集め如何に之を研究して居るか其結果は如何と云ふが如き事を示すには別の計畫が無ければ成りません。現任總長山川博士の代に成つてから史料編纂掛りの展覽會が企てられて、史料の陳列と參觀者の出入とに便宜の爲、大學構内山の上會議所に多數の古文書類を持ち出して校内校外の篤志者に縱覽させた事が有りました。これは昨年の事で有りますが、其後今年に成つてから人類學敎室に於ても此類の展覽會を催すが宜からう、場所は平常の物置き場即ち倉庫では不便でも有り且つは躰裁も餘り好く無いから、法科第三十二番敎場を之に充てる事とし、此所に標本の主な物を選み出して列べる樣に爲ては如何との意を總長が私に語られました。私は人類學敎室の管理者と云ふ側からも、人類學研究及び普及に志す者と云ふ側からも、此意見を賛成し此内話に應ぜずには居られません、直ちに承諾の旨を返辭して、速刻立案に取り掛かりました。敎室員諸氏を初めとして常に敎室に出入する斯學熱心の人々が此催しを歡迎して種々の方面に向つて力を盡されたのは私の甚だ喜ぶ所で有りますが、其結果として豫期よりも更に大なる成功を得たに付いては私は敎室内外の諸氏に對して深く謝し、且つ諸氏と共に深く祝します。居合はせた者來合はせた人の爲には紀念として、其他の人の爲には當日の景況を推測する根據として、又他日此種の設計を爲さんとする人の爲には參考の一助として玆に方針、配置、分擔、準備、開場、說明、結果、希望の數項に分かつて思ふ所を記して置かうと考へます。

〔方針〕　展覽會は大學內部の職員學生及び校外の人々の爲に開くので、期する所は人類學標本の眞價値を示すに在るので有りますから、標本其者を陳列すると同時に其價値有る所以を明にする設備をも工夫しなければ成りません。即ち人類學標本展覽會は人類學大意を示す場所たらざる可からずと申して宜しい。既に人類學大意を示すと云ふ以上は、專門を異にする人、初學の人、全く樣子を知らぬ人、學問の性質を誤認して居る人に向つても略ぼ要點を悟らせる樣な仕組みを立てなければ成りません。夫には表や略圖を掲げるのが近道では有りますが、其量が少ければ意が盡せないし、多ければ之を見了る迄人の足を留めると云ふのが困難で有る。繁簡宜きを得ると云ふのは中々考へもので有ります。私は先づ簡單に人類學史要領を記述し、人類學部門別及び問題を列擧し、次に掛け圖十二枚を以て人類學大意を摘示する事を試みました。これは陳列品を見る準備とも云ふべきもので、壁に並べ掲げた次の所に「以上の如き諸問題を研究する爲に人類學敎室で年來蒐集した材料は夥多有つて倉庫に充ちて居ますが、玆に其一小部分を陳列して置きましたから案內記に合はせて御覽下さい」と記した札を出す事に致しました。案內記は入口に於て入場者に渡す事にしたので有ります。陳列品は第一に現存諸人種の容貌體格を示すもの、第二に現存諸人種中の或る者の風俗を示すもの、第三に日本石器時代人民の遺物、上古日本種族の遺物及び彌生式土器と定めました。風俗を示す諸品は場所に制限有る爲、臺灣蕃人、マレイ土人、南洋諸島土人ニューギニー土人及びアイヌの五部を次に述べる方法で並べ、韓國人の物と淸國苗族の物とを少し隔つた所に置く事と致しました。五ヶ所の土俗品は一部各四個の机上に陳列、其一には土俗を示す寫眞、其二には身體裝飾及び衣服、第三には雜具、第四には武器利器と云ふ樣に部類別けを立てる事に致しました。各の机は相互に隔てゝ置く事と致しましたが、これは同一種族の土俗全躰を知らうと云ふ人には其種族の物の有る所を通覧する便を與へ、身躰装飾にもせよ、武器にもせよ、諸種族に付いての比較を試みやうと云ふ人には種類別けの向きに往來する便を與へると云ふ考へから起つたので有ります。韓國人の物と淸國苗族の物とは特に精く示し度と思つて別部を設ける事と致しました。土俗品は系統的にでも比較的にでも見られる樣にすると云ふのが意を用ゐた所で有りますが、古器物の方は變形を示すとか、製方を示すとか云ふ事に重きを置きました。これは傍ら研究法を示さんが爲で有ります。要するに諸物品の陳列は物を見せると云ふ計りで無く物を役に立てる方法を見せると云ふ方針を以て試みられたので有ります。

〔配置〕　法科第三十二番教場と云ふのは假正門を入つて眞直の大通り、左側二つ目の煉化建て物で其玄關は南に面して居ります。玄關の突き當たりは壁、右にも左にも小さい部屋が有つて何れも北側の壁に在る戸口を通じて、主なる室に連なつて居る。此室は東西十二間南北八間、玄關突き當たりの壁を背にして、北向きの教壇が設けて有る。此眞正面、即ち北側の壁の中央には出入口が有る。常は南の玄關が教員昇降口、北の口が學生出入口に充てゝ有るのですが、今回は南口を入り口、北口を出口と定めました。玄關正面の壁には

> 右は西暦一八九三年シカゴ開設萬國博覧會より
> 人類學教室の出品に對する褒狀
> 左は西暦一九〇〇年パリス開設萬國博覧會より

と云ふ札を貼り各褒狀は黒塗り艶消しの縁を付けた額に入れて見付き好く揭げる事と致しました。其下に貼つたのは左の通りの札。

> 日本で人類學會の起こつたのは明治十七年（西暦一八八四）
> 帝國大學に人類學教授の置かれたのは明治二十五年（西暦一八九二）

日本に於て人類學の開けたのは何時からで有るか。それがヨーロッパやアメリカに於て如何に認められて居るかと云ふ事を此二枚の貼り札に依つて手短に示した考へで

有ります。左の小部屋は掛員の控所として戸には締め切りの札を下げ、観覧者は右の小部屋を經て大廣間に入る様に致しました。參觀案内は受付けの所で人々に渡す仕組みに爲たので、それに第一室即ち小部屋第二室即ち大廣間には何物が如何なる順序で置いて有るかと云ふ事を明かに示して置きました。第一室に入つて直に右の方、即ち方角で云へば西の壁面には、人類學史摘要を掲げて置きましたが、これは玄關正面の二つの貼り札と相應じて日本の人類學の狀態と人類學の淵源とを示すと云ふ趣意で有ります。人類學の發達は略ぼ解かつたとして次に示すべきは現に研究されて居る人類學はどんなものかと云ふ事で有りますが、之を示す諸表諸圖は南壁東壁へ折り曲げて掲げて置ました。此の如く第一室の三面の壁には人類學大意を誰にでも解かる樣に書き示し畫き現はしましたが、尙ほ示し度いのは諸國に於ての人類學研究の狀況で有ります。そこで室の中央に机を置き白布を掛け此所に諸國の人類學雜誌を並べて目的の一端を達する事と致しました。第一室の北口を通れば次の大廣間に入る。

其右の方即ち東壁に接し總長さ八間の間には机を並べ白布を掛け、最初の部分即ち南の端には頭蓋骨を畫き取る裝置、頭蓋容量を測定する裝置及び諸種族の頭蓋實物八個を置き壁面には多數種族の頭蓋圖を貼り、此の如くにして先づ諸種族頭蓋異同の大略を示し、引き續いて諸種族容貌の異同を示す方法としては、全世界から五十餘ヶ所の例を選び出し、各種族の寫眞及び圖畫を陳列し、種族名を記した札には番號を書き添へ、壁に掲げた人類分類地圖記入の番號と對照する仕組が立てられました。此所の貼り札は左の通り

> 此所に列べました寫眞圖は諸人種の容貌を示す目的で上に掲げました人類分類地圖に基いて主なる種族數十を選び出したものであります

大廣間の大部分を占めて居るのは其大さ疊一枚位づゝの机二十個で、之を南北の方向に五個づゝ東西の方向に四個づゝ、各の間に通り道を殘して並べ、總て白布を掛け最も北の列を臺灣蕃人の部、其南隣をマレイ土人の部、其次を南洋諸島土人の部、其次をニウギニイ土人の部、

最も南の列をアイヌの部とし、列毎に風俗寫眞、身躰裝飾及び衣服、雜具、武器利器と云ふ順に物を陳列致しました。アイヌの部丈は離れもので有りますが、他は比較上の便を計つて接近地のものを隣り合つて列べると云ふ樣に爲たので有ります。室の南壁に接して設けられた敎壇の上には室內の諸所に置いたのと同じ樣な長腰掛けを置き休憩所に充て、後の黑板には室內の區劃を畵き、前の机上には人類學敎室編纂書類及び人類學關係繪はがき帳を置いて休息者の縱覽に供へました。中央土俗部の西に當つて南北に長い臺をば南に一つ北に一つ据え付け、各に白布を掛け南の方には日本石器時代人民の遺物、北の方には日本種族上代の遺物を置き共に東西兩面から見える樣にし、尙ほ室の西壁に接して長い棚を設け、白布を掛け、南の臺に面した部には矢張り石器時代人民遺物を置き、壁に分布地圖を掲げ、北の臺に面した部には同じく日本種族上代の遺物を置き、壁に分布地圖を掲げ、二部の中間には境界を立てゝ彌生式土器を置きました。土俗部の東の端を寫眞を置く場所としたのには先づ何者が之を用ゐるかを示すと云ふ意も有るのですが、東壁に接して並べられた諸種族の容貌寫眞と對照する便をも計つたので有ります。又土俗品の部に於ては各の種族に關するものを東西の方向に並べながら古物を南北の方向に長く並べたのは何故かと云ひますに、使用者の人種的關係が有る無しに係らず古器物は諸地方の現用品に比べて考究するのが肝要で、用法の如きは往々斯くして始めて知り得るもので有りますから、成るべく容易に諸種族の物と比べる事の出來る樣に諸種族の部に對して直角に置いたので有ります。一方には日本發見の古物に磨製石斧が有る、他方にはニウギニイ現用品に磨製石斧が有る、一方には日本發見古物に曲玉管玉が有る、他方には臺灣現用品に樣々の玉類が有ると云ふ樣な次第で、注意して見比べれば益する所が多いので有ります。彌生式土器を二類の遺物の中間に置いたのは或る點に於ては石器時代土器に似、或る點に於ては古墳發見品に似て居るので異同對照の都合を計つたので有ります。大廣間の北壁は中央に開いて居る出口に依つて東西二部に別かたれて居ま

「參觀案內」

○第一室に於ては人類學とは如何なるものかと云ふ事の大概を示し、
○第二室に於ては諸人種の現狀及び日本種族古代の狀態並びに日本古代住民に關する諸事項を示す。
○第二室中央部の諸標本は東西を通じて見れば同一地方の事實を明かにする益が有り、南北を通じて見ればば彼此比較の便が有る。
○矢の向きは歩き方の一例を示すのみ、何れとも人々の好む所に隨つて宜し。

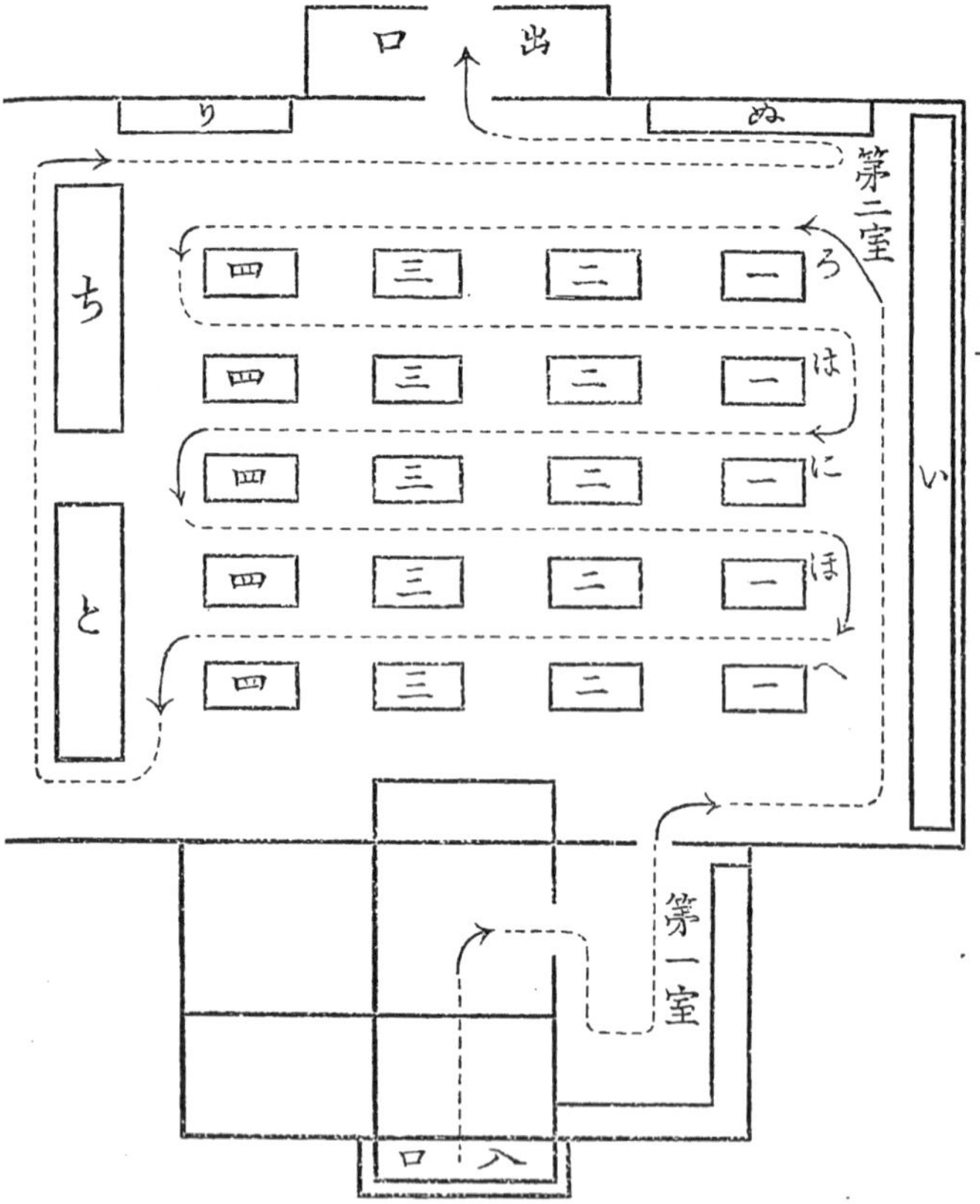

い　諸人種の部
ろ　横列　臺灣蠻人の部
は　仝　マレイ土人の部
に　仝　南洋土人の部
ほ　仝　ニウギニイ土人の部
へ　仝　アイヌの部
一　縱列　寫眞
二　仝　身体裝飾及衣服
三　仝　諸器具
四　仝　利器
と　日本石器時代人民の部
ち　日本種族上代の部
り　韓國人の部
ぬ　清國苗族の部

すが、西の方即ち日本種族上代遺物の部に接した所には白布を掛けた臺を据えて此所に韓國人の風俗を示す物を置きました。兩部諸物品殊に土器の比較は兩國人の關係を探るに於て極めて趣味深き事と信じます。出口を隔て、東の方即ち諸種族容貌寫眞圖畫の部の北の端に接しても白布を掛けた臺を据えて此所に淸國苗族の風俗を示す物を置きました。此部の西の端即ち大廣間の出口に接して置いたのは彼地の寳物たる銅鼓、俗に云ふ孔明の陣太鼓で有ります。出口から室内が見通しに成らぬ樣、又室内から室外が見えて氣の散ると云ふのを防ぐ樣にと一個の衝立てを置きましたが、其位置が丁度臺灣雜具の部の傍で有りましたから、これに面した方には臺灣諸種族分布地圖一幅を下げ、裏面には臺灣諸種族身長記入地圖、同じく頭形記入地圖の二幅を下げて置きました。衣服の類は黄色に塗つた衣桁に掛け、槍弓の類は三四本宛組み合はせて赤色或は綠色の絹糸の束で結び、盾や矢や棍棒は夫れ〳〵の受けを作つてこれに立て掛け、石器時代遺物の或る物はガラス戸鐵色塗りの棚に入れ古墳發見品の或る物は鼠色の厚紙に結び付けて置きましたから休憩所に充てた數壇に上つて室内全景を見渡すと諸標本元來の色合と飾り付けの色取りと相映して誠に美觀で有りました。

〔分擔〕　以上の陳列は大體私の案に依つたのでは有りますが、各部に擔任者が有つて受け持ち受け持ちに付いて種々意匠を廻らしたので有ります。部分と人名とを列記すれば即ち左の通り。

人類學要領の部　坪井正五郎
諸國人類學雜誌の部　今井聰三
諸種族頭骨の部　足立文太郎
諸種族容貌の部　松村瞭
諸種族風俗の部　{松村瞭 玉置繁雄}
臺灣蕃人及び淸國苗族風俗の部　鳥居龍藏
日本石器時代人民遺物の部　{大野延太郎 野中完一}
日本種族上代遺物の部　柴田常惠
彌生式土器及び韓國人風俗の部　蒔田鎗次郎

〔準備〕　展覽會の準備と云ふ中にも會場の準備、陳列臺の準備、陳列品及び掲示圖表の準備、陳列の準備、札紙の準備、招待狀入場劵調製發送の準備、參觀案内印刷の準備、來觀者入場に關する準備、接待の準備、說明の準備、看守の準備、宿直の準備、取り片付けの準備等が有ります。一項一項に付いて述べると云ふは煩くも有り且つは格別必要でも有りませんから、唯一二の事丈を記します。陳列品及び掲示圖表の中で今回全く新に製したのは人類學要領と人類分類地圖丈で有りますが、諸種族容貌の寫眞圖書を選定された松村氏の苦心と、古器物を選擇し且つ或る事項を示すに適する樣に整理された大野、野中、柴田三氏の骨折りとは誠に大なるもので有りました。來觀者に茶菓を供すると云ふ樣な事は總て省略し場内諸所に長腰掛けを置いて休息に便するの他接待に關する準備は何も致しませんでした。或は禮に於て盡さぬ所が有るとの評が有るかも知れませんが、力を展覽會の本躰一方に向けたものと察せられる人々も少く有るまいと信じます。宿直に付いては始め用意が無かつたので有りますが、柴田、玉置、野中、吉田の四氏が篤志を以て交る〱會場に宿泊せられたのは實に感謝する所で有ります。

〔開場〕　法科の授業終りと試驗始めとの間即ち第三十二番教場の明いて居る時で土曜、日曜に相當するのは六月の四日と五日。此兩日には校外多數の人の來觀が有る筈故、大學の職員學生諸氏には成るべく他の日を定めて案内し度と思ひましたから前日即ち三日の金曜は内部の人の爲に開場との事に致しました。展覽會は大學の催して諸所への招待狀は總長の名を以て發せられたので有りますし、内部の人へは通知書が送られたので有りますが、他の人々へは種々の方法を以て入場劵を分配する事に成りました。第一日にも内部の人の同伴者が有りませうし、第二第三の兩日にも内部の人の來觀が有りませうから判然と別かつ譯には行きませんが凡そ次の通りの日割に定めました。

第一日　六月三日(金)　大學内部の人々の爲
第二日　同　四日(土)｝招待狀或は入場劵の携帶者及
第三日　同　五日(日)｝び相當の紹介有る人々の爲

時刻は日々午前八時より午後四時まで。玄關に於ては來觀者の名札を受け取るか或は帳簿に姓名記入を求めるか何れにしても如何なる人々の入場が有つたか後に成つても知る事の出來る樣に注意して置きました。但し第一日に於ては其要を認めませんから此面倒を見る事を致しませんでした。

〔說明〕第一室の圖表には標題を大書して置きましたから別段に札を付ける必要も有りませんでしたが、第二室には種々な部分が設けて有るので參觀案內に照し合はせて見るに便利な樣に(い)の部、(ろ)の部と夫れ〳〵の札を付け、尙ほ小別けの部分をも明示し、標本各個にも札を添へ、其の上物に依ては解說或は說明圖を付けて置きましたから、是等を見た丈でも陳列品の何たるかゞ分かる譯では有りますが、桃色蝶形の胸印しを付けた掛り員數人が場內諸所を步き廻はつて說明を致しました。此說明者中には敎室員も有りますが、又好意を以て補助された方も居られるので有ります。前に掲げた陳列分擔者は大概持ち場持ち場に付いての說明を專にしたので有りますが、此他に前田不二三氏は人類學要領及び古今諸種族工藝意匠の事に付き、副島八十六氏はマレイ諸島土人現用品の事に付き、山中笑氏は古墳發見物の事に付き、林若吉氏は石器時代遺物の事に付き、今井聰三、中澤澄男、吉田文俊、の三氏は所を定めず諸所の標本に付き說明の勞を執られました。

〔結果〕　敎室員諸氏及び員外篤志諸氏の盡力に依つて萬事好都合に運び、人力を以て如何ともすべからざる天氣も三日揃つて快晴、來觀者は豫想に倍し、混雜の爲時々戶を閉す必要を感ずる迄に至りました。多數來觀者が有つたと云ふ事が旣に喜ばしい事で有りますが、來觀者が何れも設計者の意の有る所を認めた樣であるのと、多數の人々が人類學要領の部を始めとして場中諸所の說明書を注意して讀んだと云ふのは一層喜ばしい事で有ります。或る人々は掛り員に向て材料の豐富なのと陳列法の宜きを得たのとを賞贊し、或る人々は同樣の意を同伴者と語り合ひ、或る人々は同樣の意を獨語して嘆賞し、或る人々は新知識を得たと云ひ、或る人々は從來の謬見を悟つたと云ひ、或る人々は疑團が氷解したと云ひ、或る人々は唯々面白いと云ひました。私は關係者諸氏と共に人類學眞意の發表、人類學趣味の普及に對しては此展覽會の極めて有功で有つた事を信じ且つ祝します。來觀者中には社會諸方面の人々が有り、諸外國人が有り、長幼男女何れにも偏さなかつたと云ふのも又滿足の一つで有ります。

〔希望〕 今回の展覽會は開期間に工科大學の火災と云ふ事が有つたにも係らず、盛况の中、無事に閉會を告げました。後片付けに關しても何の故障も無かつたのは仕合な事で有ります。實に大學の催しとしても決して恥かしからぬ成功で有つたと思ひます。我々は今回の事で種々經驗した所が有ります。我々は來觀者の質問に徴して大に悟つた所が有ります。私に於ては既に次回の案も心に浮かんで居る位。何卒再び、否幾度も、此の如き催しの擧行有らん事を希望致します。玆に關係諸氏の盡力に對して來觀諸氏の注意に對し、感謝の意を表して擱筆致します。

明治三十七年（一九〇四）

十八　坪井正五郎「人類學教室標本展覧會に關する諸評」

（『東京人類學會雜誌』第二十九號）

○人類學教室標本展覽會に關する諸評

六月五日東京日日新聞

人類學教室展覽會　豫て報道したる如く昨日より東京帝國大學理科大學人類學教室展覽會を法科大學第三十二教室に於て開き有志者の參觀を許したり第一室には人類學を簡明に說明したる掲圖及び書類を列べ大敎場に入れば諸人種の現狀を示す爲に數個の頭骨と許多の骨骼圖とを陳列し頭蓋を寫し取る器械又は腦量を測る新案など人の目を惹き古今東西の圖書衣服器具武器裝飾品玩弄物等世界あらゆる方面より未開人類の棲息する所に就て其の實物を蒐集し又日本帝國古代の石器時代鐵器時代に於ける各種の參考品を排列するあり特に此の一大廣室に入りて縱に望めば同一地方の事實を通覽するを得べく横に望めば各地方人種の狀態を比較するを得べく休憩所にあてたる講擅に上れば世界の古今を指呼するの妙味あり參觀者皆我理科大學が如何にして此の如き豐富なる材料を得たるかに驚くと同時に其排列の巧妙にして且自ら學理的なるに感服せり特に昨日午前一時過より工科教室に火災あり法科三十二敎室は尤も相接近し居りしを以て其混雜も思ひやらるゝに拘はらず午前八時より此展覽會を開き坪井博士鳥居龍藏氏其他擔當敎授が懇篤に參觀者に說明を與へて餘念なかりしを見て專門家の斯道に熱心なることを稱へ合へり本日も午前八時より參觀を許す筈なり

六月七日毎日新聞

奇異の展覽會

坪井理學博士の主監なる帝國大學人類敎室に於ては去三四の兩日法科大學の一敎室に於て展覽會を開かれました兩日とも溢るゝ許の來觀人で美術學生や女學生など中々に多く見受けたのですさて案内に隨て第一の小室に入ると玆には人類學とはどんなものであるかと云ふとを畧說する爲めに人猿同祖さては人類の異同などのことを圖畫に依て說明して居ります續いて第二の廣間に入ると全躰

を十四區域に別ち諸人種の有樣を始めとし臺灣蠻人、馬來土人、南洋土人、ニューギニー土人、アイヌ等の諸部寫眞、衣服、裝飾、器具、利器などより日本石器時代、日本種族上代の遺物、韓人、苗族の部などで博士を始め鳥居龍藏、大野雲外、山中笑其他の諸氏が東奔西走し言葉に次ぐに圖を以てして親切叮嚀に說明の勞を執られました何が扨て我々の目には珍らしい物ばかりで源三位のそれならねど孰れあやめとひきぞわづらふと云ふ有樣で見てさへ身の毛もよだつ南洋土人の鎗や毒矢あれば不器用ながらも異響を發する竹琴、蛇張て杵形のした長太皷が折々鳴されたり化物の樣な人相の貴女の圖に隣りて滑稽の人形もある「現代の日本人の祖先にはあらず」との註釋が附て居る土器、石簇、石棒、土偶或は古墳の模型など順序よく配置せられ觀者をして暫し太古の人たるの感を與へしめましたさればどれを寫して記さうと品定めすればあれもこれもで中々に盡せぬから唯だ其中三つだけ御紹介申しませう▲竹枕　これは南洋フイジー島で用ひられるもので直徑二三寸の竹を一尺餘に切つたもの土人は之を用ひて常夏の青葉の陰に夢を貪るのですが我々には到底睡り付かれさうもないものでした▲木盃　これは臺灣ツアリセン社の酒器で「ウルゲ」と呼び兩人相並び互に肩に手を掛けつゝ同時に飲酒するので結婚式に新郎新婦が斯くして所謂三々九度の式を擧げるものださうです其一部の彫刻の奇妙な人面などは實に奇異なものでした▲彌生式土器　は坪井博士が本郷彌生ヶ岡で發見せられた新土器で其後他地方からも似た物が出る樣になつたから此名稱を附けられた物ださうで日本種族上代部中の呼物でありました

六月五日東京朝日新聞

人類學教室展覽會

かねて評判のあつた人類學教室の展覽會は一昨、昨の兩日帝國大學構内の法科教室に於て開會された。兩日とも

夥しい参觀者のうちにまた多くの婦人連少年連を認めたのは最も注目すべき現象でこの一事に對するも坪井博士を始め人類學敎室の諸氏がいかに熱心に人類學の普及に力められたかといふことが想像し得らるゝのである。今回の展覽會は場所も限りある爲に敎室所藏の標本は其の內のホンの一部を陳列したものに過ないさうだが先づ入口右方の第一室に入れば人類學とは如何なるものかといふことの大概を示すため極めて平易に人類と動物との異動や人猿同祖論を圖畫入で說明したものを揭げてあつた。次に第二室に移ればこゝは廣い敎室で十四區に分ち最初に諸人種の部次に臺灣土人の部夫よりマレイ土人、南洋土人、ニウギニイ土人、アイヌ、寫眞、身體裝飾及衣服諸器具、利器、日本石器時代人民の部、日本種族上代の部、韓國人の部、淸國苗族部といふ順序を以て陳列され又此の區畫によつて坪井博士を始め鳥居龍藏、大野雲外の兩氏其他野中完一、時田鎗次郎、山中笑、前田不二三の諸氏が懇切に說明の勞を執られてゐた。多くの陳列品中日本石器時代と日本種族上代の遺物及び目下學者間の問題になつてゐる彼の彌生式土器は此のうちの大立もので最も目を惹いた方であらう其の內石器時代の部には有名な埼玉縣發見の大石棒、千葉縣發見の大石斧砥を始め奇形の土器、石斧、石鏃、石鎗、骨器、貝器、土盤、土偶、球類等種數其他骨器製造の順序、打製石斧製造の順序、球類製造の順序、土器底面編物の種類を陳列し又日本種族上代遺物の內には曲玉、金環、腕輪の裝飾類より直刀、銅劒、鐵鏃、銅鐸、馬具類、土器、埴輪土偶及び內部を解剖した古墳の模形等が孰も順序よく配列され最後には鳥居龍藏氏が先頃探檢の際に採集した苗族に關する土俗品を一纏めとして陳列し氏は傍に在つて巨細に說明の勞を執つて居た。以上の外に詳しく品目を擧ぐるは限りのないことだから先づ此位で止めておくが此の會が僅々二日間に限られたは又少しくもの足りない心持がした（幻花生）

六月五日國民新聞

人類學敎室展覽會　は豫記の如く三日より東京帝國大學構内法科三十二番室に於て開かれたり三日は大學學生に限られたれども四日及び五日を以て一般公衆の縱覽に供することに定め四日は土曜日のことゝて午後は參觀人頗る多く場内も狹隘に感ぜられたる程なりし元來我が國に於ける人類學の硏究並に普及は近時長足の進歩を爲し各方面の人士が注意を拂ふに至りたるが其の淵源は人類學敎室及び人類學會等の關係者及び篤志家の多年の盡力に因るものにして特に坪井博士が斯學に忠實なる辨ずる迄もなきなり左れば今回の展覽會の如き多年蒐集の材料なれども尙ほ場所の狹隘なる爲め所藏品の全部を陳列すること能はず其の內標本類として示すに足るべきを陳列したるのみなりと展覽會場の入口にて參觀案內を受取り指示する所に隨つて先玄關に入れば正面には人類敎室及び人類學會の博覽會褒狀の額あり右の第一室には人類學とは如何なるものかの大概を示す爲人類學史及び其の內の概要を記して壁に貼付あり其の他人類と動物との異同、人種別の根本的性質に依るべき事人猿同祖論等言文一致體にて了解し易き樣に圖書及解說を以てせるが故一見直ちに人類學者たる如き感を生ぜしむ第二室に歩を移せば廣場を數區に分ち東側の窓に沿ひては諸人種の頭骨及體格容貌を知るに足るべき寫眞圖書を陳列せり就中頭蓋骨の測定圖は今般歸朝せる足立醫學士が齎す所にして測定器も是れまでに見ざる所のものなり又た壁間に掲ぐる所の人類分類圖は東西兩半球に分ちあり今回特に調製せるものなりと中央の廣場には臺灣蕃人、馬來土人、南洋土人（セレベス及びボルネオ）ニウギニー土人、アイヌ等の（一）寫眞、（二）身體裝飾及び衣服、（三）諸器具、（四）武器を各一區劃とし陳列し在りて横に觀て行く時は同一人種の部類なれども縱に觀る時は各人種の同一部類を比較研究し得る如く陳列せる等注意を加へたり西側には日本石器時代人民の部、日本種族上代の部を各區分してあり石器時代にては埼玉縣新座郡發見の石棒は長四尺三寸六分重十一貫三百五十目あり隣りには嘗て本紙に掲げし千葉町發見の石斧砥あり又た貝塚土器の底面に在る編物の凹を陰型に造りて陽型即ち元形に模造したるもの其の他石斧石磁土器把手等枚擧に遑あらざる程にて壁間には石器時代遺跡分布圖及び古墳分布圖を掲げ各其の下に遺物を陳列せり日本種族上代遺物の內には埴輪土器あり又た彌生式土器もありて西北隅には福岡縣八女郡長峰村吉田發見の石盾及び壁間には石廓の狀態幷に內部の紋樣を書きたる圖を掲げ尚ほ日本種族上代遺物の內曲玉腕輪其の他身體裝飾品、曲玉製造の順序を示すもの及び鐵鏃銅劍、銅鐸等あり北側には韓國人の部にして裝飾品諸器具等を陳列し最後に淸國苗族の土俗品等を陳列しあり其の殆んど全部は前年鳥居龍藏君が探檢の際蒐集せるものにして筐及び銅鼓の如き斯學上貴重なる材料は自から展覽會の後殿として出口に近くあれど注意する人尠なし其の他陳列の重なるものにても掲げんとせば殆んど總てを枚擧せざるべからざるが故其の大體を掲ぐるに止む

○人類學敎室標本展覽會來觀者數　去る三日より五日にかけて人類學敎室標本展覽會の開設せられた事は前々に諸氏のものせられた記事にある通りてすが今其來觀者の數を表示して見ると

種類＼日	三日(金)	四日(土)	五日(日)
名札	大學關係の人々、及其同伴者	三六〇	七九九
記名		一二一三	一五〇五
紹介		二七〇	一二四
合計	凡一〇〇〇	一八四三	二四二八
內女子	二	三一七	四八四

總計五千二百七十一人で內女子が八百三人である

此の外雑踏して名刺を出さずに入場したり、或は帳面に名を書かないで入場した人も多くある様に見受けたで夫れこれ概算すると六千の人は慥に入場したであらう。

○ルーイス エンド クラーク萬國博覧會中の人類學　明年六月から北米合衆國オレゴン州ポートランドにルーイス及クラーク百年紀念萬國博覧會なるものが、開設せらるゝそうであるが、其出品部類十六區中に一區人類學の部が獨立してある。今其人類學部中の部門を掲げて見ると次の通である。尤も日本政府は今回は參同せないとの事である。

A部　學術――a類　古今人類に付きて論ぜる書籍冊子記録及寫眞、

B部　人體解剖學――a類　人類體格上の特點、人種及國民の比較解剖及特別解剖、特別的及比較的特點を表明せる標本模型、尺度圖及寫眞――b類　人類計度學、現存人體の體格に付き比較研究の方法及結果を示せる尺度圖面圖解、人類計度に用ふる機械器具、

C部　人種學――a類　文明發達の解説、技術及工業の根原及發達、禮式宗教及遊戯、社會的及家族的風俗慣習、國語及文字の起原、

D部　叙説人種學――a類　原人より現代に至るまでの人種及國民、各時代各國の國民が特別なる外部の事情の下に發達したる文明の程度を標本集合書及寫眞を以て表明せる民族的及種族的出品、現存國民の家族集團及種族、

終に一言御注意申して置くが米國で云ふエスノロジーは吾人の云ふ人種學とは全く性質を異にして、土俗學乃至社會學に近い學問を斯く呼んで居るやうである。右の部門中に見えたる叙説人種學と申すのが先づ普通云ふ人種學と同一であらふ。右の部門中に用ゐてある術語は總て原文の儘である。

明治三十七年（一九〇四）

十九　内田四郎「繪畫陳列館」

（『建築雜誌』第二〇六・二〇七號抜粋）

說林

○論說

○繪畫陳列館

正員　内田四郎　舊稿

緒言

國開けて文物燦々萬邦森々として各其精華を發揚し世界に其の光を競ひ天下に其の紫朱を争ふは洵に現宇內の盛觀ならずや文學の發達以て觀るべく藝術の振作以て期すべく機械の細妙商業の進步共に驚くべき現況に到りしは之れ皆な國家富强の結果にあらずして何ぞや然れども獨り美術に至ては專ら國民の理想と其發達を共にし國家の富强と其盛衰を同ふするものなれば一國に於ける美術の振否は國民の理想を代表し美術館の榮枯は以て國家の盛衰をトするに足るべし

總論

繪畫陳列館は古今の名畫傑作を聚集し之れが保存並に陳列をなして國民をして自由に之れを觀覽せしめ以て一般の美術思想を高尙ならしめ斯道の後進をして其技術の進步を計らしむる爲め設けられたる建築物なり

繪畫界の狀態と我邦に於ける繪畫陳列館の功能

第十九世紀に於ける世界各國の繪畫界を見よ其初め擬古體より起り諸種の藝術的試驗を經或は情熱派の興隆となり或はローマンチックの大勢に從ひ彼のドウラクロアの如き大家出て丹青界の起るあり其他多くの經驗と智識とは蔚然として今日の盛觀を呈し佛、獨、英、伊を初め新建國の亞州に至るまで彬々蘭菊の美を競ふの槪あり而して日本現時は實に諸種の方面に於て疑問の集合點を有し政治、敎育、宗敎、倫理其他百般の根本的解釋は未だ與へられず繪畫も亦一たび革命の火氣に觸れてより新古の思潮騷然として亂れ時運變態の渦中に動かされて今猶新生面を開くに至らず彼の橋本氏百年の逸筆は狩野氏の規矩を奉して間々新意を出すと雖も渾成の妙未だ達せずして寧ろ偶發の感なき能はず土佐、南宗、四條、客齋の如き其學徒甚だ多しと雖ども猶以て斯道の先覺者たるに至らんこと遠し而して又後進諸氏の技を學ぶや時流に彷徨して卓犖の識見に走り動もすれば邪路に馳り一時を僥倖せんとし深く時代の趨向に鑑みて斯道の極致に躋らんこと未だし是を以て展覽會は年々其の進步を呈せす十年前の者に比して何等の變遷發達なく其功皆無と云ふも敢て過言にあらず日本に於ける繪畫界の有樣は斯く舊畫風を維持するのみなれば世界の美術壇上に向ひて新日本が甚麽の方針を取り如何の進化を爲して競爭を試みんと欲する點に於ては毫末の献替する所なし且つ又た我邦の美術振策に對する設備甚だ不完全と謂つべし唯一の美術學校と雖ども微々として論ずるに足らず東京、京都、奈良の三博物館と雖ども在來古物と社寺寶物を陳列するの外調査研鑽に力を盡すことなく帝國圖書館と雖も未だ完全なる美術上の書籍を藏せず其他世界の美術上有名なる古畵、古彫刻の模寫模造さへ日本に於ては之れを見ること能はざるの現狀ならずや此時に當りて完全堅固なる繪畵陳列館を設立し以て斯道の進歩を計らざるに於ては永久に不備不振の狀態を免れざるべし繪畵陳列館は實に繪畵の寶庫にして畵道の機關と云ふべし

繪畵陳列館の歷史

繪畵陳列館として單獨に其價値を表はしたるは十八世紀以後なり古來博物館或は美術館の一部として經過し現今尙其の一部として設備せらるゝあり古代希臘に於ては美術館を以て美術及學術の講究場とせり、アレキサンダ Alexander 治世以來、アレキサンドリヤ Alexandria、アンチオキア Antiochia、ビザンチーン Byzantine、ローマ Rone 及其他諸國に於ける博物館にては其の陳列內に美術品の加入を初めたり、シーザー時代（Caesarian）には自由政治の紀念として政府は普く人民の必要に基き美術館を設立したり、レ子サンス時代には伊太利王子チヨン第一世並に佛國王子フラシス第一世は美術の趣味を以て其宮殿別莊を裝飾したり當時美術品は貴族社會の財產として貴重せられたること思ふべし、フロレンス Florence ローマ及伊太利の諸所に於ては十五世紀以來熱心を以て美術の集拾を爲せり希臘人ゲーテー氏（Hellenic Götter）はヴァチカン Vaticanの宮殿に於て美術品陳列の端緒を開けり、獨逸にては千七百二十二年ドレスデンに於て其集拾を初めたり、佛國にては千七百九十三年に有名なるルーブル Louvre 美術館を設立し英國は千六百七十九年初めてオックスフォルド Oxford に於て美術館を設立し千七百五十三年に於てブリッチシュ、ミユーゼアム British Mus.を開設し、十八世紀の終りに於て有名なるミユゼオ、ボルボニコーは Museo borbornico は Studii Pubblici と稱せられて子ープルに設けられたり、

其後獨逸の美術紀念建築は千八百〇二年に設けられたり

エル、フォン、クレンツ L. von Klenze 氏は千八百十六年より同三十年に涉りてレビィス Lewis 第一世の治世にミユニーク府 Munich に於てグリプトテーク（Glyptotheça）を設立し千八百二十六年より三十六年に亘りて舊繪畵陳列館を設けたり、氏は又セントピーターースブルク St. Petersburg に於て勇壯なるヘルミテーチ Hermitage の一大貯倉として華麗なる建築を起せりパール、シンケル氏 Parl Schinkel は千八百廿四年より同三十八年に涉りて、ベルリンなる舊博物館及千八百四十三年より五十五年に涉りて新博物館並に千八百六十六年より同七十六年に至る十箇年を要して、ナショナルガレリーは建築せられたり、コッペンハーゲンにては千八百三十九年より同四十七年に涉りて美術館を設立し千八百三十二年より同三十八年に涉り、ロンドンのトラファルガル

スクエャーLondon trafalgar square にナショナル、ガレリーを設けたり其の後バルリー氏は之れを増築し千八百七十二年より千八百七十五年の時日を費して其の新館を成就せりチー、シムペル氏はドレスデンに於て千八百四十七年美術館の工事を初じめ同五十四年に至て成れりミユニヒ府 Munich に於ては千八百四十六年より同五十年に渉り新繪畫陳列館を設立し千八百四十五年に美術博覧會即ちアート、エキスヒビション、オフ、チーブランド Art exhibition of Ziebland の建築を起せり其の他各地美術館大小續々として設けられたり其主なるものはライプシックに於ける市設博物館を初めとしアムステルダム Amsterdam 等の如き有名なる陳列館起りマドリッドMadridフィラデルフィア Philadelphia グレノーブルの各地に於ても亦た設立せられ千八百七十二年ウォンナ府に於てはチー、シンペル氏及バーセン、アウエル氏等により計畫並に監督せられたり我邦に於ても近年に至り東京、京都及奈良に博物館を設けたり然れども未だ單獨の繪畫陳列館を見ず

繪畫陳列館の分類並繪畫の配列

繪畫陳列館は其設立の目的に因て三類に分つ

一、學術研究の目的に依て設立せられたるもの

二、家族快樂の目的に依て設立せられたるもの

三、公衆觀覽の目的に依て設立せられたるもの

以上三種の分類は其の目的に從ひ繪畫陳列の配置を異にす先づ世に行はるゝ配列法を種別すれば左の如し

一、流派並に年代に因て配列するもの

伊太利派

西班牙派

フレミシュ派

和蘭派

佛蘭西派

外光派　Impressionist

日本派

其　他

以上流派の外に其二派或は三派を混したる數流派ありて各一系統をなせば之れを雜派として更らに配列するも可なり

流派と年代は歴史的に相關係するを以て流派に由て大別し更らに其年代に從て之れを區分するあり或は年代に因て配列し更らに之れを其の流派に分つあり何れも其の結果相去る遠からずと雖其用途に適せしむべし然れども年代は各國の紀元を異にする塲合に於て之れが整頓に不便を感せざることなきにしもあらず是れを以て年代の區分年代の名稱は世界の歴史に從ひ世界各國の便利に因るべし

二、形狀に因て配列するもの

繪畫の配列に於て其形狀錯雜なるは一見風致あるが如きも小畫陳列中に大畫相混する時は衆目の視線必らず初づ之れに聚り小畫を顧みるの暇なからしめ一般公衆をして熟視比較せしむるの妨げとなることあるは吾人が陳列館に於て實見する處なり之れに因て繪畫配置に當て其の形狀に因て之れを配列する必要あり其形狀は繪畫の種類品質に由り異なれども普通はカビ子形以上は八分一四分一形順次大畫に至るものなり

三、品質に因て配列するもの即ち

油　繪

水彩繪

チョーク繪　Chalk

版　繪　Print

パステル繪　Pastel

擦筆繪　Stump

鉛筆繪

圖　畫

其　他

四、筆家の名に因て配列するもの

技術の優劣流派の進歩變遷及美術家の品位を知らんと欲せば此の配列に如くものなし即ち臨時展覽會、品評會に於ける繪畫陳列は皆之れに因る

以上四種の配列中流派並に年代に因て配列せるもの及び形狀に因て配列するものは第一分類即ち學術研究の目的に適當し品質に因て配列するもの及び畫家の名に因りて配列するものは第三分類即ち公衆觀覽の目的に適用す而して第二分類即ち家族快樂の目的に相當すべきものは以上四種配列の何れに於てするも決して妨げなしと雖ども專ら愉快なる配列及び貯藏的の興味を失ふべからず

繪畫を配列するには常に之れを畫きたる元光線の方向と一致せしむるを務むべし大畫は大概野外のスケッチに由て成れば頭光線 Top light の室に於て之れを配置し諸品物、人物の如きは室內に於けるスケッチに由て成るは之れを側光線 Side ligh の室に懸くべし又た繪畫の形狀に關せず凡て畫景の水平線高きものは可成低き處に懸け水平線低きもの又たは空、雲等を畫けるものは高き所に置くべし、繪畫は又た等輝曲線 Equi-illuminate line に從ひ其の位置を定むべし傑作或は佳品と稱せらるゝものは可成最輝部に近く置くを宜しとす

繪畫の配列に付て尙ほ注意すべきことは萬一の火災或は危險なる事變に際し速かに且つ安全に繪畫を取り出し之れを運搬するを要す特に大陳列館に於ては一畫壁の長さ甚だ大なれば之れを救助保護するにも亦少なからざる時間を費すべし故に斯る場合に於ては床の中央に一個のトラップドーア Trap door を設け之れを開きて其下に厚き Vault を以

て蓋はれたる安然なる地下室に運搬することあり凡て繪畫を懸けるには適當の間隔を有せしめ決して相密接せしむべからず之れ火急の時に當て取除に便なればなり

繪畫陳列館の位置

繪畫陳列館の位置として別に一定の條例あるにあらず只だ博物館及一般美術館と異なる所なし然れども博物館或は一般美術館に於ては床上に陳列品多くして壁上に寡し從て光線採用も亦自ら床上に強くして壁上に弱し之れに反して繪畫陳列館に於ては床上の光線は可成之を弱くし光線を遮ぎる爲めブラインドを附することあるも壁上には充分の光線を望む、斯く採光の目的に於ても異なる點あれば位置の撰定も亦從て異ならざるべからず

繪畫陳列館として適當なる位置は四隣の建物或は森林等により光線の妨害を受けざる所を撰ぶ若し外建物之硝子窓等より反射する光線あれば畫壁面に不愉快の光を投じ又森林近ければ大に採光の妨害をなし壁上に暗陰を表はすが故なり又家屋の近きは火災傳燒の恐れあれば特に遠隔の地を望む

濕氣は火災と共に繪畫陳列に於ける二大敵と云ふべきものなれば勉めて低濕の地を去り高燥の所に就くべし

北方光線は繪畫壁上最も貴重するものなれば可成東西に長くして南北に短かき地形を撰ばさるべからず

繪畫陳列館のプラン

繪畫陳列館のプランは採光の必要と陳列の都合に因り種々あれども多くは左圖の實例に示せる如く正方形長方形及其連接せるブロック、プランに外ならず就中獨逸ミユニーク Munich に於ける新古兩繪畫陳列館及カスセルの陳列館は中庭を用ひざる長方形にしてベルリンの舊博物館及ロンドンの美術館は中庭を有せる長方形にして共に有名なるものなり且つ前者は常に細長きプランなるが故に之れを增築して後者の如きブロック、プランとなすことを得、槪して繪畫陳列館のプランとして最も適當なるは可成東西の方向に長くして他に屈曲せざるを以て第一とす之れ北方光線を受くる面廣くして光線の方向強度常に一定すればなり然れども土金同價の都會に於ては又た大に地形の制限ありて徒らに廣長の位置を得ること能はざる可し之れを以て長方形のブロック、プランは大に繪畫陳列館に用ひらるゝのみならず博物館、美術館に於ても亦之を用ゆ要するに繪畫陳列は美術の精神を顯彰し國家の精華を代表するものなれば之れを收容すべき建物の神聖なると共に其プランも亦た嚴格正矩を旨とし不規則變形あるべからずプランの外形は已に此の如し次に室の配置を述べん

室の配置

室の種類

陳列室　Picture room

陳列室は其用途に從ひ之れを小房に分ち或は間仕切を立てゝ大室を區分するあり多くは畵面の大小によりて其の廣狹長短を異にす即ち小畵を以て長き且つ廣き室に置けは觀客をして寧ろ面倒の感あらしむるが故に多くはカビチットを以て小畵の陳列室となす然れども普通の陳列室にして最も適當なるは室巾の三倍乃至四倍を長とせるものなりとす

陳列室の大なるものは其の位置の如何によりて繪畵出入れのため及び非常救助の爲め非常戸又は床上にトラップ戸を設くべし

カビチットは窓がらす面より對壁に至る長さは三間乃至三間半高さは十六尺乃至十九尺巾は三間を以て適度とす

第一圖

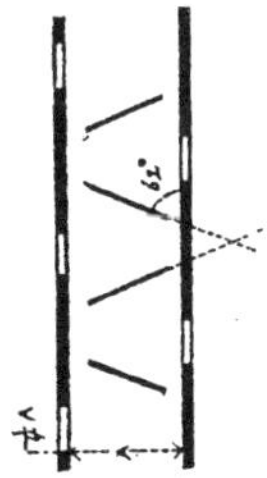

マグナス氏は陳列の便を計り室の兩壁に圖の如く窓を取り兩々相對せしめず以て畵壁を照らす此の畵壁は室の中央に立ちて窓及壁面と六十二度の角をなすが故に採光に充分にして觀覽に便なり

事務室　Office

繪畫の陳列、出入及其他の事務を司どる爲め設けられたる室にして陳列室と準備室に近く荷扱室及監督室とに遠ざかるべからず且つ觀客に對して其の便を計り出入口或は階段室の近傍にあるを宜しとす

監督室　Inspector's room

監督室は事務室に近き所或は事務室と合併し更らに其分別を爲さゞることあり然れども觀客の休憩所に近くし臨時貴賓の歡迎室に供することあり

準備室　Preparing room

繪畫の取付け取除け及び修繕を爲し以て陳列の準備を主る室にして各陳列室より遠からず且つ荷扱室に近きを要す多くは階下及土中室に設けられ共に繪畵の取入持出に不便なからんことを注意すべし

倉庫　Store room

倉庫は別附屬建物として設けらるゝこと安全なりと雖も多くは陳列館の土中室に設けらる何れにしても四壁の巾を厚くす其の大さは本館の大小陳列の多寡により異なるべし

番人室　Keeper's room

番人は觀客の出入に注意し陳列品の被害を看護するの任あれば出入口に近く設け玄關脇又は階段室の一隅等は最適の位置と云ふべし但し番人室は二人乃至三人の居室なれば小室にて可なりとす

番人寢室　Keeper's night room

番人室の後方に設けらるゝこと多しと雖ども亦地中室に備へらるゝもの少なしとせす凡て夜間專用の室なれば間接光線と雖ども不得已時は決して苦からず

觀客休息室　Retiring room

観客休憩室は陳列室の最も廣きもの或はホール若しくは階段室を以て之れを満つるあり時として喫煙室と合一せられ或は樓上のロッヂャを以て之れが代用をなさしむ單に休憩室としてはホールに近く喫煙室と相接し階段室と相去る遠からざるを宜しとす

喫煙室　Smoking room

休憩室と相接して階段室又はホールの一隅に設けらる概して陳列室に近きは宜しからず

便　所　Water closet

外國にては別附屬建物として設けらるゝことあり繪畫の如き神聖なる陳列に相接して便所の設けあるは大に其の美感を汚妨せらるゝものなれば別建物の外は之れを設けざるを宜しとす然れども不得已場合には地下室若くは中庭の一隅に設くることあり

事務員私用廊　Private corridor for officer

事務員の通路一般公衆のものと同じければ事務多端の際又は觀客多數の時には互に相妨げざるを得ず依て事務員の私用廊下を作り觀客と分つべし

階上及階下の室割

繪畫陳列館に於て若し單階に止まれば採光の方法に大なる便利を與ふるも二階を有する建物に於ては大に其點の困難を逃れず即ち二階以上の者は階下の採光法と大に異なるを以て其室の數を異にす階下は專ら側光法を用ゆれば窓も其の數を多くし室も亦數房に區分するを要するも階上に至れば側光法を專ら用ゆるが故に窓は甚だ少く、時として全く用いざることあり且つ頂光法を用ゆる室には大畫の陳列をなすが故に室の巾長共に大ならざるべからず要するに階上は室數を少くし階下は之を多くす

階段と入口　Stair and Entrance

階段は普通入口の正面に設けらるゝも時としては陳列の都合に依り或は順路の便を取り適宜の場所に設くるあり、入口の正面にあるものは正しく入口と相向ふものあり或は左右に分るゝあり大陳列館にては階段は正面入口に近きを要す何となれば入口より直ちに階上に登り敢て無益の時間を費さずして其欲する所の部分を觀ることを得ればなり

入口は正面及各側面にあるを要す之れ單に非常危險の場合に於て觀客に必要を與ふるのみならず繪畫の出入に甚だ便利なるものなり此に因て余は正面及左右兩側に各一個の入口を設けたり

中庭及ロッヂャ　Court yard and Loggia

繪畫陳列館に限らず凡て公衆的の建築として世にあるものは中庭を取ること多し中庭の必要は更らに喋々するを要せずと雖繪畫陳列館の如きは一層の必要を感ず中庭は採光の便あるのみならず時としては一個の休憩所となし或はガラス屋根を以て之れを蓋ひ繪畫の陳列室に用ふることあり然れども一般に中庭は繪畫の陳列に於ては階下に於て必要

あるも階上に於ては頭光法を用ゆること多きを以て採光上殆んど無用なる場合あり

ロッヂャは光線の强射を防がんが爲め外側の窓前に設けられたる廻廊なり故に只北面を除く外は各面に之れを設くることを得るも主に南面の階上に多く用らるゝなりロッヂャは休憩所を兼用するのみならず又大に建物の外觀を富ましむるものなり

観覧の順路

繪畫の配列其當を得るも之れを觀覽すべき路にして若し重複往來することあれば觀客をして徒らに同物再觀の不快を感ぜしめ且つ無益の時間を費し返て疲勞を與ふるものなれば從て他の趣味を妨害するに至るべし故に、プランを配置するに當り宜しく之れに注意し一路順に從ひ以て迂回重複なからんことを務むべし階上と階下の連續も亦た階段の媒介を巧に取らざれば前過なきにしもあらず余は之れに因て階段を左右二箇所に分ち觀客をして南面の正面入口より入らしめ左或は右に其欲する所の一路を取り階下を週覽し正面ホールに出で右或は左の階段より登りて階上全部を廻覽し左或は右の階段より下り元ホールに出でゝ休憩せば又た餘す所なけん

畫壁の延長線

畫壁とは光線の輝度に從ひ壁中適當の高さを定めたるものなり之れを定むるには種々の法則あれども採光の部に於て之れを述ぶる故今玆に略す、畫壁の高さは既に制限あるものとす多數の繪畫を收容するに當り宜しく其の延長線の大ならんことを要す之れ繪畫陳列館のプラン計畫中第一要點にして他建築のものと異る所なり

畫壁の延長線を長くせんが爲めスクリン又は屏風形間仕切を設くることあり余は獨逸ベルリンに於ける舊博物館内に使用せる繪畫陳列部の屏風形間仕切を摸して之れを用ゆ第二十七圖は其一例なり

プランの實例

第一正方形に屬するもの

（第二圖、第三圖）

繪畫陳列館の外觀　Elevation.

凡そ建築物は其の外觀の有様によりて其性質を表はすものなり即ち宮殿は自ら宮殿の資格を有し住家は又た住家たるの形式を保ち其の他劇場、裁判所、銀行、議院等箇々別々其の性質を竪面に表はし一見して以て其何等の建築物たるを知らしむるものなり然れども世或は神聖の意味を過て卑醜に陷り壯嚴の節度を失して輕薄に流れること亦少しとせず

繪畫陳列館は美神の金城にして美術の鐵壁たり之れを以て其の竪面も亦高尚にして華麗ならざるべからず又た壯嚴にして愉快なる意味を有せざらんことを欲す其の華麗にして愉快の意味を含むものは偏して驕奢に流れ易く其の高尚と壯嚴は無味に陷り前者の極は遂に見せ物小屋的の竪面となり後者の甚だしきは城壁牢獄の感を起さしむ故に其の輕重長短を量り以て其の性質に違はざらんことを務むべし

竪面の特性

繪畫陳列館は頭光法を用ゆること多きを以て無窓の外壁を有することと多し之れ其の特性とする所なり單階のものに於ては全く四壁に窓を附けざることあり二階を有するものは階下にのみ窓を附し階上は全く之れを有せざることあり且つ無窓の外壁は竪面を裝飾するの餘地なく單階のものは前面の外壁に於てニッチ Niche 或は彫刻を附し二階を有するものは階下の外壁に於て盛なる裝飾を施し階上無窓の外壁は其のレポース Repose を意味して素面に殘さるゝあり或は階下各窓廻に寒素無味の様式を取り階上の壁面に彫刻或はレリーフ Relief を以て大に裝飾し以て其盲壁を利用するあり

スタイル Style はクラスシック Classic を以て最も適當のものとす各國皆な之れを採ること多し之れに基き予はレ子サンス Renaissance の一様式を取る、要するにクラスシック、スタイルは冷にしてレ子サンスは温なり然れども温に過ぐれば俗に流ると雖も其高尚優美は正に繪畫陳列館のスタイルとして不足なしと信す

畫繪陳列館の裝飾

外部に於ける裝飾

外部の裝飾は其のスタイルに關して之れに適當ならざるべからず多くは彫刻レリーフ又はモザイック Mosaic を用ゆ然れども其の配置宜しきを得ざれば嚴格の竪面も之れが爲めに野俗の名を蒙り神聖なるスタイルも之れが爲めに汚辱せらるゝに至るべし繪畫陳列館に於ては充分の裝飾を施して敢て嚴格神聖の意味を失はざらんことを勉むべし之れを以て西人夙に建築物と彫刻の關係に付きて明論をなせることあれども餘事に渉れば今之れを略す

内部に於ける裝飾

繪畫陳列の目的は專ら繪畫を縱覽せしむるにあり即ち滿目の視線悉く繪畫の面に集むるを旨とすれば内部の裝飾を盛にして其の視線に妨害

を與ふる如きは避くべき所なり因て陳列室には白又は灰色の如き單色を以て塗り必要の部分にあらざる外は之れに裝飾を施さず然れども玄關、ホール、階段室、休憩室等は大に裝飾をなし華美を極むるも亦た敢て咎むるに及ばず此れ等の室は觀客の疲勞を慰め目に休憩の愉快を與ふる一法なれば又時としては多少の彫刻物を陳列し或は階段柱及ペデスター Pedestal 等は間々大理石の彫刻を以て裝飾さるゝことあり

頭光室 Top lighted Room に於ては床の色は暗色を用ゆ是れ落下する光線の反射を防がんが爲めなり側光室 Side lighted Room に於ても床の色は茶褐色の如き重き色を用ゆカビ子ットの壁は灰色又は銀白色を宜しとす凡てパ子ル Panel フリース Frieze は黑色を用ゆべし

繪畫陳列館の材料及構造

繪畫陳列館の材料及構造は博物館或は一般美術館に於けるものと相異ることなし、然れども繪畫は壁面に接するものなれば外氣の熱度或は濕度に對し直接の關係を有するものなり故に壁は耐火耐濕の材料を以て築き其の構造は壁間に空所を設け外氣の熱度濕度の傳播を妨ぐるを要す其の他繪畫陳列に最も必要なる構造は採光用の構造とす

硝子屋根　Glass roof.

繪畫陳列館に於ける硝子屋根の目的は光線をして專ら畫壁上に落下せしめ以て其の明を取らんが爲めなり故に場合によりては全部悉く硝子張屋根となすことあり或は屋根の兩腹に天窓を設くるあり

硝子板は其の厚さの增すに從て視差 Parallax を增すが故に屋根の勾配を定むるに當り之れを注意すべし視差は甚だ僅少なる影響に外ならずと雖も屋根勾配急なれば從て大ならざること能はず依て一般硝子屋根勾配は急ならざるを宜しとす

硝子板は可成大なるものを撰ぶべし而して之れを以て屋根を葺くには硝子板相互を粘着せしめざる樣注意すべし屋根小屋組及硝子板支へ棰は多く鐵材を用ゆるが故に熱の爲めに伸縮するに際し若し硝子板相互に粘着したらんには其の壓力に耐へずして破碎せらるゝ恐あればなり又た木材を以て支棰を造るときは其害之れに比して少しと雖ども又た幾分の破碎を免れず且つ木材は鐵材より寸法大なるを以て光線の分量を少くするの患あり故に硝子板をして其の害に關係なからしめんと欲せば板の二面間は只た相接せしむるか又た之れに二分或は三分の間隔を與ふべし然るときは鐵材の如何なる伸縮あるも其の響影を及ぼすことなく又た硝子板面に集る塵芥霜花も其れに滯溜するなく硝子板をして常に安全に且つ清潔に保つ一法なりとす加之互に相粘着せしめざる時は板の修繕、取り換へに當て大なる便利なりとす又た硝子屋根は雪或は風の壓力に耐へざるべからず之れ多くは支棰の強弱及其間隔の長短によると雖ども亦硝子板の厚味に關係するが故に可成厚きを撰ぶべし普通は竪三尺横二尺五寸の針線入り硝子板 Wire glass にては厚二分五厘を要す

硝子板の接目の下には支桷の上端に樋を設くべし第十九圖は其の横斷面にして第二十圖は其縦斷面の一例なり第十九圖に表はるゝ樋は左右の硝子板を支ゆる處の樋にして銅板或は亞鉛引鐵板を以て製し其の上部も同しく棟を作りて之れを蓋ふ

第二十圖縦斷面に於てはアングル鐵材を以て上下各板を支へ同しく樋を作て横に走らして縦樋と會せしむ

第十八圖

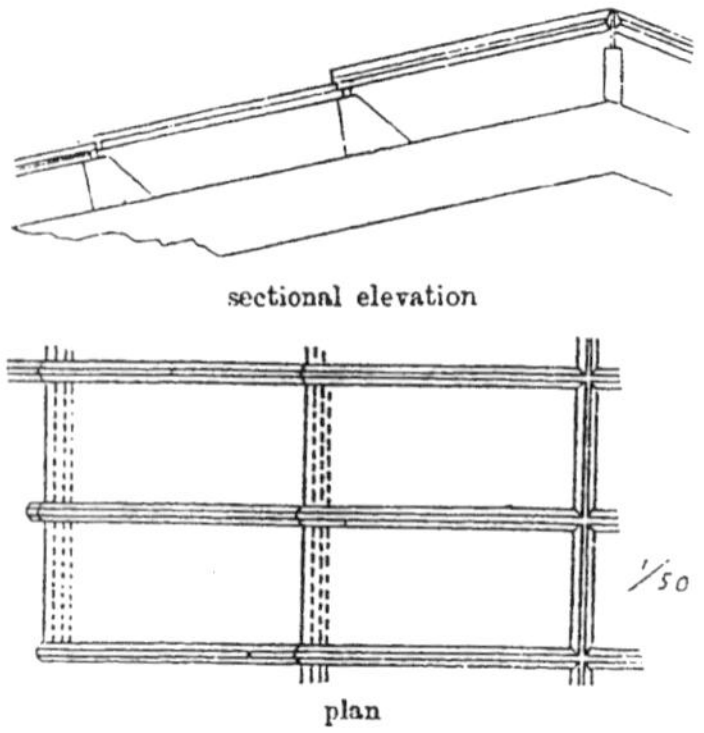

第十九圖

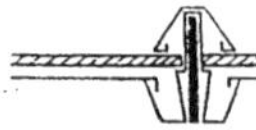

第二十圖

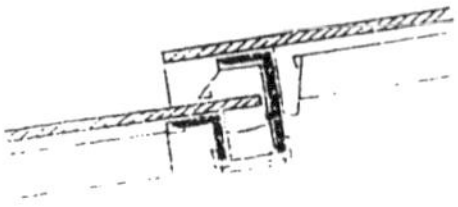

第二十一圖はチャンチル Channel 鐵材を以て板（硝子）の縦接目下に置き支桷並に樋を兼用せしめ銅板を用て棟とし雨水の浸入を防ぐものなり第二十二圖は英國に於て專ら用ゆるものなり即ち全部亞鉛板を曲げて支桷並に樋を兼用す

第二十一圖

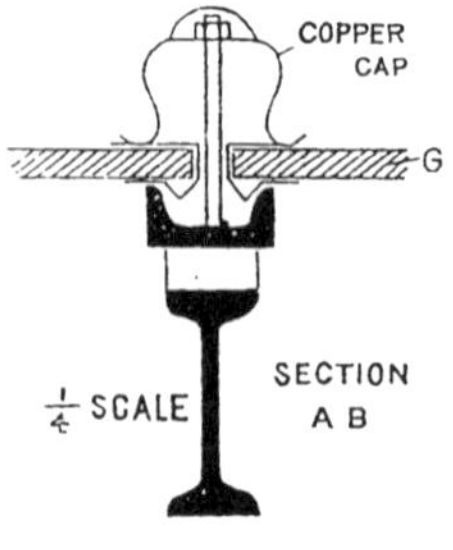

第二十二圖

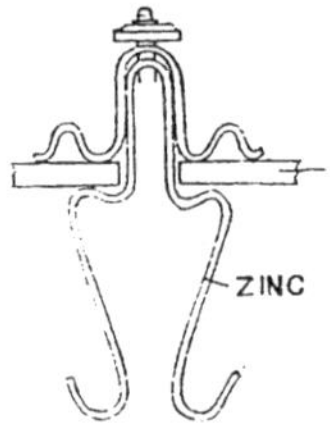

第二十三圖は第二十一圖に於ける構造の縦横面にして圖中Cはガラスの小片にして横に走る所の樋を代用するものなり其の巾六分乃至九分

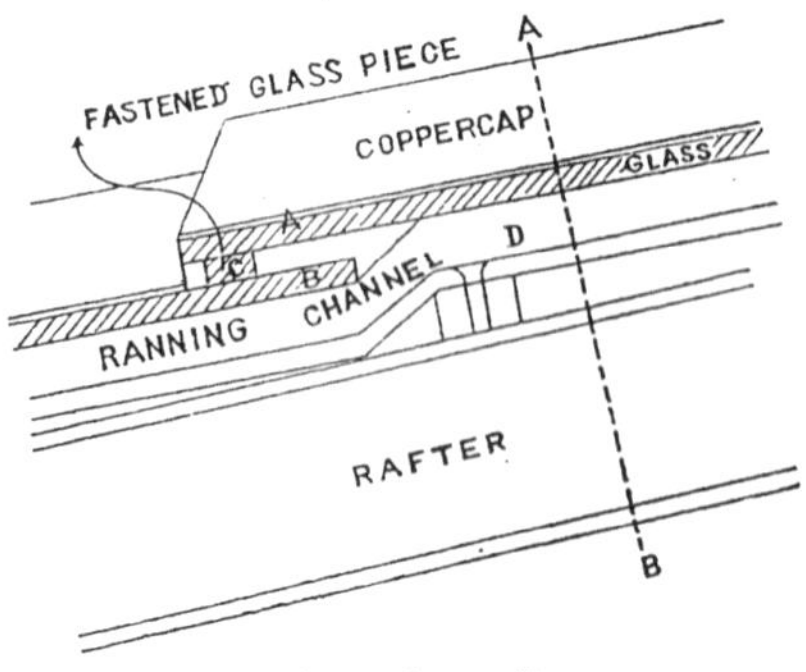

第二十三圖

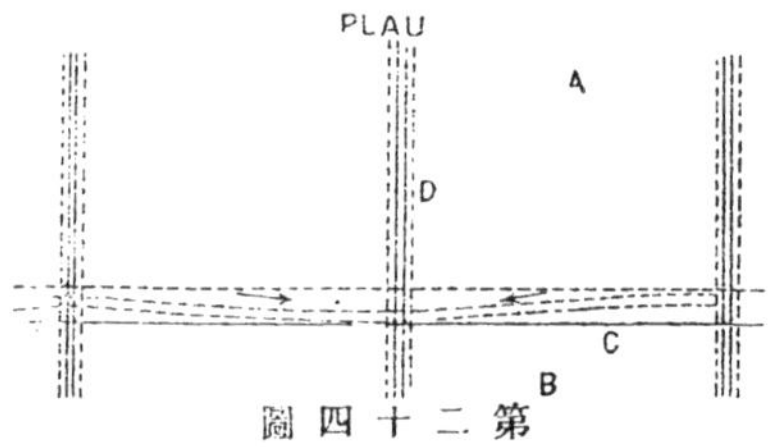

第二十四圖

厚さ二分五厘乃至三分五厘の細長き硝子板の小片にして之れをBの硝子面に副ふて少しく傾斜を與へしむること第二十四圖の如くし水ガラスを以て之れをB面に粘着せしむるときは一旦A板及Cの間より浸入し來る雨水も此の小片に副ふて第二十四圖矢の方向に流下し縦樋即ちチャンチル鐵Dに入ることを得此の小片Cを粘着せしめたる水ガラスは透明物質なるを以て光線の多量を入れ且つ鐵製樋に比して大に輕便の方と云ふべし

硝子板の支棰を木製にする塲合は鐵製のものより寸法大なり、又樋等の構造に於ても亦幾分の差異あり第二十五圖は三井銀行の天窓に使用せるものなり

硝子天井

硝子屋根の下には硝子天井を設く其の用たるや硝子屋根より直射する光線をして之れに受け其光を等一ならしめ且つ又た屋根裏の構造を陰す爲めに設けらるゝものなれば摺硝子を用ゆべし硝子天井の形は種々あれども多くは四注屋根形、半圓孤形、折上格天井形を用ゆ而して天井椽及格椽は皆な輕少なる鐵材を用ゆ硝子板の厚さは屋根に用いたるものより薄くすべし而して其の張り椽は屋根及天窓に於けるものと大差なし又た天井硝子板張りには必要上水管の装置をなし時々洗滌して汚塵を拂ひ光線の強度を保たしむることあれば構造は凡て耐水法を用いざるべからず天井の裏面を洗滌するは專ら塵芥の掃除をなすのみならず夏時炎熱の候に當り給涼の一法として用いらるゝことあればなり

窓及戸

窓の構造は他の諸建築に於けるものと大差なしと雖ども只だ出來得る丈け天井に近き所より初め其の下端は畫壁の下端と同じ高に保ち又た視線水平 Eye line の高さに當る窓ガラスは凡て摺硝子を用ゐて外景の傍觀を防ぐ最下端の硝子板の一枚をして開閉せしめ臨時の換氣を爲さしむ又日光の直射を防がん爲め窓の上端に白色のカーテン Curtain を備ゆべし而して窓は上げ下げ窓を宜しとす左右開き窓は繪畫の配列に於ては少しも妨げを與ふることなきも一旦開きたる窓硝子面は光線の反射をなして畫壁に不快の影を生ずることあれば可成之れを用ゐざるを宜しとす

陳列室の入口に設くる戸は必らず壁中に操込むか或は左右に疊み込む方法を取らざるべからず但し外部の入口は外開き戸を附するを宜しとす凡そ繪畫の巾長は陳列室の入口の高に從ひ其大さを定限せらるゝものなれば大陳列室に於ては入口も亦高く戸も亦大ならざるべからず然れども小畫を陳列する室例へばカビチットの入口は可成大ならざるを宜しとす其位置は側光法を用ゆる室に於ては窓に近き一端に取るべし之れ畫壁に有用の面積を廣く保たしめんが爲めなり第四十八圖側光室の等輝曲線を參照しても明かなり

畫　壁

繪畫の陳列を爲す壁面の一部分を畫壁と云ふ畫壁は其の構造の有樣に依り左の二種に別つ

固定畫壁及可動畫壁

固定畫壁とは陳列室の四壁例へば石或は煉瓦を以て造り建物と其運命を共にせるものを云ふ其の表面は繪畫懸垂の便に因り條板 Lath 或は小柱を壁面に副ふて三尺間に立て木煉瓦に取付け之れに木板を張るあり或は豫め繪畫懸垂の位置を測り煉瓦或は金物を煉瓦又は石に積込みたるもあり凡て小畫を懸くるには前法を用ひ大畫を懸くるには後法を取る第二十六圖は側光室に於ける固定畫壁の一例なり又た一時固定されたる畫壁あり其の構造は陳列の都合により間仕切的の意味を以て床上及壁面に固定せられたるもの即ち柱を三尺乃至四尺間に床上に立て之れに木板を張りたるあり或は生子鐵板 Corrugated iron を鐵材に由て固定し床上に立て之れに木板を張ることあり之れ等は凡て小畫の陳列に供する畫壁なれども畫壁の延長線を長からしむる一法と云ふべし第二十七圖は生子鐵板を使用したる一例なり

第二十六圖

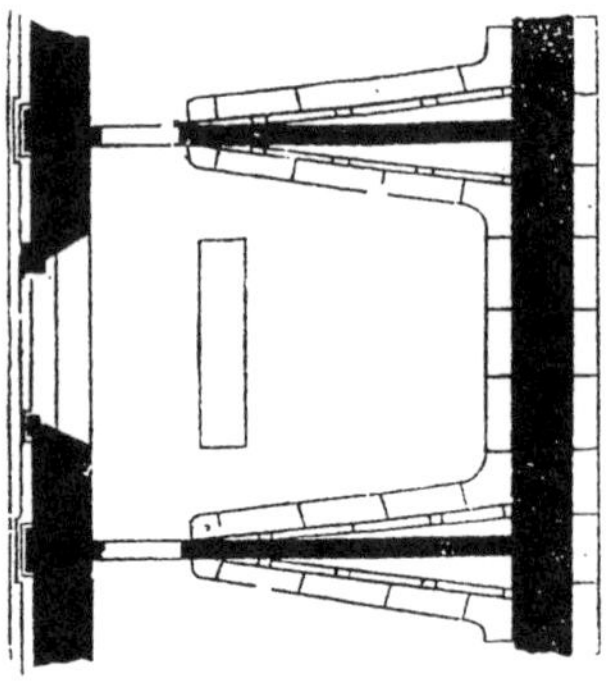

可動畫壁は寧ろ可移動畫壁にして時に臨み場合に從ひ取除增減自在なるものなり畫棚形畫壁は其の一にして兩面に小畫を列し高さ七尺乃至八尺を通常とし室の兩壁より之れに直角に配置し大概七尺乃至八尺の間隔を保たしめ一見屏風を立てたる如し故に畫數の增減と共に其數を增減することを得第二十八圖は其配置をなせる一室の有樣を示せるものなり又た可移動畫壁の一にして回轉畫壁と云ふべきものあり寧ろ回轉繪畫帖にして高さ五尺乃至六尺の直立軸の周圍に高二尺五寸巾三尺位の額面に小畫を張りしもの拾數枚を回轉して以て觀覽に供するものなり

畫壁の表面を板張とするには必らず其の上を綿布を以て表裝すべし紙を以て表裝するものは其下地は多くリンネル Linner を用ゆ凡て色合は前述の如く灰色又は銀白色を適當とす要するに全畫壁は悉く色合を一致し置くべし

（未完）

說　林

●論　說

○繪畫陳列館（承前）

正員　工學士　内田四郎　舊稿

暖房及換氣

繪畫陳列館に於ける暖房及換氣は博物館或は美術館に於けるものと大差なしと雖ども暖房器は繪畫に近くべからず頭光室に於ては必らず室の中央に据へ置くべし而して多くは觀客休息用の椅子の中部に仕込むことあり椅子を備へざる室に於ては中央の床下に設くべし小室或はカビネットに於ては窓と窓の間に於て之れを設くべし

暖房は温湯管又は蒸氣管を用ゆるを宜しとす只だ獨り温氣法は前二法に比して多量の水蒸氣を有すれば時として繪畫の物質を損することあり或は額椽又はガンバスの裏附け用木材に濕氣を吸收せしめ畫面に褶波を出すこと往々吾人の目撃する處なり而して此の現象は換氣の不充分なるときに於て最も盛に現はるゝものなれば常に充分の換氣法を行ふべし且つ天井及屋根の間にある空處は外氣寒熱の響影に對して室内に直接の急變なからしめ夏時は之れが爲めに炎熱を避け（殊に夏時炎熱の候に當て屋根、ガラス、を白色に塗れば更に凉氣を覺ゆと云ふ）冬時は之れが爲めに温度を保存し換氣をして急進遲滯せしむるの患なく一定不變に保つを得るものなり

採光法　Method of lighting

採光法は建築物の方向、形狀及び四隣の地形及び季候により其方法を異にす然れども概して頭光法及側光法の二ッに外ならず併し何れの方法に從ふも常に光線の過不足あらば之れを加減せざるべからず特に繪畫陳列館は床上の光線に重きを置かず專ら壁面の採光に注意するものなれば之れ其の特性として考ふべき所なり

頭光法　Top lighting

光線を上方より採るには硝子屋根及び硝子天井即ち頭光窓 Top light opening. を用ゆ頭光窓は室の形と相似形なるを最も宜しとす頭光線は窓の大さの割合に其の効力甚だ多なり然れども壁上に於ける効力は床上に於けるより甚だ少なし故に博物館或は一般美術館に於ける如く床上の光線を主とする塲合に比して幾分か之れを大にするを要す然れども大に過ぐれば返て人目を眩し人をして野外に立て繪畫を見るの感あらしむ世多くは採光の充分ならんことを欲して此弊に陷り易し依て頭光窓の幅長及高は室の大さと適宜の關係あるものなり世に知られたる割合は今之れを次に述べん

頭光窓と室の割合

古來幾多の研究と經驗に因り其關係を明かにし以て一定の法則となせるものは左の二方式を以て著名なりとす

マグナス氏方式　Magnus' system.

初づ陳列室の幅を十一米突と定め之れを七等分し其五を以て天井の高さとし其三を以て頭光窓の巾とす書壁は床上一、二五米突の高さより初まり四、七〇米突の上方に終り水平視線を平均一、五七米突とせり而して室の長は種々あり、從て頭光窓の長さも亦一定せざるも多く用ゆるものは室長十六、六〇米突にして頭光窓の長九、二七米突なり第二十九圖即ち之れなり

チーヂス氏の方式　Tiedes' system.

初づ陳列室の最適宜の幅を九、一米突と定め長を十六、六〇米突とし第三十圖に於ける如く床上〇、九五米突より書壁を始め四、七米突を其高さとす換言すれば床上五、六五米突に終る而して頭光窓の幅を定むるには初づ書壁の中央に一點cを取り水平線cfを引き室幅の中央軸線なるfg線とf點に會せしめ此f點を中心としfd或はfeの長さに等しく半徑を取り圓を書き然る後g點を通して引きたる水平線は圓とh及iにて切る、孤hiは弧deに等しく弦hiは弦deに等し換言すれば頭光窓の幅は常に書壁の高さと等しく而して其の高さは床上七、八五米突に定まる且つ此の場合に於ける頭光窓の長さは、十二、二〇米突なり之れをチーヂス氏の方式と云ふ時としては反射光線の關係よりして高さのみを此の方式より高くすることあり

書壁に於ける等輝曲線　Equi-illuminating curve

書壁に於ける等輝曲線とは書壁上に落下する光線が壁上各點の位置に順し其の光度を異にするを以て同等の光度を受けて輝く各點の軌路を表はしたる線にして常に中心所謂最輝點の周圍に巻環狀をなすものなり今頭光窓及室の割合定まりたる室に於て之れを試みんと欲せは各點の輝度　Illumination　を見出し縦横切斷面の方便を假り圖式的　Graphical に容易く見出すことを得、先づ各點に於ける輝度を知る一般の法方は左の如くす第三十一圖に示すが如くf點を一平面ab上の一點としFを限りある一箇の發光體の形とす（但し其の體より發する光線は等一　uniform　の光力あるものとす）ればFの全面より發する光線f點に集るべし今fを中心とし半徑一を以て球を書くときはFより發してf點に集る光線は球面と交り球面にF'なる形を作る今F'より平面abに垂直に投影せしむればF''を形くるべし然らばF'はFと光線の强度を同しくF''は其の反射に於ける强度即ちf點輝度を表はすものなり故にFが限りなく大なるものとなればF'は遂に半球面acbを占め而して其の投影は正にadbの圓をなすべし此の時に於けるf點の輝度は最大價値を有すべし今此の最大輝度を一とすればF''と圓adbの比は常にF'（或はF'）がfに於て有する價値即ち輝度を表すべし今輝度をRとすれば次の式を得

$$R=\frac{F''}{circle(adb)}=\frac{F''}{\pi 1^2}=\frac{F''}{\pi};\cdots\cdots\cdots(1)$$

今吾人は右の方法を頭光窓を有する一室に於て試みんに天光は等一の反射をなす無窮大の發光體とすれば其一部を以て室内壁面の一點fを照らすべし頭光窓若し多角形なれば光線は多角錐形をなしてf點に集るべし而して多角錐形の各縁はfに於て各φ_1、φ_2、φ_3……等の角をなし其の各角は又壁面とx_1、x_2、x_3……等の斜傾をなすものとすれば多角形頭光窓より發する光線がf點に於て有する輝度は次の式をなす

$$R=\frac{\frac{1}{2}(\varphi_1\cos x_1+\varphi_2\cos x_2+\cdots\cdots+\varphi_n\cos x_n)}{\pi}\cdots\cdots\cdots(2)$$

但し此の場合に(1)式に於けるF''は半徑一を以て畫きたる球面多角形F'の投影なればなり即ち

$$F''=\frac{1}{2}\varphi_1\cos x_1+\frac{1}{2}\varphi_2\cos x_2+\cdots\cdots\cdots+\frac{1}{2}\varphi_n\cos x_n.$$

にて現はすことを得

今若し此式を長方形の頭光窓を有する室に於て試みんに（但し頭光窓の各邊mn m_1n_1なる頭光窓は室の四壁と互に相並行するものとす）第三十二圖に於ける頭光窓より壁面P'點に於ける光線の輝度を求むるに頭光窓の二並行邊mn及m_1n_1によりP點に於てφ及φ_1角を作る且つφ(即ちmpn角)及φ_1（即ちm_1pn_1角）は壁面とx及x_1角をなす但しm_1pm面及n_1pn面は共に該壁面と直角をなすが故に其の Cosine は零となる且つx_1角はx角に對して消極的 negative の價を有するものなれば此の場合に於けるP點の輝度は(2)式に因て次の形をなす

$$R=\frac{\frac{1}{2}\varphi\cos x-\frac{1}{2}\varphi_1\cos x_1}{\pi}$$

〃 $$=\frac{\frac{1}{2}(\varphi\cos x-\varphi_1\cos x_1)}{\pi}.\cdots\cdots\cdots\cdots(3)$$

以上の式に由り考ふるにRの價はφ、φ_1及x x_1の變化により種々の價を出す、故にRの價を一定せば各點に於けるφ、φ_1、x x_1の結果遂に等價軌跡を示すに至るべし各等價を有するRの軌跡は一の等輝曲線をなす今初つ各點に於けるRの價を圖式的に見出し然る後之れが等價軌跡を壁面に探らん

初づ第三十三圖甲は一室の縦斷面にして乙は其の横斷面とすP''點に於けるφ及φ_1の眞價は圖の如くh及h_1の高を有する三角形mpn及三角形$m_1p_1n_1$の頂角に外ならす

φ及φ_1角及x及x_1角既に其の眞價を知ればφ、φ_1の價を其角度の Term. にて表はすことを得

即ち左の圖式は其の最も簡便の方法なり、初めφ及φ_1の價を出し直ちに(R)の價を角度の term にて出すことを得

第三十四圖は一直線qq'上に一點oを取りqoq'なる百八十度の角を假りに十等分し第1線上にoより一定の長qo'の十分の一を取り第2線には同じく其十分の二を取り順次此の如くして第10線には一定の長oqを取り各線上の各點を相連續すれば一種の曲線即ちLogarithmic spiralをなす

故に今φ角を以てoに於て圖の如く取れば其一邊on線は該曲線とkに於て交るべし然るにok即ちHはφ°(角度)と常に同じ割合を保つものなれば今φが三百六十度なるときにHの價を一と定むれば一般にHの價は次の比例をなす

$$1 : 360^{\circ} :: H : \varphi^{\circ}$$

$$H=\frac{\varphi^{\circ}}{360^{\circ}} \cdots\cdots\cdots\cdots (4)$$

今(4)式の比例を半徑一を以て書きたる圓周上に於ける孤の長さを以て表はせば

$$H=\frac{\varphi\times 1}{2\pi\times 1}=\frac{\varphi}{2\pi} \cdots\cdots\cdots\cdots (4')$$

故に(4)式及(4')式の關係より(2)式及(3)式を書き換ゆれば(2)式は

$$R=\frac{\varphi^{0}}{360^{0}}(\cos x_1)+\frac{\varphi_2^{0}}{360^{0}}(\cos x_2)+\cdots\cdots+\frac{\varphi_2^{0}}{360^{0}}(\cos x_n)\cdots(5)$$

となり(3)式は

$$R=\frac{\varphi^{0}}{360^{0}}\cos x-\frac{\varphi_1^{0}}{360^{0}}\cos x_1 \cdots\cdots\cdots\cdots (6)$$

$$R=(H_1-H)\cos x-(H_1^1-H^1)\cos x_1$$

以上の方法にてφ及φ_1に相當のH及H'を第三十五圖の如くh及h_1の線上に取り之れに$\cos x$及$\cos x_1$を乘すれば各〻$P''L$及$P''L'$の投影をなす其差即ち$P''L-P''L'$は正にP''點に於ける輝度の比を表すものなり

各點に於ける輝度の價は前述の方法を以て見出すを得るが故に今其等價を有する各點の位置を探して其の軌跡を見出すべし

今玆に長さ一六、六〇米突幅九、一〇米突及高さ七、八五米突の室に於て長さ一二、二〇米突幅四、七〇米突の頭光窓を有せる場合に之れを試みん

第三十六圖は其の横斷面にして第三十七圖は水平斷面なり先づ前法に從ひ第三十六圖の如く室の一斷面に於て點P_0 P_1……P_8等を任意の位置に於て設け各點のφ φ_1、x x_1に因りH及H'を見出し各點に相當のRの價を取り出し各點より圖の如く直角に其長さを取る即ちP_1點に於てはO_1P_1の長P_2點にはO_2P_2の長さを取り順次に各點に及ぼすときは其各頂點の連續線は一種の曲線をなす此の如くして室の數斷面に於て同法を試みれば圖の如く共にP_0に集る處の數曲線を出すべし要するに此れ等の曲線はP_0に於てはRの價零なり而して一旦或る位置に於て其の最大價を有し又た同壁面上、窓より無限の遠さに於ては再び零價をなす

次に前の各點P_0 P_1 P_2……P_n等を通して室を水平に切斷すれば其の切斷面に於て前横斷面の數によりて得たる各點のRを各横斷面上相當の點より壁面に直角に取れば其頂點を連續して數曲線を得第三十七圖のものは即ち之れなり此の曲線は室の中央横斷面の左右に symmetry をなす

以上二種の斷面により次の等輝曲線を見出すを得第三十八圖之れなり

光線の加減

光線落下の量多寡なるに從ひ之れを加減する方法を取らざるべからず又た適度の光線と雖ども落下の角度に因て其書壁に的中せざること

あれば過分の光線を遮ぎりたる外に又た一種の方法を取らざるべからず

ボルダース、ブラインド Bourdais blind は即ち其一例なり即ち畫壁の上下兩端を限り光線を採るべき用をなすものなり其の構造は二枚或は三枚の枠製、ブラインド、より成り屋根と天井の間に置かれ第三十九圖の如く適宜の傾斜をなし光線をして善く畫壁に落下せしむべく使用せらるゝものなり

又た頭光線を用ゆる室に於ては常に餘分の光線觀客の目に輝き大に觀覽の妨げをなすものなり之れが爲めに天蓋 blind を天井より垂下して之れを妨ぐべし、マグナス氏は之れに一種のスクリーン screen を用いたり其の位置は第四十圖に示す如く室の高さの五分三を以て適當の高さとす即ちマグナス氏方式に依る室に於てはスクリーン xx' の幅は al、bm なる兩視線を限り其線内に入るべからず又同時に頭光窓の一邊より畫壁の下端に落下する光線 ai 又は bh 線を限りとして其以外に出でざるを要す換言すればスクリーンの幅は光線 ai、bh 及視線 al、bm の交點即ち xx' を以て最適とす而して其の高さは大概室の高さ五分の三に相當す而して此のスクリーンは半透明の物質を以て張るを宜しとす

時としては高き室に於て裝飾的にカーテン curtain を以て之れに代ゆることあり然れども塵芥及濕氣の爲めに汚さるゝの恐あれば前者の輕便なるに如かず

畫壁に於ける光線の反射

繪畫を觀るに當り最も不快にして最も遺憾とするは畫壁に於ける光線の反射之れなり此の現象は油繪の如き滑澤なる面に於て多し特に硝子枠に入れたる凡ての畫は一層此の不幸を蒙むるものなり且つ此の現象は室の幅高及頭光の幅如何によるものなり即ち幅廣くして低き頭光窓は反射を受くること強く之れに反して幅狹くして高きものは弱し然れども後者は光線不足の恐れあり

マグナス氏及びチーヂス氏は此點に注意したるを以て前者の方式に於ては後者のものより室幅に比して其高さ低く而して頭光窓は後者のものより幅狹し之れを要するに前者の方式に於ては頭光窓は低くして狹く後者に於ては高くして廣し故に反射の結果互に大差なし今圖に依て之れを比較せん第四十二圖はマグナス氏の方式にして第四十一圖はチーヂス氏の方式なり觀客若し畫壁に向ひ之れを去ること一米突の所に於て立つときは前者に於て床上より二、三七米突後者に於て二、三三米突の高さ迄反射を受けずして畫壁を觀るを得而して其差僅かに四センチ米突なり今次に各點に於ける比を擧ぐれば左の如し

畫壁面より觀客の位置	米突 一、〇〇	二、五〇	四、〇〇	五、五〇	七、〇〇	八、〇〇
マグナス氏の方式に於ける畫壁上反射を受けざる高	二、三三	三、一三	三、七〇	四、三〇	四、六五	四、九六
チーヂス氏方式 同 同	二、三七	三、二四	三、八八	四、三六	四、七五	五、〇五

以上兩方式の差
〇、〇四
〇、一二
〇、一八
〇、〇六
〇、一〇
〇、〇九

右六箇所に於ける平均差は僅に九仙米突に過ぎず故に兩方式は互に反射の點に於て優劣なきが如し然れども兩方式共に畫壁の上端は室内に於ける如何なる位置より之れを觀るも反射を逃るゝこと能はず故に之れを防ぐ爲め兩方式に於ては上部に列する繪畫面に適當の傾斜をなさしむ

凡そ壁面に於ける繪畫の面を觀るに最も正しく之れを視んとするには視線を畫面の中心に直角ならしむるを要するなり故に繪畫面の傾斜の度は上方に進むに從て増すべし然れども頭光線は畫面の傾斜の度大なれば光線に不足を生ずるが故に充分の斜を與ふべからず

畫壁の高さ

此の結果により、マグナス氏は床上五、二米突チーヂス氏は五、〇五米突の高を以て畫壁上端と定め又た前者は床上一、二五米突後者は〇、九五米突を以て其の下端とす而して視線水平の高さは共に一、五五とするが故に畫壁の下端は前者にありては視線水平以下〇、三〇米突後者にありて〇、六〇米突の處にあり、然れども室幅を大きくすれば從て畫壁の高は増すべし彼のウキンナ府 Winna に於ける博物館の一室に於ては室幅三十一米突にして畫壁は六、六四米突の高に及ぶも觀客は其の中央に立て畫壁の上端を反射なく見ることを得と云ふ

左の表は各國有名の美術館に於ける繪畫陳列室の長幅及び頭光窓の巾長並に畫壁の高さを比較せるものなれば參考に供す

各建築名	陳列室		天井窓（頭光窓）Ceiling light opening			高と幅の關係	床の面積と頭光窓の面積の比	床上より畫壁の高さ	
	長	幅	長	幅	床上より高				
1. ミユニヒ 舊繪畫陳列館 (Munich)	metro							from	to
大陳列室	23.5	11.7	16.0	4.3	16.0	5: 37	1 : 4	,, 1.1	,, 8 4
小陳列室	14.0	11.7	6.4	4.3	16.0		1 : 6	,, 1.1	,, 7.7
2. ベルリン 舊博物館 大陳列室	16.6	9.5	11.3	4.0	8 6	5:5.5	1:3.5	,, 1.02	,, 6.12
3. ベルリン ナシヨナルガラリー 中央廣間	21.0	15.4	12.6	8.5	14.0	5:5.6	1 : 3	,, 1.0	,, 8.8
4. ドレスデン Dresden 博物館	14.4	10.0	8.8	4.3	12.5	5:4	1 : 4	,, 1.0	,, 8.0
5. フランクフオルト 美術館 大廣間	21.0	9.5	15.5	4.0	7.7	5:6.2	1:3.5	,, 1.0	,, 5.4
6. カスセル (cassel) 繪畫館 大廣間	15.8	10 0	9.8	4.0	8.6	5: 58	1:4	,, 1.0	,, 5.85
中央廣間	17.7	8.6	12.5	3.5	8.0	5: 54	1:3.5	,, 1.1	,, 5.40
7. ブラウンシユワイス (Brawnschweis) 博物館 大室	19.4	10.5	13.2	4.3	10.5	5 : 5	1:3.7	,, 1.1	,, 6.0
小室	13.9	10.5	7.7	4.3	10.5	5 : 5	1:4.4	,, 1.1	,, 6.0
8. ウインナ Winna 美術館	22.6	11.3	17.0	5.7	14.7	5:3.8	1:2.6	,, 1.0	,, 6.64
9. アムステルダム 博物館 美術部室	29.0	9.5	25.7	6.2	8.0	5:5.9	1:1.7	,, 0.95	,, 6.2
10. ロンドン サウスケンシントン 博物館 繪畫陳列室	20.0	9.0	20.0	4.5	9.0	5 : 5	1 : 2	,, 1.0	,, 5.7
11. ロンドン ナシヨナルガラリー 中央廣間	19.8	12.2	14.3	7.0	9.3	5:6.6	1:2.4	,, 1.0	,, 5.2

側光法　Side lighting

側光法は頭光法に於ける光線に比して其の結果甚だ微弱にして且つ窓外四隣の有樣により不等の光線を受くるものなれば頭光法に於ける如く等一　uniform　の光線を望む能はず而して側光法に於ては光線は地面の反射を除くの外皆な水平線以上より來るものなり第四十三圖に於ける壁面の一點 p に於ては光線は apb 角をなす又た p' に於ては $ap'b'$ 角をなす而して bp 或は $b'p'$ は常に水平に來るものなり加之地面上より反射する光線あるを以て頭光法に於ける場合より一層の複雜を來し壁面に於ける等輝曲線を發見するにも亦た頗る面倒なり故に今地面の反射を全く考へざる場合に於て等輝曲線を見出し更らに地面の反射より現はるゝ等輝曲線を混じて側光法に於ける眞の等輝曲線を發見すべし

畵壁に於ける等輝曲線

等輝曲線を見出すには初づ各點に於ける輝度を知らざるべからず第四十四圖は側光法を用ゆる室の橫斷面、縱斷面及び其の平面にして、橫斷面の壁中 L 點より M 點の間は光線は水平にも來るが故に(3)式の x_1 角は九十度をなす而して $\cos x' = \cos 90° = 0$ 夫故に L より M に至る壁上各點の輝度は次の如し

$$R = \frac{\varphi}{2\pi}\cos x;$$

or

$$R = H\cos x; \cdots\cdots(（4）式に因り)\cdots\cdots(7)$$

R は H に比例し x 角に反比例す

M 以下の各點は(3)式に從ひ R を見出すべし第四十五圖は各點に於ける R の等價を連續して作りたる等輝曲線なり其作法は頭光法に於けるものと同じく數箇の橫斷面に表はれたる曲線及水平切斷面に現はれたる曲線により作られたるものにして第四十四圖の BD' 壁面に現はれたるものなり

地面より反射する光線

地面より反射する光線は畵壁の上部及び天井を輝すに有効なるものなり且つ地面より反射し來る光線は地面を非常に廣きものとすれば壁面の各點は水平以下の光線方向を取るべし今前理に基き各點に於ける反射光線の輝度は次の如し

$$R = \frac{\varphi_1}{2\pi}\cos x_1 \cdots\cdots(8)$$

何となれば(3)式中 x 角は九十度にして其の　cosine　は零となり x_1 角は positive　の價を有すればなり

第四十六圖は壁面の各點に於ける反射光線の輝度を表はす曲線にして第四十七圖は其の等輝曲線を示すものなり而して其の作法は前同理に依る

以上は皆な説明上別々に畵壁面の等輝曲線を表はせしものなり今地面より反射する光線の光度を元光線の光度に比して二分の一とすれば第四十六圖の BD' 壁面に現はるゝ眞の等輝曲線は即ち前二曲線の混合によ

り第四十八圖の如く現るゝものなり

側光法に於ける以上の等輝曲線に由りて考ふるに窓は可成天井に近き所に初め陳列室の入口は窓に近き一隅に取るべし

繪畫陳列に就て必要具　Fitting.

繪畫陳列に關する要具は博物館或は一般美術館の陳列用具に比して甚だ少きものなり普通左の三種とす

一　手摺　Hand rail

二　繪畫懸け　Hanging instruments

三　休息椅子　Chair or bank.

一　手　摺

公衆の觀覽に供する繪畫は之れを保護する爲め適當の高さ及適當の位置に手摺を設く其の高さは普通腰羽目と同高にするか或は二尺五寸乃至三尺とし書壁より二尺五寸の處に設け多くは鐵又は黄銅鐵を用ゆ手摺は又其構造により床上に固定されたるもの及び自由に移動し得るものゝ二種あり前者は永久の目的により後者は臨時の目的に基きて造られたるものなり第四十九圖は固定したるものにして第五十圖は移動し得へきものゝ一例なり

二　繪畫懸け

繪畫は光線の反射を防ぐ目的に因り適當の傾斜をなさしむ其の懸釣は長短種々あり小書は主に短きものを用ゆるも大書は長き釣にて懸け更らに下端を持送 corbels にて支ゆることあり其の構造は煉瓦を積み出すか或は鐵物を石或は煉瓦に植込むべし懸け釣は圖の如き構造にして鐵製又は黄銅製(A)金物を水平に適當の間隔に壁面に植へて之れに鐵或は黄銅製の(B)棒(徑二分一吋乃至四分三吋)を裝置しS字形の釣を以て額面の耳(a)にて之れを懸く此の方法は取り除き又は取り換へ又は取り付け等に便利なり大書は此の裝置を胴蛇腹 cornice の處に於て爲し長く懸垂す即ち第五十三圖の如し又小書は盜難の恐れあるが爲め壁面に釘締となすことあり

三　休息椅子

觀客の休息保養に向て椅子を要す頭光室に於ては室の中央に設け側光室にては窓に近く之れを備ゆべし可成室の形に順て其形を定む頭光室の廣きものはイースト、マンセット East man settee と稱して第五十四圖の如き圓形椅子を用ゆ凡て椅子の内部には暖房用パイプを裝置す

明治三十九年（一九〇六）

二十　黒板勝美「古文書館設立の必要」

（『歴史地理』第八巻第一號）

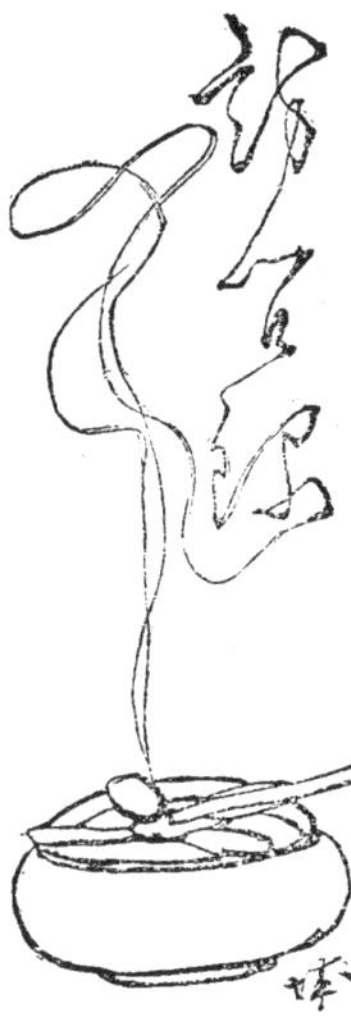

古文書館設立の必要

文學博士　黒板

編者云、本編は黒板文學博士の口述せられたるを筆記したるものにて文字の責は記者にあり

若し歷史が繰り返すものならば、日清戰後新に興つた諸種の事件に類似の事が今度日露の戰後に因て興るといふことを考へて宜しいと思はれます。史學に關係の多い事業で日清戰後に興つたものは帝國圖書館の新築、之と伴ひて地方に於ける公私圖書館の渤興、それから京都奈良に帝室博物館を設置されたのは、我輩歷史文學等を研究する者に多大の便益を與へたものであります。戰後の經營として今後斯樣なものを起すかどうかは兎も角も、若し博物館の如きものゝ擴張を一般學術界が希望するならば、進んでアルヒーヴといふ側のものを與へてもらひたいものである。博物館は元より英國のそれとは比較にならぬが、東京帝室博物館といふものがあり、その中には種々史學の參考品も蒐集されてあります、しかし歷史の根本研究材料たる古文書の極めて少數なのは至極遺憾な次第です。また內閣の修史局以來、文科大學で引次ぎ史料の蒐集に力め、大分古文書も集つてき、その影寫本を作つて、大日本史料大日本古文書などとなつて續々出版されては居ますが、歷史を根本的に研究せん場合には、矢張まだ滿足することはできませぬ。若しも根本的

研究にして不十分であるならば、その千萬言を費した大議論も砂上の樓閣と一般で、根據からくづれて來る次第で、史料の根本的解釋の正鵠を得ることが甚だ必要の次第である。されば歴史の右の手じやといはれてゐる古文書の研究がまづ第一とならねばならぬ。吾輩が古文書館設立の必要を唱ふる所以の動機は即ちこれであるのです。

さて歐洲諸國に於ける古文書研究の歴史を調べて見るに、ライスト氏やブレスクウ氏もいつて居らるゝ通り、古文書の鑑定は中古に於ける寺領の裁判等から起つて、不完全ながらも段々發達して來ましたが、十七世紀の半ごろから敎書戰爭、即ち古文書爭論が始つてから、古文書に關する爭議は獨逸佛蘭西の間に起り、マビヨンの如き斯學の大著述家が出來て來ました。佛蘭西では、その後大革命の後封建制度根底から打破し盡され、寺院の古文書も經濟的價値が失はれて、久しく秘密に附せられたものが、大抵沒收されて仕舞つた結果、公立の古文書館に陳列さるゝことゝなつて、今から八十年ばかり前已に古文書學校の設立すら實行され、古文書館の役人を養成することゝなりました。また獨逸でも、同じく八十年ばかり以前から編年古文書の編纂が始まり、ついで有名なる歴史家ランケ氏の主任で古文書目錄の編纂まで起ることゝなつて、獨逸の史界は一大進歩の氣運を得ました、これまた古文書館が出來た結果によることが多いのです。されば歐洲に於ける現今の史學の隆盛は根底ある順序を經て來たもので、一方からいへば、學者が古文書館に自由に出入して根本的論據を作り、然るのち堅實なる史編考證を發表するを得る御蔭であるといはねばならぬ、その史學界に於ける古文書館の價値は決して輕々看過す可らざることゝ思ふ。

之に反して我か國では、古文書學といふ名稱が起つたのすらまだ十四五年以前ぐらゐのことで、この學が一の科學として成立したのは日がまだ淺いことで、その定義すら一般の學者は知らぬものが多いのです。そうして德川時代にいろ／＼考證的の學問が起つて來て、古文書學の兄弟や從兄弟に當る研究などは多少發達したに係はらず、古文書が僅に古筆的見地から之を集めて居た位で、美術的に若しくは英雄崇拜的に弄んで居たものが多く、少しは史料として採用されても、古文書その物を研究して史料の撰擇に意を用ふるに至らなかつたのは、元より支那に古文書に關する研究がなかつたからでもありましやうが、畢竟之を一緒に纏めて比較研究を爲すことができなかつた爲で、換言すれば古文書的のものがなかつた爲めである。唯古筆の言傳へで傳説のまゝ古文書を見て居たものが多かつたのであります。然のみならず、古筆の家では其門弟に一々誓書の如きものを書かせ、敢て異説は立てないといふことを一條件に加へて居た位で、是亦古文書研究の進歩を妨げた一大原因であります。かの古筆家秘書といふものなどに記してある事柄は、今日から見れば寧ろ笑ふにたへたるもので、所謂貫之といひ、直道風といふも一として根據ある鑑定では無いので、其を標準として其人の筆蹟を決定することは危險千萬であれば、古文書を材料として之を歷史に應用せんとする場合には、餘程愼まんければなりませぬ。

明治十六七年ごろ、脩史の事業が進むに從つて、史料として益々古文書の必要を感じ、全國に之を採訪することになり、爾來今日迄に史料編纂掛に蒐集せる文書の數は、無慮十餘萬通に上るといふも、其研究は僅に之に關係せる少數の人々に獨占せられて居る傾である上に、譬へ外から入て研ぶるにしたところで、甚多數のものを一寸見るばかりでは、研究の困難は申す迄もないことです。此獨占といふことが學問の進歩上最厭ふべき事で、之に反して廣く學者が相研鑽し、甲論乙駁といふ風にすれば、譬へ遲々たりとも研究の進歩を致すことができる。言ひ換ゆれば、學問上の意地が外貌に顯はれて、進歩を促すことゝなるのです。前申す通り、我國の古文書學は從來獨占の風でありし爲め、古文書に就ての議論も殆ど無く、自分が記憶して居るものでは、藤原藤房の文書の場合と、平田寺の勅書の場合とに多少の議論があつた位で、火花を散して論爭することは、他の歷史の考證などでは、史學雜誌を始め之を見受けることの多きに比して、誠に寥々たるものであります。是は本末輕重を轉倒したものと云ふべきで、例へば源賴信の石淸水願文が史學雜誌に出ても、その議論の歸着は遂に曖昧で、源氏系統論の根本的解釋はそのまゝになつて居るではありませんか。世間には今日なほ文書と記錄。記錄と著述との區別さへ知らないで、盛に史論を鬪はす御連中もあるといふに至ては、益々歐洲に於ける古文書學或は史學の有樣に比較して、我國に於ても此際古文書館の設立も忽にし難いことゝ考へます。

然のみならず、古來寺領或は社領を有して豐に暮して居た寺社は、今日多く零落して其寶物の保存に困み、又名家舊族の中にても、時勢の變遷に推されて其什寶の處分を餘儀なくせられ、爲に美術品文書等の散逸日に甚しくなり、或は自家の系圖に對して保存し來れる物も、此の如くにして行衞不明となることも屡なれば、何とか是に對して方法を設けなければ、是迄で確に保存されて居たと思ふものが、何時の間にか無くなつて居ることなど往々あるは、常に殘念に思ふ事であります。且又如何によく保存し置くとも、火災其他の天災の爲に滅却される場合も度々でありますれば、是を豫防する爲に個人として其保存の法を講ずることは、現今の我國にては二三の富豪と雖も猶敢てせぬ所でありましやう、是亦古文書館設立の必要を感ずる所以であります。

我國未曾有の大戰として、日本人の精華を發揮せる此日露戰爭の好紀念として、歷史の根本材料となれる古文書の保存を永久に計つてもらひたいのみならず、博物館の如き多少雜駁の傾あるものを集めて、一般學術界の爲に計るよりも、寧ろ學術界の趨勢に伴つて、專門的傾向を有するものの完成を期すべきものと考へられます。

尙、古文書館の設計及び古文書の蒐集に就ての考案は、後日に發表する機會がありましやうから、玆には唯古文書館設立に就ての自分の希望を述べたまゝです。

明治四十一年（一九〇八）

二十一　谷津直秀「博物館内の兒童室」

（『動物学雑誌』第二三七號）

雑録

●博物館内の兒童室　ワシントン府のスミソニヤン館博物陳列場内に一室あり兒童室と云ふ三方ガラス戸にて日光を充分に入れ其のみにても愉快なるにヲーム、インコ等の美麗なる籠に入り妙音を弄するあり下には金魚の廣々としたる水族函に游泳し居るあり周圍の壁の下には兒童の巡覽して思はず自然を愛するの念を引き起す樣なるものを陳列す彩色の艶麗なる蝶及び小鳥ありヲースタラリヤの或る鳥がヘビの蛻皮を以て巣をつくりしありミソサヾイの人の頭骨の中に巣を造りしありフヂツボを古鴨の子なりと思ひしときの古圖あり見去り見來て小供ならざる余も亦動物界の樂園に入りし感ありたり正面に適當なるモトー

"Knowledge begins in wonder."

あり圖書館は既に兒童閲覽室の備各所にあり博物館にも兒童室のあるべきは當然の事なり野外にて兒童の自然に對する愛を養成すると同時に此の如き博物館にて常に接し得難き他面の審美觀を幼き想像に富める腦裡に與ふるは好ましき事なるべし。

（谷津直秀）

明治四十二年（一九〇九）

二十二　森　林太郎「遊就館整理委員長森林太郎意見書」

（『靖国神社百年史　資料編　中』）

遊就館ノ整理ニ付テハ、曩ニ靖國神社什物及各種出品ノ陳列ヲ了リ、之ニ関スル詳細ノ事項ハ別ニ報告可レ致候得共、將來同館業務ノ経営ニ関スル意見別冊ノ通ニ候條、此段及二報告一候也。

明治四十二年二月　日　　遊就館整理委員長　陸軍々医総監　医学博士　森　林太郎

陸軍大臣　子爵　寺内正毅殿

遊就館業務経営ニ関スル意見

今回遊就館ノ拡張シタルハ、靖國神社ノ什物及戰利武器等ヲ陳列スルノ外、広ク歴史上參考トナルヘキ武器類ヲ蒐集シ、之ヲ年代ニ区分陳列シ、教育上ノ資料ニ供セントスルニ外ナラス。而シテ、此目的ヲ達スル爲ニハ、華族・富豪等ニ右拡張ノ趣旨ヲ告知シ、所藏武器類ノ出品ヲ勧誘スルト同時ニ、出品ノ手続ヲ定メテ、出品者ノ便宜ヲ計リ、且、出品ニ対スル保管ノ責任ヲ明ニスルノ必要アリトス。然ルニ、從來遊就館ノ組織ヲ見ルニ、靖國神社附屬ノ一展覧場タルノ外、未タ確タル職制ナク、其出品ノ取扱ニ任スル役員ノ如キ囑託者又ハ雇員ニ過キスシテ、毫モ職務上責任ヲ負ハシムルコト能ハサルハ、一大欠点ト云ハサルヘカラス。抑モ、遊就館ノ事業ハ神社ノ業務ト何等關係ナキ所ナルヲ以テ、神社ヨリ独立シテ之ヲ経営セシムルコトハ一見可ナルカ如シト虽(雖)、遊就館ヲシテ其收入ヲ以テ、直ニ其経営ヲ支弁セシムルコトハ、神社ノ附屬トナス外、法制上許サヽル所ナルノミナラス、神社ヲ離レ、單ニ武器ノ展覧場トシテ陸海軍部局ノ一部トスルコトハ、各省事務ノ所管ヨリ云フモ、妥当ヲ欠クノ嫌アリ。從テ遊就館ハ將來ニ於テモ、表面之ヲ神社ノ附屬トナシ置クト共ニ、新ニ勅令ヲ以テ遊就館ノ官制ヲ定メ、館長以下職員ヲ置キテ、職務上ノ責任ヲ負ハシムル等、必要ノ規定ヲ設ケ、以テ遊就館ノ基礎ヲ確定シ、尚、從來ノ如ク祭祀ヲ主トスル宮司ヲシテ遊就館ノ業務ヲ主宰セシムルハ、頗ル其当ヲ得サル所ナルカ故ニ、宮司ヲシテ神社附屬タルノ点ヨリ大体ノ監督ヲ爲サシムルニ止メ、実際ノ業務ニ付キテハ、別ニ處務規程ヲ定メ、館長ヲシテ直接陸軍省副官指揮ノ下ニ立チテ、之ヲ経営セシムルヲ至当ナリト思考ス。

――（略）――

明治四十三年（一九一〇）

二十三　朝日新聞記者同編『歐米遊覽記』（抜粋）

第二回世界一周會（一月四日社告）

▲趣旨　日英博覽會は本年五月を以て倫敦シエファーヅ、ブッシユなるホワイト、シチーに開かれんとす。日本の國產の海外に出陳せられ、日本の家屋村里の歐米に建造せられたるもの其の例少からず、而も眞個の日本博覽會が海外に開かるゝは、實に今回を以て嚆矢となす、而して又是れ啻に兩國の國產什寶を陳列して兩國貿易の發展に資せんとするに止らず、一には又之に依て兩國國民の接觸を圖り民、民と識り國、國と相近づき以て國家の日英同盟をして更に國民の日英同盟たらしめんとするの意に外ならず、此點より推して今回の博覽會は一種政治的の意味を含めりと言ふも妨げず、されば折角の此盛擧をして豫期の效果を擧げしめんには勉めて邦人の之に赴いて親しく英人と相接せんことを促さゞるべからず、博覽會館裏唯歐人の來觀に任せて邦人の影を見ざるが如きは博覽會本來の趣旨に副ふものと言ふべからず。我社が天下に先つて世界一周の博覽會見物隊を組織せんとするもの亦此の邊の慮りより來る。乃ち此に旅行の日數費用道程及び入會の手續等を順々に掲げて各位の來り加はらんことを待つ。

▲日數　往復八十五日　四月六日横濱出發六月二十八日敦賀歸着

▲費用　金一千九百五十圓

汽船内の祝儀を除き其の外旅行に必要なる一切の費用即ち汽車汽船賃旅館宿泊料、同雇人祝儀、道中の三食停車場旅宿間の車馬賃、手荷物運搬賃、汽車寢臺料、見物に要する車馬賃、案内料等を此の中に包含す

▲會員　三十人以上五十人迄（選擇は本社の都合に因る）

▲案内　旅行一切の世話は前回と同じくトーマス、クック社之に當り、本社よりは三五名の社員を特派して之に加はらしむ

最初に豫定せし旅程、及び會員募集の手續は左の如し。

旅行日程（一月五日社告）

日英博覽會見物を主眼としたるものなるが故に倫敦滞在日數を足かけ二十一日としたり、其の外重なる都市の足かけ日數はシカゴ四日、紐育六日、巴里五日、伯林三日、彼得堡二日、莫斯科二日なり、但し汽車汽船の都合にて日數に幾分の伸縮なきを保す

べからず。

四月 六日 横濱出發東洋汽船會社汽船地洋丸搭乘、十五日迄太平洋航行、(關西會員は長崎又は神戶より乘船するを得べし)

同 十六日 布哇ホノルヽ着 (十二時間碇泊の後出發、二十二日迄太平洋航行)

同二十二日 米國桑港着

同二十三日 桑港滯在

同二十四日 正午桑港出發

同二十七日 シカゴ着

同二十八、二十九兩日 シカゴ滯在

同 三十日 シカゴ出發

五月 一日ナイヤガラ瀑布見物 (朝八時二十五分着夕六時四十六分發)

同二日より六日迄 紐育滯在 (二日午前七時二十六分着五日間滯在、此の間に華盛頓又はボストンに行かんとする者は行くことを得べし)

同 七日 紐育出發(ホワイト、スター線汽船搭乘十四日迄大西洋航行)

同 十四日 英國リヴァプール着直に倫敦に向ふ

同十五日より六月二日迄 倫敦滯在 (倫敦には到着の日を算入して二十日滯在することゝなる、其の中十日間は見物日程に從ひ餘日は會員の自由行動に任す、蘇格蘭に行かんとする者には十分の時日あるべし)

六月 三日 倫敦出發巴里着

同 四日より六日迄 巴里滯在

同 七日 巴里出發(午後一時五十分發)

同八日より十日迄 伯林滯在 (八日午前八時四十五分に着し十日午後十一時半出發す)

同 十一日 露都彼得堡着

同十二、十三兩日 露都滯在 (十三日夕露都を出發す)

同十四、十五兩日 莫斯科滯在 (十四日早朝に着し十五日夜半に出發す)

同十五日より二十五日迄 西伯利亞汽車旅行 (萬國寢臺車輛會社の列車に搭乘す)

同二十五日 浦潮着

同二十六日 浦潮發二十八日迄日本海航行

同二十八日 越前敦賀歸着

總日數八十五日

哈巴土大學

午餐後《ごさんご》哈巴土大學《ハーヴアートだいがく》を觀《み》んとて、電車《でんしや》に乘《の》りてホテルを出《い》で、查列斯《チヤーレス》河《が》の哈巴土橋《ハーヴアートはし》を渡《わた》る此《こ》の河《かは》は上下並《じやうかならび》に狹《せま》くして、此《こ》の橋《はし》の邊《あたり》、袋《ふくろ》の膨《ふく》れたらんやうに廣《ひろ》し、橋《はし》を渡《わた》ればケンブリッヂ町《まち》なり、大學校門《だいがくかうもん》の前《まへ》にて電車《でんしや》を下《お》り、同大學生望月《どうだいがくせいもちづき》、森《もり》二氏《し》の先導《せんだう》に依《よ》りて遍《あまね》く校舍《かうしや》を觀《み》る。此大學《このだいがく》はマサツチウセツツ州立《しうりつ》なるが、其《そ》の創立《さうりつ》は一六三六年《ねん》(寛永《くわんえい》十三年《ねん》)に在《あ》りて、いと古《ふる》き歷史《れきし》を有《いう》し、州費《しうひ》と有力者《いうりよくしや》の義金《ぎきん》とに因《よ》つて發達《はつたつ》せるものとて、其《そ》の設備周到《せつびしうたう》なり、高等學校《かうとうがくかう》とも云《い》ふべきハーヴァートカレッジは政治《せいぢ》、哲學《てつがく》、教育《けういく》、美術《びじゆつ》、數《すう》學《がく》、理學《りがく》、化學《くわがく》、工學《こうがく》、林學《りんがく》、生物《せいぶつ》、地質《ちしつ》、鑛物《くわうぶつ》、古物《こぶつ》、醫學等《いがくとう》を授《さづ》くる外《ほか》、各科專修《かくくわせんしう》の大學院《だいがくゐん》とも謂《い》ふべきものあり。哲學文學《てつがくぶんがく》は尤《もつと》も其《そ》の長所《ちやうしよ》なりと聞《き》く、然《さ》れば教室《けうしつ》の數《かず》いと多《おほ》く、廣大《くわうだい》なる敷地《しきち》の內《うち》に分設《ぶんせつ》され、附屬博物館《ふぞくはくぶつくわん》の如《ごと》きも、比較動物學博物館《ひかくどうぶつがくはくぶつくわん》、ローボリー設立米國古物及《せつりつべいこくこぶつおよ》び人類學博物館《じんるゐがくはくぶつくわん》、大學博物館《だいがくはくぶつくわん》、植物學博物館等總《しよくぶつがくはくぶつくわんとうすべ》て五所《しよ》に及《およ》べりとなん、其餘圖書館寄宿舍等《そのよとしよくわんきしゆくしやとう》數多《かずおほ》し、寄宿舍《きしゆくしや》は一人數《にんす》室《しつ》を占《し》め得《う》べく、富家《ふか》の子《こ》は寢室《しんしつ》、自《じ》修室《しうしつ》、應接室《おうせつしつ》、風呂場《ふろば》など贅《ぜい》を盡《つく》すもありとぞ、我《わ》が邦《くに》にても一月《つき》三四百圓《ゑん》の學費《がくひ》を消費《せうひ》する紈袴子《くわんこし》弟《てい》なきにあらず。惡習移《あくしふうつ》り易《やす》し、戒《いまし》めざるべからず、エマーソン教授《けうじゆ》の記念《きねん》教《けう》場《ぢやう》あり、八宗兼學《しうけんがく》の敎會堂《けうくわいだう》あり、いと小《ちひ》さし、神學敎室《しんがくけうしつ》もいと小《ちひ》さし、南北戰爭《なんぼくせんさう》の記念館《きねんくわん》には本校出身從軍者《ほんかうしゆつしんじゆうぐんしや》の名《な》を刻《こく》せり、中《なか》に大食堂《だいしよくだう》あり、八百人《にん》を容《い》るべし、動植物《どうしよくぶつ》の博物《はくぶつ》館《くわん》を見《み》て電車路《でんしやみち》を隔《へだ》てたる前面《ぜんめん》の學校構內《がくかうこうない》に赴《おもむ》く、校舍《かうしや》は路《みち》を挾《さしはさ》みて東西《とうざい》に分設《ぶんせつ》せるなり、其《そ》の廣《ひろ》さ知《し》るべし。

博物館

都府樓《とふろう》の歸途《きと》、地下鐵道《ちかてつだう》に乘《の》りて中央公園《ちうあうこうゑん》の博物館《はくぶつくわん》を見《み》る、館內《くわんない》いと廣《ひろ》く且高《かつたか》く、昇降《しようかう》機《き》をも用《もち》ひたり、地質學部《ちしつがくぶ》、鑛學部《くわうがくぶ》、鳥類部《てうるゐぶ》、動物部《どうぶつぶ》、昆蟲部《こんちうぶ》、人類學部《じんるゐがくぶ》などに分《わか》れたるが、入口《いりくち》には隕石《ゐんせき》あまた陳列《ちんれつ》せられ、石材《せきざい》千五百種《しゆ》、及《およ》び北米山中《ほくべいさんちう》の木材《もくざい》五百種《しゆ》あり、モルガン氏蒐集《ししうしふ》の寶石《ほうせき》一千種《しゆ》の如《ごと》きもあり、鳥類部《てうるゐぶ》には哺乳動物《ほにうどうぶつ》をも含《ふく》みたるが、其《そ》の剝製《はくせい》は本館《ほんくわん》の特色《とくしよく》にして、鳥類《てうるゐ》四十八科《くわ》、標本《へうほん》六萬《まん》、哺乳動物《ほにうどうぶつ》二十二科《くわ》、標本《へうほん》二萬《まん》を藏《ざう》し、ジヲラマ式《しき》の陳列《ちんれつ》に彼等《かれら》の生活狀態《せいくわつじやうたい》を示《しめ》したる、尤《もつと》も趣味《しゆみ》あり、有脊髓無脊髓《いうせきずゐむせきずゐ》の動物剝製《どうぶつはくせい》又多《またおほ》く、前世界《ぜんせかい》の動物《どうぶつ》の骨《ほね》もあり、昆蟲部《こんちうぶ》には蝶《てふ》の種類尤《しゆるゐもつと》も多《おほ》し、人類學部《じんるゐがくぶ》には、エスキモー、亞米利加土人《アメリカどじん》などの物品《ぶつぴん》幾室《いくしつ》幾《いく》十架《か》に滿《み》ち、或《あるひ》は人形《にんぎやう》をも陳《なら》べて其《そ》の生活《せいくわつ》を示《しめ》せる殊《こと》に感興《かんきよう》を引《ひ》けり、中《なか》にも奇《き》なるはメキシコの銅山《どうざん》より掘出《ほりだ》したる人間《にんげん》の木乃伊《ミイラ》の銅化《どうくわ》したる者《もの》、五百年前《ねんぜん》に埋《うづ》まりたるものにて毛髪猶存《まうはつなほそん》し、四肢完全《しくわんぜん》にして、銅色蒼然《どうしよくさうぜん》、脂肪《しはう》は錆《さび》の如《ごと》くニジミたり、地球儀《ちきうぎ》は一年《ねん》三百六十日《にち》の回轉《くわいてん》を、實物通《じつぶつどほり》に示《しめ》して、電燈《でんとう》を太陽《たいやう》に代《か》へつゝ晝夜《ちうや》を別《わか》てるあり、其《そ》の餘學術上《よかくじゆつじやう》の奇品《きひん》少《すくな》からず、縱觀少時《じうくわんせうじ》、人《ひと》をして虚往實歸《きよわうじつき》せしむ、予《よ》は尤《もつと》も深《ふか》き興味《きようみ》を以《もつ》て鳥類部《てうるゐぶ》を見《み》き。

明治四十四年（一九一一）

二十四　黒板勝美『西遊弐年　欧米文明記』（抜粋）

九　米國の博物陳列館と商業博物館

元來『ミューゼアム』といふ原語を博物館と譯したのは、最早今日では適當といふことが出來ぬ、歐米のミューゼアムにはその種類が色々あつて、一室位の小さいものもあれば、公園全體が總べてミューゼアムと稱すべき大仕掛のものもある、またその分類もだん〳〵小さくなつて美術は美術、工藝品は工藝品と各々その種類によつて陳列館が建てらるゝこととなつたのが現今の趨勢である、そしてこの陳列館は所謂公衆敎育の機關の一として、青年、少年共に、學校や家庭以外に、それに敎育せられつゝあるのである。それも單に科學的智識を得るのみではない、併せて溫かい氣高い、美的趣味を養ふことが出來るやうになつて居る、しかも敎育上ばかりに利用せられて居るのではない、產業、商業などいろ〳〵實際の方面にも活用せられつゝあるのである。美的趣味の養成には到るところ美術館の設があるが、科學的知識を得るためには、普通博物陳列館が建てられて居る、ナイヤガラのやうな一小市でも、一ト通りのものが出來て居つて、いろ〳〵珍稀な標本なども蒐集せられて居るのである。これは美術館と違ひ、必ずしもその建國が古くなくてもよい、熱心と金力とによつては、その設備といひ、その蒐集といひ、必らずしも六ヶしいことではない、紐育の、それの如きは、實に歐洲でも稀に觀るところのものので、建築の宏壯にしてその設備の完全したる、しかも氣の利きたる陳列の方法など、學者にも俗人にも、はた兒童にも靑年にも皆興味を感ぜしめつゝ研究が出來るやうな行き方申分はないのである。

紐育中央公園の西に當り七十七丁目から八十一丁目の一區に巍然として高く聳えたるロマネスク式の花崗石造の大建築は即ちこの博物陳列館で、まだ全體の設計四分一の規模であるが、現今その蒐集品の價七百萬圓に上つて居る、そしてその大部分はその館長たりしモーリス、ケ、ジェスップ氏、大富豪ピアモント、モルガン氏その他の寄附になつたのである、また每年の經費も紐育市ばかりで負擔するのではなく、是等の人々からの寄附金も少くないのである。

この博物陳列館で他に例のないのは第一層に一千五百人を容るゝに足る大講堂を有することで、幻燈などを利用しての自由講演が引き續いて行はれる、之を傍聽するものは多く紐育州の學校敎師で、學校敎育と博物館事業とを連絡するに大なる助をなして居る、そしてこの外一般の公衆にも聽講無料でたび〳〵學術上の講演會が催さるゝのである。

まづ南の入口には電燈の球が大なるもの、小さいものと、いろ〳〵の距離に釣られてある、これは我が太陽系に屬する天體を示したもので、電燈の球によつてその光力を比較することが出來る、そして入口の傍には天降鐵の大塊が陳列せられ、流星の最後が如何なるものなるかを見せて居る、東の方に通せる廊下にはジェスップ氏が蒐集された米國の建築石材や木材の標本が陳列され、傍に寫眞や地圖で樹木の成長せる有樣森林の光景などを示し、水彩畵で葉や花や、果實などを描いてある、その次の室にあるカリフォルニヤの大木の標本などもまた尤も珍らしいものであらう。

その他人類學や人種學上の蒐集品をはじめ哺乳動物から鳥類、蟲類、魚介類、植物礦物の各種類と一二層の室々に陳列せられ、その說明の親切なる、その順序の整へる、その科學的なるところ實に感嘆すべき價値がある、殊に光線の理を應用してジョラマ的に鳥獸の捿息し飛翔せる有樣、魚蟲の游泳し蠢動せる狀態を示し、愉快の中に覺えず博物の知識を得しむるやうに爲つて居るので、學校の教師など、教場同樣に此陳列館を利用し、毎日幾組となく學童を率ゐて實物教授をやつて居る、我が國では何故に此種の陳列館が起らぬのであらうか、東京市の如き何故に卒先して之が新設を計畫せぬのであらうか、上野なる帝室博物館の一隅に動植物や礦物の標本が陳列せられてあるにせよ、博物陳列場としての價値は甚だ疑はしいといはねばならぬ。

米國に於ける實業の方面に密接の關係を有して居る博物館は、まづ指をフィラデルフィヤの商業博物館に屈せねばならぬ、余が訪問した頃は建築が出來上つたばかりで、室内の整理十分に行き屆いては居なかつたが、その陳列室には貿易品をはじめ、外國の商品類もいろ〳〵蒐集されて居つた、日本の物産では米、麥の類から友禪や西陣などの織物等まで一ト通り既に陳列が濟んで居つたやうである。しかしこの博物館の方針は必ずしも商品の陳列のみではない、寧ろ力を檢査室、圖書室、通信室等に注いで居る、陳列品を見て圖書室で輸出入の統計やその商品の産出額などを研究する、そして分らぬことは通信室に問ひ合するといふ仕組。

圖書室には世界各國の新聞雜誌等をも蒐集し、英文でないものは一々飜譯を加へて藏架する、藏架するについてはチヤント目錄を作り、索引を作つて置くから、何人でも容易に調査したいことを見出すことが出來る、日本文のものはペンシルヴァニヤ大學に在學して居る日本の學生に依賴してあるとの事であつた。その圖書室に入つて心地のよかつたのは、米國の輸出入その他の統計を圖にしたり、色分けにしたりして、高く壁間に掲げてあつたことである、そして主任者が活字引のやうに如何にも親切に説明して呉れることであつた。

されどこの博物館の特色はまた實に通信部の活動に屬する、通信部からは月刊の雑誌『商業的米國』といふのを發刊し、米國の製造業に關し信頼すべき報告として世界中の購求者に頒布して居るのである。故大統領ウヰリヤム、マッキンレー氏はこの博物館の目的を明言して、米國の商業及び工業の繁榮を發達せしむるにあるといひ、吾人のエネルギーを費すにこれ以上價値ある事柄がないとまで稱して居るが、この雑誌はその機關としてます〳〵發展しつゝあるのである。一方に於ては輸出入業者の爲めに出來るだけの利便を與へ、一方には製造業者の爲めに仲介の勞を執り、內外商業家に安心して取引を爲さしむるに盡力して居る。それで若し不審があれば、一々取調の上返答をする、說明をする、しかもこれに對してはたゞ實費を申受けるのみであるが、信用ある輸出入業者の事について外國から問合せて來る場合には全く無手數料で一々返事を出して吳れるのである。

我が國にはこの種の博物館では農商務省に商品陳列館といふのがあつてこれに似寄つたことを實行して居るが、その規模の小なる、陳列室の狹き、圖書室の完備せざる等、改善の餘地が甚だ多いやうに思はれるのである、まして雜誌の發行等によつて活動するが如きに至つては、たゞ當局者の奮勵に待つより外はない、また商業家に於ても出來るだけ、かゝる博物館を利用し活用するに力めなければ、その發達を見ることは六ヶしいことであらう。

（中略）

一七　倫敦の博物館と繪畫館（上）

英國の富を代表するものは無論英蘭銀行であらう、またマンチェスターあたりの製造工業であらう、しかし美術や工藝品の殆んど評價すべからざるものゝ多きはまた英國人が世界一たるに於て自ら誇とするところである、しかも之を整理し陳列して國民の研究に資するため巨貲を投じつゝあるのみではない、若し國寶ともいふべきものゝ外國に流出せんとすることもあらば、義捐して之を國民に提供する團體すら出來て居るのである。

大英博物館は普通の博物館と少しく趣を異にして居る、いはゞ博物館と圖書館の合併したやうなもので、下層中央の大圓室は讀書室である、それから右は記錄圖書等の室々で、樓上の中央に書籍庫がある、この讀書室には普通の讀者を入場せしむるものでなく、たゞ研究者のために之を開いて居る、入學試驗の豫備などやるものは規則として之を拒絕する、そしてその書籍類は決して一時流行的のものを收藏せぬ、たゞ研究上價値あるものに限つて居るのである、米國に於ける公衆圖書館の完美は即ち完美である、併しかゝる特別圖書館の大なるものに至つては、この大英博物館の圖書館あるのみといふも敢て誣言でない。

(大英博物館の正面)

元來この大英博物館は、一千七百年、サー、ジョン、コットンといふ人がその蒐集の圖書記録を國民に寄附して圖書館を設けたのが起原で、一千七百三十一年近火の爲め損害を蒙つたとから、かゝる蒐集品の保存を講ずる必要を感せしめ、一千七百五十三年の法令によつて、スローン及びハーレー蒐集品を購入すると共にモンダク邸を買ひ上ぐることゝなつた、然るにサー、ウィリヤム、ハミルトンの蒐集したる古物や、ヂョーヂ三世の下賜にかゝる埃及の古物や、エルヂン卿が希臘より持ち來つたパーテノンの古彫刻等を購入した結果、博物館的事業はます〳〵發達すると共にヂョーヂ四世が父王の蒐集にかゝる圖書類を下賜せらるゝに至り、モンタグ邸は狹隘を感じ、一千八百五十五年に至つて本館の新築全く成り、ついで讀書室も完成することゝ

（大英博物館の讀書室）

Forma plenissime absolutionis et remissionis in vita

Forma plenarie remissionis in mortis articulo

（大英博物館所藏―一四五四年の宗門赦罪狀）

なつた、猶ほホワイト氏の寄贈にかゝる東南翼も加へられたが、蒐集品ます／＼増加し、現今また更に北方に擴張工事の最中で既に一部は成就した、そして動植礦物などの博物陳列館は二十七年前サウスケンシントンに分築せられ、その設備はまた歐洲中第一に位すると稱せられて居る。

大英博物館の陳列は、過ぐる兩三年の間に、室内の裝飾をはじめ漸次新學說を本とし、整理改良の途に就いて居る、既に、埃及、アッシリヤ、希臘等の部は一ト通り出來上つたが、猶ほ他の部分は經費の都合やなにかでそのまゝになつて居る、それにつけても最も感心することは英人が舊式の陳列法の下に整理せられたる諸種の

（博物陳列館）

古物を、徐々に新式に改むる手際である、元來英人は保守的のやうで進歩主義者である、余は大英博物館の事業が何時の間にか發達改良せらるゝのを見て、必ずしも金力ばかりでなく、主任者の如何にも熱心なるに感服した、余は倫敦滯在中の三分の一をこの博物館に費し、印畫部のビニヨン君、埃及部のホール君、東洋部のジャイルス君など特に親しく交はつて居たが、僅に一年有半の間に、大英博物館は全く面目を一新したものがあつたのである。

今蒐集品で尤も注意すべきものを擧ぐれば、第一に古文書部に英國大憲法がある、コットン集の中のもので、これがため英國民は幾たびか血を流したものかと想へばその前に立つて感慨無量である。　またシェクスピーヤが自署せる文書をはじめ、歴代の帝王、政治家、學者、文人の筆蹟等多く保存せられ、ウェストミンスター、アベーにその墓を展したものは、またこゝに此等の偉人を偲ぶことが出來る。その他記錄室には古今東西の記錄の陳列があり、ヂョーヂ三世によりて蒐集された奇珍の圖書は寫本版本の數々、殆んど評價すべからざるものが多い、アッシリヤ室なるニネヷやエサールハッドンの宮殿に屬せる浮彫りの壁はアッシリヤの歷史を語り、燒き土に記した諸種の文書等もまた珍とすべく、此等の發見によつてアッシリヤ、バビロン等の史實は多く明瞭となつたのである、埃及室には階下に有名なロセッタ石、これが發見せられてはじめて埃及の文字を解することを得た貴重なる一枚の石ははじめ佛軍の手に歸したものであつたが、今は戰勝の記念としてこの館の寶物である、また五千年前の木彫像をはじめ花剛石や石灰石の巨像、石槨等

（埃及室のロセッタ石）

（パーテノンの彫刻）

所狹きまでに陳列され、樓上には木乃耶の數々、諸種副葬品等英國が埃及に於ける勢力の如何に大なるかを示して居る。されど大英博物館の世界に誇る所以のものは實にまた希臘の古美術品を有するによるので、エルヂン卿が一千八百一年より三年に亘つて七十萬圓を投じて英國に將來したるパーテノン神殿の彫刻に至ては天下無二の珍寶である。パーテノン宮が希臘の黃金時代ペルクリスの世に建てられ、古今東西の建築中にあつて希臘美術の粹を盡し、フィディヤスの靈腕によつて刻まれたるもの、今は多くこの大英博物館に存し、その外のものは僅にアテーネなるアクロポリス博物館や巴里のルーヴルにあるのみである、また世界七不思議の一たるハリカルナッススから發掘された紀元前四世紀の彫刻類——これによつて考古家、建築家がそのマウスレウムの如何なりしかを研究せる圖案と共に希臘人が美術史の上に於て美と壯とを兼ねたるを證し、リシヤのクサントスなるネレード、モヌーメントにはその室の中央にモデルを安置してその復舊《レストレーション》の模型を示し、アーケイック室にあつてはホーマー時代なるミケーネの所謂アガメンノンの寶藏の門柱の一部は特に貴く、エフェサス室にはまた七不思議の一たりしディアナの大宮殿を發掘して得たる遺物等、いづれも希臘美術を研究するもの丶見逃すべからぬものである。

（世界七不思議の一遺物）

グレーコ、ローマ時代の彫刻に至つては一々こゝに擧ぐる暇がない、また希臘羅馬の土器類、銅器類をはじめ諸種の日用品等當時社會の狀態を研究すべき材料に富むのみならず、エトラスクの土器《テラコッタ》、彫像の類及び精巧なる棺槨等ローマ以前以太利に於ける文明の如何なりしかを知るべきものの實に豐富を極めて居る。また金銀の裝飾ゼムの類は上ホーマー時代より希臘羅馬さては中世近世の品々年代を追ふて陳列せられ、貨幣メタルの蒐集は紀元前七百年のものよりまた近代に至る迄非常の數に上つて居るのである。人種學的の陳列室は取り立てゝいふ程のことはないが、メキシコの彫刻類

（希臘の土瓶）

には古代に於て亞米利加中部に發達したる文明を窺ふべく、英國部の古物は羅馬時代から時代〳〵のものが實によく蒐集されてある、また工藝美術部は近代の陶器、玻璃の類に觀るべきもの多く、日本石器土器など、我が國にもなき珍品を有して居る、殊にスタイン博士が中央亞細亞を探險し、コータンに獲たる發掘品は支那六朝以後唐時代の文明を研究するに足るべきもので、大曆年間の古文書等我が正倉院文書と出入して大に余に稗益するところがあつた。

猶ほ大英博物館の誇とするところは印畫部で、その展覽室には英國派の諸大家を陳列する時もあれば、獨逸派の名家デユラーの作を以て一室を滿すこともある、そして肉筆のものも少からぬ中に、日本支那の古畫も大分蒐集して居る、特に支那の名畫で顧凱之の筆と稱する列女傳一卷は、もと乾隆帝手澤のもので、晚くとも唐朝中期と觀らるべき珍物である。

一八　倫敦の博物館と繪畫館（中）

歐羅巴で大きな繪畫館は各その特有の理由によつて有名なので、獨逸ドレスデンの繪畫館は彼のラファエルが大作シスチナ、マドンナを有する故を以て、フィレンツェのピチ邸やウフィチー邸は伊太利に於ける黄金時代の傑作に富むの故を以て、巴里のルクゼムブルグは現代佛國派を遺憾なく網羅せる故を以てその名を天下に擅にして居る、此等に對し倫敦の國立繪畫館はたゞに歐洲美術の粹を蒐めて居るのみならず、實にその蒐集によつて繪畫史を研究すべく、文藝復興の前後から十九世紀末に至るまで、流派により年代により、系統的に整然として陳列せられた點に於て他に卓出して居る。

英國民がこの繪畫館を有するに至つた濫觴を尋ねて見れば、一千八百二十四年アンガスタインといふ人の藏品三十八點を購入したのが元で、後二年サー、ヂョーヂ、ボーモンが古書十六點を寄附し、一千八百三十一年には、ホルウィル、カル氏によつて三十五點以上の名書を加へ、その翌年トラファルガル、スクェーアの新館こゝに成り、六年の後はじめて公衆の縱覽を許すことゝなつた

(ペルジノの祭壇畫)

のである、爾來その藏品の增加に伴ひ次第に擴張せられて今日に至つたが、開館の當時僅に百五十點に過ぎなかつたのが現在千五百點に上り、室數も二十二の多きに及んで居る、しかし英國人は之に滿足せず、名品蒐集基金といふやうなものを募り、若し名畫の海外に流出せんとするときは之を買收してこの繪畫館に陳列し、錦上更に花を添えつゝあるのである、嘗てラスキンはこの繪畫館を歐洲に於ける嘲笑の種なりとまで冷評したことがあつたが、ラファエルの師ペルジノの祭壇畫を購ふに及んで、その冷評が忽ち一變したのもハヤ昔の夢である、今は各時代を通じ、多く一粒撰の逸品が陳列されて居るのはまた英國の大なることを偲ばしむるものである。

トラファルガル廣場の北に立てる希臘式の建築は、餘り宏壯ではないが、落ちついたものである、入口の石階を上ればやがて以太利の古畫はタスカナ派よりシエナ派、ウムブリヤ派と室を追うて陳列せられ、前にいつたペルジノからボチッチェリやアントニオ、ポレーウオロをはじめ、フィリッピノ、リッピ父子、さてはアンドレア、ディサルトの名畫はいはずもがなラファエル、サンチが『武士の幻影』はその模樣畫《カルツーン》と共に光彩を放ち、その『アンシデイ、マドンナ』は一千八百八十五年に七十萬圓の高價を以て購入したものである、またミカエル、アンヂェロの傑作二點、一は基督を埋葬せんとするところ、一は『マドンナと幼兒基督』その氣品の高き筆意は遺憾なく發揮されて居る、つぎにヴェネチヤ派ではジォヴァニ、ベルリニやチ・アンをはじめチントレットやヴェロネーゼなど大きな第四室を占領し、十六七世紀に於けるヴェネチヤの美術はこゝに朝宗したやうな感がする、もしそれロンバルド派のレオナルド、ダ、ヴィンチが『巖頭のマリヤ』コッレヂョの『メルキュリー』に至つては遒麗典雅なる筆致誰かまた之を見逃すことが出來やう。

（ミカエルアンジェロの傑作基督の埋葬）

次に注意すべきはフラマン派と和蘭派である、その最なるはいふまでもなくルーベンスとレンブラントで、共にその傑作數幅を有し、チェラルド、テルブルグの『ミュンスターの平和條約』をはじめ、ヤン、ステーンや、フランス、ハルスその他名流の靈筆を集めたのみならず、英國に入つてその繪畫界に影響を與へたファン、ダイクが『チャールス一世馬上の像』は二十五年前既に十七萬五千圓の價を有した傑作である。 また西班牙派ではヴェラスケーズの『フィリップ四世』ムリリオの『百性の小供』は傑作中の傑作で、獨逸派のハンス、ホルバインが『佛國大使』も得易からざる大作であるが、昨年七十一萬圓で僅に英國民の有に歸した『ミラン公爵夫人の肖像』は更にそれ以上の出來である、佛蘭西派ではニコラスプーサンや、ガスパル、プーサンさてはクラウド、ロレーンの名畫など、いづれもその前に立つて時の移るを忘るゝものでないのはなく、西歐美術の精粹を一堂の下に集めたるこの偉觀、その道の人ならぬ余の如きも相對照し相比較し

（ゲンスボロー作　田舍の小供）

て歐洲繪畫史の一般を解し得たやうな感がするのであつた。

英國派のものは別に一區域を成し、ホガース、ゲーンスボロー、ローレンス、レーノルド等、から順次英國のファンダイクと稱せられたウォリヤム、ドブソンや、ミレース及び、ランドシーヤ。コンステーブル等の傑作を陳列し、彼のラスキンによつて聲名藉甚となれるターナーの作品には特に一室を設け、壯年より晩年に至るまでその畫風の次第に變じた跡をも尋ねられ、『霜の朝』『リチモンド丘』などこの大家の手腕を觀るに足るものである、想ふに英國派の繪畫は早くは獨逸派のハンス、ホルバイン又は彼のファン、ダイクなどによつて個人的に大陸の影響を受けたのみならず、フラマン派、和蘭派、若しくは佛國派の勢力は大

（テート傳畫館）

に英國を風靡したものがあつたにせよ、國民的自覺はまた美術界にも現はれて、よく穏健な英國式たるを失はぬところに價値が存して居る。

（サーヘンリ、テートの肖像）

かくて英國は十九世紀に入つて多く名流を輩出し、今や欝然として歐洲の美術界に重きを成して居るのである、更によく之を知らんとならば、進んでテームス河畔のテート繪畫館を訪はねばならぬ、このテート館はまた英國派の國立繪畫館と稱せらるゝもので、一千八百九十年六月サー、ヘンリー、テートがその蒐集した近代の繪畫凡そ六十五點を國民に寄附したのがその起原である、たゞその陳列場の選定について衆議決せざること二年、テート氏は遂に自らその建築費八十萬圓を寄附して、地をミルバンクに定め、一千八百九十七年七月時の皇太子たりし先帝エドワード七世によつて開館式を擧ぐることゝなつた、國立繪畫館を觀てこゝに遊べば、恰も巴里に於けるルーヴル博物館中の畫堂からルクサムブル博物館に入るのと同じ感がする、そして英國近代の繪畫が如何に傑作に富めるか、如何に發展しつゝあるかゞわかる、余はテート繪畫館に遊ぶごとに我が國の富豪が多くは骨董僻を有するのみで、一人のヘンリー、テートその人の如きものなく、我が美術を保護愛顧して美術界の不振を救はんとする特志家がないのを慨せざるを得なかつた。

この館にはテート氏の寄附した名畫の外、チャントレー基金によつて購入したものや、國立繪畫館から移されたヴァーノン蒐集品及び畫家ワットの寄附にかゝる自筆の名畫等漸次そ

（テート繪畫館の内部）

（ミレースの傑作ラーレ卿の幼時）

の數を增し、毎年開かるゝローヤル、アカデーの傑作を購入したものも少からぬのみか、最近數十年間の彫刻で觀るべきものまた多く陳列されて居る、まづ本館の前に立てる銅像の主たるミレースの傑作には『ラレ卿の幼時』『オフェリヤ』『セント、ステフェン』等を有し、動物畫家ランドシーヤ、ラファエル前派の大家ダイスをはじめ、コンステーブル、レートン、メーソン等はいふに及ばず、ワットの畫ける大作は一室を成し、ジェームス、フックの『若き夢』アルバート、ムーアの『花』さてはアルマ、タジマやポインター、サージェシト等現代の老大家に至るまで最近世に於ける英國繪畫の精粹は遺憾なくこのテート繪畫館に保存せられて居る。

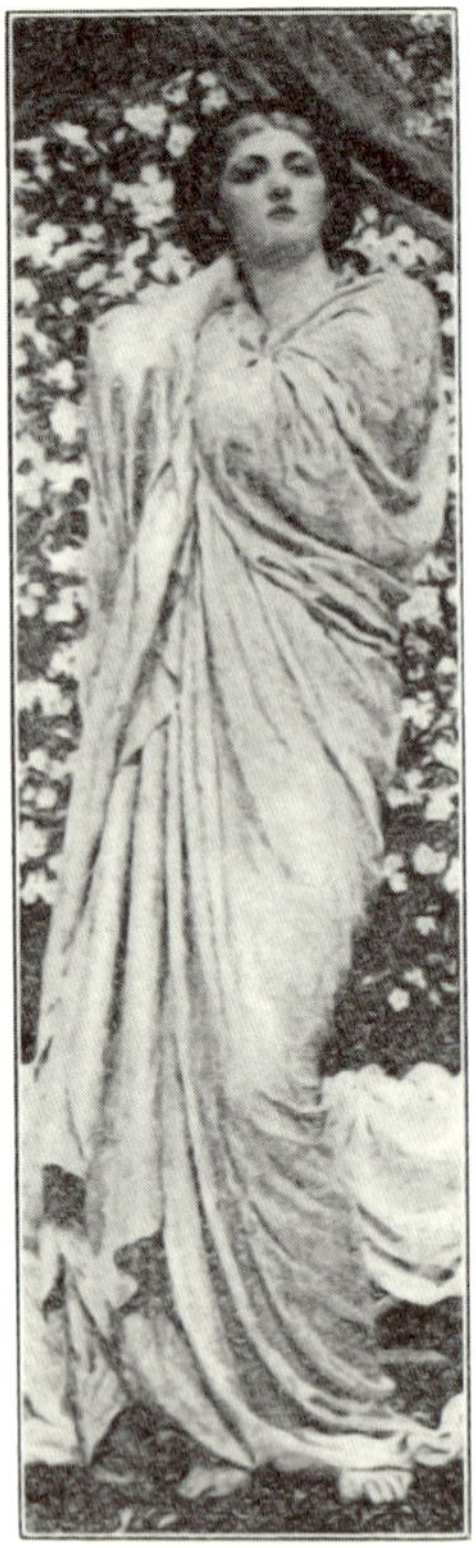

(花のアーム)

この繪畫館にもまたターナーのために一室を捧げてある、そして彼が日常用ゐたところのペン、畫筆繪具をはじめ、その下書よりスケッチ類自筆の文書等まで秩序よく陳列せられ、彼がローマンチックで一種清新なる畫風を創むるに至るまで、如何に多く苦心し、如何に多く研究せしかを觀るべき材料を示して居る、殊にその船舶の寫生などをはじめ、その用意の決して尋常一樣ならぬを會得すべく、たゞにターナーの侮るべからざる名手たることが首肯さるゝのみならず、またラスキンが筆を極めて彼を賞揚し彼を辯護したことの過當でないことを知るに足るであらう。

テート繪畫館につゞいで必ず觀るべきところはワレース館である、これも

（ターナーの傑作のチヴォリー）

一私人の寄附でその陳列品は四千萬圓以上と評價せられて居る、もとハートフォード邸といつた處でサッカレーの有名なヴァニチー、フェアの中に出て居る幽靈家はこゝであるとの事である、後その藏品と共にリチャード、ワレースの有に歸したが、一千八百九十七年ワレース夫人卒するや、遺言してその稀珍なる所藏品をすべて英國國民に寄附したのである、それで政府は八十萬圓を投じてこの邸を買ひ上げ公衆の縱覽に供ふることゝなつて、一千九百年六月はじめて開館の運に至つた、繪畫の數七百五十餘點、フラマン派、

（ワレース蒐集品の一レーノルドの名畫）

和蘭派をはじめ、佛蘭西、伊太利、西班牙及び英國等名家の傑作が非常の數に達して居る、併しこのワレース館の誇とするところは寧ろ佛國の美術工藝品で、十八世紀から十九世紀の初に至るまでのものが實によく揃つて居る、特に家具類に尤物が多い、といふことである、また武具甲冑の類に於ても、東洋のものまで餘程よく蒐集せられて居る、そしてセーブルや伊太利のマジヨルカなどの陶器、瑪瑙、象牙の細工などにも珍品が少くない。

一九　倫敦の博物館と繪畫館（下）

サウス、ケンシントンの地下鐵道停留場を出づれば、クロムウェル通りと所謂博覽會通りとの四ッ角に大英博物館の分館博物陳列館と相對して宏壯な建築がある、公式にいへばヴィクトリヤ、アンド、アルバート博物館であるが、普通サウスケンシントン博物館と稱せられて居る、美術工藝品の陳列場としてはその組織の完全したる、その規模の壯大なる歐洲中他に比類なきもので、昨年七月新館の設備全く成り、エドワード七世陛下親しく開館の式を擧げられた、そして、舊館に於ける陳列も、多く最新の學理によつて之を改め、その面目殆んど一新した趣がある、もと一千八百五十七年の頃現在のベッナル、グリーン博物館のところで、一時的の陳列館を開かれたのであつたが、つゞいてこの地に移されて公衆に縱覽せしむることになつたけれど、正面の部分は多年その儘になつて居つた、一千八百九十九年ヴィクトリヤ女皇親しく起工の式を行はれて後、十年の歳月を費し遂に竣功したもので、印度部が別館となつて居る外、すべて本館に陳列せらるゝことゝなつた、そして參考圖書館は樓上の一部に設けられ、下畫《スケッチ》等にも面白いものが多く、參考書の豐富なるまた驚くべきものである、また樓上の數室を割愛して時々有益なる展覽會を開き、美術工藝教育等に資するところ少くない、まづ左方なる舊館の中央室には、鴨居の上に古來の英雄學者工藝家等の肖像を陳ね、レートン卿の壁畫『平和の工藝』と『戰爭の工藝』とは、工藝美術がたゞに平和なる時代のみならず、戰時に於ても必要なる用意の存すべきものあるを寫してある、この工藝館に於てもまた個人の寄贈寄托にかゝるものの多く、其の品のみで一室を占領したもの凡そ五室に及んで居る、彼の米國の富豪にして英國にその居宅を構ふるモルガン氏の如きまたその主なる寄托者の一人である、かの大英博物館、國立繪畫館、テート繪畫館さてはワレース館等その發展し來つたのは、多く英國人が公共心に富むのを證明するものであるが、このサウス、ケンシントン博物館でも同じ樣な事實を見ることが出來るのは欽羨の至である、そして全館に於ける藏品の數は非常の多數で、今一々こゝに批評紹介することは出來ぬが、中にもよく蒐集し整頓されてあるのは織物、刺繡の類で、フラマンの織物で一千五百七年のものなどは珍貴な一である、また陶器、磁器にも珍品多く、卓子厨子等の家具に至るまで稀覯のもの實に少くない、その他金、銀細工服飾類をはじめ我が國の蒔繪金工の類など、豊富なるその蒐集、整然たるその陳列、たゞ感服するばかりである、我が工藝品ではこゝに明珍宗春が作なる鷲の置物を擧げやう、その羽毛に至るまで皆一枚一枚に鍛へ上げたもので、巖頭に立つて將に飛ばんとするその雄姿が活躍して居る、これはもと某家の寶物であつたのが、維新の際世に出で、轉々してこの館の有となつたとの事である。

しかしこの館で最も貴重なるものはハムプトン、コートから移されたラファエルの模樣畫《カルツーン》七枚で、フラマン織物の下畫である、嘗て畫聖ルーベンスが英王に慫慂めて購はしめたもので、今も英國皇帝の御物である、たゞにラファエルが大作の一として貴きばかりではない、その圖案の點に於て特に卓越して居る、もと羅馬法王レオ十世の需に應じ、ヴァチカノ宮システチナ、チャペラの壁に懸くべき織物の下書として基督の行實を描いた十枚の中で、今はその織物の一半はヴァチカノ宮に保存され、他の一半は伯林なるカイザー、フリードリッヒ博物館の樓上に掛けられてある、模樣書の他の三枚はいつしか散逸したので、今は織物から模寫して之を補ふてあるが、余はこの室に入るごとに二三百年も經たらんと思はるゝ古色を帶べるオークの机の前に立ちつゝ、この名畫を觀て、今更ながらラファエルの靈筆を嘆稱して時の移るを忘るゝのであつた、そして次の室に出づれば、こゝにはミカエル、アンジエロ以後一人と稱せらるゝ佛國現代の大家ロダンの作セント、ジヨン、バプチストの複製が原物と見紛ふばかりの上出來、熱烈なる信仰その面に輝き、その人再びこの世に出でたらん心地がするのであつた。

前に一寸いつた印度部だけは當分別館となつて居る、これは英國が殖民政略上特に印度に對して注意を拂へるためで、印度の古建築等をはじめビルマ安南などのものをも、こゝに陳列してある、その古代の佛像等に貴珍のものの少からぬ中に、ガンダラ式の希臘分子を有するものも蒐集せられ、アヂャンタの壁畫はすべて之を模寫して壁上に掛けてある、また金銀寶玉を鏤めたビルマ王の王冠禮服など絢爛目を奪ふもの、象牙その他の工藝品等印度の風俗を觀るに足るものを陳列し、遺跡習俗の寫眞又はスケッチ類を備へつけたる、宛として大印度をこゝに收めたかのやうな感がする。

かく倫敦に於ける博物館や繪畫館は漸次最新の學理によつて改造せられつゝあるのであるが、英國人は進歩を好むと共に保守的な國民である、その設備等單に學理にのみ偏せぬところにその特長を發揮して居る、そして博物館そのものは場合によつてその四圍の空氣が出來るだけその陳列と關係した事蹟を偲ばしむるために、却つて古代の建築を必要とすることがある、もし陳列の方法さへ宜しきを得ば、新たに建てられずとも好個の博物館たるを失はぬのみならず、却つて思ひ出で深く印象せしむることが出來る、英國人はまたこの見地よりして、歷史上有名な倫敦塔の一部をこの目的に使つて居るのである。

倫敦塔といへば誰しも直に革命時代の英國史が胸に浮ぶ、ウェストミンスター、ホールで有罪の宣告を受けた幾多の人が小舟に載せられてテームス河を下り、倫敦塔下に着けば、かの反逆門をくゞつて、血に渇するが如く庭中に立てる斷頭臺上の露と消ゆるか、暗憺たる塔中に呻吟するの身となるかの外はなかつた、今もウェークフィールドさてはボーシャンの塔々に鬼哭啾々たる凄愴の氣が滿ち〳〵て居る、彼等英國民が高價なる血を以て贏ち得た自由の記念碑たるかのやうに、この倫敦塔は

倫敦塔

（ボーシャン塔の内部）

永久にテームス河畔に立つて居るのである。

この思ひ出で多き倫敦塔は、今その一部を兵營として使用して居る、しかし當時の建築物は大部分公衆に縱覽せしむると同時に武器陳列物及び皇室の御物寶冠勳章禮服等を陳列するところとして之を一般に公開して居る、革命時代の刑具など一見慄然たるものもある、また庭の一部には故ヴィクトリャ女皇の靈柩を載せた砲車もある。門番守衞等は皆中古時代の服裝で、當時の槍を持つなど、古式をそのまゝ今も傳へて居るのは英國の奥床かしいところである、正門を入れば右の方に反逆門固く閉ぢられ、左の方にウェークフィールド塔高く聳えて居る、この樓上が今は國王の寶冠勳章など陳列したところで、ガーター勳章もはじめて觀ることが出來た、大金剛石を鏤めた王冠をも拜することが出來た、そして中央なる白塔《ホワイトタワー》へと急げば、ノルマン時代からの古建築は天空に屹立して他の諸塔に臨んで居る、狹き石段を攀ぢ、まづ質素な禮拜室を過ぎて次なる武器甲冑陳列室に入れば、印度その他の武器まで一切網羅せられ、三百年前モゴル國王から寄贈されたといふ日本の甲冑など珍寄なものも少くない。

その隣の室にはエドワード七世と皇后アレキサンダー兩陛下が即位式に召されたといふ大禮服をはじめ、革命時代の刑具や、當時の倫敦塔を模型にした者が陳列され、現今の英國と十七世紀に於ける風雲慘憺たる英國とを對照して感慨禁ずる能はざる者がある、更に階段を上れば各時代の帝王が着用された甲冑を、武裝した馬上にしつらひて陳列し、金銀を鏤めたるその精巧華麗目を驚かすばかりである。

英國王の寶冠室

この外倫敦に於ける博物館は陸軍省中の遊就館、市廳内の博物館や、帝國協會の殖民地博物館、機械博物館、または臘細工で有名なマダム、タッソーなどがある、猶ほまた各時代に於ける有名な人物の肖像ばかりを蒐集して居る國立肖像繪畫館は國立繪畫館と隣りし、政治家、文學家、詩人、學者はいふに及ばず、苟も何事かに貢獻した人々が、こゝにその肖像を蒐集せられてその名を不朽に傳へられて居るのは、國民敎育上注意すべきことであらう、要するに倫敦はすべての方面に於て他の歐洲諸國の都府に一歩も讓らぬことを期して居るのである、余は我が國に於ける博物館事業の進步發展猶ほ幼稚なるを觀、一方に於ては趣味の向上、一方に於ては學術の研究と應用等、その功績如何に大なるかを思ひ、窃かに遺憾とするところが少くない。

（中略）

二六　ギメー博物館と國立古文書館

巴里には博物館の數も多いが東洋に關するものも、また巴里ほどあるところは歐洲の都市にない、ルーヴル博物館の一部に蒐集してある珍品には日本の佛像など、七八百年前のものがある、個人で興した博物館では、モンソウ公園の東門にあるセルヌシ博物館の如きも一見する値がある、西藏から出

（ギメー博物館）

たと稱せらるゝ小銅像など千年以上のものらしく見ゆる、しかし他に比類なき東洋宗教博物館として割合によく整頓して居るのはギメー博物館である。

ギメー博物館はイエナ廣場の角にある建築で里昂の豪商エマヌエル、ギメー氏が一千八百八十六年政府に寄附したるので自らその館長として今日に至つて居る、主として東洋の宗教に關するものや工藝美術品を蒐集し、日本支那をはじめ東印度地方のものなど一ト通りよく完備して居る、それで東洋學を研究する者は必ずこゝを過ぎらざるべからざるところであるが、ギメー氏自身もまた佛國に於ける有名な東洋學者の一人で、暇さへあればこゝにいろ〳〵研究を試みられて居る。

(ギメー博物館圖書室)

余がギメー氏を知つたのはコペンハーゲンで開かれた萬國東洋學會の席上であつた、それから巴里に到るごとにこの老紳士を訪問したが、氏は明治十年ごろ遠く日本に來遊し、宗教に關せる日本文の小册子を發行したとその一本を示されたことがある、日本に對しては非常に趣味を有つて居らるゝ一人で、河鍋曉齋の繪日記の如き珍物はその時、氏が自から獲たのであると自慢されて居た。

土器類ではコロボックルのものをはじめ、一寸蒐集されてあるが、陶磁器類は

（日本陶器室）

各地の産を中〳〵よく集められて居る、又た朝鮮で發掘されたる陶磁器も十數點に及び、支那のものも一ト通り陳列せられてある、元來宗敎の博物館であるから、神社佛閣に關するものは、一寸したものまで之を蒐められて居るので、余は我が國にも未だ此種の博物館を有せずと述べたら、神國であり佛敎の最も盛んな日本人にも似合はぬではないかと詰問され、覺えず冷汗が背を濕したこともあつた、我が美術品の中で眼についたのは南蠻船渡來の屏風半雙で、我が歷史上にも面白いものと思つた、屏風の地に金箔の雲を置いて、菊と桐とを散したのは、もと高貴の家にあつたものではないかと考へらるゝ。

西藏の佛畫には明末のものも數幅あり、石の浮彫りにもその頃のものが集まつて居る、これらはオルレアン公の寄贈されたものである、また安南地方

(日本宗教室)

から持つて來た木彫の千手觀音は二三百年前の物と見ゆるが、餘程日本風のところがある、四枚の板佛も一寸面白い、暹羅の發掘品にも年代を經たものが少くない、ラオスから出たものには大和中宮寺の如意輪觀音らしいところがある、奈良朝に於て林邑あたりから來た歸化僧も國史に見えて居るから、これら佛像の研究は我が美術史に必要なことではあるまいか、其他瓜哇や緬甸

（印度宗教室）

のものをはじめ、印度地方の佛像波羅門像等また研究の資料とすべきもの多きのみならず、その建築彫刻類で得難きものは之を寫眞に撮りて傍に陳列し以て比較對照に便にして居る。

この博物館にはまた埃及の發掘品も石棺その他一ト通り蒐集されて居る、特に珍しく思つたのは十二三年前以來發掘に從へるアンチノーエの古物木乃那などで、他の博物館に未だ觀る能はざるものである、このアンチノーエといふ處は埃及の北部に羅馬帝ハドリヤンが建てた市であつたが、この發掘によつてこの地方に行はれた文物風俗が明かにせらるゝことゝなつた、その結果は既にギメー氏

（巴里國立古文書館）

によつて世に發表されて居る、また以て發掘事業が如何に歐洲の學術界に貢献しつゝあるかを知るに足るであらう。

巴里の博物館については記述すべきもの、これに止まらぬ、クルニー博物館の如き、廢兵院の如き、アカデミーの如き、之を細説したら別に數章を費さねばならぬ、しかし巴里に於てはそれらのものよりも更に余輩の注意すべきものがある、それは古記錄文書等の保存に向つてその力を用ゐて居ることで、國立古文書館の設備が完全せることはまた巴里人の大に誇とするところである、元來歐洲で古文書學の盛なところはまづ指を佛國と獨逸及び墺太利の三國に屈すべきで、斯學の淵源を尋ねて見れば、佛獨の學者が論爭をはじめたゝめ、だん／＼研究を加へてその基礎を置いたので、『古文書の戰爭』といふ大部の書が出版されて居る程である、尤も倫敦にもレコード、オフィス(記錄局)といふものがある、伯林にも維納にも宏壯なる古文書館がある、伊太利にも羅馬、ヴェネチヤ、ナポーリ等に豐富なる史料を有する古文書館が開かれて居るが、その創立の次第から余輩にとつて最も興味が多いのは實に巴里の國立博物館である、一千八百〇八年奈翁一世が寺院の文書等を沒收し、公共團體のものを蒐集し、スービス邸に藏架せしめたもので、奈翁は此點に於ても大に一見識を具へて居つたのである、後ち奈翁三世に至つてその精細な目錄を編纂せしめ今日では專門家の研究に非常の便宜を與ふることになつた。

リュー、デ、フランブルジョアなるその建物は十八世紀の初めボフランといふ人がスービス公のために建築したので、前庭はデラメールのコリント式廻廊

（スービス公爵夫人客室）

を廻らし、その欄間はローラーンの靈腕を示した彫刻で飾られ、その室々の裝飾も今日猶ほ保存さるゝ部分があつて、所謂ロコヽ式なる佛國革命以前に於ける美術の標本として多く陳列室に之を應用せられて居る、そして、こゝに藏されてある古文書の中でも外國との條約文の類や國內の珍らしい文書等に分類してある、もしルーヴルに美術の國民的自負があるならば、こゝには歷史の國民的自負が示されて居る。

我が國では圖書館の事業は近來餘程盛にもなり進步の跡が見えて來た、併し古文書館に至つては殆んど全く顧みられぬ有樣である、それに內閣に設けらるる記錄課といふものが、一種の圖書館であるやうな姿になつて居るが、これは國立古文書館となるべき性質を有するのである、倫敦のレコールド、オフィスをはじめ、諸國の古文書館はたゞに古文書のみならず、

（古文書庫の入口）

最近の書類中保存すべきものと否とを區別して之を整理する任に當り、一々之が目錄を編して行くのである、そして必要の場合にはいつでも一件書類を檢索することが出來るのである、然るに我が國では公文書の保存法はいふに及ばず、大社舊寺、名門右族藏するところ幾十萬の古文書が日に散逸し煙滅しつゝあるのは如何にも殘念の至りである。

（中略）

三三　伯林の博物館（上）

博物館事業について、最もよく理論的に研究せられて居るところは獨逸である、博物館の經營から、建築陳列法等に關する參考書類も、他の諸國では公にされたもの極めて少いのに、獨逸ではいろ〳〵有益なものが出版されて居るのみならず、ミュンヘン大學の如き、博物館學なる一講座を有する程である、伯林に於ける斯道のオーソリティーはカイザー、フリードリッヒ博物館長ボーデー氏で、確かに一隻眼を備へた學者として尊敬せられて居る、そして伯林ほど博物館の種類が多く分れて居るところも他の都市に見るべからざることで、伯林は博物館の研究上最も適當したところである、例へば或る種類のものを、歷史的に若しくは地理的に分類し陳列したる方法なども中々手に入つたものであるし、大室小室の區分法など、光線學上最も有效に出來て居る點は敬服の價値がある、併し悲しいかな新興の都府であるがために、美術や歷史考古學の陳列品その物に至つては、ルーヴル又は大英博物館等に及ばざること遠しといはねばならぬ。

たゞ獨逸人の努力は米國の金力と同じく、他國から尤物絕品を漸次吸收しつゝあるのは爭はれぬ事實で、英國から有名な繪畫がカイザー、フリードリッヒ博物館に購入されたものは既に十數點に及んで居るといふことである一昨年ごろ倫敦のさる骨董店から一軀の半身像を、ボーデー君はレオナルド、ダ、ヴィンチの作だとして求めたことが公にされて、英國人の議に上つたことがある、その後かの半身像はルカスといふ人の作であるといふ說が出たゝめ、種々調査の結果、化學者の分析まで煩はし、遂にボーデー君の敗に歸したやうなこともあつた、獨逸人の研究的態度はこんな具合に、その努力するところ殆んど他國に見るべからざる程で、たゞに古美術品を購はんと苦心して居るばかりではない、小亞細亞や希臘はいふに及ばず、中央亞細亞までも探險隊を出して成功しつゝあるのである。

彼の考古學の權化なりと尊ばれた、トロヤの發掘で有名なシュリーマン博士以來、獨逸は希臘の學界にあつて常に優勢を持して居るではないか、中央亞細亞へはグリュンヴェルデル氏の後を受けて、ルコック博士がトルファン附近を發掘して獲た古殿堂の壁畫、その他支那六朝時代の發掘品は、大英博物館に於けるスタイン博士のコータンより獲たるものに比して遜色なきのみ

（カイザー、フリードリッヒ博物館）

ならず、その數量に於て夐かに英國を凌駕して居るではないか、余は伯林に入つて新古博物館、人種博物館及びカイザー、フリードリッヒ博物館に遊ぶごとに、獨逸人が武力に於て、商工業に於て、また哲學文學等に於て新興國民たる榮譽を荷へるはいふに及ばず、この博物館事業に於ても非常なる努力を爲しつゝあるを觀て、竊かに自ら顧み忸怩たるものなき能はずであつた。

カイザー、フリードリッヒ博物館の建築は所謂ボーデー式ともいふべきもので、三角形の二階建で、その入口はドーム形を成して居る、そして階下を彫刻室とし、樓上を繪畫室に充て、陳列の方法整然たる

様、流石ボーデー氏監督の下にあると首肯された、その傑作品の二三を紹介すれば、まづ羅馬法王宮シスチナ、チャペラの壁に掛くべき帷帳八枚は本館の最も誇とすべきもので、その下畫は畫聖ラファエルが書いたものである、一時は英王チャールス一世の所有に歸して居つたが、後轉じてウィルヘルム四世が購入したものである、これは樓上の中央なる大室に掛けてある。

それからも一ッ豪いものは、土耳古王アブドル、バーミッドから維廉二世に寄贈したムシャタ宮殿の一部である、パレスタインのヨルダンから東二日行程のところにあつたもので、凡そ紀元四世紀ごろのサッサニヤ朝のものであらうとの説である、すべて大理石

（ファンアイク筆『奏樂の天使』）

を組合せたので、正面の一部には、極めて緻密な薄肉の彫刻を施し、葡萄唐草の間に小鳥などを配せるさま何ともいへぬ立派なもので、西亜細亜の美術を研究するに最も好い標本と稱せられて居る、その他階下に陳列せるビザンチン時代より文藝復興期に至るまで、伊太利、獨逸等の彫刻類にも多く名品を藏して居るが、樓上なる繪畫は伊太利、佛蘭西、獨逸等の古畫からフラマン派・和蘭派、西班牙派等之を時代順と流派別に陳列し、百花研を爭ふ壯觀を呈して居る、そしてその逸品多くは、もと英國人ソーリーから百十萬圓で凡そ百年ばかり前に買ひ取つたものと、デュスチニャニ蒐集品の一部と、一千八百七十四年五十萬圓を投じて獲たるスエルモント蒐集品等である、中にもフラ、アンヂェリコの『最後の審判』ボッチチェリやラファーエ

(ハンス、ホルバイン筆『商賈の肖像』)

ルの『マドンナ』ファン、アイクの『奏樂の天使』ハンス、ホルバインの『英商ヂョーヂ、ギーズの肖像』をはじめとし、レムブラントやルーベンスなどの傑作逸品こゝに擧ぐるに暇ない程である、たゞミカェル、アンヂェルの作に至つては、僅かにその彫刻一軀を有するに過ぎぬのが、獨逸人の遺憾さ推測するに足るのである。

（國立繪畫館）

（ベックリン自筆肖像）

獨逸近代の繪畫を陳列せる國立繪畫館は、コリント式の殿堂を模した宏壯なもので彼の有名な獨逸神秘派の大家ベックリンの傑作を見るにはまたこゝを推すべきであらう、中にも『ピエタ』とその自像及び『波浪』などはその尤もなるもので、彼が一種の魔力は忌憚なくその製作の上に現はるゝを看取することが出來るのである、

（フォイエルバッハ筆）

すべてこの繪畫館に陳列されたものはもとヨット、ハー、ワグナーの遺品からだん〳〵多くなり來つたもので、今は總數一千百餘點に上り、二百三十以上の彫刻をも有し、ベックリンの外フオイエルバッハ、スパンゲンベルグ、ゲップハルト、クナウス、ライブル、メンツェル、リーバーマン等をはじめ、十九世紀以來獨逸に於ける殆んどすべての有名な畫家を網羅するの

みならず、ラウフ。カール、シェリュッター。ベガスの彫刻や、ペテル、フォンコルネリウスの模樣畵等、いづれも近代に於ける獨逸美術の進歩を窺ふに足らざるものはない、また外國の作家でもロダンやミレー、メスダーグなどの作品を陳列し、意匠畵《デッサン》、スケッチ、水彩畵など紅紫錯落たる有樣に時の移るを覺えぬ。

三四　伯林の博物館（下）

人種博物館はその陳列法少しく繁雜に過ぐる嫌はあるが、歐洲に於ける此種の白眉たるもので、その建築はまたボーデー式を忌憚なく發揮して居るものである、前に述べたシュリーマン博士がトロヤで發掘したものは特にシュリーマン博士室と稱せらるゝ部に陳列し、紀元前十一二世紀に於ける希臘文明を研究すべき資料としてコンスタンチノープル及びアテーネの國立博物館を除けば、この館獨り歐洲に於てその名を擅にして居る、また彼の中央亞細亞に於ける發掘品も、奇珍の品山の如く蒐まり、目下整頓を加へて順次

（人種博物館と普國衆議院）

之を陳列する運となつて居る、一昨々年コッペンハーゲンに開かれた萬國東洋學會に於ける唯一の呼び物は實にその報告であつた、例へばその壁畫の一に碧眼隆鼻の歐洲人を書けるものゝ如き、六朝時代から隋唐にかけて東西人の往來し雜居せし痕跡を示せるもので、中央亞細亞がその通路であつたことを證明するものである。

新古博物館は二棟に分れたクラシックの建築で、その古といひ新といふはたゞ建築の前後を示すに過ぎぬ、その陳列するところのものは埃及希臘羅馬等の彫刻及びその摸造等で珍貴なものもまた少くない、特に希臘オリムピヤに於ける發掘品は、希臘以外僅かにルーヴル博物館に藏せる外たゞこの館にあるのみで、彼のプラクシテレスの傑作ヘルメス像はその摸造を安置し、その傍に名家の復舊像三軀を陳列して、比較對照之を研究せしむるやうになつて居るところに、獨逸的態度を示して居る。

カイザー、フリードリッヒ博物館から程遠からぬところにホーヘンツォルレルン宮殿がある、幽邃な庭園と質撲な建物とに昔が偲ばれる心地がする、その一部をまた歴史博物館として普王歴代の寶物を陳列してあるが、最も人の感興を引くものは實に英主フリードリッヒ大王の室である、大王が彈ぜられたピヤノや、自用の机椅子など皆舊のまゝに保存され、古色蒼然たるこの室に入れば、英雄の胸中閑日

（古博物館の正面）

(獨逸皇帝の意匠に成る黃禍の圖)

月あり、時に天來の妙音に耳を澄した大王の肖像は、壁間に掛つて微笑を含むかのやうである、また現皇帝の圖案に成りしといふ黃禍の圖なども陳列せられ、こゝに遊ぶものをして皇室を尊ぶ心を養はしむるのみならず、國家的觀念を旺にせしむることを忘れざるところその用意のあるを察すべきである。

工藝博物館は人種博物館の東隣ともいふべき處にある、中古以來の工藝美術品が秩序よく陳列せらるゝ點にこの館の特長が存して居る、その或る時代〳〵を代表すべき小室のごとき、之に入れば身はその時代の人となれる心地を生せしむるなど、苦心の在るところであらう、

（遊就館）

それに近來獨逸が東洋に着目し來れる結果、大に支那日本の工藝品蒐集に力を盡し、人を東洋に派して持來らしめたものます〱加はつて來る有樣で、現今に於て我が國に大使館附學藝研究員と稱して古美術蒐集家を派遣せる國は獨り獨逸あるのみといふべきである、明治維新以來歐米の文物を輸入し、物質的文明に於ては最早相讓らざるべしと自信する我が國に、未だ一の獨立したる工藝博物館を有せぬのみならず、上野なる帝室博物館又は農商務省の商品陳列館でも歐米の工藝品が極めて少きはいふに及ばず、余は我が國

（兵器博物館の内庭）

が未だ一人の歐洲古美術蒐集家を西歐諸國に出す能はざるを遺憾とする。

遊就館は皇宮の附近、ウンター、デン、リンデン大通りに面した宏壯な建築で、獨逸の武維れ揚れると共に、その完備なる設備は歐洲第一であらう、古代から現代に至るまでの武器兵器はいふに及ばず、セダンやメッツ攻圍の模型圖をはじめとし、兵器武装より苟も武事に關せるものは一切網羅して、その武力の旺盛なるを誇り顔である、中にも帝王室は壁畫に各時代の有名なる戰爭やウィルヘルム一世のヴェルサイユ宮で皇帝の位に即き給ふ圖など、いづれも國民の元氣を養ふ敎訓的好材料たらぬはなく、名臣勇將の半身像が程よく安置せられつゝ、その武勳功績を語るが如きさまに、人をして感奮興起せしむる一種の魔力が現はれて居るのである。

（遊就館の陳列ぶり）

その他伯林の博物館中で整頓したるものではまづ郵便博物館を推すべきであらう、これについでブランデンブルグ公國博物館、博物陳列館、農業博物館、鑛業博物館等も必ず訪はねばならぬところである、たゞ殖民地博物館は餘りに見世物的に傾き、服裝博物館、建築博物館等はその設備の甚だ振はざるを憾むべきであるが、こゝに最後に於いて一の注意すべき博物館がある、それは海に關する工藝博物館で、伯林特有のものと稱せられて居る、現皇帝が海軍擴張政策と關聯して國民の海軍思想を養成し、且つ海事航海に關する智識を普及せんと企圖された上意に本づいて設けられたもので、その規模はまだ小さいけれども、一ト通り海に

(ブランデンブルグ公國博物館)

關する一切のものを網羅し盡し、軍艦水雷艇等の模型については特に水兵を案内者として一々委しい説明の任に當らしめて居る、また水産漁業等の

(海の博物館なる船舶模型)

ことより船舶の出入噸數表、ハムブルグ築港の模型をはじめ、山東省青島の港圖まで、獨逸が如何に海上發展に向つて經營慘憺たるかを觀ることが出來るのである。

要するに伯林に於ける博物館事業は、社會教育の機關として非常に有効なる成績を擧げつゝあるのである、そして獨逸人がすべての方面に努力し活動しつゝあるかゞ、その種類の多いのによつても窺はるゝ次第であるが、たゞその設備陳列法など時に理論に偏して實際の手際は却つて英人に

下るやうな點もないではない、それは學風の弊か、はた獨逸人の短所か、余は之を今後に徵せんと欲するのである。

（中略）

五二　博物館的公園と動植物園的博物館

我が國で博物館といふのは、元來ミューゼアムといふ歐洲語の翻譯で、恰かもライブラリ又はビブリオテークを單に圖書館と譯した誤謬とその誤謬を同じくして居る、ミューゼアムといふのは單に品物を陳列する場所で、その種類が百般博物に亙るべきものと定まらぬ、それが獨立した一の建築物であらうが、また或る一室であらうが、或は數多の建築物から成つた一廓であらうが、皆或る物を陳列して縱覽せしむるところを指すのである、余は陳列所とか、列品場とか命名することが最も當れるであらうと思ふ。

歐洲に於ても單にミューゼアムといへば、はじめ古物または動植礦物等の標本を陳列する建築物などを名づけたのであるが、ミューゼアムの研究次第に進んで、その陳列法はいふに及ばず、その組織にすら大變動を來すに及び、こゝに博物館的公園といふものも起り、動植物園的博物館といふものも創められ、今はミューゼアムを博物館と譯することが全く妥當でないことゝなつた。

前者の好例はクリスチャニヤの附近ビグドーにある諸威國民博物館で、後者の模範はストックホルムなるスカンセンである、一は公園的設備がまた博物館とも觀らるべく、一は動植物園の設備に博物館を合せたものといふべく、しかも建築物そのものが既に一箇の陳列品と稱すべきである。

元來博物館の陳列法で第一に注意すべきことは、その陳列品の出來た時代とその場所のアトモスフェヤとが、成るべくその陳列品の上に現はれ、その陳列室の内に溢れるやうにせなければならぬ、觀るものをして何となくその時代の人となり、その遺跡やその土地にあるやうな感を起さしめねばならぬ、たゞ古物を列べ、標本を陳ぬるだけで滿足すべきものではない、若しこゝに一國の風俗を示し、習慣を示し、また美術工藝を示さんとならば、その如何なる服裝をなし、如何なる家屋に住し、如何なる家業に勤勞し、如何なる遊戲を樂みしかを、一目の下に分明ならしむるやうに、その陳列法を考へねばならぬ、これがビグドーの博物館となり、スカンセンとなつた理由である。

クリスチャニヤの波戸場ピペルフィケンから小蒸汽船に搭じ、波靜なる港外に出づれば、ヨットの風に順ひ風に逆つて操縱せらるゝさま繪の如きところ、ビグドー半島の上宏壯なるオスカル宮殿は白くその甍を綠の森の上に現して居る、數ケ所の水泳所、浴場は幔幕や旗幟で盛に客を迎へて居る、やがて岸

（ピグトーのオスカル宮）

に着いて歩を西に移し別荘の間を縫ふこと十町餘、博物館前に出づれば、古風な門構から國風の服裝をなして立出づる守衞の少女、奥へと案内する。

まづ古代の建築を模したライド、ブースの二十八室を觀る、室ごとに諾威諸州の工藝美術品及び家具等を陳列し、テレマーケン地方の古樸なるに對し、クリスチャニヤ及び西海岸諸州が外國文明に影響せられたる多きなど、好き對照として誰しも直ちに之を看取し得るであらう。　このライド、ブースの左の方には同じく古代建築の式により建てられた寺院がある、こゝには主として十六世紀以降の宗敎的古物陳列せられ、徐ろに信仰の心を起さしむる空氣が室々に満ちて居る。

ライド、ブースの後方に出で、ラウランド州をはじめ諸方より移し來れる古代の小屋に中世紀の面影を偲び、ギルデスッエンの掛茶屋に暫く休らいて繁れる林の一丘を越ゆれば、路傍に立てる一里塚の石牓も珍しく、やがてまたテレマーケン地方の農家など、その室内に舊のまゝ家具を裝らひたる古樸の建築に、身ははや太古の民たる心地するが、ハリングダールより一千八百八十四年に移されたゴル寺院の如き建築史上注意すべきものである。これは十二三世紀頃の木材建築で、ヒッテルダールのそれと同じく、諸威特有のものである、同時代のアングロ、ノルマン寺院とそのプランを一にして居るが、その屋根の勾配が非常に急で、雪國の建築たる所以を示し、かの所謂ゴチック式と何等かの關係あらんを想はしむるものである、そして龍頭の裝飾が海王船の舳と相似たるなど、諸威の歴史を讀んだもの、誰かまた感慨に堪へざるものぞ。

スカンセンはストックホルムなるヂュルガルド大公園の西部を劃して、一千八百九十一年ハゼリウス博士によつて創立された野天の博物館ともいふべき大仕掛のものである、その廣さは凡そ七十エーカーにも及ぶであらう、峨々たる巖山もあれば、清冽なる湖水もあり、彼方の森林、此方の牧場田畝こゝに瑞典一國を凝集し縮寫したものといふも過言ではない、天然の花卉草木はいふに及ば

(テレマーケン地方の農家)

(ハリングダールのゴル寺院)

ず、處々に鳥獸魚蟲を飼養してよく馴れしめたるなど、大動植物園の設備完きと共に、各州の風俗習慣はその地方〳〵から移住し來た人民によつて示され、地方特有の服裝で、各その家業を營める樣、この大公園の景趣を添ゆること幾干ぞや、カール十二世時代の軍服を着けた番人に過ぎ去つた國民的自負の名殘を留めたのは瑞典人がせめてもの慰藉なるべく、ブレダブリックの塔上よりストックホルム全市を眺望しながら、一杯のカフェーに渇を醫するは觀光の客が最も喜ぶところであらう。

各地の風俗で特に珍しいのはラップの部落である、冬と夏との家をはじめ、馴鹿の飼養場など宛然としてその故鄕に入るが如き心地がする、また十七世紀の哲學者エマヌエル、スヴェデンボルグの遺物を傳へたるスヴェデンボルグ亭、ヘルシング州より持來れる十六世紀ごろの建築等をはじめ、古色蒼然たる諸州の建物に往昔を回顧するに足るもの多く、その廣大なる余は二回こゝに遊んで、遂に全體を觀ることが出來なかつた程であつた。

（ノルディスカ博物館）

この種の博物館的大公園は、果して我が國に必要なる設備の一でないであらうか、また古建築の保存すべきもの必ずしも寺社に限るべきことであらうか、現今に於ける古社寺保存法は更に大に改革すべき餘地がないであらうか、我が當局者はこのスカンセン及びビグドーの博物館を參考し、且

（スカンセンの陳列室）

つ西歐諸國の施設しつゝあるところを觀て、公園や博物館の設備について研究すべきであらう。余はこゝにたゞ一言この種の設備をなすべき我が國の大公園が奈良の春日公園たるべきことを提供するに止めて置く。

ストックホルムには國立博物館及びスカンセンの外、ノルディスカ博物館といふのがある、一目の下に瑞典に關する智識を歷史的、地理的に瞭然たらしむるに於て西歐諸國にもその比を見るべからざる完全な設備で、中央の室々には瑞典王室の遺物を陳列し、その周圍の各室を、一方は時代を追ひ、一方は地方的に裝置して、秩序整然殆んど間然するところがない、また動物博物館には螺旋狀の階段を傳つて上れば、瑞典國內に產する鳥獸がパノラマの內に集まつて居る、その他國立圖書館の如きも宏壯なもので、二十年前に日本から買つた和漢書五六百冊その書庫に藏せらるゝを見て、余は覺えず空谷の跫音を聞く感がした。

二十五　坪井正五郎「人類學と博物館」

（『通俗科學』）

大正元年（一九一二）

通俗科學

人《じん》類《るゐ》學《がく》と博《はく》物《ぶつ》館《くわん》

理學博士　坪井正五郎

海外旅行中に見た人類學に關係有る博物館の事を述べやうと思ふ。

人類學《じんるゐがく》の目的は人の人たる所以《ゆえん》を明かにするにあるので、研究《けんきう》の要目《えうもく》を擧げると、第一に自然界《しぜんかい》に於ける人類の地位、第二に人類の異同《いどう》、第三に人類の起源發達《きげんはつたつ》である。

研究の資料《しれう》とすべきものは有形無形《いうけいむけい》様々であつて凡《およ》そ人間の居る所、甞《かつ》て居つた所、何所《どこ》にも有るし、且つ普く夫等に亘《わた》るので無ければ十分の結果《けつくわ》は得られないので有るから、鑛物の標本《へうほん》だとか植物の壓《お》し葉《ば》だとか云ふもの〻様に總《すべ》てを取り扱ひ易い形にして集めて置く事は出來ない。併しながら事物の種類《しゆるゐ》に由つては現品《げんぴん》なり、模造《もざう》なり、寫眞なり、圖表なり、装置《さうち》なりを陳列する事《こと》を得るので、人類研究の參考品を適當《てきたう》の場所に取り揃《そろ》へて置《お》くと云ふ事は現《げん》に諸所に行はれて居るのである。

先づ自《し》然界《ぜんかい》に於ける人類の地位《ちゐ》を示すと云ふ方面の標本、即《すなは》ち人類と獸類《じうるゐ》の異同を示す骨骼や内臓の類はどうかと云ふとロンドンのサウスケンシントン博物學博物館にも有《あ》るし、同地《どうち》のコレヂ、ヲブ、サラジヨンス博物場にも有る。甲は要を示すに於て優《まさ》り、乙は材料《ざいれう》の豐富《ほうふ》なるに於て優つて居る。

第二の人種《じんしゆ》の異同《いどう》の方はどうかと云ふと、之に體格《たいかく》に關《くわん》するものと、風俗《ふうぞく》に關するものとが有つて、體格標本特《とく》に頭骨の夥《おびたゞ》しく集まつて居るのは前にも云つたコレヂ、ヲブ、サアジヨンス博物場、それからパクスの博物學博物館人類學部。ドレスデンの博物館人類學部には異形《いけい》の頭骨、注意《ちうい》すべき特《とく》徴《ちやう》有る頭骨、人爲變形の頭骨が多く集めて有《あ》る。人骨でも頭骨以外《いぐわい》の部分の保存《ほぞん》して有る事は稀《まれ》で有るが、ケンブリッヂ大學解剖教室附屬の材料置き場には手足其他の骨が無數《むすう》に貯《たくは》へて有《あ》る。容貌膚色等を示すと同時《どうじ》に風俗の示して有る實大人形は諸所の博物館に於て少し宛《づゝ》は見る所で有るが、中《なか》にも好く整《とゝの》つて居るのはワシントンの新國立博物館で有《あ》る。此所よりも數は少いがニューヨークの博物學博物館に在《あ》るものも誠に好く出來《でき》て居る。是等の人形は一人立ちに作つて有るのでは無く、家庭《かてい》の有様とか執業《しつげふ》の實況とかを寫す様にして有るので、大ガラスで圍《かこ》つてさへ無ければ活《い》きた人間と見違《みちが》へる位に眞に迫《せま》つて居る。眞物《ほんもの》を見る折の無い者《もの》でも是等を見れば夫《そ》れ〲の人種のどんなものだるかを知る事《こと》が出來る。

ニユーヨーク博物學博物館にはガラス撮《と》り着色《ちやくしよく》の好い寫眞が澤山有る。

風俗に關する品物の蒐集陳列《しうしふちんれつ》して有る場所が甚だ多い。特《とく》に盛んなものを算《かぞ》へ擧げると、ロンドンのブリチシミユーゼアム土俗部、パリスのトロカデロ館土俗部、ベルリンの土俗博物館、ヴイーンの博物學博物館、スタツトガルトの土俗博物館、ニユーヨーク博物學博物館、ワシントン新國立博物館、ハーヴアード大學土俗博物館等。シカゴのフイールド、ミユーゼアムにも土俗品が澤山《たくさん》有るが、アメリカ土人の物が主《しゆ》と成《な》つて居る。スタツトガルトの土俗博物館は去年《きよねん》五月開館《かいくわん》に成つた極新式《ごくしんしき》のもので有るが、何階《なんがい》はアフリカ、何階《なんがい》は太平洋諸島と云ふ風に成《な》つて居て見るのに誠に都合《つがふ》が好い。ワシントンの新國立博物館には服飾器具《ふくしよくきぐ》が置いて有り、實大人形が置いて有る上に何《な》ほ家屋及び周圍の樣子《やうす》が箱庭《はこには》の樣に作つて有つて之に小さい人形が配置《はいち》して有るので種々の人種の生《せい》活狀態《くわつじやうたい》が好く解《わ》かる。

次には第三問題《もんだい》の人類の起源發達《きげんはつたつ》の事で有るが、標本《へうほん》として集め得るものは太古《たいこ》人類《じんるゐ》の骨骼、遺物、風俗變化の跡を探《さぐ》るに足《た》るべき古今諸人種の製作品《せいさくひん》等で有るが、太古人類の骨骼は本來稀《ほんらいまれ》なもので有つて多くの博物館には模型《もけい》が備《そな》へて有るので有る。ブリチシ、ミユーゼアム地質學《ちしつがく》部には人類の古さを考ふる資料《しれう》として大古人類頭骨の實物《じつぶつ》と其模造とが列《なら》べて有る。人類は洪積期《こうせきき》から居たもので有るとの事さへも曾《かつ》ては信ずる者が少かつたので有るが、今《いま》では世界諸地方に於て此事の證《しよう》とすべき人骨や石器が續々《ぞくぞく》と發見される樣に成つたので一般《ぱん》に認められるに至つたので有る。洪積期《こうせきき》に於て人類が既《すで》に廣く分布《ぶんぷ》されて居たとすれば、本源人類は更《さら》に古い時代《じだい》に存在《そんざい》した譯《わけ》で有る。此に於て第三紀人類說が生《しやう》ずるので有るが、其證として擧げられる原始石器（イヲリス）なるものは自然の石缺《いしか》げと見分け難《がた》いもので有る爲め、其人手《ひとで》に成つた石器たる事を疑《うたが》ふ者が少く無い。サウスケンシントン博物學博物館地質學部には此問題《もんだい》と成つて居る原始石器が多量《りやう》に備へて有る。

洪積期以來の石器類《せきれう》及び骨器、角器、土器等で先史時代《せんしじだい》人類の事を考へる材料と成るべきものはブリチシミユーゼアムにも有るが、パリスの近傍《きんばう》なるサンジヤルマン考古博物館に陳列して有る數は實に大《たい》したものである。

古代文明《こだいぶんめい》の研究に付いてはエジプト古物を見逃《みのが》す事は出來ない。ヨーロツパではブリチシ、ミユーゼアムに澤山《たくさん》有るが、何と云つてもカイロの博物館が好《よ》く整《ととの》つて居る。

風俗の變遷《へんせん》や事物の發達を示すの、主《しゆ》として有るのはヲクスフヲード大學博物館の人類學の部《ぶ》で有る。現用器場の或る部分に過去の面影が殘留《ざんりう》して居るとか、一見《けん》無意味《むいみ》の樣でも系統《けいとう》を探ると意味が明かに成つて來るとか云ふ樣な物が解り易い列《なら》べ方に由つて示《しめ》して有る。此所《こゝ》で見る樣な陳列方は一向《かう》他で見ない。

以上諸外國《いじやうしよぐわいこく》の種々の博物館に於て人類學的標本が如何《いか》に蒐集分類陳列して有るかを述《の》べたので有るが、何れも獨立《どくりつ》した人類學博物館では無い。モナコには人類學博物館と云ふものが有るが、未《いま》だ出來上がりに成《な》らず今の所では太古人類遺物陳列所の體《たい》を成して居る。之に反《はん》してドレスデンの萬國衛生博覧會は、名稱《めいしやう》は衛生と云ふのて有つても、其一部、寧《むし》ろ肝要な部分は實質《じつしつ》に於て人類學博物館と云《い》ふべきもので有つた。人の體《たい》質《しつ》の事も精《くは》しく示して有つた。時代と人種とに從《したが》つての衣食作の異同も細《こま》かく現はして有つた。骨骼に付ての人と猿との比較《ひかく》、太古人類の遺骨相互の對照《たいせう》、要領《えうりやう》を得た列べ方がして有つた。人種人類の風俗《ふうぞく》を一通り解《わか》らせる爲めに服飾器具人形等が集《あつ》めて有つた上に、或は衣服、住居、或は出產、埋葬と云ふ様《やう》に物に由《よ》り事に由つて諸人種に關《くわん》する事實が或は現物或は模型を以て誰にも悟《さと》られる様に巧《たく》みに置《お》いて有つた。博覧會は一時的《じてき》のもので疾《とう》に閉會に成つたので有るが是等の陳

列品は其後常設《じやうせつ》の博物館へ移《うつ》された筈《はず》て有る。

サウスケンシントン博物學博物館とコレヂ、ヲフ、サアジヨンス博物場にかの人獸《にんるゐ》の異同を示《しめ》す標本を持つて來、コレヂ、ヲフ、サアジヨンス博物場とパリス博物學博物館とから諸人種の頭骨を持つて來、ケンブリヂ大學から他《た》の部分の骨を持つて來、ワシントンから諸人種の實大人形《じつだいにんぎやう》をニユーヨークから諸人種の着色《ちやくしよく》寫眞《しやしん》を持つて來、諸所の博物館《くわん》から土俗品《どぞくひん》を精撰《せいせん》して持つて來、ワシントンから諸人種生活狀態の模型《もけい》を持つて來、サウスケンシントン博物學博物館から太古《たいこ》人類遺骨《じんるゐいこつ》と原始《げんし》石器《き》を、ブリチン、ミユーゼアムとサンジヤルマンから其後の時代《じだい》の石器及び他の遺物を、カイロとブリチシミユーゼアムからエジプト古物を持つて來、不足《ふそく》の

分は諸博物館の陳列品で補《おぎな》ひ是等をドレスデン風《ふう》にヲクスフヲード風を加味《かみ》した方法で陳列したら好《よ》い人類學博物館が出《で》來《き》るで有らう。斯《か》んな事は固《もと》より實行の出來る話しでは無いが、人類學博物館設立《せつりつ》の理想《りさう》は此邊《このへん》に置き度《た》いもので有る。斯かる博物館は世の中に幾つ有つても差支《さしつか》へ無いが、理想の附け加へとして言《い》ひ度《た》いのは我が國にも一つは有つて欲《ほ》しいと云ふ事で有る。

大正元年（一九一二）

二十六　坪井正五郎「歐米諸國旅行雜話」

（『農商務省商品陳列館報告』第一號）

歐米諸國旅行雜話

附たりみやげ物の事

理學博士　坪井正五郎君講述

私は昨年の七月の初旬に横濱を去りまして、本年の三月の下旬に又横濱へ戻つて參りましたが、通りました路は郵船會社の船に依つて印度洋廻りをしまして歐羅巴諸地方を廻つて太西洋を越して亞米利加に往きまして、少しばかり歩いて「シヤトル」から歸つて來たと云ふ極く短い間極く僅ばかりの所を通つたのでありますから、固より皆さんの御參考になるやうなことを御話する材料もありませぬし、又平生斯樣なことを心懸けて居るのでありませぬからして、此方の御席で如何なることを御話して宜いか考も付かないのであります、併し諸方を巡つて來た樣子であるから何か皆さんの御集りの席でお話をするやうにと云ふ斯う云ふ御望みを受けましたから唯通つた路々どんな所でどう云ふ物を見て何と感じたか、夫等のことを概略申して置かうと思ふのであります、別段に題を掲げる程のことでもありませぬから先づ漠然と旅行談位のことにして置きます。

日本を去りまして先づ支那の事から申すべき筈でありますが、其途中で一寸寄つた所がありまして、其事に付いて最初申して置く方が都合の好いことがありますからそれを申して置きます。神戸へ寄りまして次ぎに寄つたのが門司でありますが、時の都合が出來たので、豫て知合ひでありました井上清助と云ふ人を訪ねるために博多に行きましたが、其行つた譯に付いて御話をして置く必要があると思ふのであります。此博多の人形と云ふものに付いては昔から名高いものであつて、日本内地でも諸方に行はれて居ることであるが、又外國人も隨分土産物として買つて行くものである、然るに昔から博多人形と稱へて來たために何か人形でなければならぬやうなことに考へて泥で細工をするものが澤山あるのに人形ばかり拵へて外の物も多少は造るけれども、人形が主である、斯う云ふ風な傾きになつたのであります、其爲めに一方から言ひますと子供の玩具としては少し値段が張過ぎる、さうして又始終持つ物としては汚れ易い、さうかと云ふて飾物にしますと云ふと少し子供らしい、立派な座敷に置く譯に任かぬ、一方からは玩具として良過ぎるし、飾物としては少し下品であると云ふやうな中途半端なものであつて良い細工であるけれども一通り出てしまうと其後の物が出る見込が餘り多くない、斯う云ふところから井上と云ふ人が金子堅太郎君に相談をしたところが、さう云ふことの思付きならば坪井に行つて相談したら宜からう、斯う云ふやうなことで金子君の紹介で井上と云ふ人が私の所へ來たのであります、前からも考へて居つたことでありますし、此方から出掛けると云ふ程でもありませぬのでありますが丁度井上と云ふ人が來ましたから私の考を述べた次第である、それは前申す通り博多人形と云ふ名があるから必ず人形でなければならぬと云ふ理窟はないのて、あれだけの技術を外に用ゐればイロ〳〵なことが出來ることを考がありましたが其中差向き斯う云ふことをしたら宜いと云ふ案を私は三つ持つて居りましたから其話をしたのであります、夫等のことを更に能く話し又實際の細工の樣子も見たいと思つて僅かの時を利用して博多に行つた次第であります。私の考と云ふのは一つには學術上の標本を造り、是まで石膏細工などでイロ〳〵造つて居つた物を博多の泥で拵へると容易に拵へることが出來、色が能く着いてさうして値段が廉く出來る、是程宜いものはありませぬから是まで石膏で造つて居つた種類の物をそれを博多の土で造つたら宜からうと云ふことから豫て私共の方の調べで不自由を感じて居つた人種の模型です、何處の人種はどう云ふ容貌でどう云ふ色をして居る、是の模型に良いものがない、啻に日本にないのみならず外國製の物でも良いものがない、博多人形を造るだけの技術があれば十分成功するに違ひないと云ふところから夫等を話して拵へさせることにしたのであります、是は立像で五六寸の高さの物もあります、又半身にして額に掛けるやうな物がある、イロ〳〵なことを話をして、それは今日では出來上つて世間に出すまでの運びになつて居ります、說明書も私の方で調べて付けることにしました。それから大古の遺物、是は諸方の學校で敎へるのに實物を揃へるには十分でない、繪や寫眞では不十分でありますから、是も泥で拵へれば容易に出來ますから是も拵へることにして一通り出來て居ります、是は一二の例でありますが、其外敎育上の參考品、又專門學者で傍らに置いてイロ〳〵見やうと云ふやうな物は一々實物で揃へるのがむづかいから斯の如き標本を泥で拵へるのが一の案。もう一つは記念物、何事があつたときには記念にする、是までは多く人の事でありますると寫眞を記念にする、或は油繪で記念の像を描く、さうでなければ銅像と云ふやうな大きなものになつて來る、或は小さな物でも金銀で造ると云ふやうな慣習になつて居つて容易に出來ない、又木像を刻むなどと云ふても是は容易なことでない、さう云ふやうなものでありまするから或人の德を彰するため、或は或人の恩を感じて同じやうな考の人に其人の肖像を頒つと云ふやうな場合に一つ固めれば輙く出來ますから之を拵へたら宜からう、即ち記念物として肖像を造る場合に用ゐたら宜からう、其外人の事ばかりでありませぬで他に記念すべきものがイロ〳〵あるが、さう云ふものを泥で摸して造るが宜からう、是が第二の考。もう一つには諸方の名所舊蹟と云ふやうな所の土產物、私は諸方を步きまして日本內地でも外國でも感ずることでありますが、何か話の材料になるなれば買つて行きたいものだと探してもどうも碌な物がない、斯う云ふ場合が多いのでありますから、さう云ふ所に適した物を拵へたら宜からうと云ふ考を有つて、是は未だ私の考を述べたばかりで實行して居ませぬけれども、一例を言ひますと例へば鎌倉へ人が行きますると諸方を見て步く中に必ず大佛の所へ行く、此處にはマア寫眞か繪葉書か、そこらの物を買つて來るに過ぎないので、大佛の形が分るやうに拵へてある物は今はどうか知りませぬが、私が行つた頃にはそんな物がありませぬで、さう云ふ大佛の形を——大佛を小さく拵へると云ふのは可笑しいですが、大佛の形を小さく拵へ、さうして人間と較べれば是だけだと云ふ物を拵へて置くと、是は鎌倉へ行つた者は彼處へは澤山人が行きますから皆土產に買ふに違ひない、或は日光の門の形を拵へるとか、如意輪堂を拵へるとか、さう云ふ物を拵へれば賣れるに違ひない、それで未だ外にも考がありましたが、先づ第一に博多人形の技術を以て學術上の標本を造ること、記念物を造ること、名所の土產物を造ること、差向き斯う云ふことをやつたら宜からう、外にも段々技術が進むに從つて思付きがあるけれども、先づ此三つを拵へたら宜からうと云ふことを話して置いたのであります、夫等のことがありますから博多に寄つて見て尙奬勵したのであります。日本の中の事を最初に申すのは訝しいことでありますが、諸方を歩いて其感を一層強くしたのでありますから、他の話をして又日本に戻るよりは日本で斯う云ふことを考へてさうして立つたのであると云ふことを申して置いた次第であります。此博多人形のことに付いては是は御集まりの皆さんの中には無論詳しく御承知の方があるに違ひないし、又其地方の方も御出でゝあるに違ひありませぬで、現在のものよりはもつと盛んにするやうにと云ふやうな途を段々御攷究あるやうに希望する次第であります。後の話しにもちよい／＼と引き合ひに出しますから最初に此の事を申しました。

支那に行きまして船の寄る所は上海と香港でありますが、此邊では別段にどう云ふ陳列館を見たと云ふ、どう云ふ賣物を見て感じたと云ふやうなことは何にもありませぬ、自分の調べは人類學上の研究と云ふので、人種を調査する、或は人種研究に付いての參考となるべき博物館を見る、大學に行く、或は專門の學者に遇ふ、さう云ふことをしたのでありますから、今御話するやうなことは皆傍ら仕事でありますから別に其の方に入らずに他に行つた所も多くあるのであります、夫故に上海香港のことに付いては別に申すやうな事柄はありませぬ。

次に新嘉坡それからジヨホールそこらに行きましたが、此邊の博物館は歐羅巴あたりのから較べれば小さなものでありますけれども、新嘉坡の博物館は比較的良く出來て居りまして此處に種々土人の風俗を現はすものが置いてありましたが尙一層分るやうに大きい人形に衣服を着せ又身體に帶びる物を其儘人形に着けて飾つて置く、他所へ行けば珍しいことではありませぬけれども新嘉坡邊で實大の人形に衣服を着せて居つたのは豫期して居つたことよりも能く整ふて居りました是は實大の人形でありまして今申しました博多人形とは比較になりませぬけれども衣服をどう云ふ風に着る、品物をどう云ふ風に身に帶ると云ふことを示すには必ず實大の人形でなければならないと云ふこともありませぬ、小さい物で差支ない、ですから日本で同じやうに此邊の地方のも拵へてさうして日本で馬來地方の物を賣る必要もありませぬけれども、馬來地方に置けば他の旅行家、又土地の人でも土地の風俗を見やうと云ふやうな傾のある人は製作地が何處であるにしても良い標本があればそれを求めるに違ひありませぬから、他所の風俗を日本で摸してそれを作つて其土地に出すと云ふやうなことをするのも宜からうかと云ふやうな感が起つた次第であります。尚其感を深くしましたのはコロンボに行きまして博物館を見、又諸方の見世で賣つて居る物を見まするると其地方の風俗人形が澤山出來て居る、是等も行つた人が話の材料に隨分買つて行くものでありますが誠に粗末であります、細工が拙いばかりでなく現はし方が不忠實であつて日本の技術でしたならばもつと能く出來ると云ふやうに感じた、新嘉坡では賣て居りませぬでしたがコロンボでは其邊の風俗を皆小さい標本人形にして賣つて居ります、それを一層進んだ技術を以て日本人が拵へて其土地に送つて其土地で賣ると云ふことにしたならば隨分買ひ手が多くあるだらうと云ふ感が起つたのでありまます、コロンボへ行きましたときには幸にしてセーロンの山の上にカンデーと云ふセーロンの昔の都會でありますが、其土地の言傳へでは御釋迦樣の齒が祀つてあると云ふ所がある、其御寺で一年一度佛敎信徒の行列がある、それは滿月の時であつて、其好い時に私が出遇つたので山の上に行きまして、――さうでなくとも行つて見る積りでありましたが、幸に佛敎信徒の行列があると云ふので其晩一晩山の上に泊つた次第であります、夜になつてから空には月が輝き、地面は椰子の實を松明にしたもので照して其間をイロ〳〵な服裝をした者、イロ〳〵な樂器を鳴らす者が歩くのであります、其中に見上げるやうな大きな象に二人三人位盛裝した者が乘つて居る、さう云ふ象が二十五頭も行列した、餘程珍しいものを見たのであります、此時には大勢の人が見に來て居ましたけれども日本の祭禮のやうに騷いで見るのでなく、誠に神聖なものが通ると云ふやうな感を有つて靜にして居る。セーロンの山の絕頂が月明と椰子の松明の間に大きな象がノソ〳〵歩いて四邊に居る澤山の人間が默つて見て居ると云ふ一種凄いやうな貴いやうな妙な感が起つたのであります、隨分諸地方の佛敎信徒が大勢集つて來る樣子であるのに別段に記念に持つて行くと云ふやうな物が何にもない、來て拜んで行くと云ふだけのもので土地の賣物と云ふものは大したものがありませぬ、ホンの食物か何か賣つて居る、さう云ふ物を食べる位、小屋掛けで活動寫眞をやつて見せて居りましたが、其位のもので何の慰みもない、土地の人がさう云ふ物を作つて買ふか買はないかは別問題として、斯樣な祭のある時には或は行列の象の形とか或は祭の儀式の有樣を示した人形とかさう云ふ物を拵へて、列べて置いたならば土地の人も隨分持つて行くだらうし、又外國の旅客が來た時分には縱令其祭禮に出遇はなくとも之を求めて行く者が澤山あるだらうと思ひます、今の所で樣子を示す物は矢張繪葉書と寫眞の外はない、持運びには便利でありますけれども實際の物を見た感は十分に起らない、それで此邊でも其祭の儀式などを拵へて賣捌くやうにしたならば宜からう、博多細工には限らないが何か日本で作り出して持つて行くも好からうと其處でも深く感じた次第であります。

次にはペナンに行きましたが、ペナンでは唯多數の支那人が居る、印度人馬來人など一緒に住んで居る、人種の方から言ふと面白いことがありましたけれども、今此處で申すやうな格別なことはないのであります。

それからポートサイドに行きまして此處で上陸して是までの船と別かれて埃及へ入りまして二週間旅行をしたのでありますが、先づ容易に行けるのはカイローでありまして此處はポートサイドから五時間程で行けるのであります、急ぐ人ならば一寸輕業のやうに危いことでありますますけれどもスエスから船に別かれて急いでカイローに行つてそれからポートサイドに行くと云ふ風にすると、船が片方の紅海を通つて堀割を通つて居ると云ふやうな時分に間に合ふからヨーロッパ行きに船を替へずに埃及の一部分を見ると云ふことが出來るには出來るですけれども、それは非常に忙しい話であります、それで二週間もあると一寸埃及の現狀も太古の遺蹟も見ることが出來ますから私は一船遲らせました。カイローから餘り遠くないところの彼の有名なギゼの「ピラミッド」があります此處には一部分電車が架つて居りまして、電車の終點から驢馬或は駱駝に乘つて行くのであります、「ピラミッド」は大きいのは裾が二町四方、高さが一町半、悉く石灰石を以て積んでありまして一つの石の大さが三尺立方或は四尺立方位のものであります・造つた當時には上に滑つこい質の硬い石を被せてあつたのが、それが段々崩れてしまつて今は骨組みの石が出て居る、遠方から見ると三角の面が滑かであるやうに見えますけれども、側へ行くと角張つた石が段々に成つて居るのでありまして上へ乘らうとすれば乘れるのであります、「ピラミット」の中には穴がありまして細い廊下があつて奥の室に石棺があり、今は他へ取除けたけれども其石棺の中に昔の天子の木乃伊があつた譯であります、詰り「ピラミッド」は昔の御陵に當る譯であります、何千年前の遺蹟として既に貴いのみならず今日の人間がやつても容易に出來ないだらうと云ふやうな大規模のものが拵へてあります、是は繪や寫眞でも分るには分るですけれども其場所へ行つて見ると一層深く感ずる次第であります、斯う云ふ所へ行けば矢張記念物が欲しい、所がこれだと云ふ物がない、カイロー邊へ行つて探しても繪葉書より外何にもない、又「ピラミッド」が三つある傍の大「スフィンクス」と云ふものが出來て居る、此物に付いては時々人が誤まつて居ますから餘計なことと思ひますが、一言申して置きます。此形は能く人が女の顔で身體が獅子だと云ふが決して女ではない、男でありまして昔の天子の形を模したものである、女面獅身像抔と云ふ名は全く廢めて仕舞ひ度と思ひます。又此形は築いて拵へた物の樣に思つて居る人も有る樣でありますが、前足の外は自然の岩であります、丁度手を加へると獅子のやうな形であるので昔の人がそれへ細工を施したものと見える。全體地下から露出して居る自然の岩であります、これも矢張石灰岩であります、其大さを言ひますと日本では大きい物を奈良の大佛と言ひますが面の比較をして見ると奈良の大佛を七とすると此大「スフインクス」は九であると云ふ、さう云ふ大きなものであります、所が此大「スフインクス」の形などを摸したものは一つもない、埃及は日本からは遠いけれども歐羅巴からは行く便利が多いものですから好い季節になると歐羅巴の人が多勢行く又亞米利加からも隨分旅客が來る、それで宿屋で言ひましても世界の宿屋の中で一番贅澤であると云ふやうな宿屋さへもある、東洋の贅澤と西洋の便宜とを兼ねたと稱する宿屋抔もある、斯んな土地に來斯んな宿に泊まる人達が何か土地の事を示す土產物を持つて行かうとしても、適當の物がない、矢張繪葉書位のものである、さうでなければ是は太古の遺物であると云つて隨分骨董屋に僞物がありましてそんな物を欺されて持つて行く、或は自分が欺されないで僞物と云ふことを知りながら持つて歸つて人にやる、それを貰つた人は本統の物として隨分害毒を流して居る事があります、さう云ふ所では寧ろ初めから是は模造であるとさう名乘つて確な學者に相談して學術參考品として拵へた物を賣る樣にしたら宜からうと思ふ、初めから模造としてあれば安心して人が買ふだらう、けれどもさう云ふものがない、博物館へ行つて賴めば重復した不用品を讓り受ける事も出來るが億劫である、それで私は自分で感じたのに「ピラミッド」の裾へ行くと石の破れたのが澤山散つて居るそんなものを拾つて「ピラミッド」や大「スフインクス」の雛形を作つて置き物なり、文鎭なりとして賣つたら宜いと思ひましたが、大「スフインクス」の形をした物も一つも見當たらなかつた、「ピラミッド」の形をした記念物も見當らなかつた、さう云ふやうなことは他國の人の拵へるのを待たずに是は隨分大きな考ですけれども日本から埃及へ出掛けて行つて石を拾ふ許しを受け「ピラミッド」や大「スフインクス」の形を拵へてさうしてカイローなりギゼなりで賣つたら好からうと思ひます、それから土人の風俗を拵へた物が少しはありますけれども、是は金屬で作つたもので、恐らくヨーロッパ細工で有りませうが中々高いです、もつと廉く泥細工か何かで作つたら宜いと考へました、古物の模造も土で作るが手輕と思ふ。

次ぎに埃及を去りまして地中海を横切りビスケー灣を通て一旦倫敦に行きました、倫敦には樣々の博物館があります、今申落しましたがカイローにも立派な博物館がありますけれども之は太古遺物專門であります、倫敦で見るべき博物館は

「ブリチシユミユジアム」それから其分館たる「サウスケンシン」博物學博物館其他サウスケンシントには博物館がある一つには美術上の物を列べてある、一つには理學一方の物を列べてある、一つには殖民地に關した物を置いてある、一つには印度の物を置いてある、各々の博物館がナカ〳〵大きいですが、其大きな博物館が五つ固まつて居つて通り抜けるだけでも二日や三日では出來ない位のものであります、本館の方を入れると詰り六つになりますが、其外私の常に行きました所は「コーレッヂオフサージオンス」直譯すれば外科醫者の學校と云ふことになりますが、其處には骨格其他人種研究に必要な參考品が澤山ある、併し其方の事などを此處で言ふ必要はありませぬから外の博物館のことに付いて一寸述べますと、澤山博物館のある中倫敦ではサウスケンシントンの博物學上の博物館と云ふものは陳列の上から言ひますと一番能く出來て居ると思ひます、美術の博物館は建物は立派でありますけれども陳列が餘り宜しくない、間取りが複雜で何處に何があるか分らぬ、直に迷子になつてしまつて、彷徨くと云ふ譯でありますが、博物學上の博物館の方は間取りもチャンと整つて居ります、這入ると直に大きい部屋がある奥にも部屋があり左右にも長く部屋が出來て居る、中央にはダウキンの像が飾つてありまして其周圍には自然淘汰の―ダーウ井ンの殊に唱導しました自然淘汰論が分るやうに標本で示してあります、是は書物を讀まぬでも其處に行つて見れば自然の間に分ると云ふ餘程巧い陳列法が出來て居るのであります、又動物の方に行きますると此處には鳥の標本の巧く出來たのが置てある、以前は外に類が無いと言はれて居りましたけれども後で御話しますが、今日では紐育の方にモット好いのがあります、日本の博物館其外鳥の標本のある所では唯剝製の鳥が置いてある、精々木の枝に留まらしてあるに過ぎないけれども「サウスケンシントン」のは其鳥が砂原に居るものなら下に砂が敷いてある、水のある所に居る鳥ならば硝子で水が示してあつて其上に浮いて居るやうに拵へてあつて實に巧く出來て居る、日本でも日英博覽會のときに此類を出しましたが、「サウスケンシントン」にはさう云ふやうなものが澤山にあるのであります。

　それから倫敦で略ぼ差し向の調べ事を濟まして、次ぎに佛蘭西に行くのにサウサンプトンから佛蘭西アーブルの方に渡つたのでありますが、此處には小さいながら能く整ふた博物館がありました、陳列する場所に付いて十分なことを言つては限りがないことでありまして、狹くて物が置けないとか廣ければ斯う云ふ考があるけれども狹いから仕方がないと云ふやうなことは兎角耳にしますが、狹ければ狹いに應じて物の列べ方を工夫しなければならぬ。此アーブルの博物館は狹いが能く列べてある、一例を言ひますと諸方の人種の風俗を示す所には戸棚の奥の方にイロ〳〵細かい物を置いて前の所には槍の類を斜つかけに矢來を作つたやうに置いてある、斯うして置くと細かい所を見たければ檜が邪魔にならずに見える檜を後ろにやると小さい物の置場がない品物の種類に依つては前に置くことは出來ませぬけれども、檜のやうな物であれば格子にして差支ない、狭い場所を巧く用ゐて澤山の物が置いてありました、それから巴里に行きましたが、巴里にも澤山な博物館があります、博物物の建物として能く出來て居ると思つたのは植物園の中にあります博物學上の博物館此處には地質學上のもの動物學上のもの人類學上のもの此三つがありますが、それは大きな建物であつて間の仕切も何にもない横に廊下もない、恰度船見たやうな大きな建物であつて、上の方は二階三階と云ふものが全體に平になつて居りませぬで周圍を廊下にして中央に穴があいて居る、上から見ても一番下の床が見える、下から見ても上の陳列棚が見える、さう云ふ風で屋根の明かり取りが好く出來て居るから丁度溫室の大きいやうな形になつて居つて光線も能く取れるし、何處へ行つて見やうと云ふときに惑はずに其處へ行けると云ふ樣に成つて居る、博物館としては私はさう云ふ建物が宜いと思ひます、又晴れ〲して居つて明るくて心持の好い陳列場であります、此處では一つ〲の陳列に付いて是は巧く出來て居ると云ふやうなものは何にも心當りはありませぬけれども、建物としては餘程巧く出來て居ると云ふ感を有ちました。それから人種風俗の如き物を置いてあるのは「トロカデロ」館と云て例の「エッフエル」塔のある所の邊にある大きな建物であります、是は建物は面白く出來て居るけれども物を陳列する側から言ふと餘り巧くない、光線の取り方が巧くない、尤も暗ければ明かりを付けると云ふでもありませうが、實際そんな設備は無い、折角說明札があつても見えない、歐羅巴の中央の博物館で斯う云ふ不注意のことをして置くのは不思議なことと思つたのです、外觀は宜いが、中は餘り宜くない、尤も一つ〲の標本を取出せば參考品となるべき物はありますけれども陳列法としては餘り宜くない、それから市外にサンヂャルマンと云ふ所がありますが此處の博物館は昔の城を直したもので窓を大きくして光線を好く取るやうにしてありますけれども、十分明るいと云ふ譯に往かず、此處の陳列品も唯物が多く列べてあると云ふだけで陳列法としては別に此處が宜いと云ふことを見ませぬ。

　巴里を去つて伯林に行きましたが、伯林の博物館も今後良くなるでありませうが、今の所では如何にも物が多いと云ふ感が起るだけで、稍しく物を見ると云ふには餘り好くない、或る場所ではゴチャ〲で殆ど戶棚に物が突込んであると云ふやうな感が起つた、研究する人の爲には澤山の材料を供給するが宜いけれども、普通の參觀人に何でも彼でも有りだけの物を見せやうと云ふのは要らぬ事と思ふ、特徵のある物だけを出して置いて尙此事に付いて調べたければ別室へ入つて見ると云ふ樣にしたならば宜からうと思ひます、それから他の事ですが深く感じたことは菊が歐羅巴で今澤山作られて居る事で、殊に伯林では澤山見ました、ウンテルデンリンデン通りには並木の間に細長い花壇が有つて此處に菊が植えてありました、日本では往來に菊が作つてあるのを見た事がないが、伯林では斯う云ふ風に往來に作つてあります、或は日本でさう云ふことをしましたならば徒をする者がないとも限らぬ、是は誠に恥しいことでありますけれども、日本でさう云ふことをしたならば子供が花を取る、大人までも行つて取つて來る抔と云ふ事が起らぬに限らぬ、伯林では共同の庭、詰り細長い公園として居るのであります、他の花と違ひまして日本の國の花としてある菊が澤山咲いて居りましたので誠に好い心持でありました、私の行きました頃にはドレスデンに萬國衛生博覽會がありまして、名目は衛生博覽會でありましたけれども、事實に於ては殆ど人類學博覽會と名付けても然るべきものでありました、卽ちイロ〳〵の建物のある中央に人類館がありまして、其處では人間の體格はどう云ふ組織のものであると云ふことが分るやうに悉皆列べてある、骨や何かの實物も置いてありますけれども、細かい物は顯微鏡で見るやうに顯微鏡が惜氣もなく澤山置いてある、縱覽人がそれを見て骨の組織なり肉の組織が分るやうになつて居りました其處に人間の體格上のことを示して其次ぎに衣食住が表とか雛形で示してある、其周圍に諸國から出品しました衛生上の物がありましたが、殊に日本のは建物は極く粗末でしたけれども內容に於ては餘程評判が好かつた、是は國贔負で日本が好いと云ふのではありませぬ、他と比較して全く日本が宜かつたやうに思ふのであります、其宜かつたと云ふのはどう云ふことかと云ふと唯品物が置いてあるばかりでなく置き方に樣々分り易いやうな工夫を廻らしてあつたと云ふやうな其點が餘程他よりも擢てゝ居つたと思ひます、佛蘭西の部などに行きますると是は誠に綺麗である、誠に綺麗であるけれども內容は夫れに伴はない樣に見えた、日本で祭の時に和歌とか俳句とかを書いた橫長の行燈を作る事がありますが、アレと同じやうに建物の中に一寸庭を拵へてそれに棒を立て行燈を掛けて中に電氣を點して兩方を透して寫眞とか何かを見せる樣にしてあつた、又所々に休息の椅子の氣の利いたのを置いてあつた、慰みに見るのには宜いけれども內容の點に於ては日本の方が優つて居つた樣に思ひます、餘り人の意を引くやうなことをすると內容よりも其方が勝つてしまう、行き過ぎると却て品物の價値を落す虞があると云ふことを其時に思つた次第であります。

ドレスデンから巴里に戻りまして此處から前の考では羅馬で開く筈の萬國地理學會の人類學の部に出席する筈でありましたが、土耳古との騷動の爲めに伊太利では萬國會議を開くことが出來ず無期延期になりました、それで豫め當て居つた時が浮きましたから其時を利用して西班牙に行きまして、マドリドとトレドとを見物しました、西班牙にも博物館はありますけれども、歐羅巴中心のものと比較になるものはない唯一つ武器の陳列してある、日本で言へば遊就館のやうなもの、是は能く整つて居ました。

それから西班牙を去りましてマルセーユを經てモナコに行きましたが、モナコは是は人の多く遊びに行く所で氣候が好いのと博奕が公に許されて居る所から外國人を引き付けて居るのです、其點に於て世界に名が高いが、此處に立派な博物館がある普通の旅客は餘り目を付けない樣ですが私は其博物館を見に行つた次第であります、モナコと云ふ所は誠に小さな所でありまして、全體の國としても小さなものであるが、都と云ふのは高い所に有つて誠に小さい、東京の愛宕山位にしか見えない、都には王宮と二つの博物館、それから何軒か家がある夫れ限りであります、博物館の一つは人類學博物館一つは海洋學の博物館であります、人類學の方は未だ出來上つて居りませぬが海洋學の方は殆ど完全に出來て居る、今後益々品物が殖えて行きませうが、斯う云ふ主義で物が列べられると云ふことは今でも明かに示してあります、此處には品物も澤山あるが、又示し方が誠に能く出來て居つて一寸見るともう忘れられないやうにしてあります、モナコの博物館のことは私は歸つてから諸方で話の序に言ひましたから既に御聽きになつて又同じことを言ふかと云ふ御感じの方があるか知れませぬが、諸方の博物館を見た中でも殊に強く感じましたから重複を構はずに申しますが、其陳列してある例を一つ言ひますと世界中の海の鹽を一つに寄せたらどの位あるかと云ふ、さう云ふことが簡單に書けば一語で濟んでしまう、表で示せば一行で濟んでしまうが記憶に遺り難い、それが分り易く巧く示してある、大きな臺がありまして其上へ硝子の被ひがありまして一寸手の觸れられぬやうにしてありますが、中に飾つてあるのは一つは大きな「ピラミッド」が作つてある中は木か何かで作つてありませうが、上が白くして有つて丁度鹽の「ピラミッド」のやうに見せてある、其側に小さな「ピラミッド」が作つてある、其處に世界中の鹽を取つて集めると一方の小さい「ピラミッド」を埃及の大「ピラミッド」とすると、それに對しては是位の量であると云ふ事が書いてある、其埃及の大「ピラミッド」の傍に小さな家が置いてある、それは何であるかと云ふと此博物館であると書いてある、其海洋學博物館はナカ〳〵大きな建物である、其建物を外から見ますると實に大きなものであると感じるのでありますが、其處の比較の所へ行つて見ると此大きな建物は是であるけれども埃及の大「ピラミッド」と比較すると是れだけである、又埃及の大「ピラミッド」は是だけれども世界中の鹽は是だけであると云ふやうに示してある、そんなことを表で書いては面白くないが今のやうな拵へ方にしてあると餘程覺え易いです、斯う云ふ例はまだ他にもありますけれども今は一例に止めて置きますが、總て斯樣な示し方で物を示してありますから、中へ入ると出るまでには縱覽人が自然と知識を得る、外の博物館であると通り拔けて何だかイロ〳〵な物があつたと云ふだけしか頭に殘らぬと云ふ事に終り易いが此處ではそんな事は無い、モナコから次ぎには伊太利に行きましてチユリン、ミラン、ローマさう云ふやうな方へ段々移つて行きましたが、チユリンには丁度萬國博覽會のあつた時に彼方此方見ましたが既に博覽會に付いての話は御聽きになつたことがあらうと思ひますからそれに付いて今申すことは止めて置きます唯玆にチユリンとミランで彼方此方行つた中で物の陳列法で一つ感じたことは、ミランの美術館でありますが、其處で油繪が置いてあるのに外では大抵は壁に斜めに掛けてある、傾けて掛けてありますが、此美術館では普通のやうな掛け方をしたのがあるけれども、亦大きい衝立のやうな物を拵へてそれに掛けてある、下に臺が附いて居つて都合に依つて何方へでも動くやうにしてある、兎角油繪などは佳い作でも置場が惡いと見惡いと云ふ事がありますけれども、衝立のやうにして動かすことが出來れば其時の樣子に依つて何方へでも向けることが出來る、是等は些細なことであるけれども陳列法としては餘程好い思付きと云ふことを感じたのであります、それから羅馬に行きましたときは恰度天長節で大使館への御招きに與かると云ふやうな好い季節でありました、羅馬にも見る物は多いがチーブルスからボンペーの方へも行きました、ボンペーは大昔「ヴエスヴイヤス」から吹き出した灰と湯氣と混つた灰汁のやうなもので埋つた所でありますが段々發掘を續け家が出て、往來が出、詰り舊い町が其儘で掘り出されたのである、此處の事は人が好く知つて居るがモ一ツ面白い所がある、それは羅馬の傍で海に近い所でありますが、オスチヤと云ふ所で、此處でも矢張舊い市街か掘出された、それは灰で埋つたのではありませぬで河の水が氾濫して溝泥のやうなもので悉皆市街を埋めた、ボンペーの方は火山の灰でオスチヤの方は泥で埋まつたのであります、其埋り方は違つて居りますけれども市街の埋つて居るに付いては同じことでありますオスチヤに於ては三ヶ所で掘つて居りました、其掘出して居る所へ行つて見ましたが、私の行つて居る間にイロ／＼な物が出て「モザイック」の立派な床が出て餘程面白く思ひました他日此地方へ御出での方はボンペーは云ふまでも無いが、此オスチヤの方も見遁さないやうに行つて御覽になることを御勸め致します、伊太利の諸方の博物館へ行くと誠に五月蠅いのは番人が居りまして此方で賴みもしないのにイロ／＼なことを言つては附いて來て明らさまに錢を吳れとは言ひませぬけれどもさう云ふやうな擧動をする、一人や二人で無いから誠に五月蠅い、歐羅巴の他の地方へ行くとそんな者は居なくて生々すると云ふ氣がする、ア丶云ふやうなことになつてはイヤなことであると他國のことながら情無く思ひました、それからもつと見つともないことは其處にある繪を寫して居る者がある、それは自分の勉强の爲めに寫して居るのではない又注文を受けて寫して居るのではない、其寫した物を縱覽人に賣付けやうとして居る、さう云ふ者が美術館の中に澤山居るので如何に建物が美術館であつても甚だ不美術的のことをやつて居ると思つて誠にイヤな感がしました、一體伊太利には博物館も澤山ありますけれども番人とか或は其中に居る所謂美術家が誠に人に惡感を與へるのであります、それから羅馬からフロレンス、ヴエニス其方へも巡つて來ましたが、フロレンスでは大理石のイロ〳〵な細工物を拵へて居り、イロ〳〵な飾物もありますけれども、歷史上の人物などを半身像にして傍ら學術上の參考になる物も隨分拵へてありました。そこらの物を人の買ふ所を見ますると矢張前に言ひました泥細工でイロ〳〵な肖像を作ることを盛んにしたならば、一種の好い賣物になる事と信ずるのであります。或店に行つて見ましたらば其處には歷史上の人物や文學者の半肉胸像が澤山有りましたが、どれか欲しいと云ひますと此中から御撰りなさいと言ふて簞笥の大抽斗を開ける、一ツにはシエーキスピヤの像が何十か何百か差し身の樣にズッと列べてある、コロンブスでもワシントンでも皆差し身扱ひであつた、アヽ云ふ所まで見せると云ふことは餘り安つぽくなつて面白くないと思ひますが、兎に角それだけ拵へてあつても賣れるので、盛んに種々な肖像を拵へて置くのであります、それからヴエニスへ行きました、ヴエニスへは「ゴンドラ」の船に乘つて見やうとか何とか種々の點から遊びに行く人も澤山ある、歷史上の事を探ねると云ふ人も中にはありませうけれども、旅客の多くは遊びらしいのであります、隨つてお土產を賣つて居る所か多い「サンマルコ」と云ふ御寺がありまして、其前は石敷の廣場である、東京で言ひますと恰度三越の前の所の三井物產三井銀行の廣場の樣な風です、詰りアレの大きいのであります、御寺が正面にあつて其三方が物を賣る所、淺草では仲見世が兩側に列んで居りますが、アレを三方に拵へた形になつて居ります、其處には小間物とか玻璃細工とかイロ〳〵な物を賣つて居ります、其中央には鳩が澤山居る、日本では鳩に豆をやりますが、此邊では玉蜀黍の粒をやるので、それを袋に入れて賣つて居ります、鳩は賣つて居る所へは來ませぬが、人が錢をやつて買ふと自分等に呉れるんだと云ふ風でパッと集まつて來る、さう云ふ所を拔目なく寫眞屋が居まして其鳩の群つて來て肩や帽に留まつて居る所を撮しませうと云ふてやつて來る、それに賴むと一日の中に撮して宿へ持つて來て呉れる、斯う云ふ便利なことをして居りました、此處には外にもお土產が隨分澤山ありますけれども、鳩が澤山あると云ふので鳩の繪を賣つて居る、鳩の形をした物を拵へて賣つて居る、お土產物を買はうとしてもヴエニスの特徵の分かるものは少ない、玻璃細工や革細工もありますが、鳩の形や此處の名物の「ゴンドラ」抔に因んだ良い物が一向無い「ゴンドラ」の雛形を探したがこれぞと云ふものは何にもない、極く詰らない鉛で拵へたのか、ホンの子供遊びに木で拵へた附木細工のやうなもので良いのがない、遠方の話でありますけれども此處へ來て土產の物を買つて行かうと云ふ人は澤山あるのでありますから、日本でさう云ふ技術の上手な者が行つて「ゴンドラ」の形を作る或は鳩の群つて居る所を作る、又何か好い參考品を見て日本で作つて送り出すと云ふ事に仕度いと思ふ、木細工でも泥細工でも宜い、日本人なら器用なものが幾らも出來ると信じます。

ヴエニスから少し方角を變へてブタペストに出ました、ブタペストはハンガリー國の都でありまして、ハンガリー人がハンガリー語を用ゐるのは當然の話では有るが、看板とか掲示とか博物館列品の說明札とかには、獨逸語が用ゐて有るだらうと想像して居ましたけれどもそんな風が見えない、通常歐羅巴を旅行しますと先づ英佛獨のどれかの語が役に立つのですがブタペストではさう往かない、不便な事の一例を言ふとベデカの案內記を見て人種博物館を探ねましたが何處にあると云ふ事は分かつたが其處に行つた所で入口に書いてある事が解せないから果して目的の所へ來たのだが何だか分からなかつた、どうかこうか見るには見ましたが誠に面倒を感じました、其國に行きながら其國の言葉を知らないと云ふのは此方が惡いですけれども、歐羅巴の旅行ならば先づ英佛獨何れかで分るやうにして置かないのは不便に感じました、土地の人が旅客に不便な感を與へると其結果としては又來て見やうと云ふことを初めに思つて居つても面倒だから止さうと云ふ考にならぬとも限らぬ、是等のことは何處にも應用すると云ふことは出來ませぬけれども、世界諸地方の人を對手にして商賣すると云ふ考へから言ふとセメて物の名前とかそんなものには外國人にも分るやうにしたいと思ふ、又是は皆さん御關係の陳列所と云ふ方からは緣が遠いか知れませぬけれども、博物館の方で言ひますると年代は慶長何年とか天正何年と書いてあつても外國人には分りませぬ、セメてさう云ふものは西曆紀元何年と書けば外國人に分ると思ひます、是は外國の旅客として自分がブタペストに行つて殊にさう云ふことを深く感じたのであります。

それから少し道が飛んでしまうやうでありますが、バルカン半島を突き拔けてコレスタンチノーブルへ行きました、それからテラビヤへも行きました、土耳古のことでも申すべきことはありますけれども餘り長く成りますから先づさう云ふ所まで行つたと云ふことだけにして今は止めて置きませう。

歐羅巴の中心に戻つて維納也、ミユンヘン、スタツドガルト其方の方を巡りまして諸方の博物館を見ましたけれども誠に位置の上から心持好く感じたのは維納也の博物館で、王宮の前の廣場に左右相對して同じやうな形の大建築がある、一つは博物學上の博物館、一つは美術上の博物館で非常に立派なものであります、如何に博物館或は美術館と云ふものが重く視られて居るかと云ふことが分つて誠に心持好く感じた譯であります、此處の陳列のことに　いては品物は澤山ありましたけれども、陳列の方法に付いて殊に此處で注意すべき程のものが何にもありませぬ。それからミユンヘン、維納也、此邊は外での賣物が巴里や倫敦にあるものと又違つて雅致があるとか、面白いとか、妙であるとか云ふやうな側のものが澤山にあります、殊に他から來た者が紀念として買つて行かうと云ふやうな物が澤山にある、又他所で拵へさうであるのにどうして拵へないのか不思議であると思ふ樣なのもあります、其一例を言ひますと剝取りの日記です、日本で言ひますと東京では書林とか或は唐物屋とか又出入の八百屋魚屋から歲暮や年玉に持つて來る、茶の間か臺所に下げるに好いが書齋に下げられる樣な物が少い、町へ出て探して見ましても別段好いのも無い巴里、倫敦邊にもどうも餘り面白いものがない、然るに維納也には剝取日記の面白いのが澤山ある、剝取日記としての本統の部分は變つたことはありませぬがそれを貼付けた所が面白い、額のやうにしてあり或は木の枝があつて其處に泥細工の鳥が留つて居る、或は家の形に拵へてある木細工があり、革細工があり、イロ〳〵のものがありまして、誠に日本人の好みに能く適ひ、又日本人が意匠を廻らしたならばもつと好い物が出來るだらうと云ふものが澤山あつた、斯う云ふものは面白いですから他所で作りさうに思ひますけれどもどうも他所にはない、中の一日二日と紙を拵へるのは易しいですが其枠をイロ〳〵考へて拵へたら澤山出來るだらうと思ふのであります。

それからミユンヘン瑞西ではツユーリツヒ、ルツエルン、ベルン其邊を諸方巡つて歩きましたが、瑞西にはお土產物が澤山ある、それは山國には隨分諸方にさう云ふ物がありますが、木細工にもイロ〳〵面白いものがありまして玩具もあるし日用品もありますが、其一二を言へば極く詰らぬものでありますが德利の口です、麥酒や葡萄酒の栓を抜いて其跡へ前に抜いた「キルク」を差すのでなくして飾のある物を差すやうになつて居る、鳥の形を拵へたものがあつて、金絲雀とか何とかが一寸留つて居るものが出來て居ります、それだけでは面白くありませぬが「キルク」の上の所圓錐形になつた所に一寸鳥が橫に付いて居る、足を別に付けませぬで其圓錐形の部分に燒繪で鳥の足が付いて居る、是などは日本人の意匠でやりさうなことで、誠に些細なものでありますけれども斯んなものは日本て木細工は澤山出來ますから、木の多い所で拵へたら宜からうと思ひます、外國へ持出すまでもなく日本の土產物として斯んな物を拵へたら宜からうと云ふ感を起しました。それからベルンには昔から熊を大事にする風が有つて飾物などにも熊を澤山拵へてあります、是は機械でドン〳〵作るのではありませぬで削つて拵へますから緻密なのもあるし、粗末なのもあるし誠に面白いですが、斯う云ふ物をガラ〳〵箱に入れて賣つて居りますが、是等は土地でも澤山出來ませうけれども、何もむづかしいことはありませぬ、熊の形でありますれば宜いのでありますからイロ〳〵な原料で熊の形を拵へてベルンに持つて行つたら土地の人も買はふし旅客も買ふだらうと思ふ。

それから再び巴里に出まして今度はカレードヴアーの路を取つて倫敦に行き、ケンブリッヂ、オックスフォードの方を廻りましたが、倫敦の博物館は前に言ひましたが、倫敦の往來でイロ〳〵なものを見て歩くに「ピン」とか指環とかと云ふさう云ふ装飾品を賣つて居る所を見ますと日本では餘り行はれて居りませぬが、所謂「チャーム」、時計の鎖に附けたり婦人が腕環に附けたりする飾がある、本來は御守ですがイロ〳〵縁起の善い物を附ける、歐羅巴人の是まで好んだのは蹄鐵の形です、さう云ふものがイロ〳〵あるが、其中近頃殖えて來たのは卍と餘り多くありませぬだつたが巴、一方は佛の印し一方は日本の神の印しと云ふ譯てありませう、外國人は迷信が少ないと云ふ風に人が思つて居ますが本統に信ずると云ふのではありますまい、習慣から來たのでありませうけれども日本人よりは却て歐羅巴の人の方が信じないは別として、縁起の善い物を下げることを好む、近頃流行つて居る「ビリッケン」でも一層推測することが出來ませうが、ア丶云ふ物を飾つて置くことが好きであります、さうでありますから是も日本にあるものを取つて、日本では斯う云ふものを大切にする、日本では斯う云ふものは御目出度いのだと云ふやうなことを人の頭に入れると隨分日本から拵へた物で歐羅巴に擴つて行く物があるだらうと思ひます。

彼方此方歩きましてサウサンプトンから紐育に行き、それから亞米利加の諸方を廻つてシャトルから歸つたのでありますが、亞米利加のことに付いても申せば申すこともありますけれども時も段々經ましたから此話は是だけで止めて置きます、要するに私の諸方で見たところで言ひますと、イロ〳〵な物を陳列すると云ふことは、唯澤山の物を見せると云ふことよりは特徴のある物を置き直に分るやうな方法で意味のある所を示す工夫を望ましいと云ふことに歸着點の一つ。それからもう一つは陳列品に札を附けるのに世界の人を對手にするならば日本語で書いてある外に英佛獨の何れかを以て其陳列品の品名時代等を分かる樣に記す事にしたいと云ふこととそれからお土産の品物です。お土産の品物は一つては些細なことではありますけれども、入れ代り立ち代り人が來るのであるから大きい問題である、外國人相手或は内地人相手に日本の諸地方のお土産を拵へるのも必要であるが、又外國までも手を延ばして諸國の地方地方のお土産品を日本で拵へて持つて行くと云ふ事までも仕度いと思ふのであります、既に着手されて居る事で私の知らない事も澤山有るに違ひありませんがモット盛んに成る事を希望して居るのであります、夫には始に申した博多人形の應用で種々の物を作ること抔も肝要なことの一つであらうと考へます、外の木細工とか押繪細工とかに付いても幾らも工夫は有りませう。私の通つた道筋及び折りに觸れて感じた事で何分か諸君の御研究に縁の有りさうな事を拔出して御話すれば精々是位のことであります。誠に不秩序なことを御話して時を取つて濟みませぬでしたが先づ是で御免を蒙ります。

大正元年（一九一二）

二十七　谷津直秀「活氣ある博物館を設立すべし」

（『新日本』二巻二號）

活氣ある博物館を設立すべし

理學博士　谷津直秀

博物館は一國の文明の度の量器にして、其發達如何によりて國民の發達の程度を占するに足る。我國既に行政に於て軍備に於て他の一等國と比して遜色なきの今日、一等國に見るが如き生きたる活氣ある博物館を吾人の有せざるは悲しむべき現象と云はざる可からず。何故に悲むべきか、列國と對峙して流行に後れたるに因るか、否然らず。國民の裝飾として歐米に劣るに因るか、否然らず、博物館にして單に流行、裝飾の如きものなりせば吾人は決してこれを要せざるなり、殊に現今の如き國狀に於て、大金を投じて贅物を建設すをが如きは眞に愚の極のみなり、たゞ然し乍ら博物館は決して無用の裝飾物にあらずして實に國民生命の泉源なるが故に、吾人は之を設立するの必要を感するなり、而して此意味に於て吾人之を有せざるを悲むなり。

鳥獸の古びたる不自然の態度を有せる剝製や濃厚色を有せるアルコールの中に、專門家と雖ども其生態を知るに苦む樣なる魚や色の褪めたる蝶、脚を失へる昆虫、雜然たる介殼を陳列し一見物置然たる感想を誘起するものは過ぎ去れる世紀よりの遺物として考古學の標本として其價値を有する外、現世紀に於ては全く活氣を失へる死したる博物館なり、米國國立博物館の副館長にして特に博物館に就いて研究したるジーブラウングート教授曰ふ「過去の博物館を取り除き、骨董の墓場を變じて活きたる思潮の養成所とせざるべからず」。又曰く、「完成せる(即ち働きを終りたる)博物館は死せる博物館、死せる博物館は無用なる博物館なりと」。

然らば如何なるものを生きたる博物館と云ふか?、之れを讀者に紹介する前に博物館なるものが今日まで如何なる變遷を經過し來りたるやの大略を述べん。

現今博物館の意味を用ひらる、は、Museum はミユーゼスの棲處(パーナサスとヘリコンの森の)義に用ひたるものなり。後に希臘の諸所の社に此名を見、下つては其意味を變じ學問を爲す所、或は學校の意味となりたり。故にアセネウスはアセンスを希臘のミユーゼヤムと云へり。又アレキサンドリヤに於ては特別に科學を研究し、彼の有名なる文庫を有せし所をかく呼びたりき、此がシーザー、ヲーレリアンの時代に滅ぼされ四世紀より千有餘年を經て文藝復興に至るまで全く形迹を見ず。然るに此復興と共に南歐の教會堂は、繪畫、出版物、寫本の採集を盛にし封建時代の各諸侯は競ふて城内にて珍品を蒐集し大に誇となしたりき。又當時の藥店は實に吾邦の黑燒屋の如く種々異樣な動物や植物を貯藏せり。(ニユールンベルヒの博物館内にある中世紀藥店を觀たる人は皆知る所なり)「ロメオ、エンド、ジユリツト」の中に出でたる藥屋に、龜や鰐魚や鰻然たる魚の皮を掛けありたりとは當時のさまを寫し出したるに外ならず。十六世紀十七世紀に至れば海外に旅行せし船長、商人等外國の珍物奇品を採集し來るものあり十八世紀の半となれば此種の採集品が英國にも餘程増加し初めての科學的博物館はオツクスフオドにて Elios Ashmole により建てられ、一六六七年所謂アシユモリヤン博物館と云ふもの之れ也。一七五三年には議會の決定にて英國博物館建設せられたり。其が發達して今日の宏大なるロンドンのサウス、ケンシントンの博物館其より續いて各所に博物館顯れ、米國にては一八一二年にフイラデルフヤ及びニユーヨークの博物學校の建立に起因し、獨立百年祭に際して一八七六年に國立博物館の新設を見一八六九年にニユーヨークに米國博物館建てられ、現今にては米國にてのみ二百三十三の博物館の存在するに至りたり。

之を要するに博物館は珍世界的のものに起因し、次に動植物や古物の種類の陳列となり、現今にては一變して教育の緊要なる機關として國民教育には缺くべからざるものの一となりたり。學校教育は年限僅に二十年に滿たず、然るに博物館より受くる教育は年より云へば幼稚園の生徒より白髮の老年に及び、又生活の狀態より云へば學校教育を充分に受け得ざる勞働者、職工、店員等に至るまでも恩惠に浴するなり、之に因つてひとり科學的の知識を增加して國民全體の福利を增進するのみならず、自然界に對する趣味を增し、個人の品位を高むるに於て活氣ある博物館なかるべからざるなり。

余の所謂活きたる博物館とは次の如きものを云ふ。

第一に、凡ての點に於て教育的ならざるべからず。市街生活は特に自然より遠ざかるもの故、凡てに於て自然の狀態を示す樣に努むべし即ち一例を出せば孔雀の如きも如何なる場所に生棲するやを示す爲めに、其週圍を實物或は油繪を以て現出すべし、鹿や、熊や、雷鳥や、雁鴨皆此の如くすべし。

標品にて見すぼらしきものとなる場合には硝子模型や蠟細工を以て顯はすべし、海中に浮き居る魚、海底動物のさまを造り出たすも、面白かるべし。微細なるものには顯微鏡を備へて供覽すべし。又所々に淡水の水族館を設置して、淡水動物の生活狀態を示すべし。

相模洋の如き海の一局部をとり、其深淺の模型を作り漁業法を示し、同時に魚類及び其製作品を示す裝置を要す。蠶を放大せる模型により、變態の順序より絲線の解剖及び其に類せる有用蛾類を陳列し、其害蟲や病原體も共に出すべし。

病原菌の關係よりして鼠類、蚤類（二尺位の模型）、蚊及びマラリヤ病原體の發生順序（此の模型）チストマの構造より發生の中間宿主たる魚類の標本陳列を要す。完全なる保護鳥の標品（生態を示すもの）は狩獵家警官に必要にして農作物の害蟲の標本は農業家の爲に缺くべからず。

植物に移れば我邦の植物實體（凡そ四千）の彩色畵を壁に掛け木材用の森林植物の標本を陳列し地圖を附して其我邦朝鮮滿州臺灣等に於ける分布を示すべし。又有用植物及び有害植物の標本なかるべからず。寫眞或は硝子寫眞にて植物群或は植物帶を示すべし、人類學的陳列には吾人の先祖の生活歷史を示めす標本、現在のアイノ及び朝鮮人臺灣土人の風俗習慣を示すものあるべし、其他外國のものも出來うるだけ蒐集し體質の標本には蠟細工を用ゆべし。

天文地文學には天體の運行を示す標型、及び晝夜四季の生ずる所以を說明するものを置き、壁に月の半球を附するも面白からん、寫眞及び硝子寫眞にて地質、地震、噴火を示し地震計を設置して其構造を示し、又日本の大なる模型を作り一目に其山嶽の高低海の深淺を比較するを得せしむべし。又一局部の富士山或は東海道線を特別の模型とするもよからん。

方面の異りて必要なるは衛星學細菌學的標本なり。顯微鏡標本、模型、統計表、豫防法、血凊製方等を示し以て結核病腸チフスペストに對する諸般の知識を一目亮然たらしむ。子供の爲めに興味深き展覽を一部に設置すべし。蛙の變態の狀、鳥の巢、其内の雛、金魚の種類、トンボ、セミの種類等もよからん。

又「キワモノ」の展覽を必要とす。例へば白蟻發生すれば、其生態被害の狀、撲滅法を示し、ハレー彗星の出現するや彗星全體の狀態を示す模型必要なるべし、淺間の噴火の際には其狀況を示し、噴火に付ての知識を得さする樣にし赤潮の發生するや其原因たる蟲類を示しピヤリー北極に達すれば北極地方の地圖を模型として、其と同時に橇犬及び旅行の模樣を造り出し、南極探檢の擧あれば同樣にその地方の詳細を示し、進行しつ丶ある船の所在地を旅にて示すも面白からん。日韓合邦に際しては朝鮮の地形風俗習慣を示す特別なる展覽をなし、伊土の開戦に乘じて其地方の模型地圖及び風俗を示し、飛行機の熱高まるや、各種の模型及び其歴史を鳥の翼の運動より最近式にまでの發達によりて示すもよからん。

他方面の活動としては夏期或は他の期間に講義を開き保護鳥に就て或は害蟲に就ての如き問題を擇び或は細菌學大意市内凊潔法に就て、或は一般の動物學或は植物學を特志家の爲めに開講するもよからん。又自然研究科を開き、素養ある館員を出張せしめて短かき旅行をなし會員に説明の勞をとるも益する所大なるべし。

大なる講堂には實物幻燈を晝間に使用し得る樣を設備し無料にて市民に通俗の講話をなすべし。我邦にて開かる丶通俗講話會には學生多くして他の分子の少きは遺憾とする所にて實驗、幻燈、活動寫眞を利用すれば、通俗にして興味多きものなれば學校教育を受け難きもの、又不充分に終りしものを稗益するにも少からざるべし。

同時に諸學校と共同して互に補助せさるべからず博物學の講義の一部は教師生徒を伴ひ博物館にて實物教授を行ふ樣にし、又、動物植物鑛物の標本を數十組備へ置き、小學或は中學の博物教授の時間に貸與する様にすべし。又細菌の生きたる標本も備へ置き教授用の材料として分與するも一案なり。

又圖書館を一部に設け、博物學に關する書を網羅し所謂自然研究の如き簡單なるものよりして、各專門の書物までを備へ研究者の便を計ること必要なり。

以上は小生の理想の一部を略記したるものに過ぎざれど、諸君は既に活ける博物館の如何なるものなるやを知られたるならん。ポンペーよりの珍物も土中にある間は何の役にも立ず。上述の如き事が只聖の聖なる大學や專門學校の教室のみに秘め置かれある間は、如何に貴重なるものと雖も國民を利する事少し。蓋し此種の博物館にして建設せられ活動するや其効果の夥しきは喋々を要せず。此博物館の建設されざる間は日本國民は目蔽をされたる悲運にある者と云ふべし。

大正元年（一九一二）

二十八　黒板勝美「史蹟保存と歴史地理學」

（『歴史地理』第二十巻第一號）

史蹟保存と歴史地理學

黒板勝美

史蹟遺物に就ては近時漸く世の耳目を惹くに至り、既にその保存協會なるものすら組織せられたるが、猶は未だ根本的研究を試みて、その方針計畫等に關し、一般の注意を喚起せざるは遺憾の至りなり。よつて、余は自ら揣らず、嚮きに史學雜誌第二十三編第五號に於て、史蹟遺物保存に關する意見を發表し置きたれば、本誌讀者の中には既に余の卑見を諒せられたる人も多かるべし。且その文意によりて、歴史地理の研究と史蹟遺物保存とが如何に密接なる關係を有せるかも、また了解せられたるところならん。故に今二たびこゝに繰返すの要なきが如きも、その關係はたゞに密接なるものなりといはんよりも、歴史地理の研究が史蹟遺物保存事業の基礎たるものなりといふの至當なるを信ずるが故に、歴史地理に趣味を有する諸氏に向つて、更にこゝに一言を費すも、徒爾ならずと思ひ、歴史地理記者の請に應ずることゝしたるなり。

凡そ史蹟なるものは、すべて地上を離れて存在する事能はず、その地上に殘存せる過去人類の活動を示せるものは勿論、變化し易き天然狀態の中に於て、河道・海岸線の如き過去に於ける人類の活動と極めて密接なる關係を有する物等は、凡て史蹟として保存すべきものなる故に、其等の保存をして學術的ならしめ、合理的ならしむるには、まづその史蹟が如何なる狀態にありや、また如何なる性質を有せるかについて研究したる後、はじめて、その保存の方法を定め、その手段を講せざるべからず。もしこれに學術的研究を加へず、漫然その保存を講ずるあらば、その名は保存といふも、その實は却つて破壞に終ること少からず。寧ろ之を放任するの優れるに如かざることあり。而してこれ史蹟にのみ限らるゝことにあらず。また史蹟と離るべからざる遺物の上にも同樣の事なりとす。但し遺物の保存が最も多く考古學の力に頼るべきものなるに、史蹟の保存なるものが如何なる學問の力によつて學術的のものたる基礎を有するかといふに、全く歷史地理學の補助に俟たざるべからざる事、今更喋々を要せざるべし。

前述の如く、人類活動の舞臺が地上にして、その地を離れて今日迄歷史上の痕跡を存せるところなし。假りに地上を離れて歷史ありとするも、毫もその痕跡を今日に保存せざるのみならず、亦之を保存する必要を認めず。假令へば大海戰なる歷史的事實ありたりとするも、其海を特別に保存すること能はず、もし必要ありとするも、殊更らに人力を以て行ふべき事にあらず。亦、或る將來に空中戰爭ありと假定するも、その空中に於ける史蹟を保存する事と假定するも、その空中に於ける史蹟を保存する事は亦問題に上ぼするの要なし。故に史蹟、少くとも保存すべき史蹟は、常に地上に殘存すといふも不可なし。然れども、地上に殘存すと云ふも、如何なる程度迄が保存すべき史蹟なるかを定むるには大なる困難なり。例へば石田三成と徳川家康とが勢力を爭ひて關ヶ原に雌雄を決したる場合に就て考ふるも、最後の決戰地は關ヶ原の一區域なりとするも、此に關係せる史蹟は東は奥羽より、西は九州に及ぶ日本全國に亘れる地が此時の史蹟と云ひ得るなり。

換言すれば、かゝる大事件の起ることあれば、日本全國何等かの影響あり、何等か之に關連したる歴史的事實ありたりと見るを至當とするが故に、日本全國いづれも史蹟なりといふを得ん、されば、猶は學者の注意に上る能はざる所も、或は旣に史蹟として認められざるべからざ地點あるやも計り知るべからず。故に史蹟の範圍をこゝに定むる事は、如何にも困難なり。然れども、史蹟を保存すると云ふ意味は、すべての史蹟を保存するといふにあらず。特に保存すべき史蹟を保存せよといふなり。その保存すべき史蹟とは、學術上の研究若しくは國民道德の養成上必要なるものを包含するものにして、特に前者の學術上必要なるものを主とすること、實に近代的保存の第一意義なりとす。普通この學術的方面にあつては、地上を離れぬ歴史事實を指すことゝなれるより觀ても、一面に於てまた歴史地理の研究のために史蹟の保存を實行するものなりと論斷することを得るに至るなり。從つて史蹟の範圍を定むるには、まづ歴史地理の研究に必要なるものに限定すべきものなりともいふことを得べし。故に吾人は前に述べし如く、保存すべき史蹟を先づ第一類として、不動的性質を有せる有形物に限らんとす。建築、墳墓、都趾、古戰場、其他商工業に關する建物、農業山林に關するもの土木交通に關するもの、敎育學術に關するもの、日常生活に關する建物等すべて人類活動の痕跡を存せるものとし、第二類をかの變化し易き天然狀態中人類の文化と最も關係深きものとし、更に第三類として、傳說的史蹟を加へんと欲す。かくして保存せらるべき史蹟の範圍旣に定まるとすれば、吾人は進んで之を保存すべき方法及び順序とを研究せざるべからず。而して先づこゝに注意すべきは史蹟の根本的調査なりとす。或はその研究方法の如何によりては、從來一般に無用なるものと考へられしものも、極めて有用なるものとなるや計るべからざるにより、その如何なるものを保存すべきかについては、根本的調査に最も力を傾けざるべからず。然るに我が國に於ける從來多少實行せられたる史蹟保存事業を觀るに、殆んど根本的調査を加へず、唯漫然として一定の方針なく、却つて史蹟及び史蹟に存せる遺物を破壞し、湮滅せしめたる實例あり。また近時世に史蹟顯彰なるもの頻りに唱へらる。而も史蹟顯彰は果して史蹟保存の眞意義なるものと衝突せざるかは、大に研究すべき餘地あり。卑近なる他の例を以て之を示さんに、或る富豪にして倉庫もなく、金庫も有せざる家に住みながら、その家に多額の正金を所有する事を吹聽せりとせんか、その正金を奪はんとする强窃盗を出すや必せり。且つ若し何等警戒を加へずして、その門を飾るに金銀を以てせんか、また忽にして之を盜まるゝならん。近世に唱道せらるゝ史蹟顯彰は多くこの類にあらずや。史蹟なるものにして充分保存法を講ぜずして、唯だ之を顯彰せんには、世の好奇心は必ず此に向ひ、その史蹟を破壞するに至るべし。余は保存の事を唱道する人々が、まづ意をこの點に致さんことを望む。然れども余は史蹟の顯彰に向つて全然反對するものにあらず、その破壞せられざる準備整はゞ、然る後出來るだけその顯彰をなすべきは勿論賛成するところなり。

さて根本的調査とは如何なるものぞ。此に關しては種々の方面に於て學術の補助を要す。或は考古學の方面に於て、或は建築學の方面に於て智識を藉らざるべからず。然れども、同時に歴史地理學が如何に此方面に於て關係多きかに就いては、余がこゝに述べんと欲するところなり。例へば、墳墓に於ても考古學者の活動せざるべからざるは素よりなれど、同時に歴史地理の方面に於ても、十分之を研究すべき事亦必要なり。又古都の址、或は土木交通に關するものにて、運河若しくは古道、古昔の關所などの研究に對しては殆んど歴史地理の研究によりて初めて如何なる地點にその址を求むべきか、亦何時代のものなるや、或は歴史的にその變遷の如何になり居るや、此等の問題の解決せらるゝにあらざれば、その保存を云々するの順序とならず。單に古代の傳説等に捉はれて保存事業に着手するは到底學術的のものとなすを得ず。故にある意味に於て歴史地理學は史蹟保存の爲めに作られたるかの如き學問にあらざるやの感をなす。

最後に注意すべき事は、史蹟或は遺物に對して初めより差等を附し、その優劣を區別すべからざるにあり。前にも既にその研究如何によりて大にその價値を發揮せらるゝものあるをいへるが如く、史蹟そのものには元來自らの價値を高下せらるべきものにあらず。たゞその保存を計畫するに、實際に於ける破壞の程度如何により、その緩急を異にするのみにして、その優等なるが故に其保存を急にし、劣等なるが故に輕忽に附すといふにあらず。しかも一部分の所謂る優なる物を保存せんが爲に、大部分の所謂る劣なるものを放任せんか、その優なるもの〻保存必ずしもよく實行さる〻に至らずして、その劣なるもの既に破壞湮滅され終らんとす。例へば江戸時代の建築は建築史上に於けるデカダンの時代として、亦今日の時代を去る遠からざる爲に、現在の人々に餘りに珍らしく感ぜられざる事實と相合して、學者及び一般人士が、江戸時代の建築物に對しては其保存に就き何等注意を拂はざる傾向あり。假令へば古社寺保存會に於て特別保護建造物として指定せるものは、先づ寛永年時迄のものに過ぎず、然れども社會の發展し來れる江戶時代の歷史より言へば、元祿時代、享保時代其他寛政天保時代等凡て皆其當時の特長を有し、研究を加ふべき價値の充分存せるものなり。然るに古社寺保存會に於て此等に注意せず、寧ろ古き時代にのみ重きを置けるは一種の好古僻と、所謂る一種の美術史眼とに拘束せられて、學術的意義を忘却したるものと云はざるべからず。かゝる點は歷史地理研究者に取りても遺憾なる事實にして、また自ら戒むべき所なり。上代の墳墓が歷史上保存するに意を注ぐべき必要あり。其類の多きを以ての故に、上代に厚く、近代に薄きは、學者としての態度にあらず。

以上陳述せる如く、史蹟の保存は歷史地理の研究を盛にするものなりと認め得べく、史蹟保存事業の基礎たる歷史地理學は、史蹟保存によりて益々發展すべきものにて、所謂る歷史上の現象が原因となり、結果となりて進み行く一の實例とも見るを得べし。換言すれば、史蹟の保存が圓滿に行はるれば行はるゝ程、史蹟に關する研究も發達し來るものなるべく、從つて歷史地理の前途洋々たることを祝福すべきなり。

（本文は黒板博士が編者の請によりて談ぜられたるものを筆記したるものなれば、文責編者にあり）

大正元年（一九一二）

二十九　黒板勝美「博物館に就て」

（『東京朝日新聞』）

●博物館《はくぶつくわん》に就《つ》て（一）

文學博士　黒板勝美氏談

先帝陛下《せんていへいか》の記念事業《きねんじげふ》として、或《ある》ひは音樂堂《おんがくだう》、公《こう》會堂《くわいだう》、或《ある》ひは銅像《どうざう》、科學院《くわがくゐん》といろ〱の説《せつ》があるやうであるが、當《ま》さに無《な》かるべからざるものにして未《いま》だ我《わ》が國《くに》に有《あ》らざる國立博物館《こくりつはくぶつくわん》新設《しんせつ》は、蓋《けだ》し明治神宮奉建《めいぢじんぐうほうけん》と共《とも》に最《もつと》も先帝陛下《せんていへいか》の記《き》念事業《ねんじげふ》たるに相應《ふさは》しきものであらうと思《おも》ふ、故《ゆゑ》に今博物館《いまはくぶつくわん》に關《くわん》し、少《すこ》しく所見《しよけん》を述《の》べて世人《せじん》の參考《さんかう》に供《きやう》したいと思《おも》ふ。

◎ミユーゼアムの意義《いぎ》

ミユーゼアムといふ語《ご》は、ミユーズの神殿《じんでん》といふのが本來《ほんらい》の義《ぎ》であつたが、ついで文《ぶん》學《がく》や美術《びじゆつ》を研究《けんきう》する建物《たてもの》を指《さ》すやうになつた、從《したが》つて紀《き》元前《げんぜん》二百八十年《ねん》ごろ埃及《エヂプト》のアレキサンドリヤに創建《さうけん》された大學《だいがく》をもミユーゼアムと稱《しよう》したのであるが、この大學《だいがく》には有名《いうめい》な圖書室《としよしつ》や、繪畫彫刻及《くわいぐわてうこくおよ》び博物標本類《はくぶつへうほんるゐ》を藏《をさ》めた研究室《けんきうしつ》があつたので、遂《つひ》にこの語《ご》は繪畫彫刻其他標本類《くわいぐわてうこくそのたへうほんるゐ》を集《あつ》めた建物《たてもの》や室《しつ》の名稱《めいしよう》となつて仕舞《しま》つた、之《これ》を我《わ》が國《くに》で博物館《はくぶつくわん》と譯《やく》したのは大英博《ブリチツシユ》物館《ミユーゼアム》で研究《けんきう》した後歸朝《のちきてう》してこの事業《じげふ》に盡瘁《じんすゐ》された故町田久成氏《こまちだひさなりし》であつたらうと思《おも》ふ。そしてその譯語《やくご》は、蓋《けだ》し大英博物《だいえいはくぶつ》館《くわん》で、また博物陳列館《はくぶつちんれつくわん》が分《わか》れて、今《いま》のサウスケンシントンに引《ひ》き越《こ》さぬ以前《いぜん》の頃《ころ》、繪畫彫刻工藝品《くわいぐわてうこくこうげいひん》をはじめ人種學的新古《じんしゆがくてきしんこ》の標本及《へうほんおよ》び動植物礦物《どうしよくぶつくわうぶつ》の類《るゐ》、それに木版類《もくはんるゐ》、古記錄書籍《こきろくしよせき》などまで、ありとあらゆる物《もの》を陳列《ちんれつ》してあつたのを觀《み》られた結果《けつくわ》、町《まち》田氏《だし》が最《もつと》も適當《てきたう》と考《かんが》へて附《ふ》せられたらしい、そしてミユーゼアムといふものが、皆《みな》ありとあらゆるものを一處《しよ》に陳列《ちんれつ》されねばならぬものゝ樣《やう》に、我《わ》が國《くに》の人々《ひと〲》に想《おも》はしむるのは、この博物館《はくぶつくわん》といふ譯語《やくご》から起《おこ》つたところが多《おほ》い。

◎上野《うへの》公園《こうゑん》なる帝室《ていしつ》博物館《はくぶつくわん》

それで上野《うへの》の帝室博物館《ていしつはくぶつくわん》には、帝室《ていしつ》の御物《ぎよぶつ》を主《しゆ》とし、寺社及《じしやおよ》び貴族富豪《きぞくふがう》の寶物《はうもつ》など、古墳《こふん》の發掘品《はつくつひん》から、繪畫彫刻木版類《くわいぐわてうこくもくはんるゐ》、服裝《ふくさう》調度《てうど》その他《た》の工藝品《こうげいひん》、動物《どうぶつ》の剝製《はくせい》、礦石《くわうせき》類等《るゐとう》の天產物《てんさんぶつ》に至《いた》るまで、殆《ほと》んど凡百のもの備《そな》はらざるはなしといふ有樣《ありさま》で、實《じつ》際博物館《さいはくぶつくわん》といふ名《な》に反《そむ》かぬものである、去かし此《これ》は大英博物館《だいえいはくぶつくわん》の模倣《もはう》に過《す》ぎぬので、たゞその圖書館《としよくわん》を有《いう》せぬことが異《こと》なつて居《ゐ》る位《くらゐ》である、去かも憾《うら》むらくはその既《すで》に卅餘年前《よねんぜん》の模倣《もはう》なるが故《ゆゑ》に、日進月《につしんげつ》歩《ほ》の學術界《がくじゆつかい》に於《おい》ては、上野《うへの》の帝室博物館《ていしつはくぶつくわん》の組織《そしき》で猶今日滿足《なほこんにちまんぞく》するとを得《う》べきやは疑問《ぎもん》であると思《おも》ふ。そして現在《げんざい》の大英博《たいえいはく》物館《ぶつくわん》が日《ひ》に〱改良《かいりやう》せられつゝあるは、恐《おそ》らく既《すで》に余《よ》が觀《み》たる二三年前《ねんぜん》のそれであらぬであらう、その卅餘年前《よねんぜん》に比《ひ》して如何《いか》に進歩《しんぽ》したるかはこゝに問《と》ふ必要《ひつえう》がない

◎博物館《はくぶつくわん》と譯《やく》されぬミユーゼアム

上野《うへの》の博物館《はくぶつくわん》から連想《れんさう》して、博物館《はくぶつくわん》といへば直《す》ぐ美術品《びじゆつひん》や工藝品《こうげいひん》から天產物迄《てんさんぶつまで》いろ〱のものを一處《しよ》に陳列《ちんれつ》したところといふ考《かんが》へが浮《うか》ぶけれど、歐米諸國《おうべいしよこく》ではミユーゼアムの中《なか》に彫刻《てうこく》ばかりのそれがある、木版畫類《もくはんぐわるゐ》のみのそれがある、または

宗教《しうけう》に關《くわん》するものばかりを集《あつ》めたのもある、そしてまた必《かなら》ずしも宏壯《くわうさう》なる建物《たてもの》が博物館《はくぶつくわん》として存在《そんざい》せぬのみならず、或《あるい》は邸宅《ていたく》の數室《すうしつ》をそれに充《あ》てたものもある。故《ゆゑ》にミユーゼアムを譯《やく》して博物《はくぶつ》と冠《かむ》らすることが出來《でき》ぬのもあるし、館《くわん》といふことが都合《つがふ》の惡《わる》い場合《ばあひ》も少《すく》くない、丁度《ちやうど》ライブラリーを圖書館《としよくわん》と譯《やく》したのと同《おな》じ誤謬《ごびう》である。

◎野天《のてん》のミユーゼアム それに近頃《ちかごろ》は野天《のてん》のミユーゼアム、換言《くわんげん》すれば博物館的公園《はくぶつくわんてきこうゑん》といふ者《もの》も出來《でき》た、諾威《ノールウエー》のクリスチヤニヤ府《ふ》の附近《ふきん》なるドグドウや、瑞典《スエーデン》ストックホルムのスカンセンにあるミユーゼアムが其《その》よい實例《じつれい》である。そして此等《これら》のミユーゼアムでは古物《こぶつ》などを陳列《ちんれつ》した建物《たてもの》それ自身《じしん》が古《ふる》い時代《じだい》の建築《けんちく》で、既《すで》に一の陳列品《ちんれつひん》となつて居《ゐ》るばかりでなく、百花妍《くわけん》を爭《あらそ》ふ植物《しよくぶつ》も培養《ばいやう》してある、優悠自適《いういうじてき》せる動物《どうぶつ》も飼養《しやう》してある、甚《はなは》だしきに至《いた》つてはその一部《ぶ》にある喫茶店《きつちやてん》の給仕女《きふじをんな》が地方特有《ちはうとくいう》の服裝《ふくさう》で御茶《おちや》を汲《く》む、番人《ばんにん》も中古武士《ちうこぶし》の服《ふく》を着《つ》けて槍《やり》など提《さ》げて居《ゐ》るのを觀《み》れば、彼等《かれら》もまた實《じつ》に陳列品《ちんれつひん》なるが如《ごと》き心地《こゝち》がせらるゝ。それでミユーゼアムといふものゝ意味《いみ》を言《い》ひ表《あら》はすには最早不適當《もはやふてきたう》となつて了《しま》つた、我《わ》が農商務省《のうしやうむしやう》で單《たん》に商品陳列館《しやうひんちんれつくわん》と稱《しよう》して居《ゐ》るのは商業博物館《しやうげふはくぶつくわん》といふよりも宜《い》いやうに思《おも》ふ。たゞ從來永《じうらいなが》い間普通《あひだふつう》に用《もち》ゐられて居《ゐ》るから、以下暫《いかしばら》く舊《きう》によつて博物館《はくぶつくわん》といつて置《お》くが、他日《たじつ》よい言葉《ことば》があつたら改《あらた》めた方《はう》がよいと思《おも》ふ。

●博物館《はくぶつくわん》に就《つい》て(二)

文學博士 黒板勝美氏談

◎意義《いぎ》ある博物館《はくぶつくわん》 かくて博物館《はくぶつくわん》といへば、最早《もはや》いろ〳〵のものを出《で》來《き》るだけ多《おほ》く雜然《ざつぜん》と陳列《ちんれつ》するところでなくなつて了《しま》つた、そして過去《くわこ》十餘年來《よねんらい》「博物館學《はくぶつくわんがく》」とも稱《しよう》すべき新《あたら》しい研究《けんきう》が歐洲《おうしう》に起《おこ》つたのである、まづその建築《けんちく》の點《てん》から觀《み》ても、たゞ防火設備《ばうくわせつび》や永久的建造物《えいきうてきけんざうぶつ》といふだけで滿足《まんぞく》されぬことゝなつた、陳列《ちんれつ》の點《てん》から論《ろん》じても、たゞ珍《めづ》らしいものを展觀《てんくわん》せしむるといふのではなくなつた、約言《やくげん》すれば、意義ある博物館を設《まう》けねばならぬといふのである、卽《すなは》ちその陳列品《ちんれつひん》そのものだけを個々別々《こゝべつ〳〵》に觀《み》せしむるといふのでなく、すべての陳列品《ちんれつひん》に聯絡《れんらく》がなければならぬ、そしてその陳列品《ちんれつひん》の時代及《じだいおよ》びその地方《ちはう》の文化的風氣《ぶんくわてきふうき》を復現《ふくげん》せしめねばならぬのである

◎文化的風氣《ぶんくわてきふうき》の復現《ふくげん》 然《しか》らば文化的風氣《ぶんくわてきふうき》の復現《ふくげん》とは何《なん》であるかといふに、例《たと》へば藤原時代《ふぢはらじだい》の美術品《びじゆつひん》を陳列《ちんれつ》する室《しつ》があるとすれば、その室《しつ》はすべて藤原《ふぢはら》時代《じだい》の裝飾《さうしよく》を施《ほどこ》し、藤原時代《ふぢはらじだい》の飾《かざ》りつけを爲《な》し、その室《しつ》に入《い》れる人々《ひと〴〵》をして全《まつた》く藤原時代《ふぢはらじだい》の人《ひと》となつたかのやうに感《かん》ぜしむる程《ほど》、室内《しつない》には藤原時代《ふぢはらじだい》の風氣《ふうき》が滿《み》ちて居《ゐ》らなければならぬ、出來《でき》るとなら、

その室《しつ》に入《い》らんとする前《まへ》に、この風氣《ふうき》に打《う》たるゝやうなければならぬ、故《ゆゑ》に室内《しつない》の裝飾《さうしよく》なせばかりでなく、その室《しつ》の外部《ぐわいぶ》をも藤原時代《ふぢはらじだい》のものとせなければならぬ、若《も》し更《さら》に能《あた》ふべくんば、その建築《けんちく》そのものも、藤原時代當時《ふぢはらじだいたうじ》のものを移《うつ》して來《き》たいのである、前《ぜん》にいつたスカンセンやビグドーの陳列館《ちんれつくわん》が古代《こだい》の建築物《けんちくぶつ》をそのまゝ用《もち》ひて居《ゐ》るのは、實《じつ》にこの理想《りさう》を現出《げんしゆつ》した一《ひとつ》といつてよい。現在歐洲《げんざいおうしう》の博《はく》物館《ぶつくわん》は決《けつ》して骨董店頭《こつとうてんとう》のやうなものではない、陳列品《ちんれつひん》はまた單《たん》に骨董品《こつとうひん》として取《とり》扱《あつか》はるゝものではない、いひ換《か》ふれば或《あ》る時代《じだい》の文化《ぶんくわ》を復現《ふくげん》せしむるために、その時代《じだい》の遺物《ゐぶつ》を假《か》り來《きた》りて、宗教《しうけう》、美術《びじゆつ》、工藝及《こうげいおよ》び當時《たうじ》の社會《しやくわい》狀態等《じやうたいとう》を示《しめ》すのである、これでなければ意義《いぎ》ある博物館《はくぶつくわん》とはいへぬ。

◎我國《わがくに》の理想的博物館《りさうてきはくぶつくわん》　それで理想的博物館《りさうてきはくぶつくわん》といへば、その遺品《ゐひん》のもと存在《そんざい》した場所《ばしよ》にあつて、その當時《たうじ》の建《けん》造物《ざうぶつ》そのものゝ中《なか》に、出來《でき》るだけ舊《きう》のま陳列《ちんれつ》するとである、この點《てん》からいへば大和《やまと》の法隆寺《はふりうじ》は推古時代《すゐこじだい》から引《ひ》きつゞいて各時代《かくじだい》の建築《けんちく》が多《おほ》く保存《ほぞん》せられ、その遺品《ゐひん》も割合《わりあひ》に澤山今日《たくさんこんにち》に傳《つた》へられて居《ゐ》るから、法隆寺全體《はふりうじぜんたい》が、我《わ》が國《くに》に於《お》いて最《もつと》も貴重《きちよう》なる理想的博物館《りさうてきはくぶつくわん》に近《ちか》いものゝ一《ひとつ》であるといふことが出來《でき》る、故《ゆゑ》にもし法隆《はふりう》寺《じ》の現在《げんざい》の寶庫《はうこ》を更《さら》に完全《くわんぜん》なるものとするならば、世界《せかい》に誇《ほこ》るべき博物館《はくぶつくわん》と稱《しよう》することを得《う》るであらう、去《さ》りとて今日《こんにち》まで法隆寺《はふりうじ》の寶庫《はうこ》が全《まつた》く寺院《じゐん》の手《て》に一任《いちにん》せられ、猶不完全《なほふくわんぜん》なる建築《けんちく》なるが爲《た》めに、屢盜難等《たうなんとう》のこともあり、二たび得難《にがた》き古佛像《こぶつざう》古美術品等《こびじゆつひんとう》を失《うしな》ひしこともあるは、我《わ》が政《せい》府《ふ》も國民《こくみん》も共《とも》にその責《せめ》を分《わか》たねばならぬであらうと思《おも》ふ、そしてこれはたゞに法《はふ》隆寺《りうじ》だけの場合《ばあひ》でない、紀州《きしう》の高野山《かうやさん》や、奈良《なら》の東大寺《とうだいじ》京都《きやうと》の東寺《とうじ》、醍醐三寶院等《だいごさんばうゐんとう》をはじめ多《おほ》くの古社寺《こしやじ》に於《お》ける寶庫《はうこ》について、同《おな》じく我々《われ/\》が再考《さいかう》し、今日《こんにち》のまに放任《はうにん》すべからぬことで、現在《げんざい》に於《お》ける誤《あやま》れる古社寺保存法《こしやじほぞんはふ》を、幾分《いくぶん》なりとも匡救《きやうきう》する一《ひと》の方法《はうはふ》である、實際《じつさい》のところ今日《こんにち》まで博物館設立《はくぶつくわんせつりつ》に伴《ともな》はぬ史蹟保存《しせきほぞん》特《とく》に古社寺保存《こしやじほぞん》が果《はた》してそれだけの効果《かうくわ》を收《をさ》めたるかは寧《むし》ろ疑問《ぎもん》とせねばならぬ、博物館《はくぶつくわん》なるものは必《かなら》ずしも輪奐《りんくわん》の美《び》を極《きは》めた宏壯《くわうさう》なる西洋建築《せいやうけんちく》を指《さ》すのではない我《わ》が國《くに》の古美術博物館等《こびじゆつはくぶつくわんとう》にあつては、防《ばう》火設備《くわせつび》を有《いう》し、永久的材料《えいきうてきざいれう》を用《もち》ひたる日《に》本風建築《ほんふうけんちく》でなければならぬ。

◎奈良《なら》の正倉院《しやうさうゐん》　我《わ》が國《くに》で法隆《はふりう》寺《じ》よりも更《さら》に理想的博物館《りさうてきはくぶつくわん》たるものは、恐《おそ》れ多《おほ》いことではあるが、帝室《ていしつ》の御物《ぎよぶつ》なる奈良《なら》の正倉院《しやうさうゐん》である、主《しゆ》として奈良朝《ならてう》時代《じだい》の工藝品《こうげいひん》がその時代《じだい》の校倉中《あぜくらちう》に、勅《ちよく》封《ふう》の力《ちから》により今日《こんにち》まで保存《ほぞん》せられたる我《わ》が國《くに》唯一《ゆゐいつ》のもので、或《あ》るものは陳列《ちんれつ》の具《ぐ》合《あひ》まで奈良朝當朝《ならてうたうてう》のまゝといふことが出《で》來《き》る、たゞその校倉《あぜくら》の目的《もくてき》が收藏《しうざう》にありて陳列《ちんれつ》にあらざりしことは、多《おほ》くの人々《ひと/\》に拜觀《はいくわん》せしむることが出來《でき》ぬので、今日《こんにち》にあつて一部分《ぶぶん》の人《ひと》に限《かぎ》られて居《ゐ》る、余《よ》は一日《にち》も早《はや》く理想的博物館《りさうてきはくぶつくわん》をその附近《ふきん》に建設《けんせつ》せられ、御曝涼《ごばくりやう》の際《さい》は更《さら》に多《おほ》くの國《こく》民《みん》に拝観《はいくわん》の光栄《くわうえい》を有《いう》せしめられんことを希望《きばう》する。

●博物館《はくぶつくわん》に就《つい》て（三）

文學博士　黒板勝美氏談

◎博物館《はくぶつくわん》と史蹟遺物《しせきゐぶつ》

近來《きんらい》史《し》蹟遺物《せきゐぶつ》の保存《ほぞん》漸《やうや》く世《よ》の注意《ちうい》に上《のぼ》り、その保存方法《ほぞんはうはふ》についても、既《すで》に十五六年前《ねんぜん》から古社寺保存法《こしやじほぞんはふ》の發布《はつぷ》あり、特別保護建造物《とくべつほごけんざうぶつ》や國寶《こくはう》を指定《してい》し、之《これ》が修繕復舊《しうぜんふくきう》等《とう》に毎年《まいねん》十五萬圓《まんえん》づゝ國庫《こくこ》から支出《ししゆつ》せらるゝこと、なつて居《ゐ》るが、この古社寺保存法《こしやじほぞんはふ》は之《これ》を根本的《こんぽんてき》に論《ろん》ずれば、全《まつた》く誤《あやま》つたものので、余《よ》は嘗《かつ》て史學雜誌《しがくざつし》に詳論《しやうろん》したことがある、第一《だい》に特別保護建造物《とくべつほごけんざうぶつ》や國寶《こくはう》に指定《してい》するそのことが却《かへつ》て保存上弊害《ほぞんじやうへいがい》あることで、國家《こくか》が史蹟遺物《しせきゐぶつ》の保護《ほご》をその一部《ぶ》に限定《げんてい》するは、理論上全然贊成《りろんじやうぜんぜんさんせい》すべからぬことであるのみならず、之《これ》を指定《してい》しながら、その保管《ほくわん》の方法《はうはふ》を立《た》てずして之《これ》を寺社《じしや》の手《て》に委《ゐ》するは甚《はなは》だ危険千萬《きけんせんばん》にして、寺社《じしや》に取《と》りても迷惑至極《めいわくしごく》の事《こと》である。假《か》りに一歩《ぽ》を譲《ゆづ》りその指定《してい》が正當《せいたう》とするも、その保管《ほくわん》については、どうしても博物館《はくぶつくわん》を建《た》てゝ、安全《あんぜん》に之《これ》を保存《ほぞん》するのでなければ、その目的《もくてき》を達《たつ》することが出來《でき》ぬ、換言《くわんげん》すれば博物館《はくぶつくわん》の設立《せつりつ》に伴《ともな》はぬ史《し》蹟遺物《せきゐぶつ》の保存事業《ほぞんじげふ》は少《すくな》くともその功果《こうくわ》の一半以上《はんいじやう》を失《うしな》ふものである。伊太利《イタリー》、希臘《ギリシヤ》その他《た》の歐洲諸國《おうしうしよこく》では何《いづ》れでも並行《へいかう》せられて居《ゐ》るばかりでなく、中《なか》には國立博物館《こくりつはくぶつくわん》で史蹟遺物《しせきゐぶつ》の保存事業《ほぞんじげふ》を監督《かんとく》するやうになつて居《ゐ》る、

◎博物館《はくぶつくわん》と圖書館《としよくわん》

博物館《はくぶつくわん》と圖書館《としよくわん》は車《くるま》の兩輪《りやうりん》鳥《とり》の兩翼《りやうよく》といつてよいものである、圖書館《としよくわん》に入《はい》つていろ〳〵書物《しよもつ》を讀《よ》むとして、それが理屈《りくつ》一遍《ぺん》の事柄《ことがら》であるなら、或《あるひ》は書物《しよもつ》だけで其知識《そのちしき》を開發《かいはつ》することが出來《でき》やうが、若《も》しその書物《しよもつ》に書《か》いてあることが、實物又《じつぶつまた》は標本《へうほん》によつて更《さら》に十分了解《じふぶんれうかい》し得《う》べきものならば、圖書館《としよくわん》だけではまだ満足《まんぞく》することが出來《でき》ぬ、どうしても博物館《はくぶつくわん》の必要《ひつえう》があるので、博物館《はくぶつくわん》はいはゞ實物教授《じつぶつけうじゆ》の學校《がくかう》である、之《これ》と同様《どうやう》、博物館《はくぶつくわん》で實物《じつぶつ》を觀《み》ても、更《さら》に圖書《としよ》に入《はい》つて之《これ》を研究《けんきう》するでなければ、その知識慾《ちしきよく》を満足《まんぞく》せしむることが出來《でき》ぬのである、世人《せじん》が博物館《はくぶつくわん》を以《もつ》て、贅澤《ぜいたく》な都市《とし》の装飾物《さうしよくぶつ》であるやうに思《おも》ふのは大《だい》なる誤《あやま》りといはねばならぬ。既《すで》に帝國圖書館《ていこくとしよくわん》を有《いう》する東京《とうきやう》に、郵便博物館《いうびんはくぶつくわん》や商品陳列館《しやうひんちんれつくわん》及《およ》び遊就館《いうしうくわん》の外《ほか》、この圖書館《としよくわん》と聯絡《れんらく》ある國立博物館《こくりつはくぶつくわん》のないのは昭代《せうだい》の闕典《けつてん》であるまいか。或《あるひ》はすぐ隣《となり》に帝室博物館《ていしつはくぶつくわん》があるではないかと反問《はんもん》する人《ひと》があるかも知《し》れぬが、帝室博物館《ていしつはくぶつくわん》は元來帝室《ぐゑんらいていしつ》の御物《ぎよもつ》を陳列《ちんれつ》して國民《こくみん》に拝観《はいくわん》せしめらるゝところで今日彼方此方《こんにちかなたこなた》の所藏品《しよざうひん》を陳列《ちんれつ》せらるゝのは、その實《じつ》一の國立博物館《こくりつはくぶつくわん》なき結果《けつくわ》で、之《これ》が爲《た》めに帝室《ていしつ》の御物《ぎよもつ》も全部陳列《ぜんぶちんれつ》す

博物館《はくぶつくわん》に就《つい》て（四）

文學博士　黒板勝美氏談

◎博物館《はくぶつくわん》は公徳《こうとく》の標準《へうじゆん》　歐米《おうべい》の都市《とし》では一の博物館《はくぶつくわん》を有《いう》せぬのはその都市《とし》の恥辱《ちじよく》といはれて居《ゐ》る、そして公徳心《こうとくしん》少き都市《とし》の博物館《はくぶつくわん》がいつも不完全《ふくわんぜん》な設備《せつび》であると評《ひやう》されて居《ゐ》る、よい博物館《はくぶつくわん》のない所《ところ》は其《その》市《し》の道路《だうろ》など迂悪《まづわる》いと稱《しよう》せらるゝ程《ほど》である。獨逸《ドイツ》のブレスラウ府《ふ》の博《はく》物館《ぶつくわん》は必《かなら》ずしも非常《ひじやう》に不完全《ふくわんぜん》だとはいへぬ、その陳列法《ちんれつはふ》の中《うち》には學《まな》ぶべきものすらあるに係《かゝ》はらず、猶《なほ》他《た》の諸市《しよし》に比《ひ》して劣《おと》れるがために、嘗《かつ》て余《よ》が同市《どうし》に滯在《たいざい》せし頃《ころ》、有力《いうりよく》なる一新聞紙上《しんぶんしじやう》大に博物館《はくぶつくわん》と公徳心《こうとくしん》とについて論《ろん》じ、一時《じ》市民《しみん》の問題《もんだい》となつたことがある、蓋《けだ》し博物館《はくぶつくわん》なるものはその國《くに》若《も》しくはその市《し》の有《いう》せる文化《ぶんくわ》を觀《み》るに足《た》るべき遺物《ゐぶつ》の陳列所《ちんれつしよ》で、またその文化《ぶんくわ》を進歩發展《しんぽはつてん》せしむべき一大機關《だいきくわん》である、そしてその遺物《ゐぶつ》は必《かなら》ずしも國有《こくいう》又《また》は市有《しいう》に限《かぎ》らず、私人《しじん》の珍襲《ちんしふ》せるものすら多《おほ》くて、に陳列《ちんれつ》せらるゝが故《ゆゑ》に、私人《しじん》としてもその藏品《ざうひん》を出陳《しゆつちん》するはまた公徳《こうとく》心《しん》の發動《はつどう》と見《み》ることを得《う》るのである、我國《わがくに》の富豪等《ふがうら》が多《おほ》くは秘《ひ》して世《よ》に示《しめ》さぬ習慣《しふくわん》とは雲泥《うんでい》の差《さ》があるといはねばならぬ、併《しか》し我國《わがくに》で猶《なほ》秘《ひ》する風《ふう》あるは實《じつ》にまた完全《くわんぜん》なる博物館《はくぶつくわん》の未《いま》だ設立《せつりつ》せられざることも與《あづか》つて力《ちから》ありといはねばならぬ、縱《よ》し彼等《かれら》に之《これ》を世《よ》に示《しめ》す心《こゝろ》があつても、實際《じつさい》之《これ》を出陳《しゆつちん》するに適當《てきたう》なる場所《ばしよ》がないといふ現狀《げんじやう》であるのは遺憾《ゐかん》の至《いた》りである。

◎博物館《はくぶつくわん》の種類《しゆるゐ》　されど初《はじ》めにいつた通《とほ》り、上野《うへの》の帝室博物館《ていしつはくぶつくわん》のやうに、美術品《びじゆつひん》から工藝品《こうげいひん》、歴史的遺物《れきしてきゐぶつ》や天産物《てんさんぶつ》と、すべての方面《はうめん》に亙《わた》つて一切《さい》の物《もの》を出《で》來《き》るだけ多《おほ》く陳列《ちんれつ》するのは過去《くわこ》の方法《はうはふ》で、現今《げんこん》大英博物館《だいえいはくぶつくわん》や巴里《パリー》のルーヴル博《はく》物館《ぶつくわん》が猶《なほ》大體《だいたい》に於《おい》てこの種《しゆ》のものに屬《ぞく》するとするも、それはその創立《さうりつ》が古《ふる》いことを示《しめ》すもので、數年以來《すねんいらい》、その部分《ぶぶん》々々に斬新《ざんしん》なる陳列法《ちんれつはふ》や室内《しつない》の裝飾法《さうしよくはふ》を試《こゝろ》みることが六《むづ》ケしきのみならず、古社寺貴族《こしやじきぞく》などの所藏品《しよざうひん》も之《これ》を系統的《けいとうてき》に陳列《ちんれつ》することも能《あた》はぬやうな事情《じじやう》の下《もと》にあるのである。

◎趣味敎育《しゆみけういく》のための博物館《はくぶつくわん》　次《つぎ》に博《はく》物館《ぶつくわん》が必要《ひつえう》なのは、この知識欲《ちしきよく》を滿足《まんぞく》せしむるばかりでなく、趣味《しゆみ》の向上《かうじやう》から觀《み》てもまたその設立《せつりつ》を今日《こんにち》の急務《きふむ》とせねばならぬ、それも東京《とうきやう》とか京都《きやうと》とかであれば、時々《じゞ》美術展覽會《びじゆつてんらんくわい》などの催《もよほ》しがあつて、多少之《たせうこれ》によつて趣味《しゆみ》を養《やしな》ふことが出來《でき》るけれど、その他《た》の地方《ちはう》では、博物館《はくぶつくわん》の外《ほか》にまづこの方面《はうめん》の機關《きくわん》が發見《はつけん》せられぬ、余《よ》は各地方《かくちはう》に小圖書館《せうとしよくわん》の多《おほ》く設立《せつりつ》せられつゝあるのと同《おな》じく、此際《このさい》先帝陛下《せんていへいか》の記《き》念事業《ねんじげふ》として博物館《はくぶつくわん》の多《おほ》く建設《けんせつ》されんことを望《のぞ》む。

●博《はく》物《ぶつ》館《くわん》に就《つい》て（五）

文學博士　黒板勝美氏談

◎國立博《はく》物《ぶつ》館《くわん》と縣市立博《はく》物《ぶつ》館《くわん》

上《かみ》に列擧《れつきよ》した博物館《はくぶつくわん》の種類《しゆるゐ》の外《ほか》、今《いま》一つ博物《はくぶつ》館《くわん》の設立者《せつりつしや》が一國《こく》たり一地方《ちはう》たるに從《したが》つて國立《こくりつ》と縣立《けんりつ》若しくは市立等《しりつとう》に區別《くべつ》さるるのはまたてゝに言《い》ふまでもない、そしてその國立《こくりつ》たり縣立《けんりつ》若しくは市立《しりつ》たるによつて、第《だい》一その規模《きぼ》の大小《だいせう》、品目《ひんもく》の多《た》少《せう》があるのも自《じ》に止《や》むを得《え》ぬことで、從《したが》つて博物館《はくぶつくわん》そのもの、設備《せつび》等《とう》が變《かは》つて來《く》るのである、卽《すなは》ちその規模《きぼ》が大《おほ》きくなり、品目《ひんもく》が多《おほ》くなれば、そのいろ〳〵のものを一館《くわん》に陳列《ちんれつ》することは、餘程《よほど》大建造物《だいけんざうぶつ》でなければならぬことゝなる、されど餘《あま》り大建築《だいけんちく》となれば、各部《かくぶ》の建築《けんちく》を統一《とう》することが六ケしいし、假令《たとひ》統一《とう》が出來《でき》るとしても、巴里《パリー》のルーヴル博物館《はくぶつくわん》の如《ごと》く、側目《わきめ》も振《ふ》らず通過《つうくわ》するだけで二時間《じかん》を要《えう》する程《ほど》なれば、目移《めうつ》りがしてよくその陳《ちん》列品《れつぴん》の印象《いんしやう》を與《あた》へしめぬ、之《これ》に反《はん》して之《これ》

つゝ、之《これ》を改良《かいりやう》して居《ゐ》るのである、現在《げんざい》にあつては若《も》し新《あら》たに博物館《はくぶつくわん》を創立《さうりつ》するとならば、その陳列品《ちんれつひん》の出來《でき》た時代《じだい》や、またその地方《ちはう》の風氣《ふうき》を出來《でき》るだけ多《おほ》く復現《ふくげん》せしめねばならぬことが、博物館《はくぶつくわん》の第《だい》一義《ぎ》であるから、先《ま》づ建築《けんちく》からしてこれに適應《てきおう》するやうに計畫《けいくわく》してかゝらねば、博《はく》物館《ぶつくわん》としての價値《かち》を發揮《はつき》することが六ケしいのである、從《したが》つてその目的《もくてき》や品類《ひんるゐ》によつて多《おほ》くの種類《しゆるゐ》に分《わか》たるゝことゝなるのである。

◎博《はく》物《ぶつ》館《くわん》の分《ぶん》類《るゐ》法《はふ》

博物館《はくぶつくわん》の種《しゆ》類《るゐ》を分《わか》つにはまづ二つの方法《はうはふ》がある、

第《だい》一　陳列品《ちんれつひん》そのもの、種類《しゆるゐ》に據《よ》つて分類《ぶんるゐ》する事《こと》

第《だい》二　陳列《ちんれつ》の目的《もくてき》に據《よ》つて分類《ぶんるゐ》する事《こと》

第《だい》一法《はふ》によつて出來《でき》た博物館《はくぶつくわん》では、繪畫《くわいぐわ》館《くわん》、彫刻館《てうこくくわん》、工藝美術館《こうげいびじゆつくわん》、天產博物館《てんさんはくぶつくわん》、船舶博物館《せんぱくはくぶつくわん》、陶器博物館《たうきはくぶつくわん》等《とう》の類《るゐ》、第《だい》二法《はふ》によつて出來《でき》るのは、歷史博物館《れきしはくぶつくわん》、宗敎《しゆうけう》博物館《はくぶつくわん》、風俗博物館《ふうぞくはくぶつくわん》、海事博物館《かいじはくぶつくわん》、商品《しやうひん》陳列館《ちんれつくわん》、產業博物館《さんげふはくぶつくわん》、人種博物館《じんしゆはくぶつくわん》等《とう》の類《るゐ》である、そして通常《つうじやう》また之《これ》を時代《じだい》と地方《ちはう》とによりて陳列《ちんれつ》することゝなつて居《ゐ》るが、余《よ》は場合《ばあひ》によつては之《これ》を第《だい》三の分類法《ぶんるゐはふ》とし、或《あ》る時代《じだい》に限《かぎ》り、いろ〳〵のものを蒐集《しうしふ》するのも面白《おもしろ》い博物館《はくぶつくわん》が出來《でき》ることであらうと思《おも》ふ、歐洲《おうしう》にあつては今日《こんにち》多《おほ》くは第《だい》二法《はふ》を採用《さいよう》して新《あらた》に博物館《はくぶつくわん》を建《た》てつゝあるのであるが、第《だい》一と第《だい》二第《だい》三の分類法《ぶんるゐはふ》はいづれも一長《ちやう》一短《たん》あり遂《つひ》にその得失《とくしつ》をいふことが出來《でき》ぬのみならず、必《かなら》ずしも衝突《しようとつ》するものでないから、その資《し》金《きん》とその地方《ちはう》の情勢《じやうせい》とその特《とく》に奬勵《しやうれい》し發《はつ》展《てん》せしむべき目的《もくてき》とにより之《これ》を取捨《しゆしや》してよいのである、或《あるひ》はまた之《これ》によつて折衷《せつちう》案《あん》を立《た》つることも差支《さしつかへ》ない。例《たと》へば或《あ》る時代《じだい》の我《わ》が國《くに》に於《お》ける敎育《けういく》に關《くわん》する繪畫《くわいぐわ》館《くわん》（日本明治時代敎育繪畫館《にほんめいぢじだいけういくくわいぐわくわん》）のやうなものである。

をその種類《しゆるゐ》、目的等《もくてきとう》により別々《べつべつ》に分《わ》けて博物館《はくぶつくわん》を設《まう》くれば、美術《びじゆつ》は美術《びじゆつ》、工藝品《こうげいひん》は工藝品《こうげいひん》、天產物《てんさんぶつ》は天產物《てんさんぶつ》と各《おのおの》よく之《これ》を腦裡《なうり》に印象《いんしやう》せしめ易《やす》きのみならず、第《だい》一展覽者《てんらんしや》に倦眠疲勞《けんみんひらう》を生《しやう》ぜしむることが少《すくな》い、故《ゆゑ》に國立博物館《こくりつはくぶつくわん》は、その種類《しゆるゐ》によつてなり、その目的《もくてき》によつてなり、若《も》しくはその時代《じだい》によつてなり、之《これ》を分《わ》ち立《た》つる方《はう》が近來《きんらい》の學說《がくせつ》である、獨逸伯林《ドイツベルリン》に遊《あそ》んだ人々《ひとびと》は、その如何《いか》に多《おほ》く國立博物館《こくりつはくぶつくわん》が分《わか》れたるかを知《し》らるゝであらう、併《しか》し地方《ちはう》の小博物館《せうはくぶつくわん》に至《いた》つては、その規模《きぼ》も小《ちひ》さくてよし、その品目《ひんもく》も多《おほ》からず、從つて必《かなら》ずしもいろ〳〵の博物館《はくぶつくわん》を分《わか》ち立《た》つるに及《およ》ばぬ、純正美術《じゆんせいびじゆつ》たる繪畫《くわいぐわ》や彫刻《てうこく》も、應用美術《おうようびじゆつ》たる工藝品《こうげいひん》も、或《あるひ》はまた天產物《てんさんぶつ》まで一處《いつしよ》に之《これ》を蒐集《しうしふ》するも敢《あへ》て差支《さしつかへ》ない、或《あるひ》はまた之《これ》に加《くは》ふるに古文書館《こぶんしよくわん》や圖《と》書館《しよくわん》を合併《がつぺい》するも別《べつ》に都合《つがふ》が惡《わる》くないことすらあるので、さなきだに豐《ゆたか》ならぬ經濟《けいざい》の下《もと》にある地方《ちはう》では圖書館《としよくわん》は圖書館《としよくわん》、古文書館《こぶんしよくわん》は古文書館《こぶんしよくわん》、博物館《はくぶつくわん》は博物館《はくぶつくわん》と別々《べつべつ》に輪奐《りんくわん》たる建築物《けんちくぶつ》を有《いう》せなくても可《よ》いのである、この點《てん》は國立博物館《こくりつはくぶつくわん》のそれと同樣《どうやう》でないことをこゝに繰返《くりかへ》し置《お》く

◎私立博物館《しりつはくぶつくわん》は段々《だん〳〵》減少《げんせう》す

猶今一《なほいまひと》つ博物館《はくぶつくわん》に私立《しりつ》の性質《せいしつ》を帶《お》びたものがある、これは一私人《しじん》が博物館《はくぶつくわん》を建《た》て若《も》しくはその邸宅《ていたく》を公開《こうかい》し、その所藏品《しよざうひん》を陳列《ちんれつ》するものであるが、出來得《できう》べくんば之《これ》を政府《せいふ》又《また》は自治《じち》の公共團體《こうきやうだんたい》に寄附《きふ》して公立《こうりつ》となし、廣《ひろ》く國民《こくみん》に展觀《てんくわん》せしむるやうにせなければならぬ、これ一私人《しじん》にてはその保管《ほくわん》、監督及《かんとくおよ》び保存等《ほぞんとう》に於《おい》て到底《たうてい》完全《くわんぜん》なること能《あた》はぬのみならず、その費用《ひよう》にも多《おほ》く堪《た》ふべきものでないからで、元來博物館《ぐわんらいはくぶつくわん》なるものは、その保管等《ほくわんとう》には國家《こくか》若しくは自治《じち》の公共團體《こうきやうだんたい》が當《あた》らなければよくその目的《もくてき》を達《たつ》することが出來《でき》ぬのである。故《ゆゑ》に近來歐洲《きんらいおうしう》に於《おい》ては私立《しりつ》博物館《はくぶつくわん》がだん〳〵減少《げんせう》して漸《やうや》くその跡《あと》を絕《た》たんとする傾向《けいかう》を有《いう》し、多《おほ》くは政府《せいふ》若《も》しくは市《し》に寄附《きふ》し、中《なか》には保存費基金《ほぞんひききん》すら之《これ》を提供《ていきよう》せるものすらあるに至《いた》つた、そしてその博物館《はくぶつくわん》の名稱《めいしよう》にその一個人《こじん》の名《な》を冠《くわん》して之《これ》を表彰《へうしやう》する擧《きよ》に出《いで》たもの、既《すで》に諸所《しよしよ》に存《そん》して居《ゐ》る、余《よ》は我《わ》が國《くに》の富豪《ふがう》若《も》しくは貴族《きぞく》がその所藏品《しよざうひん》を政府又《せいふまた》は市《し》に寄附《きふ》し、出來《でき》ることならば、之《これ》を陳列《ちんれつ》すべき博物館《はくぶつくわん》を建造《けんざう》し、その保存費基金《ほぞんひききん》を添《そ》へて、一般國民《はんこくみん》に提供《ていきやう》するもの多《おほ》く出《い》でんことを希望《きばう》して已《や》まぬ。

●博物館《はくぶつくわん》に就《つい》て（六）

文學博士　黒板勝美氏談

◎公園的博物館《こうゑんてきはくぶつくわん》

初《はじ》めに一寸述《ちよつとの》べた野天《のてん》のミユーゼアムに就《つい》て、今一度《いまいちど》こゝに言《い》はして貰《もら》ひたい、諾威《ノルウエー》のビグドウにしても、瑞典《スエーデン》のスカンセンにしても、野天《のてん》のミユーゼアムであるが、同時《どうじ》にまた一の公園《こうゑん》を成《な》して居《ゐ》る、それで公園的《こうゑんてき》博物館《はくぶつくわん》ともいへるが、是《これ》に動物《どうぶつ》や植物《しよくぶつ》が自然《しぜん》のまゝ養《やしな》はれ植《う》ゑられてあるのを觀《み》れば、更《さら》に動植園的公園《どうしよくえんてきこうゑん》とも稱《しよう》することが

出來《でき》るであらう、これは中々《なかなか》大仕掛《おほじかけ》けのもので、無論國立《むろんこくりつ》たるべき性質《せいしつ》を有《いう》するのであるが、その目的《もくてき》はその國自身《くにじしん》の縮寫《しゆくしや》をこゝに示《しめ》さんとしたものである、例《たと》へばスカンセンは瑞典國《スエデンこく》の縮圖《しゆくづ》で、山川《さんせん》谿谷《けいこく》の有様《ありさま》から動植物《どうしよくぶつ》の主《しゆ》なる分布《ぶんぷ》を實物《じつぶつ》で示《しめ》すのみならず、北方《ほくはう》に住《す》むラプランド人《じん》の天幕生活《テントせいくわつ》も觀《み》るとが出來《でき》れば、ストックホルム附近《ふきん》の風俗《ふうぞく》も知《し》ることが出來《でき》る、そしてその内《うち》なる建築物《けんちくぶつ》、建築物《けんちくぶつ》の中《うち》なる古代《こだい》の工藝品等《こうげいひんとう》はまた歴史的《れきしてき》に瑞典《スエーデン》を語《かた》つて居《ゐ》るのである。そして此等《これら》の建築《けんちく》はまた遺物《ゐぶつ》として保存《ほぞん》すべき必要《ひつえう》からこゝに移《うつ》して來《き》たともいふことが出來《でき》るので、この種《しゆ》のミユーゼアムは史蹟遺物保存《しせきゐぶつほぞん》の一法《はふ》として實行《じつかう》せられたものとしても可《よ》い。

◎奈良公園《ならこうゑん》の一部《ぶ》を利用《りよう》せよ

成《な》らうことならこの種《しゆ》の半《なか》ば動植園的《どうしよくゑんてき》にして半《なか》は博物館的《はくぶつくわんてき》なる公園《こうゑん》を東京市《とうきやうし》若しくはその附近《ふきん》に有《いう》したいが、一寸《ちよつと》よい場所《ばしよ》を發見《はつけん》せぬのは遺憾《ゐかん》である、己《や》むを得《え》ずんば、或《あるひ》は鴻ノ臺附近《こうのだいふきん》か多摩川《たまがは》の方面《はうめん》であらう、されど我國《わがくに》で最《もつと》も之《これ》に適當《てきたう》したところで、之《これ》が設備《せつび》にも割合《わりあひ》に費用《ひよう》の少《すくな》い地點《ちてん》は實《じつ》に奈良《なら》の公園《こうゑん》の一部《ぶ》であると思《おも》ふ、奈良公園《ならこうゑん》は全國《ぜんこく》一の廣大《くわうだい》な公園《こうゑん》で、我《わ》が國《くに》の古京《こきやう》としてその近傍《きんばう》に觀《み》るべきところ多《おほ》いばかりでなく、古《ふる》い建築物《けんちくぶつ》なる古《ふる》い寺《てら》なぞで五畿内《きない》あたりから移《うつ》し來《きた》るべきものもないではない、またその寺中《じちう》に陳列《ちんれつ》すべき古代《こだい》の佛像美術品《ぶつざうびじゆつひん》工藝品《こうげいひん》もいろ〳〵存在《そんざい》して居《ゐ》る、それに奈良公園《ならこうゑん》の風致《ふうち》はこの古寺《ふるでら》を移轉《いてん》することに因《よ》つて、決《けつ》して之《これ》を損《そん》せぬのみならず、ます〳〵之《これ》を増《ま》すものである、今日《こんにち》の奈良公園《ならこうゑん》こそ却《かへつ》て或《あ》る意味《いみ》に於《おい》て特有《とくいう》の風致《ふうち》を害《がい》して居《ゐ》る點《てん》がある。

◎明治博物館《めいぢはくぶつくわん》

余《よ》はさきに明治《めいぢ》神宮《じんぐう》の奉建《ほうけん》と共《とも》に先帝陛下《せんていへいか》の記念物《きねんぶつ》として明治博物館《めいぢはくぶつくわん》を設立《せつりつ》すべきことを主張《しゆちやう》した、それは我《わ》が國《くに》の歴史《れきし》に於《おい》て明治時代《めいぢじだい》ほど目覺《めざま》しき發展《はつてん》をなせしはなく、軍事《ぐんじ》、教育《けういく》、殖産《しよくさん》、工業等總《こうげふとうすべ》ての點《てん》に於《おい》て、歐洲《おうしう》の近世史上《きんせいしじやう》に於《お》ける三四世紀《せいき》と優《いう》に相對《あひたい》すべきはいふに及《およ》ばず、舊來《きうらい》の東洋《とうやう》文明《ぶんめい》に加《くは》ふるに、西洋文明《せいやうぶんめい》を以《もつ》てし・最《もつと》も劇《はげ》しい變化《へんくわ》を生《しやう》じた時代《じだい》なので、これ一《いつ》に先帝陛下《せんていへいか》の御聖徳《ごせいとく》と御稜威《みいづ》に因《よ》つたのであるから、先帝陛下《せんていへいか》を記念《きねん》し奉《たてまつ》るべきものは、こゝに明治時代《めいぢじだい》の文化《ぶんくわ》を復現《ふくげん》するに足《た》る博物館《はくぶつくわん》を以《もつ》てすることを最《もつと》も適當《てきたう》なことであると思《おも》ふ、そして之《これ》と共《とも》にそれによつて國民《こくみん》の知能《ちのう》を啓發《けいはつ》し、趣味《しゆみ》を向上《かうじやう》せしむることを幾干《いくばく》であるか知《し》れぬ、又現今《またげんこん》でならば、その陳列品《ちんれつひん》を蒐集《しうしふ》するにも割合《わりあひ》に骨折甲斐《ほねをりがひ》がある、去かも一月《つき》を緩《ゆる》うし一年《ねん》を緩《ゆる》うするならば、この容易《ようい》なりと思《おも》はるゝ蒐集《しうしふ》はだん〳〵と困難《こんなん》を生《しやう》じ、今日《こんにち》ならば百圓《えん》二百圓《えん》で購入《こうにふ》せらるゝものも、數年《すねん》の後《のち》にはその數倍《すばい》に上《のぼ》ることも必《かなら》ずしも珍《めづら》しからぬに至《いた》るであらう、國立繪畫館《こくりつくわいぐわくわん》や國立工藝館《こくりつこうげいくわん》等は、記念事業《きねんじげふ》以外としても、國家《こくか》が必《かなら》ず進《すゝ》んでその創設《さうせつ》を實行《じつかう》せねばならぬものである。

●博物館《はくぶつくわん》に就《つい》て（七）

文學博士　黒板勝美氏談

◎博物館新設《はくぶつくわんしんせつ》に關《くわん》する注意《ちうい》　先年今《せんねんきん》上陛下《じやうへいか》のまだ皇太子《くわうたいし》にてましく〳〵し頃《ころ》、御結婚遊《ごけつこんあそ》ばされた御祝《おんいはひ》として、記念《きねん》のために東京市《とうきやうし》から今《いま》の表慶館《へうけいくわん》を建《た》て奉《たてまつ》つて獻上《けんじやう》した、これが我《わ》が國《くに》に於《おい》て最近《さいきん》に建《た》てられた美術館《びじゆつくわん》である、去かしこの博《はく》物館《ぶつくわん》の建築設計《けんちくせつけい》は根本的《こんぽんてき》に誤《あやま》つて居《ゐ》る、何《なん》となれば、近來《きんらい》の學説《がくせつ》にては、博物館《はくぶつくわん》の建築《けんちく》は、最《もつと》もよく博物館《はくぶつくわん》のことに通《つう》じたもの、顧問《こもん》を要《えう》するのはいふまでもなく、必《かなら》ず如何《いか》なるものを陳列《ちんれつ》すべきやを定《さだ》めて之《これ》が設計《せつけい》を爲《な》さねばならぬからである、前《まへ》にいつたやうに、博物館《はくぶつくわん》の風氣《ふうき》をその中《なか》の陳列品《ちんれつひん》と一致《ち》せしめねばならぬ、若《も》し陳列品《ちんれつひん》がいろ〳〵の時代《じだい》のものであるならば、その中《なか》で最《もつと》も注目《ちうもく》さるべきもの、最《もつと》も貴重《きちやう》なるもの、換言《くわんげん》すれば館中《くわんちう》の本尊《ほんぞん》ともなるべきものと密接《みつせつ》な關係《くわんけい》ある建築《けんちく》の樣式等《やうしきとう》を取《と》らねばならぬ、たゞ漫然《まんぜん》と外國《ぐわいこく》の建築《けんちく》を模倣《もはう》するが如《ごと》きは全然《ぜんぜん》博物館《はくぶつくわん》の意義《いぎ》を解《かい》せぬものである故《ゆゑ》に余《よ》は博物館《はくぶつくわん》を新設《しんせつ》する計畫《けいくわく》があるならば、建築《けんちく》よりもまづその陳列品《ちんれつひん》の蒐集《しうしふ》に全力《ぜんりよく》を擧《さゝ》げて貰《もら》ひたい、去かもその蒐集《しうしふ》に或《あ》る文化《ぶんくわ》を示《しめ》すに互《たがひ》に聯絡《れんらく》あり關係《くわんけい》あるものを前以《まへもつ》て豫定《よてい》し、よく方針《はうしん》を定《さだ》めてかゝらねばならぬことを注告《ちうこく》する。そして一《ひ》ト通《とほ》り蒐集《しうしふ》が出來《でき》たところで、こゝにはじめて建築《けんちく》の方面《はうめん》にその力《ちから》を向《む》けて貰《もら》ひたいのである。

◎博物館《はくぶつくわん》の建築《けんちく》　これは專門家《せんもんか》であれば無論承知《むろんしようち》のことでなければならぬが、從來我《じうらいわ》が國《くに》に於《お》ける博物館《はくぶつくわん》の建築《けんちく》は餘《あま》りに無茶《むちや》である、その室々《しつ〳〵》の設備《せつび》はいふに及《およ》ばず、光線《くわうせん》の具合《ぐあひ》、濕度温度《しつどおんど》の調節《てうせつ》すべて殆《ほとん》ど注意《ちうい》されて居《を》らぬ心地《こゝち》がする、例《たと》へば室々《へや〳〵》については、如何《いか》にすれば限《かぎ》りある廣《ひろ》さを、最《もつと》も多《おほ》く利用《りよう》すべきや、また大小《だいせう》の室《へや》を如何《いか》に區劃《くくわく》すれば、最《もつと》も多《おほ》くの室《ま》數《かず》を得《え》て、去かも光線《くわうせん》その他《た》間然《かんぜん》すべからざるものを設《まう》け得《う》るや等《とう》建築家《けんちくか》をはじめ、博物館保管者《はくぶつくわんほくわんしや》の非常《ひじやう》に苦心《くしん》するところであるのに拘《かゝ》はらず、殆《ほとん》ど普通《ふつう》の住宅《ぢうたく》と選《えら》ぶところなき建築《けんちく》を以《もつ》て甘《あま》んぜるが如《ごと》き、余《よ》は今後博物館《こんごはくぶつくわん》を新設《しんせつ》する人々《ひと〴〵》に向《むか》つて第一《だいゝち》に注意《ちうい》を促《うなが》さねばならぬのである、無論日本《むろんにほん》の古物《こぶつ》を陳列《ちんれつ》するものならばその日本的樣式《にほんてきやうしき》を有《いう》すべきこともハヤ讀者《どくしや》の了解《れうかい》せらるゝところであらう。

◎案内目録《あんないもくろく》と陳列法《ちんれつはふ》　博物館《はくぶつくわん》の事業《じげふ》で一番大切《いちばんたいせつ》なのは案内目録《あんないもくろく》の調製《てうせい》と陳列法《ちんれつはふ》とである、上野《うへの》の帝室博物館《ていしつはくぶつくわん》に案内目録《あんないもくろく》がないのは誰《たれ》も不便《ふべん》を感《かん》じて居《を》ることであるが、去かしこの目録《もくろく》は餘程《よほど》注意《ちうい》をして作成《さくせい》せねばその効能《かうのう》が少《すくな》い、歐洲《おうしう》の博物館《はくぶつくわん》ではこの目録《もくろく》の作《つく》り方《かた》を見て、その博物館《はくぶつくわん》が新進《しんしん》のものであるか否《いな》かが了解《れうかい》せらる、といはれて居《ゐ》る、また陳列法《ちんれつはふ》も當事者《たうじしや》苦心《くしん》の存《そん》する所《ところ》で、たゞ品物《しなもの》を陳列《ちんれつ》するだけが陳列法《ちんれつはふ》でない、如《い》何《か》にすれば陳列《ちんれつ》しながらその保存《ほぞん》がよく出來《でき》るか、また如何《いか》にすれば、その原物《げんぶつ》の價値《かち》を多《おほ》く發揮《はつき》せしむべきか、また如《い》何《か》にせば專門家《せんもんか》をも普通《ふつう》の縦覧者《じうらんしや》をも滿《まん》足《ぞく》せしめ得《う》べきか、また如何《いか》にすれば、その陳列品《ちんれつひん》の間《あひだ》に脈絡《みやくらく》あり聯絡《れんらく》あるかを一目瞭然《もくれうぜん》たらしむべきか、余《よ》は歐洲《おうしう》に於《お》ける諸博物館《しよはくぶつくわん》を巡《めぐ》りて當事者《たうじしや》に會《くわい》し、其《その》苦心《くしん》の如何《いか》に慘憺《さんたん》たるものありしかを聽《き》きしこと屢《しば〳〵》であつた。故《ゆゑ》に博物館《はくぶつくわん》を新《しん》設《せつ》せんとならば、まづこの目錄調製《もくろくてうせい》と陳《ちん》列法《れつはふ》とに巧《たくみ》なる人物《じんぶつ》を選《えら》み得《え》て後《のち》着手《ちやくしゆ》すべきものとすらいはれて居《ゐ》る、米國《べいこく》や露《ろ》國《こく》の博物館《はくぶつくわん》に多《おほ》く獨逸人《ドイツじん》を用《もち》ひてゐるのは、その獨逸《ドイツ》にこの方面《はうめん》の研究《けんきう》近來《きんらい》大《おほい》に發達《はつたつ》して居《ゐ》るためである。

●博物館《はくぶつくわん》に就《つい》て（八）

文學博士　黒板勝美氏談

◎案内目錄《あんないもくろく》を要《えう》せぬ博物館《はくぶつくわん》

しかしこの案内目錄《あんないもくろく》は必《かなら》ずしもすべての博物館《はくぶつくわん》に必要《ひつえう》なる譯《わけ》ではない、中《なか》には反《かへ》つて他《た》の方面《はうめん》に案内目錄《あんないもくろく》を作《つく》る苦心《くしん》を向《む》けた方《はう》がよい博物館《はくぶつくわん》がある、假《たと》へば博物《はくぶつ》陳列館《ちんれつくわん》又《また》は天産博物館《てんさんはくぶつくわん》と稱《しよう》すべきものにあつては、その目的《もくてき》は專門家《せんもんか》の研究《けんきう》よりも寧《むし》ろ國民教育《こくみんけういく》の上《うへ》に利用《りよう》するにあり、且《か》つ之《これ》を參觀《さんくわん》するものをして、案内目錄《あんないもくろく》に依《よ》らざるも、その陳列《ちんれつ》の方法《はうはふ》により順次《じゆんじ》之《これ》を系統的《けいとうてき》に觀察《くわんさつ》せしむることを他《た》の美《び》術館《じゆつくわん》の陳列品《ちんれつひん》よりも容易《ようい》なることが多《おほ》い、故《ゆゑ》に多《おほ》くこの種《しゆ》の博物館《はくぶつくわん》では案内目《あんないもく》錄《ろく》を作《つく》らず、一々《いち〳〵》陳列品《ちんれつひん》に附《ふ》せる説明書《せつめいしよ》に重《おも》きを置《お》くを常《つね》とする、若《も》し新説《しんせつ》等《とう》の發表《はつぺう》さるゝ場合《ばあひ》にはその要領《えうりやう》を印刷《いんさつ》して説明書《せつめいしよ》に加《くは》へ置《お》くこともある、また室《しつ》の入口出口《いりくちでくち》に一々《いち〳〵》その室《しつ》と次《つぎ》の室《しつ》とに如何《いか》なる陳列品《ちんれつひん》あるかを指示《しじ》すると同時《どうじ》に、別《べつ》に博物館全體《はくぶつくわんぜんたい》の平面圖《へいめんづ》に各室《かくしつ》の位置《ゐち》を示《しめ》し、之《これ》を參觀者《さんくわんしや》に頒《わか》つを便利《べんり》とする、この種《しゆ》の博物館《はくぶつくわん》で最《もつと》も完全《くわんぜん》したるものゝ一例《いちれい》としては今《いま》米國紐育《べいこくニユーヨーク》なる博物陳列館《はくぶつちんれつくわん》を擧《あ》ぐるに止《とゞ》めて置《お》く。

◎博物館公開講演《はくぶつくわんこうかいかうえん》

博物館事業《はくぶつくわんじげふ》で、近來新《きんらいあら》しい方面《はうめん》に發展《はつてん》しつゝあるのは博物館中《はくぶつくわんちう》に公開講演《こうかいかうえん》を開《ひら》いて、陳列品《ちんれつひん》に關《くわん》する智識《ちしき》を一般《はん》に擴張《くわくちやう》することである、それは美術館《びじゆつくわん》、工藝館《こうげいくわん》、または博物《はくぶつ》陳列館《ちんれつくわん》に限《かぎ》らず、たゞ受働的《じゆどうてき》に展觀者《てんくわんしや》を待《ま》つだけでは博物館《はくぶつくわん》の任務《にんむ》が終《をは》つて居《ゐ》るとは最早《もはや》考《かんが》へられぬことゝなつたので、平生《へいぜい》その方面《はうめん》に深《ふか》い研究《けんきう》を試《こゝろ》みて居《ゐ》る人《ひと》に請《こ》ひて、陳列品《ちんれつひん》を中心《ちうしん》として講演《かうえん》を催《もよほ》すのである、そして博物館《はくぶつくわん》に對《たい》する趣《しゆ》味《み》を一般國民《はんこくみん》に擴《ひろ》げるばかりでなく、更《さら》に博物館《はくぶつくわん》によつて一般國民《はんこくみん》の智識《ちしき》を多《おほ》からしめるのである、換言《くわんげん》すれば博物館《はくぶつくわん》は一の國民學校《こくみんがくかう》として之《これ》を趣味《しゆみ》の向上《かうじやう》、智《ち》識《しき》の開發等《かいはつとう》に利用《りよう》せしむるのみならず、進《すゝ》んでは之《これ》によつて實業《じつげふ》の振興《しんこう》、殖産《しよくさん》の發達《はつたつ》等《とう》に資《し》するところあらしめねばならぬのである。

◎博物館の圖書室《としよしつ》及《および》研究室《けんきうしつ》　圖書館《としよくわん》

と博物館《はくぶつくわん》とを合《あは》せたのは、大英博物館《だいえいはくぶつくわん》位《ぐらゐ》であるが、前《まへ》にもいつた通《とほ》り、我《わ》が國《くに》では今後《こんご》地方《ちはう》に建《た》てらるべきもの丶、或《あるひ》は取《と》るべきものであると思《おも》ふが、國立博物《こくりつはくぶつ》館《くわん》のやうな大《おほ》きなものでも、その附屬《ふぞく》として圖書館《としよくわん》又《また》は圖書室《としよしつ》を有《いう》することは必《ひつ》要條件《えうでうけん》である、即《すなは》ちその博物館《はくぶつくわん》の陳列品《ちんれつひん》に關係《くわんけい》ある書籍《しよせき》圖書類《としよるゐ》を蒐集《しうしふ》して、實物《じつぶつ》と書籍《しよせき》と相待《あひま》つてその研究《けんきう》を進《すゝ》むるやうにせねばならぬ、また同時《どうじ》に研究室《けんきうしつ》を設《まう》けて研究家《けんきうか》の便利《べんり》を謀《はか》ることも、この圖《と》書館《しよくわん》又《また》は圖書室《としよしつ》の設置《せつち》と共《とも》に必要《ひつえう》なる博《はく》物館事業《ぶつくわんじげふ》の一《いつ》なることはこゝにいふに及《およ》ばぬ、佛國《ふつこく》巴里《パリー》の裝飾工藝《さうしよくこうげい》博物館《はくぶつくわん》や匈牙《ハンガ》利《リー》ブダペストの工藝《こうげい》博物館《はくぶつくわん》など參考《さんかう》すべきものであらう、また米國《べいこく》のフイラデルフイヤ府《ふ》の商業博物館《しやうげふはくぶつくわん》の如《ごと》きは通信部《つうしんぶ》を設《まう》けてこれに力《ちから》を用《もち》ひたるなど、また我が商品陳列館《しやうひんちんれつくわん》の學《まな》ぶべきことであらうと思《おも》ふ。

●博物館《はくぶつくわん》に就《つ》て（八）

文學博士　黒板勝美氏談

博物館《はくぶつくわん》の管理《くわんり》

◎博物館《はくぶつくわん》の管理《くわんり》法《はふ》については今《いま》詳《くは》しく述《の》ぶる暇《いとま》を有《いう》せぬが、現今《げんこん》之《これ》に關《くわん》して猶《なほ》いろ／＼議論《ぎろん》が存《そん》する程《ほど》、博物館事業《はくぶつくわんじげふ》は歐洲《おうしう》に於《おい》ても新《あたら》しい時代《じだい》に入《い》つたばかりである、例《たと》へばその管理者《くわんりしや》の室《しつ》が陳列品《ちんれつひん》に近《ちか》いところにあるのがよいといふ説《せつ》と陳列品《ちんれつひん》は陳列品《ちんれつひん》ばかりの室《しつ》で、管理者《くわんりしや》の室《しつ》は事務室《じむしつ》と一處《いつしよ》にあつた方《はう》がよいといふ説《せつ》と兩派《りやうは》があつて、いづれも一得一失《しつ》猶《なほ》決《けつ》せられぬ問題《もんだい》となつて居《ゐ》る、前説《ぜんせつ》は陳列品《ちんれつひん》の管理上《くわんりじやう》又《また》は陳列法《ちんれつはふ》の整頓《せいとん》に關《くわん》し、管理者《くわんりしや》に取《と》りて便利《べんり》多《おほ》きこととなるが、後説《こうせつ》は博物館《はくぶつくわん》の建《けん》築上《ちくじやう》別々《べつ／＼》になつた方《はう》が都合《つがふ》よいといふので前説《ぜんせつ》に反對《はんたい》するのである、故《ゆゑ》に今日《こんにち》にあつては如何《いか》に之《これ》を調和《てうわ》するかについて苦心《くしん》せられつゝあるのである。

◎博物館事業研究《はくぶつくわんじげふけんきう》の必要《ひつえう》　以《い》上《じやう》述《の》べ來《きた》つたやうに、意義《いぎ》ある博物館事《はくぶつくわんじ》業《げふ》は歐米《おうべい》にあつても僅《わづか》に十餘年來《よねんらい》研究《けんきう》せられたことで、猶《なほ》決《けつ》せられぬ問題《もんだい》が大分《だいぶ》遺《のこ》つて居《ゐ》る、彼《か》の案内目錄《あんないもくろく》の如《ごと》き、歐洲《おうしう》に於《お》ける諸博物館《しよはくぶつくわん》殆《ほとん》ど皆《みな》その作成法《さくせいはふ》を異《こと》にして居《ゐ》る程《ほど》であるし、建築法《けんちくはふ》の如《ごと》きもまた獨逸式《ドイツしき》に限《かぎ》るといふ次第《しだい》では無《な》い、たゞその根本義《こんぽんぎ》として或時代《あるじだい》／＼に於《お》ける文化風氣《ぶんくわふうき》の復現《ふくげん》とか、自然界現象《しぜんかいげんしやう》の復《ふく》現《げん》とか、その種類《しゆるゐ》により定《さだ》まつて居《ゐ》るのは上《かみ》に縷述《るじゆつ》した通《とほ》りであるが、それから以上《いじやう》は博物館主任《はくぶつくわんしゆにん》の苦心《くしん》と才能《さいのう》とによつて、優劣《いうれつ》を生《しやう》ずるのである、故《ゆゑ》に廣《ひろ》く歐《おう》米諸國《べいしよこく》に於《お》ける現狀《げんじやう》に鑑《かんが》みてその所長《しよちやう》を採《と》り、その外觀《ぐわいくわん》の美《び》に眩惑《げんわく》せられず、その實質《じつしつ》と意義《いぎ》の存在《そんざい》とに注意《ちうい》し、これを我が國《くに》に應用《おうよう》せねばならぬ、余《よ》はこゝに當局者《たうきよくしや》がその博物館建設《はくぶつくわんけんせつ》に先《さき》だちまづその事業《じげふ》の研究《けんきう》に從《したが》はれんことを望《のぞ》まざるを得ぬ、博物館《はくぶつくわん》の事業《じげふ》に當《あた》る人《ひと》は最早《もはや》閑人《じん》では出來《でき》ぬこととなつて居《ゐ》るのである。

◎百年《ひやくねん》の大計《たいけい》を立《た》てよ

明治《めいぢ》時代《じだい》の事業《じげふ》は僅々《きん〳〵》四十五年《ねん》の間《あひだ》で非常《ひじやう》に發展《はつてん》したと同時《どうじ》にユックリ大方針《だいはうしん》を立《た》てゝ之《これ》を實行《じつかう》する暇《いとま》が少《すく》なかつた、故《ゆゑ》に出來《でき》るだけ驅《か》け足的《あしてき》に進行《しんかう》せしめたとは爭《あらそ》はれぬ、それでこそ數《す》百年間《ねんかん》に當《あた》るだけの事《じ》業《げふ》が明治時代《めいぢじだい》に出來《でき》たのであるしかし今《こん》日《にち》は最早《もはや》その時代《じだい》を過《す》ぎ去《さ》つたといつてよい、從《したが》つてこの際新事業《さいしんじげふ》を起《おこ》す場合《ばあひ》には、すべて何事《なにごと》もよく方針《はうしん》を立《た》て、百年《ねん》の大計《たいけい》を定《さだ》めねばならぬ、博物館事業《はくぶつくわんじげふ》でも同様《どうやう》で、現今《けんこん》の經濟狀態《けいざいじやうたい》では到底最初《たうていさいしよ》から完全《くわんぜん》なものを設《まう》くることは六《むづ》ケしいであらう、しかしその計畫《けいくわく》だけは出來《でき》るだけ大規模《だいきぼ》とし、まづ事情《じじやう》の許《ゆる》す範圍《はんゐ》で、その一部分《ぶぶん》を實行《じつかう》することゝせねばならぬ、そしてだん〳〵全體《ぜんたい》を完成《くわんせい》することに力《つと》めねばならぬ、これは殊更《ことさら》こゝにいふ必要《ひつえう》がないかも知《し》れぬけれど、博物館《はくぶつくわん》事業《じげふ》では特《とく》に之《これ》を注意《ちうい》せねば、前《まへ》にやつたものを全然改《ぜんぜんあらた》めねばならぬやうなことになることが多《おほ》いから、一言之《ごんこれ》を述《の》べて博物《はくぶつ》館事業《くわんじげふ》に關《くわん》する談《だん》を終《をは》ることとする（終）

大正二年（一九一三）

三十　黒板勝美「郷土保存について」

（『歴史地理』第二十一巻第一號）

郷土保存について

（石橋學士の第二回萬國郷土保存會議報告を讀む）

黑板勝美

本編は本會第五十回例會に於て博士の談話を筆記したるものなり

我が國に於ては兩三年來德川賴倫侯その他朝野の人士によりて史蹟名勝及び天然記念物保存の急要なることを唱道せられ、遂に昨年その保存協會の設立を觀るに至り、所謂郷土保存事業の思想も我が國に紹介せられ、漸くその急務たることを痛切に感ずるもの甚だ多かるべし、特に歷史地理學に趣味を有する人は、その研究上この事業を如何に有効に運用すべきかは、また考窮を要するところならん。

本年六月十二日より同十二日まで獨逸スツットガルト市に於て開かれれたる、第二回郷土保存萬國會議に參列せられたる石橋文學士が同會議の狀況幷に關係事項に關し文部省に報告さるゝところあり、全文は之を官報に發表せられたり。乃ちこゝに同學士の報告に就て、少しくこの郷土保存事業を紹介すると共に、余が卑見を述べ、會員諸君の敎を請はんと欲す。

郷土保存なる語は獨逸語の「ハイマート、シュッツ」（Heimatschütz）を譯されたるものなるが、一體「シュッツ」なる語は寧ろ保護と譯すべきものにして「ハイマート、シュッツ」は郷國保護と翻譯する方可なるを覺ゆ、保存といふ意味は獨語にはプフレーゲ（Pflege）といふ語に存するが如し、されど保存もまた保護の中に包含さるべければ、余はこゝに郷土保存なる語に對して特に異議を提出せず、暫く石橋學士の報告通り、以下すべて郷土保存の語を用ふることゝすべし。

さて同學士の報告によれば、この郷土保存事業はその範圍廣汎なるが爲めに、第一勝景の保存、第二天然記念物の保存、第三古建築の保存、第四風俗及び言語の保存に分たれたるが、獨逸に於ける郷土保存協會《ハイマートシユッツフエライン》は之を六部に分たれ、記念物の保存、景色名勝等の保存をはじめ、天然記念物、美術工藝品、風俗言語習慣等の保護を分擔せり。而して此保存協會の起原を尋ぬるに、初め記念物保存《デンクマールシユッツ》に關する會ありしが、一千九百〇四年三月に至り、索遜國《サクセン》の首府ドレスデンに郷土保存協會の設立を觀るに至り、他の各地方と聯合して各その郷土に於ける天然界人文界の遺物保護を目的とし、着々その事業進行し來りしなり、素より記念物の保存は政府事業として之を行ふべきことにして、國家の力に賴らざれば之を遂行すべきものにあらず、獨逸に於ても所謂臺帳法によりてその進捗を觀つゝあることながら、その範圍の廣汎なると、この事業の性質上より、國民は之を傍觀すべきものにあらず、宜しく國家と國民と相協力してその目的を達せざるべからず、しかも有形的記念物にありては或は國家に一任するも、その取締法等完全ならばまた安んずるこるを得べきものありとするも、無形的記念物例へば風俗言語等に至つては寧ろ國民の力に多く依賴せざるべからず、是れ郷土保存協會設立の最も急務なる所以にして、獨逸が完全なる組織の下に之を進行しつゝあるは健羨に堪へざるなり。

以上略述せる如く、獨逸の鄉土保存協會は各部門に各その專門の大家を部長として活動し、しかもその部長は中央にある學者の專有に歸せずして各地より出でゝ之に執掌しつゝあるは大に注意すべき事にして、素より彼我二國の國情異なるものあるも、我が國に於て中央に於ける有志のみが首腦となり、地方の有志はたゞ中央團體の指揮に隨ひて事に從ふが如きとは霄壤の差ありといふべく、從つてこの保存事業の類にあつてはその實際に於ける効果の觀るべきもの彼に及ばざるは決して偶然のことにあらざるべし。

抑も記念物保存法には歐洲にあつて佛國式のクラスマン法と獨逸式の臺帳法との二あり、現今にあつては佛國式全く否定せられて漸次獨逸式により、先つ根本的調査に着手し、然る後此が保存の實行に從ふことゝなれり、但し明かに史蹟なりと決定せられたるものは調査すべき必要なき如きも、敢て然らず、亦歷史上價値なきと考へられたる場合と雖も、調査して、其眞疑の決定は第二として、出來るだけ多くの遺蹟遺物を臺帳に載せて、研究の資料に供すべき必要ある事を勸告す。

我が古社寺保存法の如く、特別保護建造物を指定し、國寶を指定し、我が國内に散在せる記念物中の一部にのみ國家の保存を與ふるが如きことは、佛國に於てすら既にその非を覺りたるなり、されど前にもいへる如く、國家の保護は必ずしも無形的記念物に及ぶ能はざるのみならず、有形的記念物と雖ども、之を市町村若しくは國民の或る團體等に一任すべきもの少からず、然れば我が國に於てもこの方面に於ける協會的活動は學界のためにも必ず之を起さゞるべからざるものに屬す。

余はこゝに一々石橋學士の報告を紹介し、且之を批評せんと欲するものにあらず、何となれば該報告は既に『歴史地理』十一月號に轉載せられたるを以ての故に、余はその中特に注意すべきもの一二をこゝに論述せん。

先つ郷土保存萬國會議の講演中に瑞西チューリッヒ大學教授ボフェト氏が郷土保存と登山鐵道なる講演を試み、精神的愛國的方面より登山鐵道の弊を論じたるは誠に參考とすべき議論にして、實に登山鐵道は電氣鐵道若しくは架空車により、自由に容易に高山の頂に達し得るに至るも、之が爲めに旅行者が登山の辛苦を嘗むるの必要なく、爲めに國民の元氣と脚力とを滅消するに至るは爭ふべからざる事實なり、彼のスイッツル人が昔時勇敢の國民たりしは全く山嶽峻嶺より與へられたる賜なりしが、近來益々多く遊覽的の目的を以て設けられたる登山鐵道の如き、この方面より觀察すれば寧ろ反對の聲あるに至るも宜なりといふべし。我國に於ても近時登山鐵道の設けられんとする傾向あり、特に外國の觀覽客を汲引する口實の下に、この種の計畫各地方に勃興しつゝあり、此際その利害得失を考究して郷土保存と同時に國民元氣修養の方面より研究すべき必要なしとせんや。現に神戸市附近に政府の許可を得て架空車會社の設立せらるべく、京都の東山奈良の春日山等新聞紙上登山鐵道に關せる記事あるを見る。かゝる事は其土地の繁榮策より見れば或は然るべき事ならんも、一たび國民の元氣に想到すると共に、學術的研究、實地踏査の上より一々其の土地の精細なる研究をなすには、此等の交通機關は、寧ろ望むべきものにあらざるのみならず、時に之が爲めに史蹟名勝の破壞さるゝこととゝならんとす。郷土保存は此の如く一方には學術的の問題と密接の關係を有す。

次に同講演中の自然保護、公園協會事業報告とか、建築上に關する意見とか、水力利用とか等に關しては何れも異論を挾むの要なし、殊に維納ギアノニ學士が試みし講演に、勝地の交通機關及び之に伴ふ諸建築の構造色彩をよく四邊の風致と一致せしむる樣にせざるべからずと論及せしは誠に傾聽すべき論にして、我國に行はるゝ市區改正事業等の局に當る者には、この美術趣味を解する人をも加へて、よく此等の點に注目し充分其處置に就て研究すべき事を勸告す。

次に同報告中三の歐米に於ける郷土保存事業の概況中には聊か追補すべき必要を感ず、則ち獨逸に於ける郷土保存事業中には前述の如く六分科ありて、其中には單に自然界の保護、郷土に於ける名勝地の保護に止まらず、歷史的考古的物品の保護の企圖せられつゝあるは前述の如くなるが他の諸國に於て郷土保存の名こそなけれ、その類似の事業は該報告に洩れたるもの猶多かるべきことなり、例へばオランダに於ては低地洲保存協會ありて、各地方の保存協會を聯合せるあり、また民間の事業として大寺の保存會あり、此會は寺を中心として此に關係ある凡ての有形無形の研究をなし、如何にせば寺を完全に學術的に保存する事を得るかを考へ、建築其物の研究は素より、彫刻繪畫の研究をなすと同時に、如何にせば後世に保存し得るかを研究せり、かゝる事業は我國に於て大に參考とすべきものなるを信ず。今之を法隆寺に就て考へんに、法隆寺は日本の佛敎史の初頭の大部分を占むるのみならず、建築の方面より見ても、推古式の好模型たり。若しくは改造せられたりとするも、現存の最古の形式を以て見るを得べく、加之、法隆寺伽藍は建築の種類を年代を追ふて系統的に完備して保存せられたるは誠に至重の遺物にして、南都の諸大寺の多くは唯其伽藍の一部を存し、建築當時の俤を止むるもの少なきに、獨り法隆寺は幸ひにして明治維新の際にも境內舊のまゝに存せられ、比較的完全に保存せられたり。

古社寺保存會に於ては足利氏時代以前のものに、其保存を限れる如きも、余を以て考へしむれば何れの時代のものを問はず保存を講ずべきが至當とす、而して保存事業を企つるに單に現今の不完全なる法令の下に政府に一任せしむるは學術的方面より見ても遺憾なる事にして、彼の法隆寺の如きは、聖德太子の研究より見るも、美術宗敎の方面よりも必要にして、其等の研究は實に鄉土保存の一部分なり、專門の智識を有する人々が集まりて法隆寺を各方面より研究し、其保存を如何にすべきかの協會團體を作りたきものと考ふ。現にその金堂の壁畫を如何にせば保存出來得るやは目下の研究問題にして、かゝる研究は學術的方面より見ても誠に必要の事業なり、則ち法隆寺保存會の組織成りて法隆寺其物の全部を保存する如き事業起り、其より及ぼしては他の佛寺他の地方にもかゝる保存會起り、互ひに聯合して鄉土保存の事業を完全に行ふが我國に於て鄉土保存的事業の一部として學者の注意すべきことなりとす。

尙ほ餘談に亘るも、法隆寺の研究に就ては、歷史地理學會とは密接の關係あり、此現存伽藍が推古時代當時のものなりや、天智時代のものなりやは、一時史學界の大問題となりたり。而して法隆寺の研究は同寺の學問上の價値を明白にする事にして、法隆寺に關する研究は同時に保存事業と關聯す、例へば、推古時代の儀式の如き、我が文化史と關係多く、佛敎の渡來以後儀式が如何に變化し、保存せられたるかは一の問題なると共に、かゝる研究は法隆寺研究と相俟ちて明かになるべし。

西大寺の鬼追の式中に呪師といふものが出る。それが場内を廻るとき、太刀を二本持ちて、初は上段の構へ、次に下段の構へ、第三に中段の構へ、最後に太刀を棄て手に呪文を結び場内を廻るを見る。余はこの儀式を見たるときに直ちに宮本武藏の二刀流を聯想せり、宮本武藏が如何なる人より此刀法を傳はりしかは未だ余の研究せざるところなるも、佛敎の儀式が偶々宮本の刀法と一致し、その間何等かの變化傳來あるにあらざるかを考へしむ。然らば今日に於て輕視せらるゝこの種の儀式も歴史上の參考としてまた必要なしとせず、故に寺を中心として此に關する各方面の研究をなすこともまた忘るべからざるところなりと思ふ。

次に英國の如き決して郷土保存事業が看却されたるにあらず、バキムガムの市區改正整理事業の狀態を見るに、其委員中に美術家歴史家等の專門學者ありて、郷土保存の精神が市區改正の上に現はれたる如きは、東京市の市區改正事業等大に參考とするに足るべき實例なり。實際郷土保存の名稱なきも不言實行にて其事業の行はるゝは實に喜ばしき事にして、例へばアメリカの或地方に於て、天然物保護の方面より野の花を摘む事を禁せられたる處あり、野の花は春の景色秋の景色に美觀を添ゆるもの、然るに其を破壞するは天然物を害する事になれば、かゝる實行はまた一種のハイマートシュッツに相當す、或はロンドンの繁華なる町の中心に古き時代の家屋が出來得るだけ完全に保存せられたる如き例は今日我が東京に於ける市區改正などに見る能はざる所なり。次に報告中の第四普魯西に於ける天然記念物保護の制度は專門の方面より研究されたるものにして、我國に於ける天然記念物保存協會の參考とすべき重要の制度なり、天然記念物中央調査所と地方立天然記念物調査委員會とが互ひに相連絡して、其目的を達する方法の如き、大ひに參考とするに足るべし。

余は最後に石橋學士の力によりてこの鄉土保存に關する有益なる報告に接するを得たるに對し、こゝに感謝の意を表す。而してこの報告に接したる我國の學者有識者は、學問の研究上より、將た國民道德上より、ますます鄉土保存事業を講究して、その實行の途に上るべき必要あるを信ずるなり。

大正二年（一九一三）

三十一　黒板勝美「博物館の建築に就いて」

（『建築世界』七巻八號）

博物館の建築に就いて

文科大學助敎授
兼史料編纂官
文學博士　黑板勝美

我邦《わがくに》に於ける博物館は先づ指《ゆび》を東京の帝室博物館《ていしつはくぶつくわん》と其の分館とも云ふべき京都及奈良《きやうとおよびなら》の帝室博物館に屈《くつ》すべきで、其他には未だ博物館《はくぶつくわん》ともいふべき程のものは無《な》いが、追々世の中が進《す》むに連れ、新たに各地《かくち》に設置《せつち》さるるに至るべきは自然《しせん》の趨勢《すうせい》なるのみならず、敎育《けういく》、美術等《びじゆつとう》を奬勵する方面から見《み》ても、既に其の必要《ひつえう》を促がして居るのである。殊《こと》に大《だい》なる都市等にあつては、市《し》の發展《はつてん》と云ふ點から云ふも、亦其美觀《またそのびくわん》を添ふる上《うへ》から見るも當然之《たうぜんこれ》を有せねばならぬと思ふ。併《しか》し乍《なが》らその建築《けんちく》に對しては、其の標本《へうほん》とも云ふべき上野《うへの》の博物館でも、私等全く建築上の智識《ちしき》なきものすらも非常《ひじやう》に遺憾《ゐかん》に思ふ事が多い。尤《もつと》も上野の博物館と云つても最初《さいしよ》から其の建築樣式等《けんちくやうしきとう》を研究して建《た》てたのではない、明治《めいぢ》十四年《ねん》の内國博覽會の美《び》術館《じゆつくわん》をその儘利用《りよう》したのではあるが、其の後三十餘年の今日まで此の方面《はうめん》の研究《けんきう》が少しも進歩して居ない樣《やう》に思はるゝのは、餘《あま》りにひどいと云はざるを得《え》ぬ、これは我國《わがくに》の建築家に向つて是非《ぜひ》十分研究《ぶんけんきう》して貰ひ、この方面《はうめん》に關係ある人々にもよく注意《ちうい》されん事を希望《きばう》する。歐羅巴や亞米利加あたりを見廻《まわ》つて見ると、大きな市は勿論《もちろん》、小さき町《まち》でも殆んど博物館を有つて居らぬところはない、其舊《そのふる》きは追々新《おひおひあた》らしく更に改良《かいりやう》を施《ほど》されつゝあると云ふ有樣《ありさま》なるに、かく我邦《わがくに》では陳列法等も殆《ほと》んど改良進步《かいりやうしんぽ》の見るべきなく、若し之を責《せ》むれば多くは經費《けいひ》の不足に歸するが如きものあるに至《いた》つては不甲斐《ふがひ》なき次第である。殊《こと》に建築の上に於ては、博物館《はくぶつくわん》の研究《けんきう》から得た理想《りさう》とは反對し矛盾《むじゆん》して居るので、今日《こんにち》の我が博物館はまづ骨董店式《こつとうてんしき》と云ふも過言《くわごん》ではない。今歐米各國の博物館を見るに、博物館は各その陳列品《ちんれつひん》の種類《しゆるゐ》によつて分れ獨逸の如き十餘種《よしゆ》に及んで居る。美術《びじゆつ》の博物館《はくぶつくわん》でも亦純粹美術《またじゆんすゐびじゆつ》と工藝美術《こうげいびじゆつ》即ち應用美術《おうようびじゆつ》と分れ純粹美術でも繪畫《くわいぐわ》とか彫刻とかに分かれたのみならず、繪畫《くわいぐわ》に於ても古代以降のものと最近世《さいきんせ》のものとは別《べつ》になつて居る、それ〳〵其の建築《けんちく》の樣式《やうしき》を變化《へんくわ》して居る次第である。無《む》論《ろん》我《わ》が邦《くに》でも其創立當時から觀たら、兎に角三十餘年《よねん》も經過《けいくわ》したのであるから、陳列法等《ちんれつはふとう》いくらか進步して居るかも知《し》れぬ、しかしそれは其の時《とき》の力によつてなされたので、進《すゝ》んで改良《かいりやう》せられた跡がどれだけ認《みと》めらるゝであらうか、そしてこれは又我邦《またわがくに》に於て博物館研究の閑却《かんきやく》されたゝめで、如何《いか》にも明治時代《めいぢじだい》に於ける我が邦の進歩に相應《さうおう》しない様《やう》に思はれる。言ひ換ふれば近來博物館《きんらいはくぶつくわん》の研究がます〳〵進《すゝ》んで來た歐米の近情《きんじやう》から考へても、博物館の建物《たてもの》は普通の建物と違《ちが》ひ、博物館特有の建築法《けんちくはふ》が我が邦にも出來《でき》て來なければならぬのである。

然らば博物館特有《はくぶつくわんとくいう》の建築法とは何《なに》を云ふかと云へば、夫れは意味《いみ》のある博物館を作《つく》れと云ふ事である。意味《いみ》のある博物館《はくぶつくわん》とは詳《くは》しく言へば、唯種々なる品物《しなもの》を雜然《ざつせん》と陳列し、何も彼も同一樣に其の陳列品《ちんれつひん》を取扱ふと云ふことは最早過去《もはやくわこ》の事であつて、又建築《またけんちく》の上から見ても單《たん》に防火《ばうくわ》の設備を能《よ》くするとか、之を永久的の建築《けんちく》とせなくてはならぬと云ふ事丈では滿《まん》足《そく》すべき時代ではなく、或《あるひ》は光線學《くわうせんがく》を應用して何んな風に光線を採れば品物《しなもの》の保存上乃至は品物を觀覽《くわんらん》する上に於て都合《つがふ》よきか、即ち一直線《ちよくせん》に硝子を透して來る光線《くわうせん》がよいか、或は光線を屈折《くつせつ》せしめて柔らかく來る樣《やう》にした方がよいか、又室《またしつ》内《ない》の換氣法《くわんきはふ》も外部と室內との關係及《くわんけいおよ》び室内相互《しつないさうご》の關係等、此等の事からして建築《けんちく》の上に大影響《だいえいきやう》を生ずるので、一の室に於ても品物と品物との間の連絡《れんらく》、其品物の時代、品物の初めからあつた其地方《そのちはう》の文化的《ぶんくわてき》の風氣が其の室に滿《み》ちて居る樣でなければならぬ。即ち單《たん》に品物丈《しなものだ》けに注意するのみでは足《た》りない、一の室《しつ》の裝飾及《さうしよくおよ》び建築《けんちく》の柱或は天井《てんじやう》と、品物の時代、品物を造《つく》つた地方の風氣と一致《ち》せしめて觀る人も其の部屋《へや》に入れば自然《しぜん》に古い時代の人となつた心持《こゝろもち》で見る樣でなければならぬ。言ひ換ふれば其部屋《そのへや》の構造《かうざう》、裝飾《さうしよく》を初め陳列品が宛然として或る過去《くわこ》の時代が再現《さいげん》した樣な風氣を保せたいのである。若し又美術品《またびじゆつひん》でなく博物の標本《へうほん》であれば、唯剝製《たゞはくせい》の鳥或は獸類《じうるゐ》を見る丈けでは不可《いか》ぬ。其部屋は亞米利加のパノラマ的の光線を利用《りよう》し、天然の儘に生活《せいくわつ》して居る樣の設備《せつび》をせなければならぬ。若し更に進《すゝ》んで出來る事《こと》なれば、其の部屋《へや》に入る前に夫等《それら》の風氣に打たるゝ樣《やう》でありたい。即ち理想《りさう》として全體《ぜんたい》の建築が美術《びじゆつ》であれば、館に入る以前《いぜん》に於て古美術《こびじゆつ》の風氣に打たるゝ樣の建築《けんちく》にせねばならぬのである。これが博《はく》物館《ぶつくわん》の建築に最も大事《だいじ》なところで、しかも六ヶ敷《し》いところである。されど博物館《はくぶつくわん》と云ふと特に或る時代《じだい》を限つて陳列《ちんれつ》をして居ない場合《ばあひ》が多い。從つて各時代《かくじだい》の風氣に打《う》たるゝと云ふことは出來《でき》ないから、其中の最優秀《さいゆうしゆ》なる、いはゞ、博物館の中心《ちうしん》となるべき、美術品《びじゆつひん》に重きを置いて博物館を建築するのが普通《ふつう》である。歐羅巴で先づ美術館《びじゆつくわん》と云へば多くはルネッサンス時代のものが中心《ちうしん》となつて居る。例《たと》へばミケロアンゼロであるとか、或《あるひ》はラファエル・サンチであるとか、其外《そのほか》に伊太利派をはじめ、歐羅巴近世の繪畫《くわいぐわ》はルネッサンス時代が主となつて居る、又彫刻《またてうこく》は古代の希臘《ギリシヤ》、羅馬《ローマ》の影響《えいきやう》を受けて居るから其の建築《けんちく》がクラシックの樣式《やうしき》を採つて居るのである。即ち美術館《びじゆつくわん》が希臘、羅馬の物を主として陳列《ちんれつ》すると云ふ場合《ばあひ》には、希臘風の建築例《けんちくたと》へばパーテノンの殿堂《でんだう》の樣式《やうしき》などが多く、其の博物館《はくぶつくわん》に入る前に先づ古代《こだい》希臘、羅馬の人になつた心持《こゝろも》ちになる。彼《か》のブリチッシユ・ミユゼアムの入口の破《は》風《ふ》や柱は如何、よく此の氣分《きぶん》に打たるゝ工合になつて居るではあるまいか。

尙《な》ほ博物館建築《はくぶつくわんけんちく》としての理想を言《い》はしむれば、古き時代《じだい》の建築を其の儘《まゝ》持つて來て新らしく建築《けんちく》することである。併し是れは我が邦の如き木造建築《もくざうけんちく》では耐火其他《たいくわそのた》の關係から行ふべからざる事《こと》であらうから、之を模造《もざう》して永久的建物《えいきうてきたてもの》とする方法を取るべきである、そして日本《にほん》の美術の中彫刻《うちてうこく》は主《しゆ》として佛像であるから、佛像《ぶつざう》を陳列する場合には佛寺《ぶつじ》の樣式を取る樣にし、室々《しつ〳〵》の陳列法《ちんれつはふ》も佛寺の通りにして初《はじ》めて佛像の眞の價《か》値《ち》が分かるのである。勿論《もちろん》其の時代《じだい》に於ては佛像は美術品《びじゆつひん》として製作《せいさく》したのではなく、信仰《しんかう》の對象として製作《せいさく》したものであるが、唯雜然《たゞざつぜん》と佛像を陳列《ちんれつ》したのみでは、崇嚴《そうごん》の念も起らねば其美術的價値《そのびじゆつてきかち》をも見出す事が六ヶ敷い。而して其建築《そのけんちく》に佛寺《ぶつじ》の樣式を採れば先づ最初《さいしよ》に於て一種敬虔《しゆけいけん》の念《ねん》に打たるゝのである、又出來《またでき》得《う》べくんば周圍の景色《けいしよく》との調和《てうわ》なども考へる樣にしたい、假令《たとへ》ば奈良、京都あたり山紫《さんし》水明《すゐめい》の地《ち》で、今も尙ほ我邦上古《わがくにじやうこ》の風氣に富んだ所へ持つて來て、西洋建築殊《せいやうけんちくこと》に最近流行《さいきんりうかう》の鐵筋コンクリートや鐵骨建築等《てつこつけんちくとう》は其對照が甚だ面白《おもしろ》くない。猿澤池《さるさはいけ》の畔《ほと》り小雄鹿《さをしか》の鳴く古都は、大佛や南圓堂の隣りに赤煉瓦《あかれんが》の奈良帝室博物館《ていしつはくぶつくわん》は何《ど》んなものかと思ふ。若し又繪畫《またくわいぐわ》を主とせる美術品例へば雪舟《せつしう》とか或は足利氏《あしかゞし》の末葉が中心となれる時代《じだい》なれば、其時代の建築所謂茶室風《けんちくいはゆるちやしつふう》に建築する等、努《つと》めて其時代の風氣《ふうき》に接《せつ》する樣十分の苦心《くしん》を欲するのである、伊太利などへ行《ゆ》くと古い建築を利用《りよう》して博物館としてあるが、何分我《なにぶんわ》が邦《くに》は木造である爲めに前《まへ》に云つた樣に古建築を其儘持《そのまゝも》つて來る事は出來ぬから、我邦《わがくに》では之れを模型《もけい》として、唯材料丈けは煉瓦《れんが》を以てして耐震耐火《たいしんたいくわ》の設備を充分ならしむる樣《やう》にし、樣式は何處《どこ》までも日本風にしたい、然《しか》るに今日の博物館《はくぶつくわん》は一も此趣意に副《そ》ふものなく凡て歐米《あつべい》の建築であつて、然かも其樣式《そのやうしき》には何等工夫《くふう》を加へて居ない。

殊に東京上野《とうきやううへの》にある表慶館《へうけいくわん》の如き中へ入れるものゝ如何《いかん》は前以て少しも考ふるなく、唯單《たゞたん》に建築丈を寄附《きふ》したのであつて、出《で》來《き》上《あが》つたものも西洋風の調和《てうわ》を欠《か》いたもので、中へ入れるものと相對《あひたい》して、猶更ら建築《けんちく》の上に面白くない感《かん》じを與《あた》へる、博物館《はくぶつくわん》の建築は先づ中へ入れる品物《しなもの》を考へての後に建築《けんちく》する様にしなくてはならぬのである。斯《か》くの如《ごと》くにして初めて建築と其中《そのなか》の品物《しなもの》との釣合が取れて行くのであつて、猶《なほ》一歩進んでは陳列《ちんれつ》の方法《はうはふ》、室内《しつない》の設備《せつび》、裝飾《さうしよく》なども考《かんが》へての後建築《のちけんちく》する様にせば、初めて博物館《はくぶつくわん》らしい博物館が出來やうと思ふ。

我《わ》が邦《くに》の博物館建築は此等《これら》の點に些二の注意を拂《はら》つて居ないのは一大缺點《だいけつてん》であつて、將來は此缺點《このけつてん》から免れ度《た》い。獨り博物館のみならず神社《じんじや》や寺院《じゐん》の樣な者でも亦左樣《またさう》であつて、前にも申述《まをしの》べし如く周圍《しうゐ》の風景に副ふ樣にし度い、神社《じんじや》の後に西洋館が聳立《しやうりつ》して居ると云ふ如《たと》きは風致の上から見《み》ても誠《まこと》に好ましくない。伊東工學博士《いとうこうがくはかせ》の設計《せつけい》されし越後の英彥社の寶庫の如く、材料《ざいれう》を不燃質物《ふねんしつぶつ》として日本風の建築《けんちく》としたのは大に我《わ》が意《い》を得たる建築である。(完)

人物略伝

栗本《くりもと》　鋤雲《じょううん》　一八二二（文政五）〜一八九七（明治三十）

幕府医官であった栗本鋤雲は、左遷先の函館で南千島・樺太の探検や移住士族を束ねた功績により医籍から士籍に転じ、横浜の鎖港談判委員・外国奉行・軍艦奉行・函館奉行などを歴任した人物で、また親仏論者であったことも周知されているところである。慶応三年（一八六七）に開催された第二回パリ万国博覧会に、後に万博殿様の異名を持つ徳川昭武に随行し、『暁窓追録』でパリ滞在記を上梓している。

維新政府下では行政官僚に転ずることなく下野し、明治五年（一八七二）に東京毎日新聞社に、同七年五月には報知新聞社に転じ『郵便報知新聞』の主筆となり犬養毅や尾崎行雄らを育てたことも知られている。

この文筆活動の中で博物館学で特筆すべきことは、明治八年九月二十九日の同紙上で我が国初となった「博物館論」と題する博物館論を記したことである。また、仏語の「Exposition」を「博覧会」と邦訳したのも栗本だった。

出自および経歴

経歴については、井田進也校注による『幕末維新パリ見聞記』に記されている略年譜が詳しい。

『暁窓追録』に記された博物館

『暁窓追録』は、栗本鋤雲の約一年に及ぶパリ滞在記であり、政令・物産・軍隊などを含めた社会機構についての見聞を明治元年に著したものであるが、博物館等については、ほぼ同時期に記された久米邦武の『米欧回覧実記』や成島柳北による『航西日乗』と比較すると、極めて少ないのが事実である。

我が国初の「博物館論」

当該論文は、『郵便報知新聞』の明治八年九月二十九日の紙上で発表されたもので、四面紙の内一面余りに及ぶもので、博物館の目的、欧州の博物館の種類、博物館の人的組織をも含む。博物館経営者については、栗本の言う「習熟する者」である必要性も説いている。明治八年とは思えない、今日的な指摘である。

具体的経営方法には至ってはミュージアム・ショップにも言及し、さらに、博物館の資料収集の一方法である預け品、即ち寄託については許すべからずと指摘するなど、大所高所より博物館について論じた内容であり、「博物館論」と題するに相応しい論考であると評価出来るのである。

主要著書

『暁窓追録』一八六八

（青木　豊）

岡倉《おかくら》　天心《てんしん》　一八六二（文久二）〜一九一三（大正二）

出自

文久二年十二月二十六日（一八六二年二月十四日）福井藩士だった岡倉勘右衛門の子として横浜で生まれる。弟の岡倉由三郎は英語学者。東京開成所に入り、政治学・理財学を学ぶ。英語が得意だったことから同校講師のアーネスト・フェノロサの助手となり、フェノロサの美術品収集を手伝う。明治十五年（一八八二）に専修学校（現在の専修大学）の教官となり、専修学校創立時の繁栄に貢献した。明治二十三年から三年間、東京美術学校で行った講義「日本美術史」は日本における日本美術史叙述の嚆矢とされる。明治三十六年、ビゲローの紹介でボストン美術館中国・日本美術部に迎えられる。この後は館の美術品を集めるため日本とボストン市を往復することが多くなり、それ以外の期間は茨城県五浦のアトリエにいることが多くなり表立った活動は少なくなった。明治四十三年からボストン美術館中国・日本美術部長。大正二年（一九一三）九月二日、新潟県赤倉温泉の自身の山荘にて永眠。近代日本における美学研究の開拓者で、英文著作での美術史、美術評論家としての活動、美術家養成といった多岐にわたる啓蒙活動を行い、明治以降における日本美術概念の成立に寄与した。

業績

「博物館に就て」は、これ以後の博物館に携わる人間にとって必須文献であったことは明白で、建築家の神谷邦淑による「博物舘」をはじめとして多くの論文で引用されている。特筆すべきは当文献の「陳列の目的は、(1)時世を示し、(2)名家大家を示し(3)流派を示し、(4)全体の関係を示すの四目にして、陳列場を四区に分ち一区一目として後進を奨導するは必須の目的なり」という展示構想が、我が国の美術史叙述の嚆矢とされる『日本美術史』において「推古、天智、天平、藤原、平家、鎌倉、足利、太閤、徳川、明治」の時代区分が示されたことによって、この後に実施される時代別展示の基礎が築かれたということである。ほかにも「九州国立博物館の必要」は九州国立博物館の誘致の歴史を語る上で欠かすことのできない必須文献で、後にそれ以外にも高野山、河内、大阪、北海道、台湾に博物館設置を求めている。

（下湯直樹）

坪井《つぼい》 正五郎《しょうごろう》　一八六二（文久二）〜一九一三（大正二）

理学博士坪井正五郎の専攻は人類学であったが、当時考古学は一般に人類学の中の考古学と位置づけられており、その中から日本考古学の確立に努めたことは坪井の最大の業績であるところから、明治期を代表する考古学者であったと評価される。

人類学者・考古学者としての坪井の学統は、同じく明治期を代表する考古学者三宅米吉（一八六〇〜一九二九）とは大きく異なるものと看取される。三宅の意図する考古学とは、『考古学会雑誌』創刊号の「考古学会趣意書」に「各自代のあらゆる事物を総合して時代時代の社会の有様を故の如く構成し、以って後人をして一目瞭然前代の世代を知らしむべきもの」、「歴世社会の有様を漸次総合構成すること」と考古学の趣旨と目的を記したとおり、考古学を歴史学に位置づけた。一方坪井の考古学はあくまで人類学の中の考古学であり、その人類学は学際的であった。それ故に坪井自身は明記こそしていないが博物館学的思想をも確立した人物であり、明治期における博物館学萌芽期の先駆者として評価されねばならない学者であると考えられるのである。

人類学の中の考古学

坪井の学問的業績の一つは、日本考古学の確立と人類学・考古学の普及啓蒙に努めたことである。

明治十七年（一八八四）、二十一歳の時、能登島において塚穴二ヶ所を調査したのが古墳調査の始まりで、明治十九年には我が国で最初となった古墳の学術調査を、栃木県足利古墳で実施するなど、古墳時代研究に意欲的に取り組んだ。その後埼玉県所在の吉見百穴、東京芝公園内の丸山古墳、福岡県所在の日ノ岡古墳等々の発掘を重ねた。明治三十三年刊行の『古墳横穴及同時代遺物発見地名表』の刊行にも全力を投入した。

次いで、明治二十九年に刊行された『日本石器時代人民遺物発見地名表』は、考古学と石器時代研究を定着、促進させた業績と評価されている。また、東京市本郷弥生町（現文京区弥生町）の東京大学農学部内より、明治十七年に有坂銘蔵らとともに検出した口縁部を欠失した壺形土器に対し、明治二十七年「弥生式土器」と命名したのは坪井であった。

坪井の学際的人類学

坪井の人類学、あるいは人類学の中の考古学を見る時、それは非常に広範な視座に立脚した学域であったことが窺い知れるのである。例をあげれば切が無い程であるが、例えば明治十八年に設立した人類学会の会誌である『人類学会報告』第二号（一八八六年）に、広報と原稿応募者に対する学術範囲を明確にするために、「研究項目」と称し詳細に記している。これによると坪井の人類学の概念は極めて広く、所謂人類学を基本に大学での専攻であった動物学、それに考古学は基より、歴史学・民俗学、言語学、美学等々の自然系・人文系の諸学を取り入れた学際的学統で、それは当時の博物学をはるかに凌駕したものであり、それは正に博物学と言えるものであったと考えられるのである。

さらに、坪井は啓蒙意識を持った研究者であったことも大きな特質であり、出版や講演は元より学術の展示を行うことにより、更なる啓蒙を企てたのであった。当該期、あるいは前後においても資料の収集に軸足を置く博物館学の片鱗となる先駆者は多数存在したが、学術の展示を具体化したことは坪井の最大の特徴と言っても過言ではない。かかる観点では、我が国最初の学術の展示者であり、展示論者であったと言えよう。

坪井の博物館学思想

坪井正五郎は、明治二十二年五月から明治二十五年十月までの三年余り、人類学研究の目的で官費留学した。学際的で広範な視座に立つ坪井にとっての仏英の人類学は、余りに未熟なものに思えたのであろう。大学にも属さず、博物館を唯一の研究の場として自学自習を行うなかで、その内容は博物館学展示論、資料論にも及んでゆくのであった。

坪井正五郎の展示技術論

坪井は、明治三十二年に「土俗的標本の蒐集と陳列とに關する意見」と題する論文で、博物館展示技術論を展開したのであった。展示技術論、即ち展示工学に関する論文として、勿論のことながら我が国初の快挙であったことはいうまでもない。当該論文で著されている技術論は、前述の如く確かな展示理論に基づく技法であったことは確認するまでもなく、理論・技術学ともに我が国の博物館展示における先駆けであるところから、我が国の〝博物館展示学の父〟と尊称するに価する人物であることが窺い知れるのである。

坪井正五郎が実施した展示

坪井は、明治十九年九月に人類学研究の目的で大学院に入学した。このことを機に、かってエドワード・S・モースが発掘した大森貝塚出土資料等々を展示していた標本室を担当することとなり、この折に坪井自身が今まで収集して来た資料等々をも含め、新たに陳列場を設置したと記す。最初は一ツ橋外の倉庫を利用したものであり、次いで本郷の大学構内の一室に転じ、ここで人類学標本を天覧に供し、「無位無官の一書生たる身を以て咫尺に奉るの栄を得たり。」と『坪井正五郎小伝』に明記している。

以上のような経験を踏まえてであろうが、坪井は帰朝後の明治三十七年に、東京帝國大學人類學標本展覧會を企画、実施するのであって、それは坪井の人類学とその啓蒙を目的とする展示理論の実施であり、また集大成であったと見做されるのである。

この展示の構想と実施結果としてまとめられたのが、「人類學標本展覽會開催趣旨設計及び効果」と題する論文である。論題からも明確であるように、展示そのものについて具体的に著した論文としては、勿論のこと我が国の嚆矢を成すものであった点でも評価しなければならない。

参考文献
坪井正五郎「坪井正五郎小伝」山口昌男監修『知の自由人叢書　うしのよだれ』所収　二〇〇五

（青木　豊）

神谷《かみや》　邦淑《くにとし》　生没年不詳

明治二十六年（一八九三）、神谷邦淑は「博物館」と題する論文を『建築学雑誌』に発表した。厳密には当該論文は、明治二十六・二十七年の両年にわたり『建築雑誌』七巻八十一・八十四・第八巻八十五号のそれぞれに三分割されて掲載された論文であった。総量は、A四版縦組み二段二十二頁に及ぶ当該期においては稀な長大な論文であり、事実これまでの博物館学では最長論文であったと同時に、内容においてもついつい時代錯覚を覚える程の見識を有すものである。

不思議なことに、神谷邦淑の博物館に関する他の業績は勿論、生没年月日・出身地などの基本的な点の多くが確認できないことである。唯一の手懸りとなるのは片野博による「八幡製鉄所初代事務所の建築家に関する調査報告」のみである。当該論文は、明治時代最初の官営製鉄所であった八幡製鉄所の事務所の建築設計を担当した山口半六・神谷邦淑両建築家の軌跡を探求した労作である。

該書によると、神谷は東京帝国大学工科大学造家学科を恐らく明治二十四年に卒業し、翌明治二十五年一月に愛知県熱田尾張紡績会社の現場へ赴任している。明治三十一年一月には、八幡製鉄所（筑前国遠賀郡八幡村）に着任し初代事務所の建築に従事したものと思われる。明治三十四年九月頃に八幡製鉄所を退職した後、明治三十六年十一月には横浜に転居し、横浜市役所に勤務したと片野は記している。明治三十九年には海軍技師となり、横須賀・舞鶴・佐世保と転任し大正十年（一九二一）には、佐世保海軍建築部長となっている。翌大正十一年には、職業の記載はなく京都市上京区小山中溝町十六—一に転出しているところから、定年による退職かとも看取される。仮にそうした場合京都への転出は故郷での隠遁生活が目的であったかとも予想される。

神谷邦淑の博物館学

神谷の記した「博物館」の内容は、博物館学理論と博物館技術論の両者に及び、序論・原名及沿革・目的及利益・位置及外観・配室の概要・中庭の利益・構造及材料・採光の諸説・換気及給温・建築の現例・雑件から構成されている。

片野によれば、東京大学工学部建築学科図書室に照会した結果から、本論分は神谷の卒業論文であったと推定できると記している。卒業論文であったことにも先ず驚くと同時に、当時の建築学のレベルの高さになによりも驚かされる。詳細にわたり博物館を熟知した内容は、明治二十六年とは到底信じられない突出した博物館学の論文であると評価できよう。

一方で最大の疑問は、当該論文執筆に当たっての先行研究や底本が全く見当たらない点である。必ずや未知の先行研究の存在が予想されるのである。

参考文献

神谷邦淑「博物館」『建築雑誌』第七巻八十一・八十四・第八巻八十五号　一八九三
片野　博「八幡製鉄所初代事務所の建築家に関する調査報告」『日本建築学会計画系論文集』第五四四号　二〇〇一

（青木　豊）

鳥居《とりい》　龍蔵《りゅう（りょう）ぞう》　（明治三）一八七〇〜一九五三（昭和二十八）

出自

明治三年（一八七〇）、現在の徳島県徳島市東船場町で、煙草問屋の次男として生まれた。明治九年、小学校に入学するものの、学校嫌いを理由に中退した。明治十八年に東京人類学会に入会し、坪井正五郎の指導を受けることとなった。明治二十三年に坪井正五郎を頼って単身上京するものの坪井は英仏留学中であったため、同郷であった小杉榲邨の世話となった。その後、鳥居は本格的な勉学に励むに当たって、徳島に住む両親を説得し、両親とともに上京。明治二十七年には標本整理係として坪井正五郎の人類学教室に入り、明治二十八年には、東京人類学会より初の海外調査として遼東半島に派遣されている。明治三十一年には、東京帝国大学において標本整理係から助手となっている。明治三十四年に坪井正五郎と、小杉榲邨との媒酌できみ子（戸籍上はキミ）と結婚。明治三十八年に東京帝国大学理科大学講師に任命され、大正十一年（一九二二）に東京帝国大学助教授となる。助教授就任に先立ち、パリ学士院からパルム・アカデミー受賞、「満蒙の有史以前」の研究で文学博士を授与されている。大正十二年に國學院大學教授就任。大正十三年、東京帝国大学を辞職し、鳥居人類学研究所を設立。昭和三年（一九二八）に上智大学の設立に尽力し、文学部長・教授となる。昭和八年に國學院大學を辞職。昭和十四年、北京に出発、燕京大学の客座教授となる。昭和十六年太平洋戦争が勃発すると燕京大学は閉鎖し、北京において、軟禁状態におかれる。昭和二十年、日本敗戦により、大学が再開し、再び客座教授となる。昭和二十六年、燕京大学を退職し、高齢の帰国をしている。昭和二十八年一月十四日に八十二歳で逝去する。葬儀は國學院大學考古學会を含む六学会連合によって麻布カトリック教会で盛大に執り行われた。研究対象は考古学・民俗学・民族学にまで及び、「総合人類学者」と評価されている。

業　績

当文献は発表した年代からいって、標本整理係に任ぜられる前の一書生時代の論文である。

直後に同じテーマで発表された田原榮の論説と比較すると、展示品の個別的な批判になってしまっているものの、学術学者を目的とした展示、一般人向けの展示のいずれにも偏らず、半分は学術学者の参考に供し、半分は広く衆人の一般的な知識を与えることを計画するべきであるという結論は二元展示の発想であり、当時として類を見ない優れた展示論といえる。そして、このような知識も坪井に評価されてか、後の明治二十七年に標本整理係に任命され、明治三十一年には助手となっている。そして、その在任中の明治三十七年には坪井が主体となって開催した「人類學標本展覽會」にも関与した。この展覧会は三日間という短期間であったもののモノでみせた初めての「学」の展覧会として評価され、多数の観覧者が訪れるなど大盛況に終わった。これまで当展覧会について坪井の功績ばかりが目に付いたが、上記の如く論説があったことを鑑みれば、この展覧会の成功の影には、少なからず博物館展示に精通していた鳥居の考えも反映されていたと考えられる。

（下湯直樹）

田原《たわら》　榮《さかえ》　一八五八（安政五）～一九一四（大正三）

出自

安政五年（一八五八）石見（現在の島根県）に生まれる。広島英語学校で学び、東京大学予備門に入学するものの病気のため中退。明治十五年（一八八二）、東京専門学校創立と同時に招かれ、理学を教える。同校が早稲田大学と改称後、明治三十九年高等予科長となる。大正三年（一九一四）に五十七歳で死去。教育者でありながら、色漆の発明者としても評価を受けている。

業績

当文献は、『早稲田文学』四十三巻で一度掲載され、それと一部重複するものである。そもそも明治二十六年六月、『早稲田文学』（四十二巻）の記事「帝国博物館」の中で、鳥居の『教育報知』より「帝國博物舘風俗古物歴史物品陳列方法に就て。」の一部が掲載されると共に、同じく博物館の展示法に意見を持つ田原の意見が紹介される。そして、翌七月発刊の『早稲田文学』（四十三巻）の同記事の中で、より詳細に田原の意見が取り上げられるのである。そこで、田原の意見が世に与える影響が大きいと判断した当記事の記者S．H．（島村抱月か）なる人物が田原をさらに取材し、同月の読売新聞に一部重複した部分とその追録を掲載したのが当文献となるのである。

田原の指摘は、鳥居の風俗歴史の個別的な物品の展示法に関する指摘とはまた異なり、当初の博物館設立の趣意に沿い、一般に理解しやすい展示手法の導入を求めている。特筆すべきは、「学術上の分類を廃して専ら美術工芸の沿革」を示すことを主眼とすること、そして作品・資料分類を細かくし、その「物品の変遷消長」を示すべきという記述である。さらに言えば、それを示す上で欠落する部分がある場合は、世間に広く求めることや模造品を用いること、略記を備えるなどして補完することを述べている。個別展示を基本としていた当時にあって、系統展示の必要性とその方策について述べていることは実に驚くべきことである。

（下湯直樹）

箕作《みつくり》　佳吉《かきち》　（安政四）一八五八～一九〇九（明治四十二）

出自

箕作佳吉は、安政四年十二月一日（一八五八年一月十五日）、著名な蘭学者の箕作阮甫を祖父に持ち、津山（岡山県）の藩医で後に明六社の主要メンバーとなる箕作秋坪の三男として生まれる。兄に物理学者の菊池大麓、弟に歴史学者の箕作元八、義弟に人類学者の坪井正五郎、甥に物理学者の長岡半太郎をもつ。漢学を幕府の奥医師緒方洪庵に学び、洪庵没後はその子である緒方惟準の下で保田東僭に学ぶ。明治初年には父秋坪の三叉学舎で洋学を修め、明治四年（一八七一）に慶應義塾で英学を学んだ後、明治五年には大学南校に入学した。そして、南校のアメリカ人教師ハウスの勧めでアメリカへ留学。コネチカット州ハートフォードの普通学校に学び、その後、一旦トロイのレンサラー工科大学に入るも、目が悪くなったため、土木工学から動物学に転じて、ニューヘブンのエール大学に入学し、明治十二年に卒業、バッチェラー・オブ・フィロソフィーの学位を受ける。さらにノースカロライナ州のチェサピーク海浜動物臨海研究所で約一ヶ月間の動物学実習を経験した後、ジョンズ・ホプキンス大学に入学して、動物学の研鑽を重ね、優秀な成績で卒業した。その後、明治十四年にアメリカを発ち、ヨーロッパ諸国を巡って帰国する。帰国後は文部省御用掛を経て東京大学理学部講師になり、明治十五年にはモース、ホイットマンといった御雇い外国人の跡を継ぎ、弱冠二十五歳にして日本人で最初の東京帝国大学理学部動物学担当教授に就任した。後に理科大学長も務めた。箕作は動物分類学、動物発生学を専攻し、「日本動物学の父」、「実験動物学の父」と尊称されている。箕作の主な著書に『通俗動物新論』（一八九五）、『普通教育動物学教科書』（一九〇〇）などがある。

業績

当文献が著される背景となったのは、まずもって父秋坪が、教育博物館において矢田部良吉が館長職を退いた後、明治十二年から明治十九年まで館長職にあり、館長補であった手島精一とともに博物館運営に携わっていたという家庭環境にある。その父からの教えによる博物館学の素養があったと推察される。加えて箕作が、明治二十年にワシントンで開かれた海獣保護会議に我が国の代表として派遣された際、翌年のイギリスのケンブリッジにおいて開かれた万国動物会議の際の滞在期に、先進的な博物館を見学したことによるところが大きい。それら知見によって纏められた当論文の骨子も現在の博物館機能にそのまま当て嵌めることが出来るものばかりで、その先見性は当時代において類を見ないものである。また箕作は、当文献を発表するなど博物館の普及活動をしながら、大学内においてもしきりに博物館の意義を唱えていた。そしてこの後、箕作の博物館学意識は谷津直秀や川村多実二ら後進へと師授伝統として脈々と受け継がれていくこととなった。

（下湯直樹）

高山《たかやま》　林次郎《りんじろう》（樗牛《ちょぎゅう》）　一八七一（明治四）～一九〇二（明治三十五）

出自

明治四年一月十日（一八七一年二月二十八日）に現在の山形県鶴岡市に生まれた。父は庄内藩士・斎藤親信で明治五年、高山家の養子に入る。福島中学中退後、東京英語学校を経て仙台の第二高等学校に入学。高校時代から樗牛の号を「荘子」に因むものとして用いていたという。その頃から同人誌や山形日報などに評論、紀行などを発表。明治二十六年、東京帝国大学文科大学哲学科に入学。明治二十七年、読売新聞の懸賞小説に、『滝口入道』が入選、新聞連載された。『帝国文学』『太陽』などに盛んに文芸評論を発表した。明治二十九年に大学を卒業。第二高等学校の教授になった。明治三十年、校長排斥運動をきっかけに辞任。博文館に入社し『太陽』編集主幹になった。その間に『わがそでの記』のようなロマン主義的な美文や美学に関する評論を書き、森鷗外と論争を巻き起こした。明治三十三年、文部省から美学研究のため海外留学を命じられるものの洋行の送別会後に喀血し、入院。療養生活に入り、明治三十四年、留学を辞退した。明治三十五年、論文『奈良朝の美術』により文学博士号を授与された。病状が悪化し、東大講師を辞任、十二月二十四日に死去。

業績

当文献で高山は帝国博物館の展示に対して批判を行い「無趣味なる分析法」として絵画は絵画、彫刻は彫刻といった品目種別の分類展示を批判し、時代様式（背景）を展示に加味した「綜合的方法」、つまるところ時代別展示を推奨している。高山以前にも鳥居龍蔵や田原榮も帝国博物館の展示に関して批判しており、このような外部批判が反映され、大正七年（一九一八）にようやく時代別展示が実施されている。高山の死後十六年後にその構想が結実したことになるが、皮肉にも実践した館長は、雑誌『太陽』の記者時代に論争を巻き起こした森鷗外その人だった。

（下湯直樹）

白井《しらい》　光太郎《みつたろう》　（文久三）一八六三～一九三二（昭和七）

略歴

文久三年（一八六三）六月二日に江戸霊岸島の福井藩邸内で、父幾太郎、母花の長男として生まれた。「光太郎」という名の名付け親は、幕府や新政府の要職を歴任した松平春嶽であり、白井はその春嶽の薫陶をうけて育った。

その後、白井は東京英語学校、東京大学予備門を経て、帝国大学理科大学（現、東大理学部）に入学した。大学生時代の同級生に坪井正五郎がおり、共に黎明期の人類学・考古学の礎を築いた。大学での専門は植物学で、植物学科の矢田部良吉教授のもとで蘚類を研究し、明治十九年（一八八六）七月十日に同大学を卒業した。卒業論文は「東京及びその近郊の蘚類」であり、この論文で理学士の称号を得た。

同年七月二十四日には、東京農林学校助教となり、翌年十二月二十八日に教授となった。そして、明治三十二年にドイツへ留学、明治三十九年東京帝国大学教授となり、我が国の植物病理学の発展に大きく貢献した。また、南方熊楠と交流を持ちながら自然保護にも努めた。

業績

本書は明治三十四年三月に大学が白井にドイツの植物園設計取調を依託し、その調査の報告を一般向けに出版したものである。白井が調査した当時、我が国には「植物園と名の付くものは一ヶ所か二ヶ所に過ぎない植物博物館も有名無実の有様」であったようである。白井はこのような我が国の状況に警鐘を鳴らすべく、当論考でまず植物博物館を「植物に関する内外古今の図書世界万国の植物腊葉、標本等を蒐集し学術的に分類整理して学術上及実業上の参考に供し且其研究材料を供給する所で」あると定義付け、また植物博物館がないことによる弊害、例えば資料の散逸や植物学研究者の窮状などを訴え、植物博物館設立の必要性を懇々と説いている。そして、理想とすべき先進的なベルリン王立植物園博物館の様子を詳述し、当論考を通して、博物館の必要性についての世論の喚起を促す内容となっている。（下湯直樹）

内田《うちだ》 四郎《しろう》 生没年不詳

出自

明治三十四年（一九〇一）に東京帝国大学工科大学建築学科卒業後、逓信省に入省。明治四十年の逓信省本庁舎が焼失の際には、吉井茂則と共に新庁舎の建築に携わる。明治四十三年、京橋区木挽町に完成した新庁舎は煉瓦造りの三階建て、建坪三、三五六坪、ルネサンス様式の建物で、正面玄関部分などに圧倒されるような雰囲気を持っていた。完成当時、東洋一とも称され、数少ない新築庁舎の中で一際威容を誇っていた。特筆すべきは万国郵便連合（UPU）加盟二十五周年記念祝典行事の一環として誕生した「郵便博物館」の流れを汲む逓信博物館が、一階部分の左玄関横に三室配置されていたことである。しかし、関東大震災で倒壊、焼失し現存していない。その後、内田は大正八年（一九一九）に逓信技師営繕課長となり、大正十四年に退官し、内田建築事務所を開設した。この当時、逓信省の営繕課は官僚の技師集団でありながら時代をリードする個性溢れる建築家を多く擁していた。内田もその一人であり、明治折衷主義の時代から大正モダニズムの時代を切り開き、発展させた人物として評価されている。

業　績

当文献は、明治三十七年二月、三月と『建築雑誌』に掲載された論文であるが、名前の後に舊稿と記載されているように逓信省に入省してからのものではないと推察される。恐らく、明治二十六・二十七年に掲載された神谷邦淑の「博物舘」と同様に卒業設計の論文部分またはそれに加筆したものと思われる。事実、内田の東京帝國大學工學部建築學科卒業計畫圖が現存しており、そのタイトルは「A PICTURE GALLERY」である。まさに当文献タイトルの「繪畵陳列舘」に合致している。当文献の冒頭の緒言で、内田は当時代の常套句を用いて美術館の重要性を謳い、その功能について述べている。そのなかで、我が国の絵画界の混乱や展覧会事業などの美術振策とその設備や機関の遅れを指摘した上で、「此時に当りて完全堅固なる絵画陳列館を設立し以て斯道の進歩を計らざるに於ては永久に不備不振の状態を免れざるべし絵画陳列館は実に絵画の宝庫にして画道の機関と云ふべし」と絵画陳列館と博物館、一般的な美術館とを区別し、絵画専門の美術館の必要性を述べている。その後も世界各地の博物館、美術館、絵画館の建築に関して精緻に研究、比較し、絵画陳列館の歴史や分類並びに配列法、立地、室の種類、導線、展示具に至るまで細かく言及している。その考え方は外観の荘厳さに機能美を合わせもった、まさに大正モダニズムの「形態は機能に従う」という言葉通りのものであったといえよう。

（下湯直樹）

黒板《くろいた》　勝美《かつみ》　一八七四～一九四六（明治七）（昭和二十一）

『黒板勝美先生遺文』によると黒板勝美は、明治七年（一八七四）に二十石取りの旧大村藩士黒板要平の長男として誕生した。本籍は長崎県東彼杵郡下波佐見村（現、波佐見町）田ノ頭四三五番であったと記す。

明治二十三年長崎県大村中学校を卒業し、明治二十六年第五高等中学校を経て、帝国大学文科大学国史科に入学し、明治二十九年七月に同大学を卒業後、直ちに大学院に入学する。同年九月に経済雑誌社に入社し、田口卯吉博士を助けて『国史大系』、『群書類従』校勘出版を担当する。明治三十五年に東京帝国大学文科大学講師となり、明治三十八年助教授、大正八年（一九一九）教授となり、昭和十三年（一九三八）に定年により退官し、東京帝国大学名誉教授となる。

この間、明治三十八年より史料編纂官を兼ね、同年十一月には、「日本古文書様式論」により文学博士の学位を取得している。また、黒板は精力的に数多くの社会活動に参画し、古社寺保存会委員、史蹟名勝天然紀念物調査会委員、朝鮮史編修会顧問、東山御文庫取調掛、国賓保存委員会、帝室博物館顧問等々を歴任し、昭和九年には日本古文化研究所を設立して所長となっている。

黒板の博物館学思想

学位論文である「日本古文書様式論」により古文書学の体系を確立した翌年、明治三十九年に黒板は古文書学研究の場として公開を可能とする古文書館の必要性を提唱したことを嚆矢とし、黒板の博物館学思想は着実に増大強化してゆくのである。中でもその画期となったのは明治四十一～四十三年の丸二年間の欧米留学によるものであることは、帰朝後著した『西遊弐年　欧米文明記』からも明白であるし、その後の文化財保存や博物館に関する論文の多数からも看取されよう。

以下、史跡整備、遺物の保存等々を含めた博物館学に関する論著を列記すると次の通りである。

一、明治三十九（一九〇六）年一月「古文書館設立の必要」『歴史地理』第八巻第一號（明治四十一年二月～四十三年二月　欧米留学）

二、明治四十四年九月『西遊弐年　欧米文明記』文会堂

三、明治四十五年／大正元年（一九一二）五月「史蹟遺物保存に関する意見書」『史學雜誌』第二十三編第五號

四、明治四十五年／大正元年七月「史蹟保存と歴史地理學」『歴史地理』第二十巻第一號

五、明治四十五年／大正元年秋「博物館に就て」東京朝日新聞紙連載

六、大正二年一月「郷土保存について」『歴史地理』第

二十一巻第一號

大正二年「博物館の建築に就いて」『建築世界』七巻八號

七、大正四年一～七月「史蹟遺物保存に関する研究の概況」『史蹟名勝天然紀念物』第一集第三號～第六號

八、大正六年二月「史蹟遺物保存実行機関と保存思想の養成」大阪毎日新聞

九、大正七年五月「國立博物館について」『新公論』第三十三号第五號

十、昭和四年（一九二九）一月「保存事業の根本的意義」『史蹟名勝天然紀念物』

十一、昭和十一年八月「史蹟保存と考古学」『考古学雑誌』第二十六巻第八號

上記の十一編の論著が、黒板の博物館学思想を論述した代表的著作物である。これらの著作の博物館学的詳細を記す前に、まず記しておかねばならないのは、「博物館学」なる名称の使用は黒板を濫觴とすることである。

博物館学思想の論としては「パリー通信」、「ロンドン通信」、「人類學教室標本展覧會開催趣旨設計及び効果」を著した坪井正五郎や「博物舘ニ就キテ」の箕作佳吉、「學の博覧會か物の博覧會か」を記した前田不二三らの明治三十年代の博物館学思想の確立者に続く人物として把握し得るのである。

参考文献

黒板勝美先生生誕百年記念会『黒板勝美先生遺文』吉川弘文館　一九七四

黒板勝美『西遊弐年　歐米文明記』文会堂　一九一一

（青木　豊）

谷津《やつ》直秀《なおひで》　一八七七（明治十）～一九四七（昭和二十二）

出自

明治十年（一八七七）十月九日東京都赤坂に生まれる。明治三十年に東京帝国大学理科大、後の理学部動物学科に入学し、箕作佳吉のもとでシャミセンガイの発生を研究する。明治三十三年に動物学科を卒業する際に恩賜銀時計を受領した。翌明治三十四年には渡米し、コロンビア大学でヒモムシの発生を研究、博士の学位を得た。さ

らに明治三十八年から明治四十年までイタリアのナポリ臨海実験所でクシクラゲの研究に従事した。同年に帰国、動物学教室の講師、次いで助教授となった。しかし、箕作が退いた後、日本の動物学界、第一の有力者となった飯島魁の影響力が強く、観察記載を中心とした形態分類が主流となったため、大学内も谷津による実験動物学の提唱、導入に対し難色を示した。そのため、いったんは慶応大学医学部教授となり、大正十一年（一九二二）に亡くなった飯島魁のあとを継いで、母校の教授に戻り、東京大学動物学教室の第七代教授に就任、昭和十三年（一九三八）に退官した。谷津は「実験動物学」の導入者でありながらも、「一方において博学の精神をよく理解したひとであった」と『日本博物学史』の著者の上野益三に評価されている。

業　績

谷津曰く「私は特別に博物館に就いて研究したことはないが、唯だ子供の時から博物館が好きで、暇さへあれば行つて居たから感想を述べて見たいと思ふのである。」と、かなりの博物館愛好家で博物館事業促進会が発足すると直ぐさま評議員となった。この言葉通り、明治四十一年『動物学雑誌』第二十巻第二三七号に発表した「博物館内の兒童室」の短報を皮切りに断続的に動物園・水族館・博物館に関する論文を次々と発表している。「活氣ある博物館を設立すべし」は、その中でも大隈重信によって国民文化の向上や啓蒙を図ることを目的に創刊された『新日本』に掲載されたもので、谷津の博物館に関する考え方が初めて纏まった形で提示されたものである。当文献では主に欧米の先進的な博物館に倣い、一般人にも理解しやすい展示手法、生態展示の導入の必要性を述べ、後の文献においては一貫して「出来上がつて何等改良の余地のない博物館は死んだ博物館である。死んだ博物館は無用の博物館である」「我々は博物館を生きた博物館にしなければならぬ。」というジョージ・ブラウン・グード（George Brown Goodes）の名言を度々引用しながら、恩師である箕作同様に博物館の普及活動に努めた。

（下湯直樹）

《編著者略歴》

青木　豊（あおき　ゆたか）
1951年　和歌山県生まれ。
國學院大學文学部史学科考古学専攻卒。
現　　在　國學院大學文学部　教授　博士（歴史学）
主な著書　『和鏡の文化史』刀水書房、『柄鏡大鑑』（共編著）ジャパン通信社、『博物館技術学』『博物館映像展示論』『博物館展示の研究』『史跡整備と博物館』（編著）以上雄山閣

下湯直樹（しもゆ　なおき）
1983年　神奈川県生まれ。
國學院大學大学院博士課程前期修了。
現　　在　千代田区立日比谷図書文化館ミュージアム部門責任者

明治期《めいじき》　博物館学基本文献集成《はくぶつかんがくきほんぶんけんしゅうせい》

2012年3月26日　初版発行

編　者　青木　豊
発行者　宮田哲男
発行所　株式会社　雄　山　閣
〒102-0071　東京都千代田区富士見2-6-9
電話 03-3262-3231
FAX 03-3262-6938
URL http://www.yuzankaku.co.jp
E-mail info@yuzankaku.co.jp
印　刷　ワイズ書籍
製　本　協栄製本株式会社

ISBN：978-4-639-02209-1 C3030
NDC：069 381p 22cm